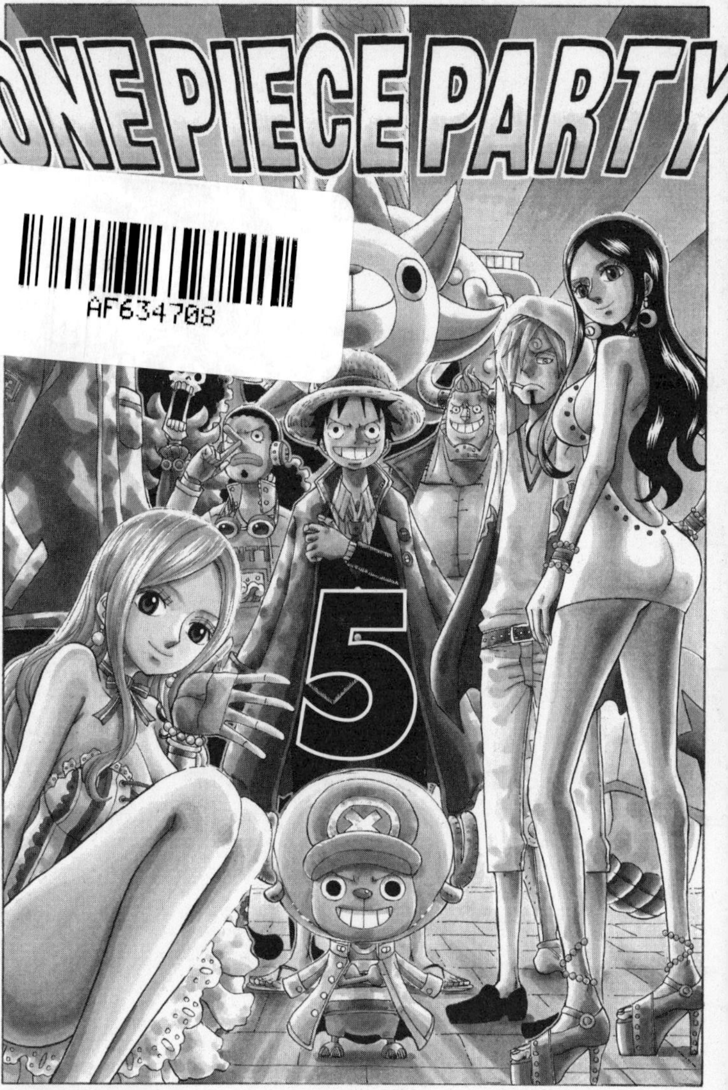

CARLSEN MANGA!

Ei Andoh

Originalstory ONE PIECE:
EIICHIRO ODA

Die Strohhut-Bande

Monkey D. Ruffy

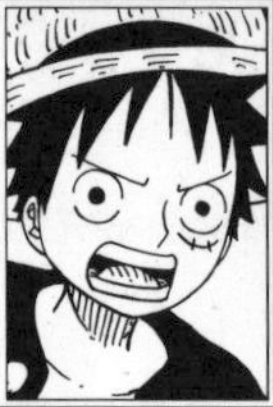

Sein Traum ist es, Piratenkönig zu werden. Seit er von der Gummifrucht gegessen hat, ist er ein Gummimensch. Isst am liebsten Fleisch.

Käpt'n

Tony Chopper

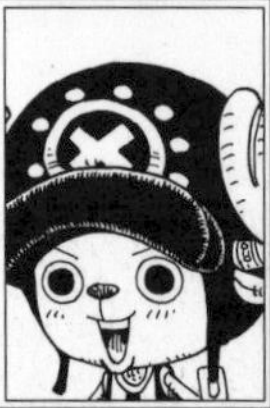

Das Rentier mit der blauen Nase hat Doc Baders letzten Wunsch befolgt und bei Dr. Kuleha Medizin studiert.

Schiffsarzt

Lorenor Zorro

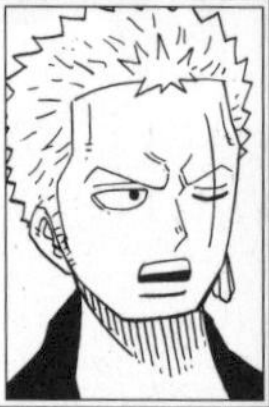

Will der beste Schwertkämpfer der Welt werden. Kämpft im Drei-Schwert-Stil und trägt den Beinamen »Piratenjäger«.

Mitstreiter

Nico Robin

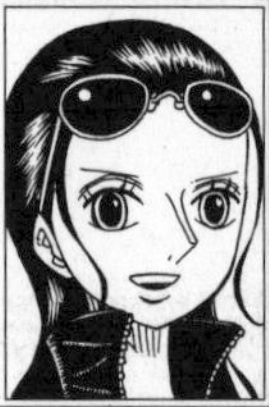

Die Archäologin ist eine Überlebende von Ohara und sucht nach der wahren Geschichte, dem Rio-Porneglyph.

Archäologin

Nami

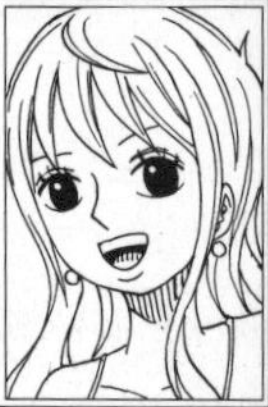

Unterstützt ihre Gefährten mit ihrer hervorragenden Kenntnis der Klimawissenschaften und ihrem umfassenden Wissen über die Navigationskunst. Liebt Gold über alles.

Navigatorin

Frankie

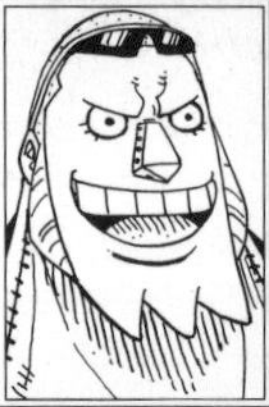

Durch Umbau seines Körpers wird er zum »Armored Frankie«. Entwarf die Thousand Sunny.

Schiffszimmermann

Lysop

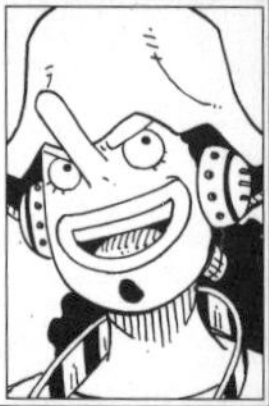

Träumt davon, ein »tapferer Krieger der Meere« zu sein. Großartiger Scharfschütze. Hat die wichtige Rolle des Spaßvogels der Bande inne.

Scharfschütze

Brook

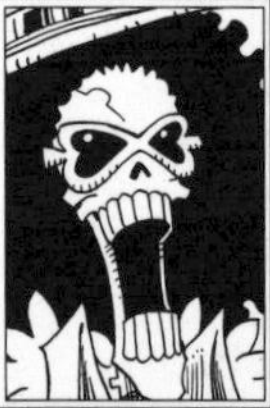

Der Musiker träumt von einem Wiedersehen mit La Boum. Durch den Verzehr der Totenreich-Frucht wurde er zum Knochenmenschen.

Musiker

Sanji

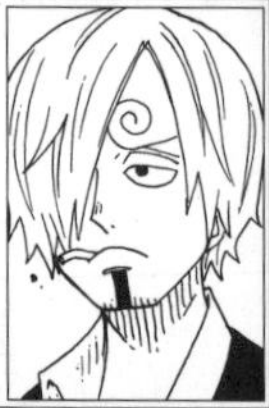

Der freundliche Koch sucht nach dem legendären All Blue. Seine kulinarischen Fähigkeiten sind unvergleichlich.

Koch

Sabo

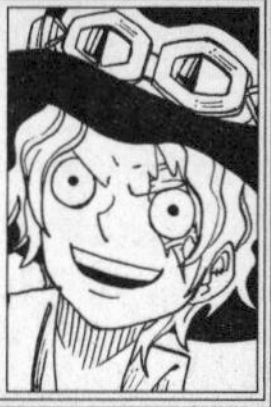

Ruffys großer Bruder. Wurde für tot gehalten, taucht aber eines Tages wieder auf.

Generalstabsschef der Revolutionsarmee

Trafalgar Law

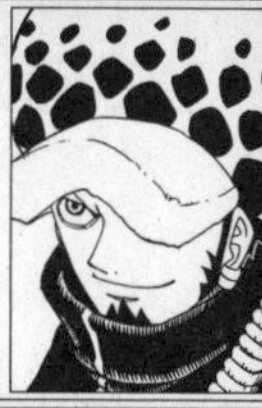

Kann nicht schwimmen. Mag kein Brot. Seine Pläne laufen nie so richtig, wie er es sich vorstellt. Umeboshi mag er auch nicht.

Käpt'n der Heart-Piratenbande

Vivi

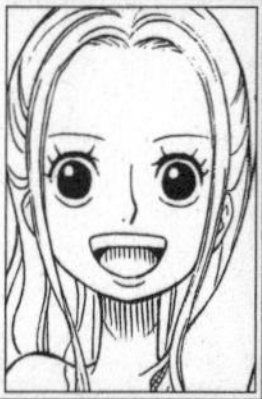

Die Prinzessin von Alabasta hat in der Vergangenheit mit der Strohhut-Bande zusammen Abenteuer erlebt.

Extrem wissbegierig

Sir Crocodile

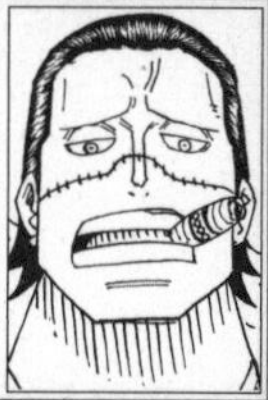

Der Pirat war früher einmal ein Samurai der Meere. Wurde zum Sandmenschen durch die Sand-Frucht. Wasser ist sein Schwachpunkt.

Ehemaliger Samurai der Meere

Kuzan

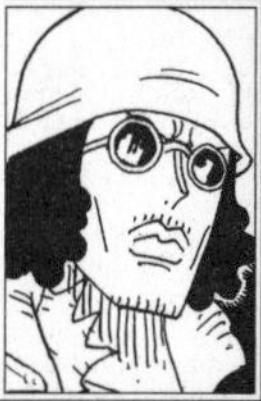

War unter dem Namen »Blauer Fasan« Admiral der Marine und stellte damit die stärkste Streitmacht. Besitzt die Logiakraft der Gefrier-Frucht.

Ehemaliger Admiral der Marine

Smoker

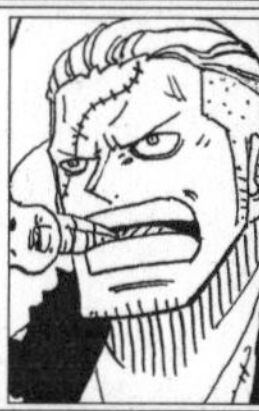

Vizeadmiral der Marine und Rauchmensch durch die Smoke-Frucht. Mit dem Seestein, der in seiner Jitte eingearbeitet ist, treibt er Teufelsfruchtnutzer in die Enge.

Vizeadmiral im Marinehauptquartier

Eisberg

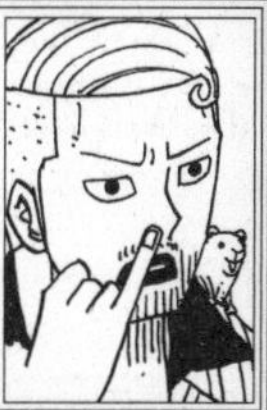

War zusammen mit Frankie in der Lehre. Chef einer Schiffbaufirma und Bürgermeister von Water Seven.

Chef der Galeera Company

Ain

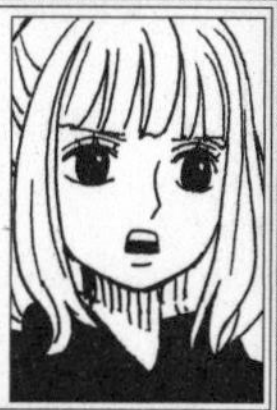

Angehörige der NEO-Marine. Bewundert Zephyr und besitzt die Kraft der Reset-Frucht, durch die sie alles, was sie berührt, verjüngen kann.

Kommandantin der NEO-Marine

GERMA 66

Armee eines Kriegsstaats im North Blue, der Sanjis Geschwister, von denen er sich losgesagt hat, angehören. Sie besitzen durch die Kraft der Wissenschaft enorme militärische Stärke.

Yonji

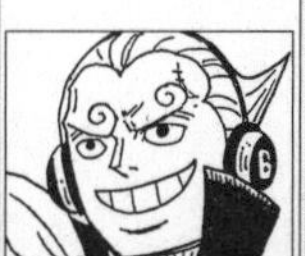

Niji

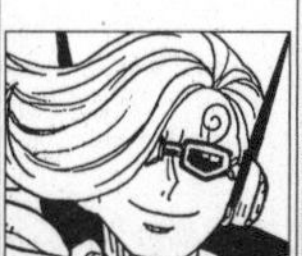

Ichiji

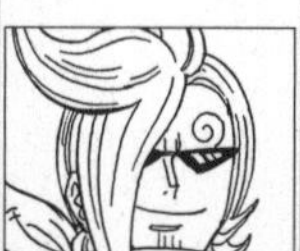

Reiju

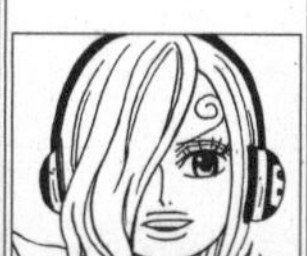

One Piece Party
5

Inhaltsverzeichnis

1-Page-Mangatheater

AUF GEHT'S!! CHOPPERS!!

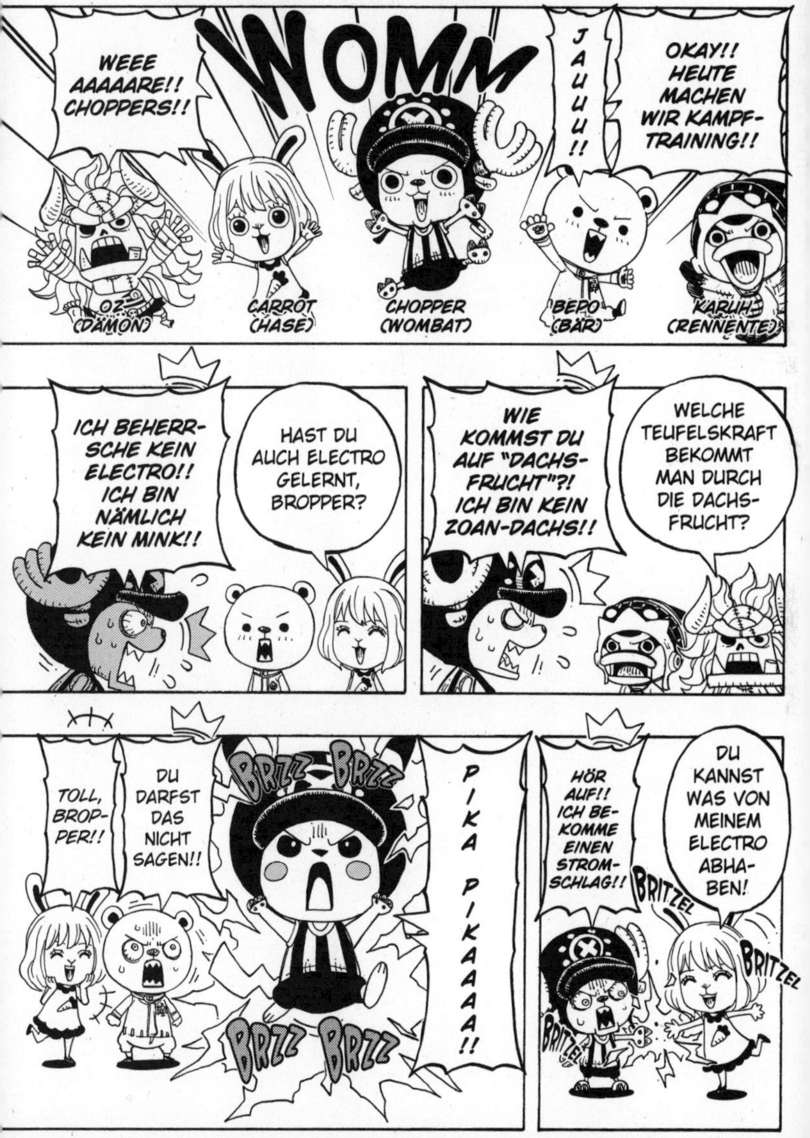

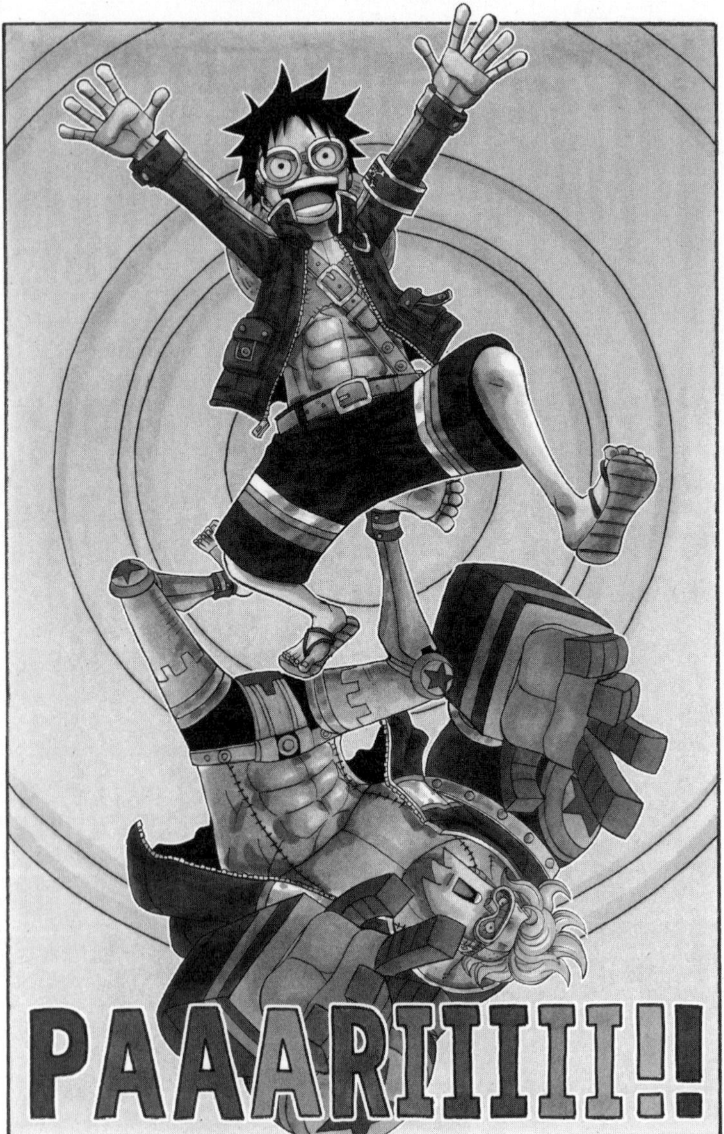
PAAARIIIII!!

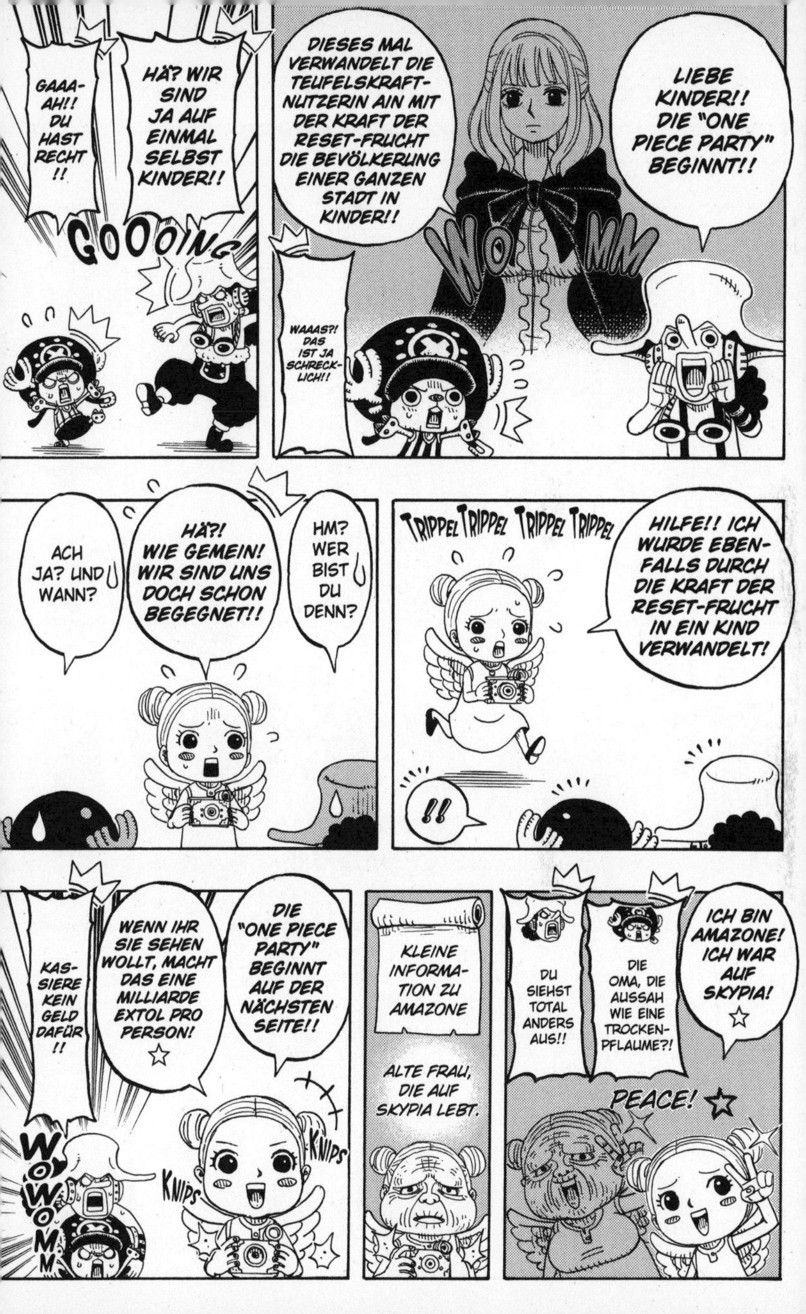

LIEBE KINDER!! DIE "ONE PIECE PARTY" BEGINNT!!
DIESES MAL VERWANDELT DIE TEUFELSKRAFT-NUTZERIN AIN MIT DER KRAFT DER RESET-FRUCHT DIE BEVÖLKERUNG EINER GANZEN STADT IN KINDER!!
WOMM
WAAAS?! DAS IST JA SCHRECK-LICH!!
HÄ? WIR SIND JA AUF EINMAL SELBST KINDER!!
GAAA-AH!! DU HAST RECHT!!
GOOOING
TRIPPEL TRIPPEL TRIPPEL TRIPPEL
HILFE!! ICH WURDE EBEN-FALLS DURCH DIE KRAFT DER RESET-FRUCHT IN EIN KIND VERWANDELT!
!!
HM? WER BIST DU DENN?
HÄ?! WIE GEMEIN! WIR SIND UNS DOCH SCHON BEGEGNET!!
ACH JA? UND WANN?
ICH BIN AMAZONE! ICH WAR AUF SKYPIA! ☆
DIE OMA, DIE AUSSAH WIE EINE TROCKEN-PFLAUME?!
DU SIEHST TOTAL ANDERS AUS!!
PEACE! ☆
KLEINE INFORMA-TION ZU AMAZONE
ALTE FRAU, DIE AUF SKYPIA LEBT.
DIE "ONE PIECE PARTY" BEGINNT AUF DER NÄCHSTEN SEITE!!
WENN IHR SIE SEHEN WOLLT, MACHT DAS EINE MILLIARDE EXTOL PRO PERSON! ☆
KAS-SIERE KEIN GELD DAFÜR!!
KNIPS
KNIPS
WOWOMM

21. Kapitel
Die Stadt, in der nur Kinder sind
Der Captain vom Captain

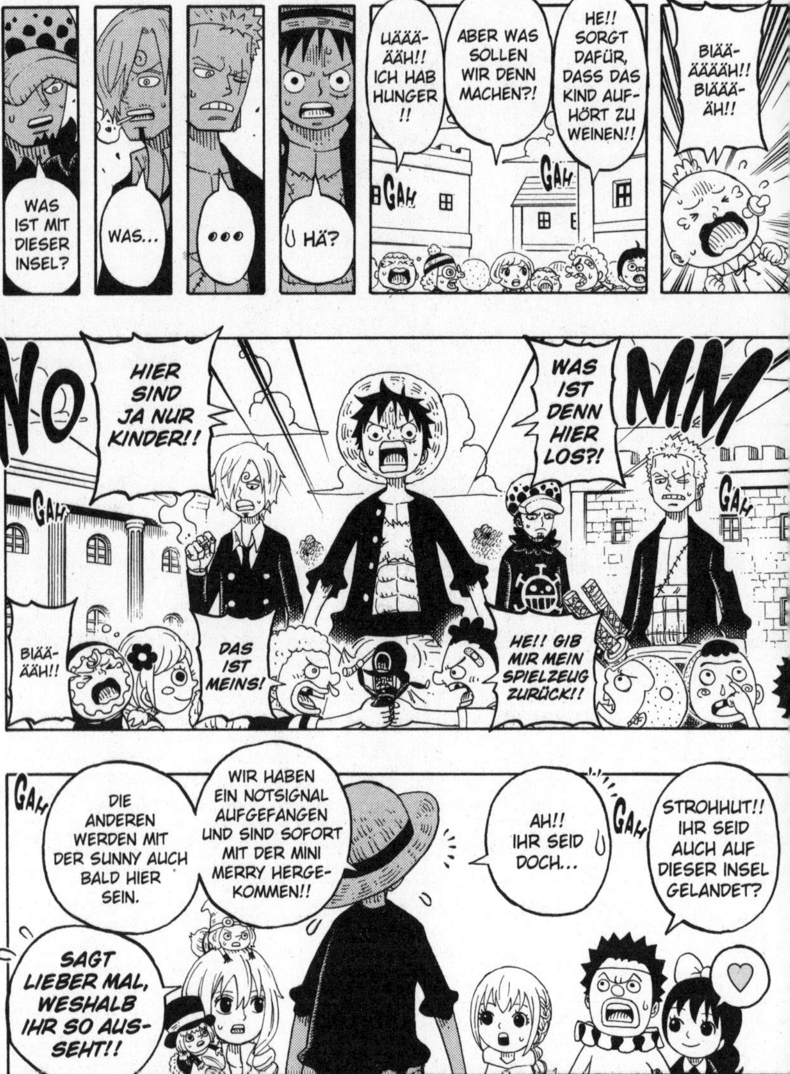

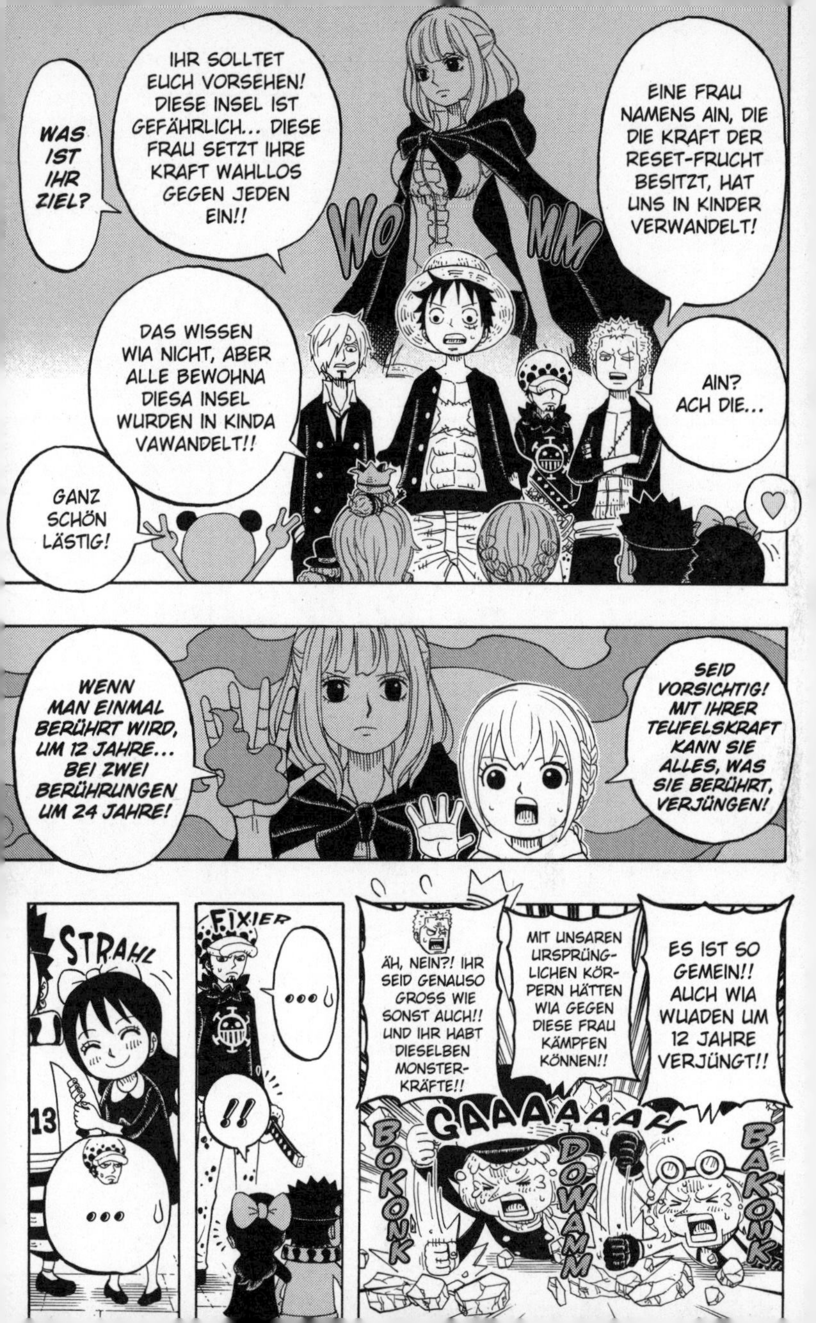
EINE FRAU NAMENS AIN, DIE DIE KRAFT DER RESET-FRUCHT BESITZT, HAT UNS IN KINDER VERWANDELT!
IHR SOLLTET EUCH VORSEHEN! DIESE INSEL IST GEFÄHRLICH... DIESE FRAU SETZT IHRE KRAFT WAHLLOS GEGEN JEDEN EIN!!
WAS IST IHR ZIEL?
WOMM
AIN? ACH DIE...
DAS WISSEN WIA NICHT, ABER ALLE BEWOHNA DIESA INSEL WURDEN IN KINDA VAWANDELT!!
GANZ SCHÖN LÄSTIG!
SEID VORSICHTIG! MIT IHRER TEUFELSKRAFT KANN SIE ALLES, WAS SIE BERÜHRT, VERJÜNGEN!
WENN MAN EINMAL BERÜHRT WIRD, UM 12 JAHRE... BEI ZWEI BERÜHRUNGEN UM 24 JAHRE!
ES IST SO GEMEIN!! AUCH WIA WUADEN UM 12 JAHRE VERJÜNGT!!
MIT UNSAREN URSPRÜNGLICHEN KÖRPERN HÄTTEN WIA GEGEN DIESE FRAU KÄMPFEN KÖNNEN!!
ÄH, NEIN?! IHR SEID GENAUSO GROSS WIE SONST AUCH!! UND IHR HABT DIESELBEN MONSTERKRÄFTE!!
GAAAAAAAH
BAKONK
DOWAMM
BOKONK
FIXIER
...
!!
STRAHL
...

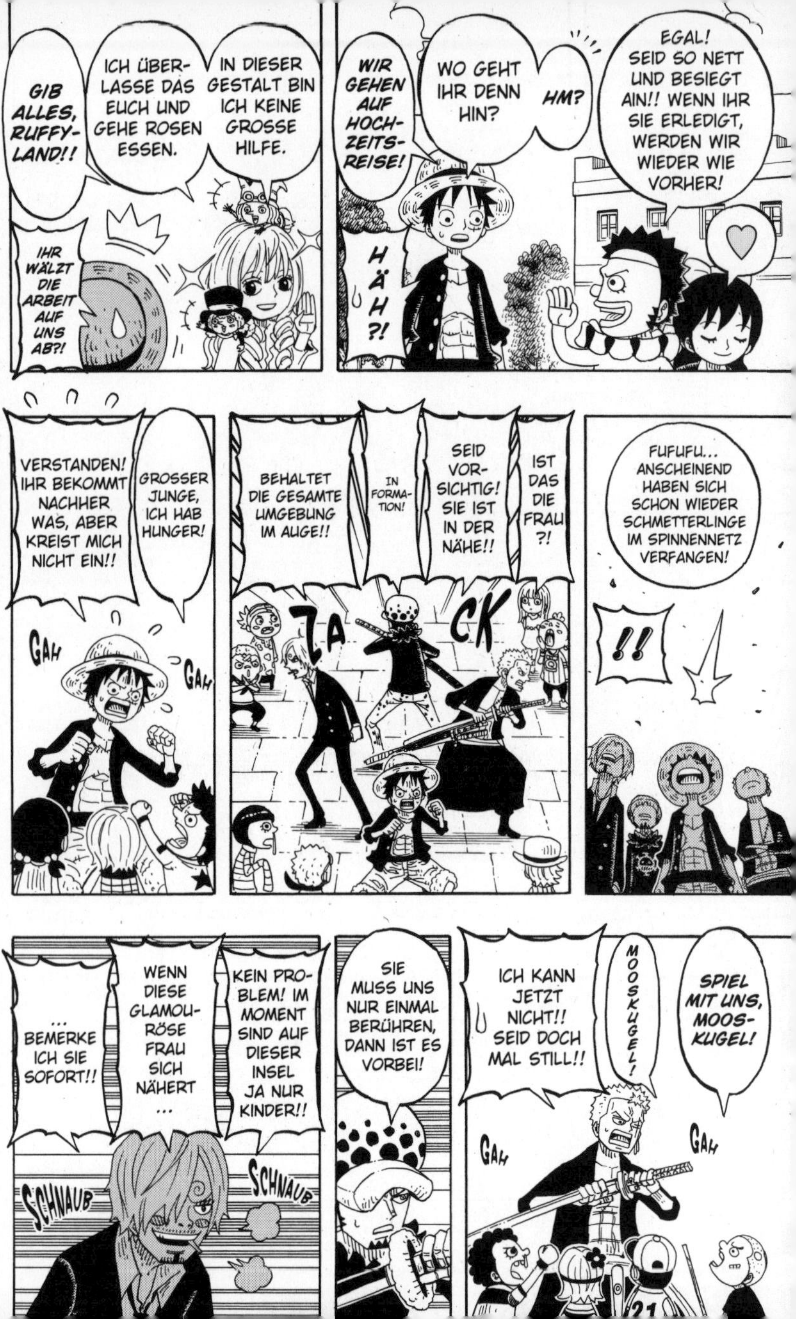
EGAL! SEID SO NETT UND BESIEGT AIN!! WENN IHR SIE ERLEDIGT, WERDEN WIR WIEDER WIE VORHER!
HM?
WO GEHT IHR DENN HIN?
WIR GEHEN AUF HOCHZEITSREISE!
HÄH?!
IN DIESER GESTALT BIN ICH KEINE GROSSE HILFE.
ICH ÜBERLASSE DAS EUCH UND GEHE ROSEN ESSEN.
GIB ALLES, RUFFYLAND!!
IHR WÄLZT DIE ARBEIT AUF UNS AB?!
FUFUFU... ANSCHEINEND HABEN SICH SCHON WIEDER SCHMETTERLINGE IM SPINNENNETZ VERFANGEN!
!!
IST DAS DIE FRAU?!
SEID VORSICHTIG! SIE IST IN DER NÄHE!!
IN FORMATION!
BEHALTET DIE GESAMTE UMGEBUNG IM AUGE!!
ZACK
GROSSER JUNGE, ICH HAB HUNGER!
VERSTANDEN! IHR BEKOMMT NACHHER WAS, ABER KREIST MICH NICHT EIN!!
GAH
GAH
SPIEL MIT UNS, MOOSKUGEL!
MOOSKUGEL!
ICH KANN JETZT NICHT!! SEID DOCH MAL STILL!!
GAH
GAH
SIE MUSS UNS NUR EINMAL BERÜHREN, DANN IST ES VORBEI!
KEIN PROBLEM! IM MOMENT SIND AUF DIESER INSEL JA NUR KINDER!!
WENN DIESE GLAMOURÖSE FRAU SICH NÄHERT ...
... BEMERKE ICH SIE SOFORT!!
SCHNAUB
SCHNAUB

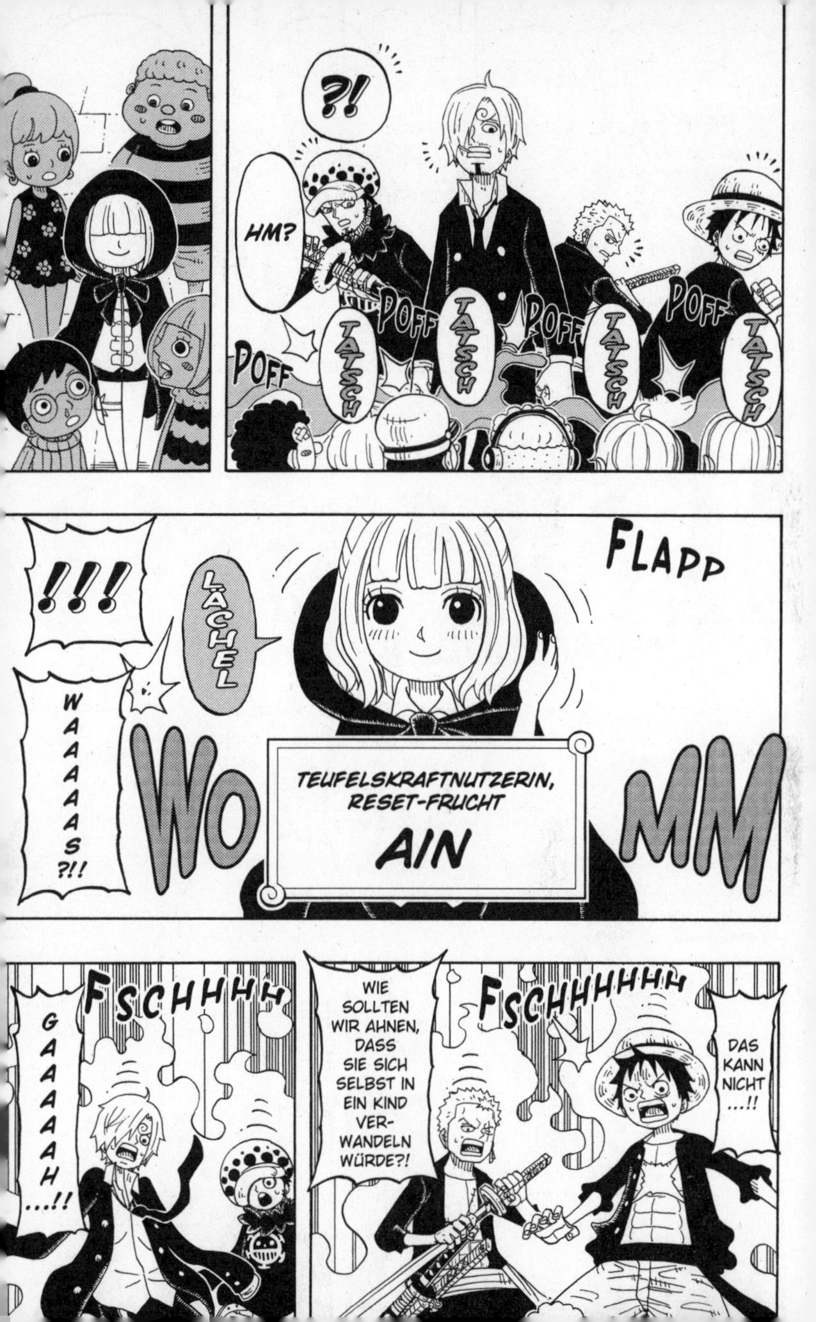

?!
HM?
POFF
TATSCH
POFF
TATSCH
POFF
TATSCH
POFF
TATSCH
POFF
FLAPP
LÄCHEL
!!!
WAAAAAAAS?!!
WOMM
TEUFELSKRAFTNUTZERIN, RESET-FRUCHT
AIN
DAS KANN NICHT ...!!
FSCHHHHHH
WIE SOLLTEN WIR AHNEN, DASS SIE SICH SELBST IN EIN KIND VERWANDELN WÜRDE?!
FSCHHHHH
GAAAAAAAH ...!!

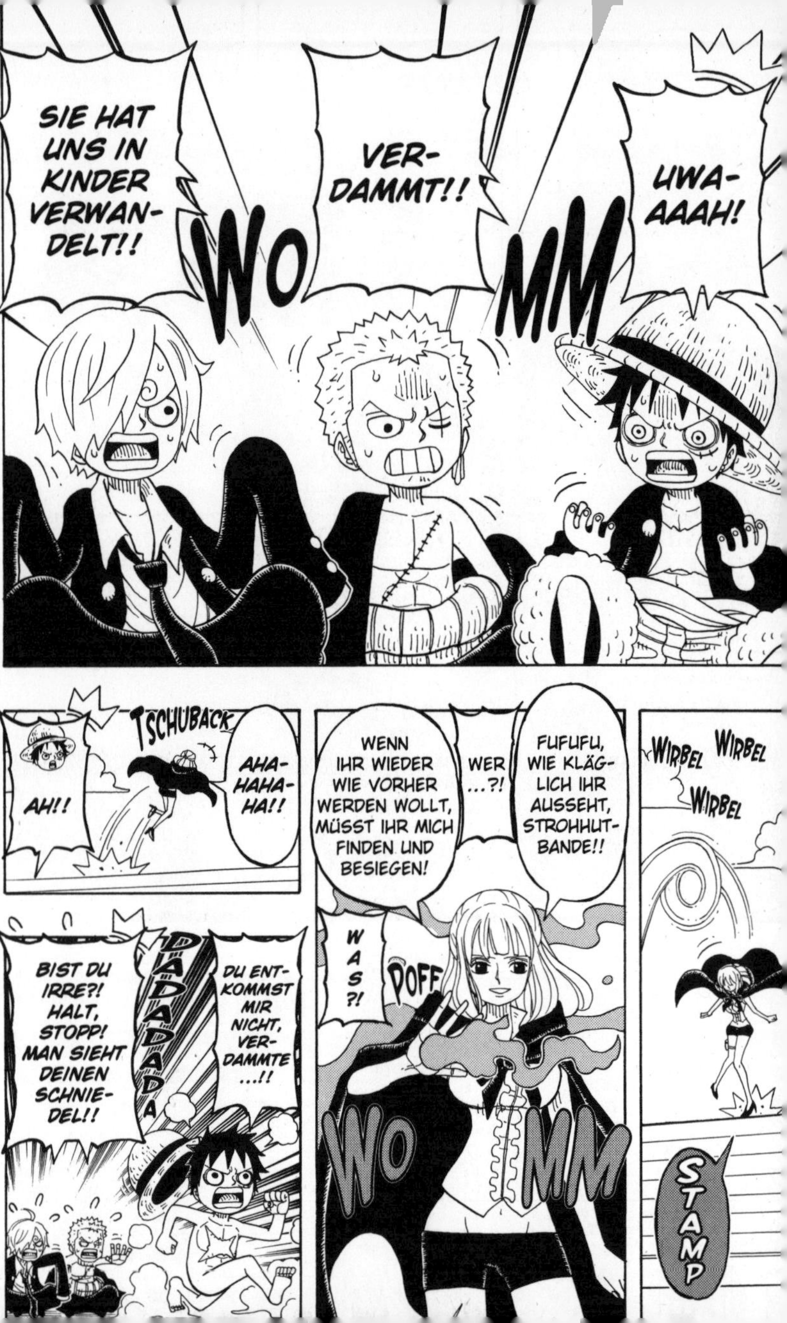
UWA-AAAH!
VER-DAMMT!!
SIE HAT UNS IN KINDER VERWAN-DELT!!
WOMM
WIRBEL WIRBEL WIRBEL
STAMP
FUFUFU, WIE KLÄG-LICH IHR AUSSEHT, STROHHUT-BANDE!!
WER ...?!
WENN IHR WIEDER WIE VORHER WERDEN WOLLT, MÜSST IHR MICH FINDEN UND BESIEGEN!
WAS?!
POFF
WOMM
AHA-HAHA-HA!!
TSCHUBACK
AH!!
DU ENT-KOMMST MIR NICHT, VER-DAMMTE ...!!
DADADADADA
BIST DU IRRE?! HALT, STOPP! MAN SIEHT DEINEN SCHNIE-DEL!!

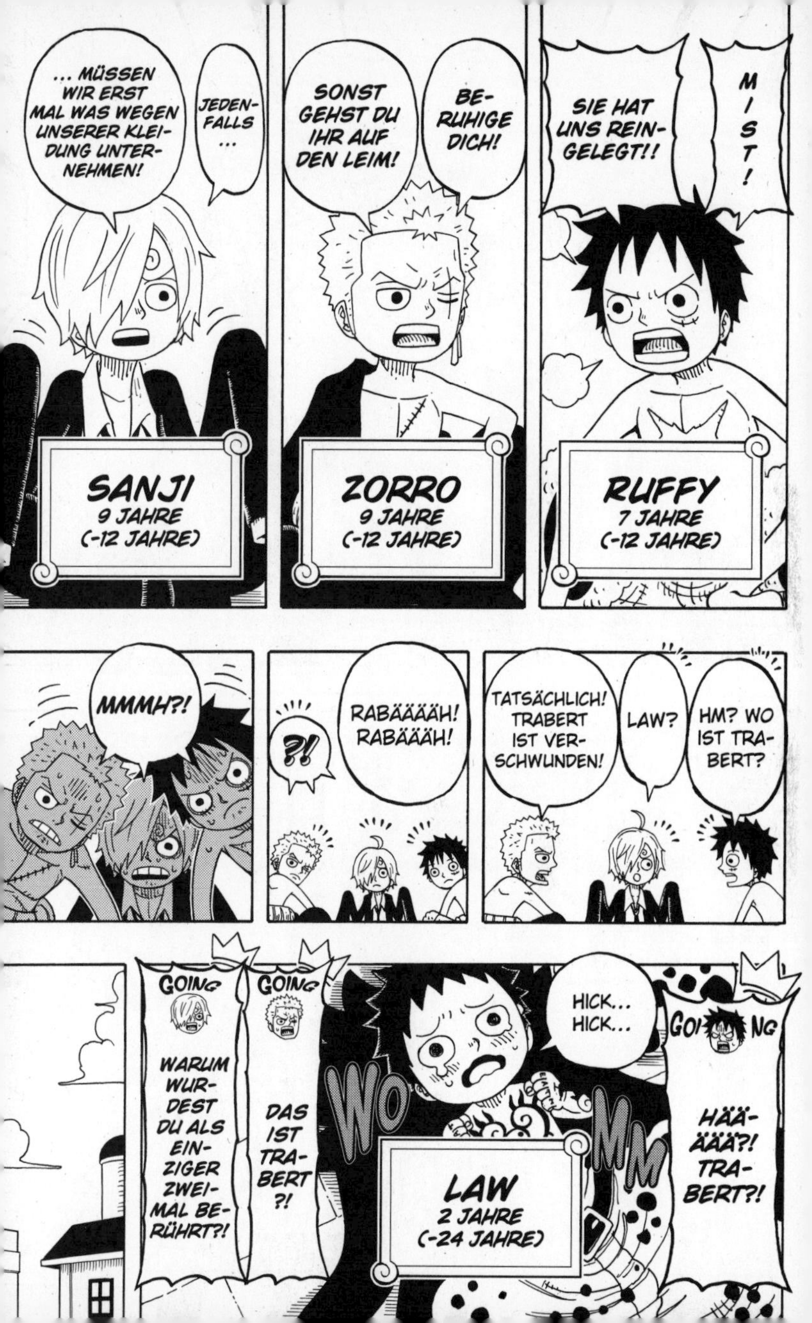
MIST!
SIE HAT UNS REIN-GELEGT!!
RUFFY 7 JAHRE (-12 JAHRE)
BE-RUHIGE DICH!
SONST GEHST DU IHR AUF DEN LEIM!
ZORRO 9 JAHRE (-12 JAHRE)
JEDEN-FALLS ...
... MÜSSEN WIR ERST MAL WAS WEGEN UNSERER KLEI-DUNG UNTER-NEHMEN!
SANJI 9 JAHRE (-12 JAHRE)
HM? WO IST TRA-BERT?
LAW?
TATSÄCHLICH! TRABERT IST VER-SCHWUNDEN!
RABÄÄÄÄH! RABÄÄÄH!
?!
MMMH?!
GOING
HÄÄ-ÄÄÄ?! TRA-BERT?!
HICK... HICK...
WOMM
LAW 2 JAHRE (-24 JAHRE)
GOING
DAS IST TRA-BERT?!
GOING
WARUM WUR-DEST DU ALS EIN-ZIGER ZWEI-MAL BE-RÜHRT?!

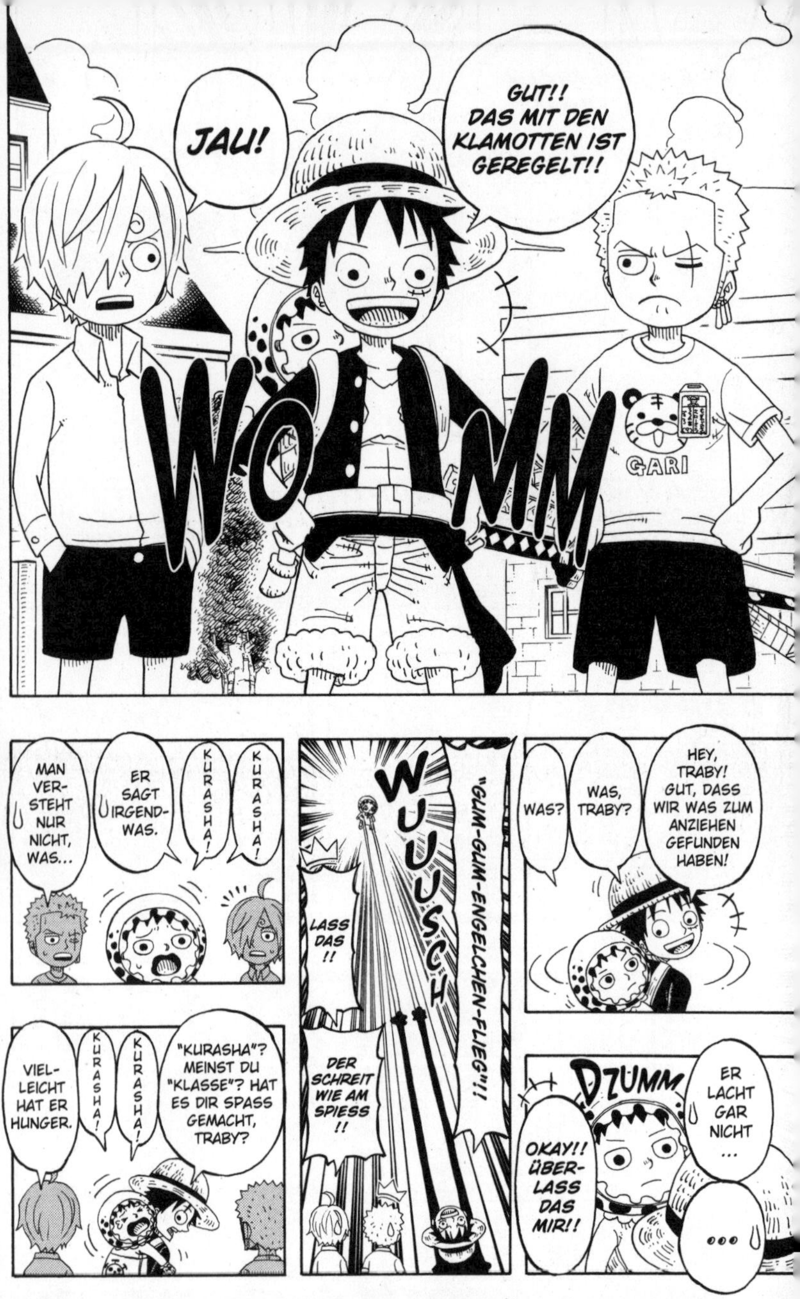
GUT!! DAS MIT DEN KLAMOTTEN IST GEREGELT!!
JAU!
WOMM
GARI
HEY, TRABY! GUT, DASS WIR WAS ZUM ANZIEHEN GEFUNDEN HABEN!
WAS, TRABY?
WAS?
"GUM-GUM-ENGELCHEN-FLIEG"!!
WUUUSCH
LASS DAS!!
DER SCHREIT WIE AM SPIESS!!
KURASHA!
KURASHA!
ER SAGT IRGENDWAS.
MAN VERSTEHT NUR NICHT, WAS...
ER LACHT GAR NICHT...
DZUMM
OKAY!! ÜBERLASS DAS MIR!!
...
"KURASHA"? MEINST DU "KLASSE"? HAT ES DIR SPASS GEMACHT, TRABY?
KURASHA!
KURASHA!
VIELLEICHT HAT ER HUNGER.

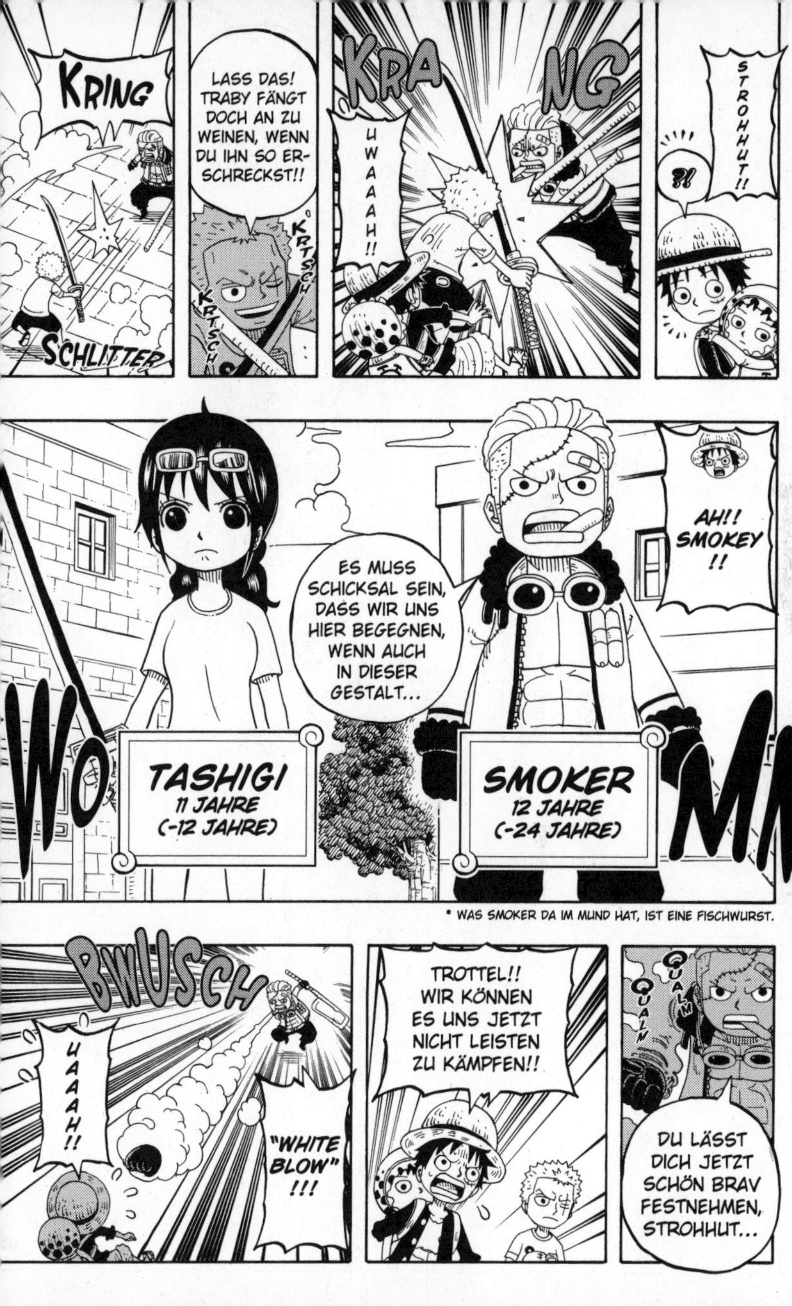

* WAS SMOKER DA IM MUND HAT, IST EINE FISCHWURST.

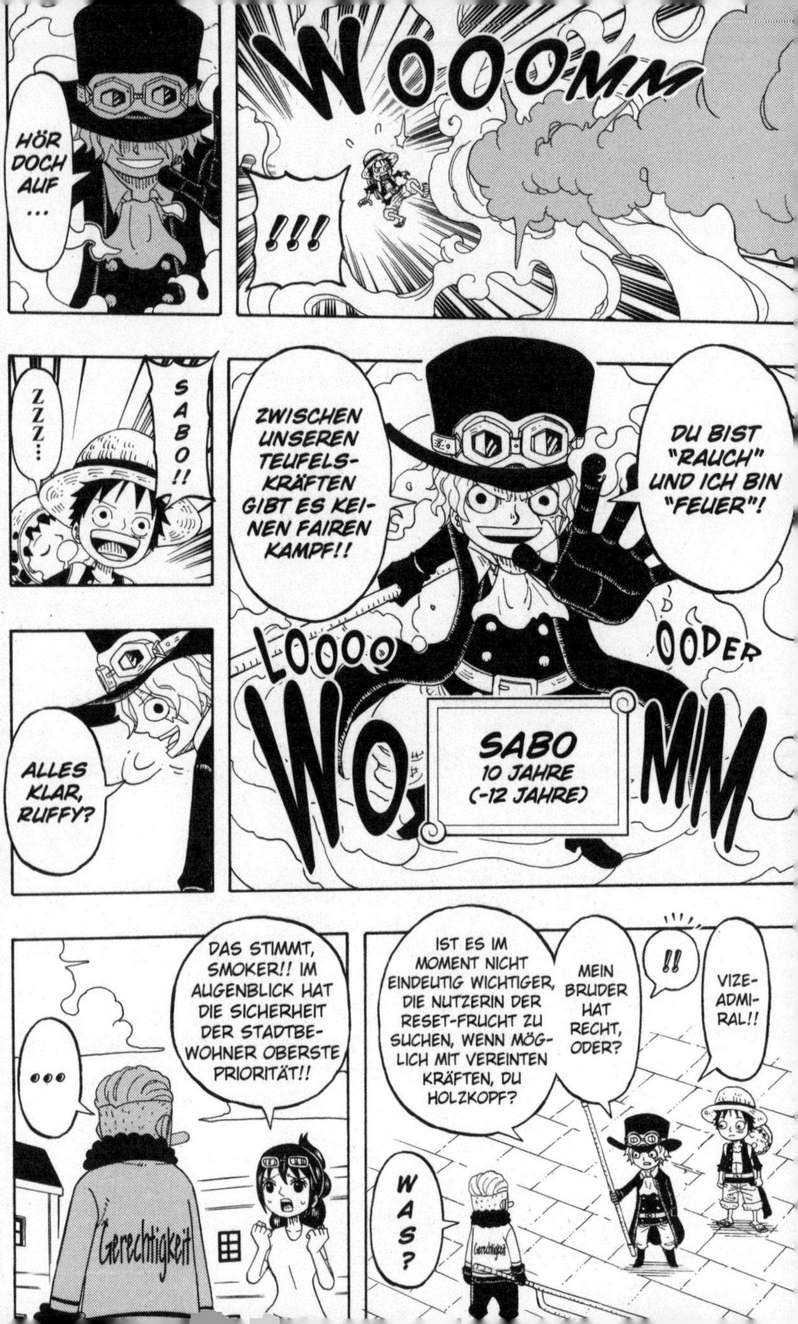
WOOOMM
!!!
HÖR DOCH AUF …
DU BIST "RAUCH" UND ICH BIN "FEUER"!
ZWISCHEN UNSEREN TEUFELSKRÄFTEN GIBT ES KEINEN FAIREN KAMPF!!
LOOOO ODER
WO MM
SABO
10 JAHRE
(-12 JAHRE)
SABO!!
ZZZ…
ALLES KLAR, RUFFY?
VIZE-ADMIRAL!!
!!
MEIN BRUDER HAT RECHT, ODER?
IST ES IM MOMENT NICHT EINDEUTIG WICHTIGER, DIE NUTZERIN DER RESET-FRUCHT ZU SUCHEN, WENN MÖGLICH MIT VEREINTEN KRÄFTEN, DU HOLZKOPF?
WAS?
Gerechtigkeit
DAS STIMMT, SMOKER!! IM AUGENBLICK HAT DIE SICHERHEIT DER STADTBEWOHNER OBERSTE PRIORITÄT!!
…
Gerechtigkeit

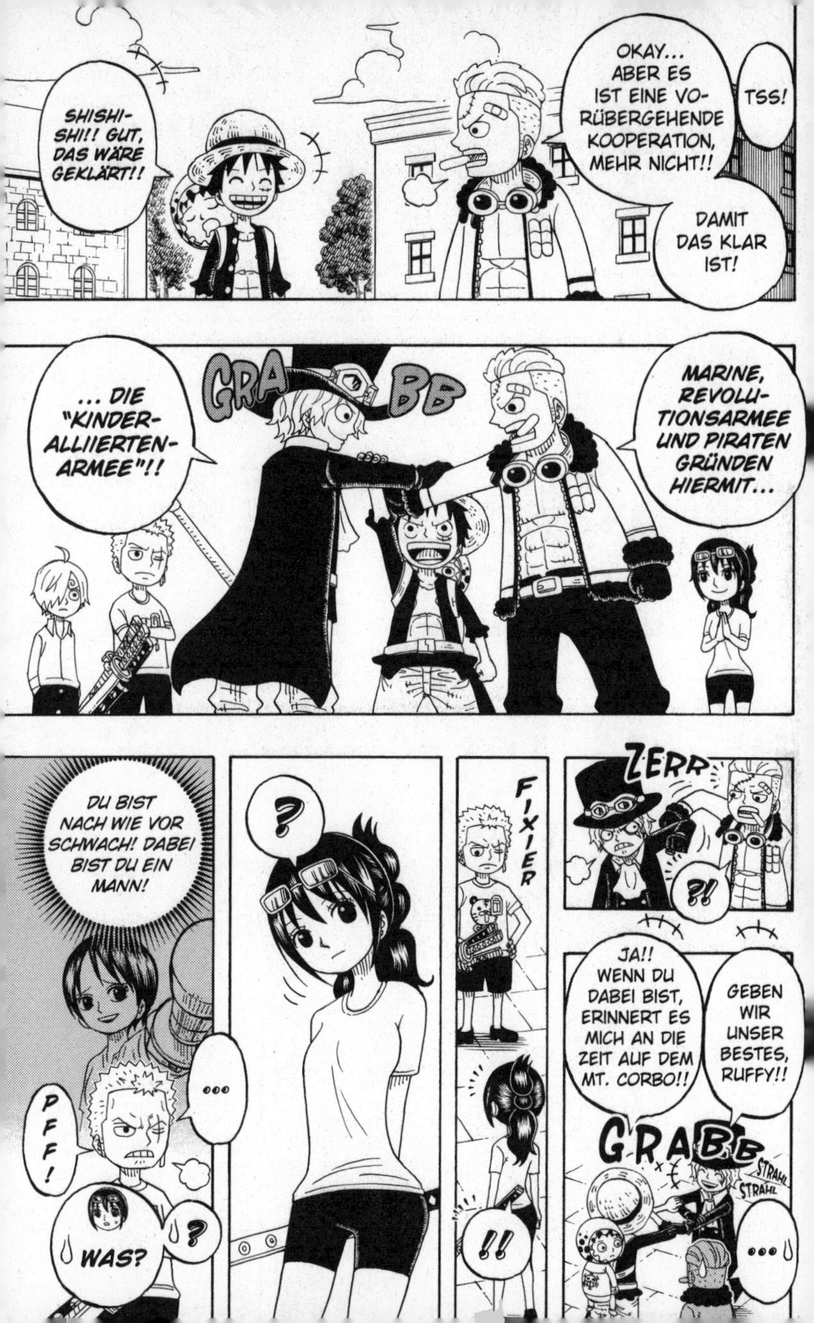
OKAY... ABER ES IST EINE VORÜBERGEHENDE KOOPERATION, MEHR NICHT!!
TSS!
DAMIT DAS KLAR IST!
SHISHISHI!! GUT, DAS WÄRE GEKLÄRT!!
MARINE, REVOLUTIONSARMEE UND PIRATEN GRÜNDEN HIERMIT...
GRABB
... DIE "KINDER-ALLIIERTEN-ARMEE"!!
ZERR
?!
FIXIER
?
DU BIST NACH WIE VOR SCHWACH! DABEI BIST DU EIN MANN!
...
PFF!
?
WAS?
!!
GEBEN WIR UNSER BESTES, RUFFY!!
JA!! WENN DU DABEI BIST, ERINNERT ES MICH AN DIE ZEIT AUF DEM MT. CORBO!!
GRABB
STRAHL STRAHL
...

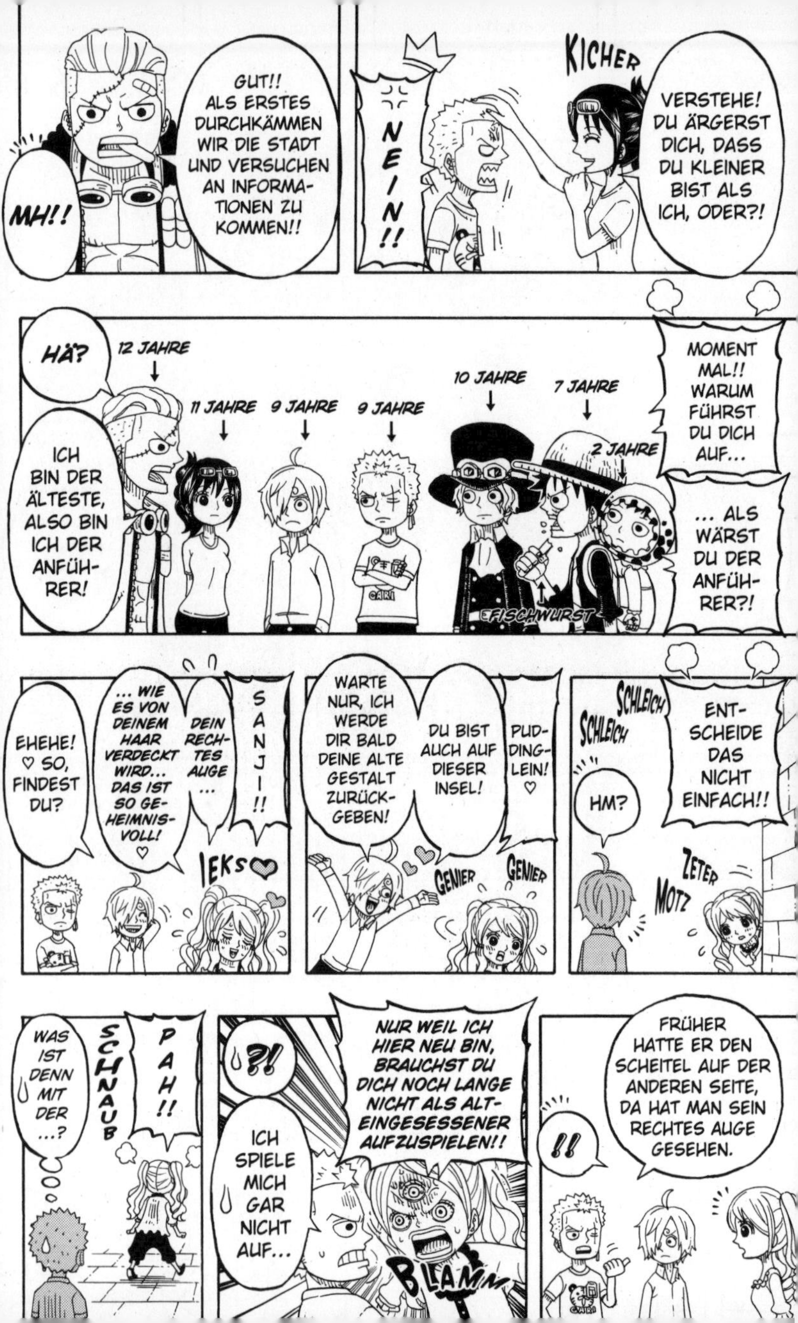
KICHER
VERSTEHE! DU ÄRGERST DICH, DASS DU KLEINER BIST ALS ICH, ODER?!
NEIN!!
GUT!! ALS ERSTES DURCHKÄMMEN WIR DIE STADT UND VERSUCHEN AN INFORMATIONEN ZU KOMMEN!!
MH!!
MOMENT MAL!! WARUM FÜHRST DU DICH AUF...
... ALS WÄRST DU DER ANFÜHRER?!
2 JAHRE
7 JAHRE
10 JAHRE
FISCHWURST
9 JAHRE
9 JAHRE
11 JAHRE
12 JAHRE
HÄ?
ICH BIN DER ÄLTESTE, ALSO BIN ICH DER ANFÜHRER!
ENTSCHEIDE DAS NICHT EINFACH!!
SCHLEICH
SCHLEICH
HM?
ZETER
MOTZ
PUDDINGLEIN! ♡
DU BIST AUCH AUF DIESER INSEL!
WARTE NUR, ICH WERDE DIR BALD DEINE ALTE GESTALT ZURÜCKGEBEN!
GENIER
GENIER
SANJI!!
DEIN RECHTES AUGE ...
... WIE ES VON DEINEM HAAR VERDECKT WIRD... DAS IST SO GEHEIMNISVOLL! ♡
IEKS
EHEHE! ♡ SO, FINDEST DU?
FRÜHER HATTE ER DEN SCHEITEL AUF DER ANDEREN SEITE, DA HAT MAN SEIN RECHTES AUGE GESEHEN.
!!
NUR WEIL ICH HIER NEU BIN, BRAUCHST DU DICH NOCH LANGE NICHT ALS ALTEINGESESSENER AUFZUSPIELEN!!
?!
ICH SPIELE MICH GAR NICHT AUF...
BLAMM
PAH!!
SCHNAUB
WAS IST DENN MIT DER ...?

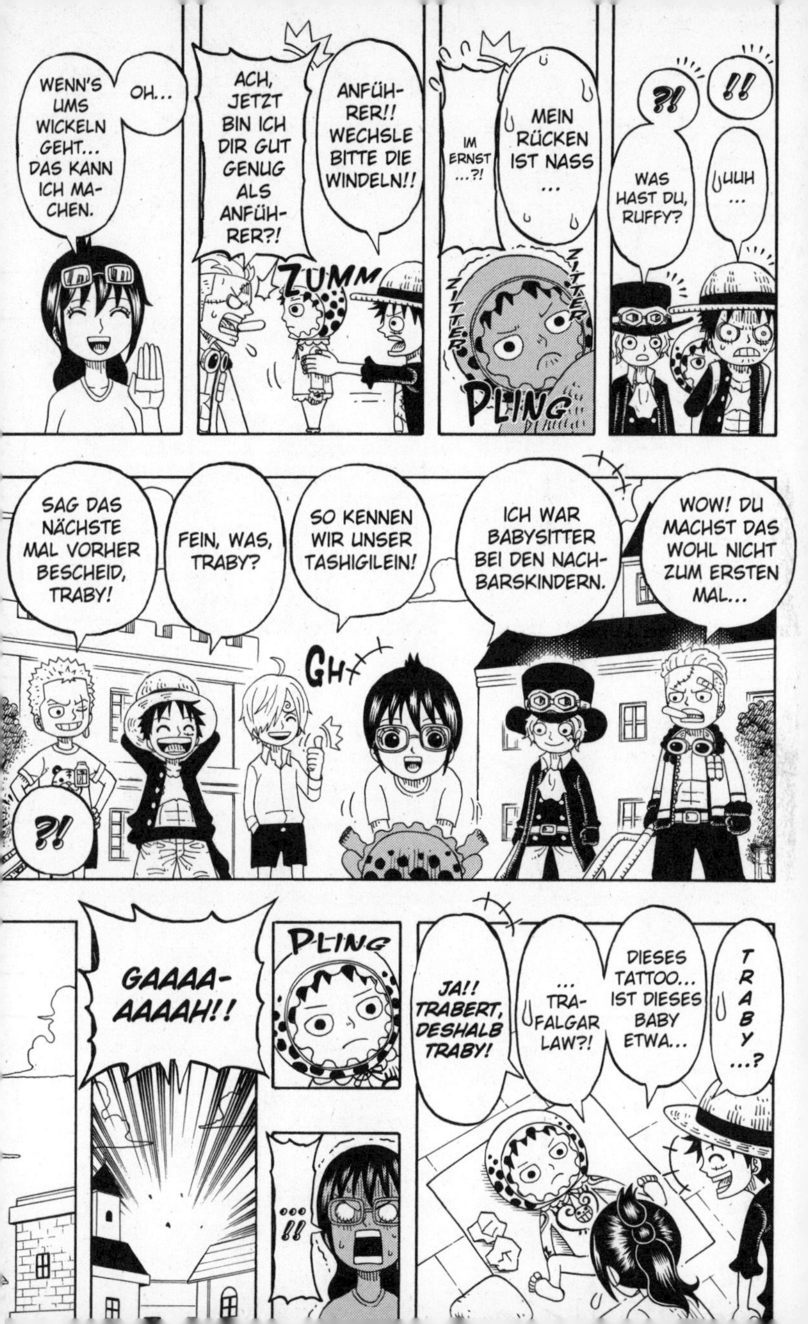
!!
?!
UUH …
WAS HAST DU, RUFFY?
MEIN RÜCKEN IST NASS …
IM ERNST …?!
ZITTER ZITTER
PLING
ANFÜHRER!! WECHSLE BITTE DIE WINDELN!!
ACH, JETZT BIN ICH DIR GUT GENUG ALS ANFÜHRER?!
ZUMM
OH…
WENN'S UMS WICKELN GEHT… DAS KANN ICH MACHEN.
WOW! DU MACHST DAS WOHL NICHT ZUM ERSTEN MAL…
ICH WAR BABYSITTER BEI DEN NACHBARSKINDERN.
SO KENNEN WIR UNSER TASHIGILEIN!
GH
FEIN, WAS, TRABY?
SAG DAS NÄCHSTE MAL VORHER BESCHEID, TRABY!
?!
TRABY …?
DIESES TATTOO… IST DIESES BABY ETWA…
… TRAFALGAR LAW?!
JA!! TRABERT, DESHALB TRABY!
PLING
… !!
GAAAAAAAAH!!

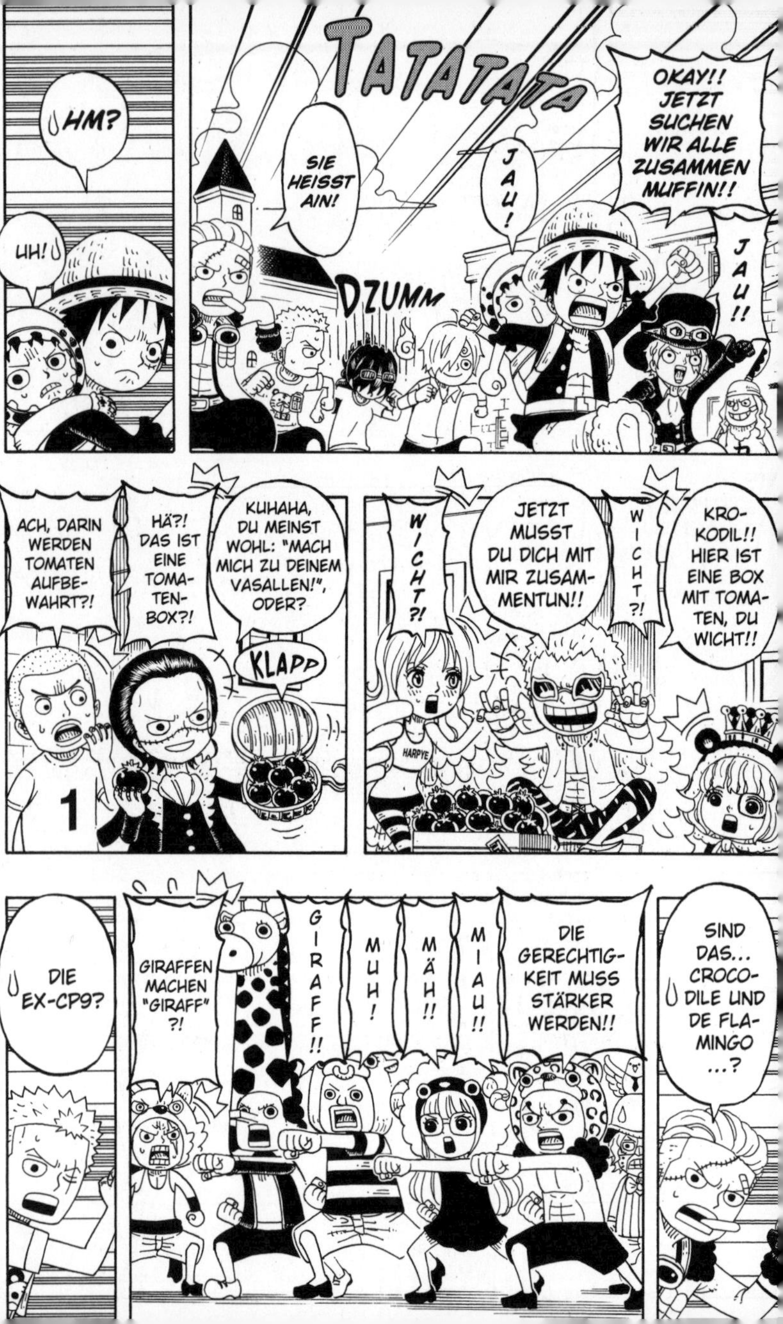
TATATATA
OKAY!! JETZT SUCHEN WIR ALLE ZUSAMMEN MUFFIN!!
JAU!!
JAU!
SIE HEISST AIN!
DZUMM
HM?
UH!
KRO-KODIL!! HIER IST EINE BOX MIT TOMA-TEN, DU WICHT!!
WICHT?!
JETZT MUSST DU DICH MIT MIR ZUSAM-MENTUN!!
WICHT?!
HARPYE
KUHAHA, DU MEINST WOHL: "MACH MICH ZU DEINEM VASALLEN!", ODER?
KLAPP
HÄ?! DAS IST EINE TOMA-TEN-BOX?!
ACH, DARIN WERDEN TOMATEN AUFBE-WAHRT?!
1
SIND DAS... CROCO-DILE UND DE FLA-MINGO ...?
DIE GERECHTIG-KEIT MUSS STÄRKER WERDEN!!
MIAU!!
MÄH!!
MUH!
GIRAFF!!
GIRAFFEN MACHEN "GIRAFF" ?!
DIE EX-CP9?

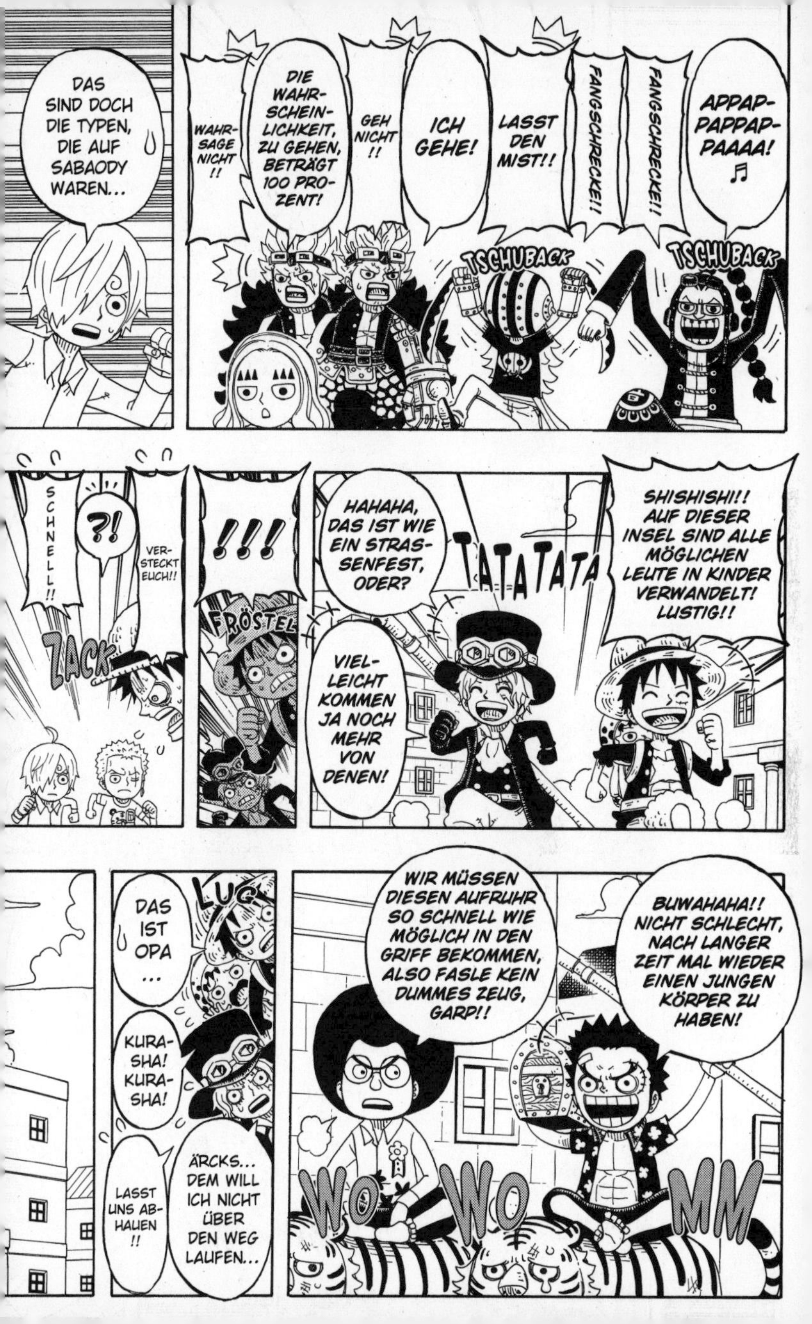
APPAP-PAPPAP-PAAAA! ♪
TSCHUBACK
FANGSCHRECKE!!
FANGSCHRECKE!!
TSCHUBACK
LASST DEN MIST!!
ICH GEHE!
GEH NICHT!!
DIE WAHRSCHEINLICHKEIT, ZU GEHEN, BETRÄGT 100 PROZENT!
WAHRSAGE NICHT!!
DAS SIND DOCH DIE TYPEN, DIE AUF SABAODY WAREN…
SHISHISHI!! AUF DIESER INSEL SIND ALLE MÖGLICHEN LEUTE IN KINDER VERWANDELT! LUSTIG!!
TATATATA
HAHAHA, DAS IST WIE EIN STRASSENFEST, ODER?
VIELLEICHT KOMMEN JA NOCH MEHR VON DENEN!
FRÖSTEL
!!!
?!
VERSTECKT EUCH!!
SCHNELL!!
ZACK
BUWAHAHA!! NICHT SCHLECHT, NACH LANGER ZEIT MAL WIEDER EINEN JUNGEN KÖRPER ZU HABEN!
WIR MÜSSEN DIESEN AUFRUHR SO SCHNELL WIE MÖGLICH IN DEN GRIFF BEKOMMEN, ALSO FASLE KEIN DUMMES ZEUG, GARP!!
WO WO MM
LUG
DAS IST OPA …
KURASHA! KURASHA!
ÄRCKS… DEM WILL ICH NICHT ÜBER DEN WEG LAUFEN…
LASST UNS ABHAUEN!!

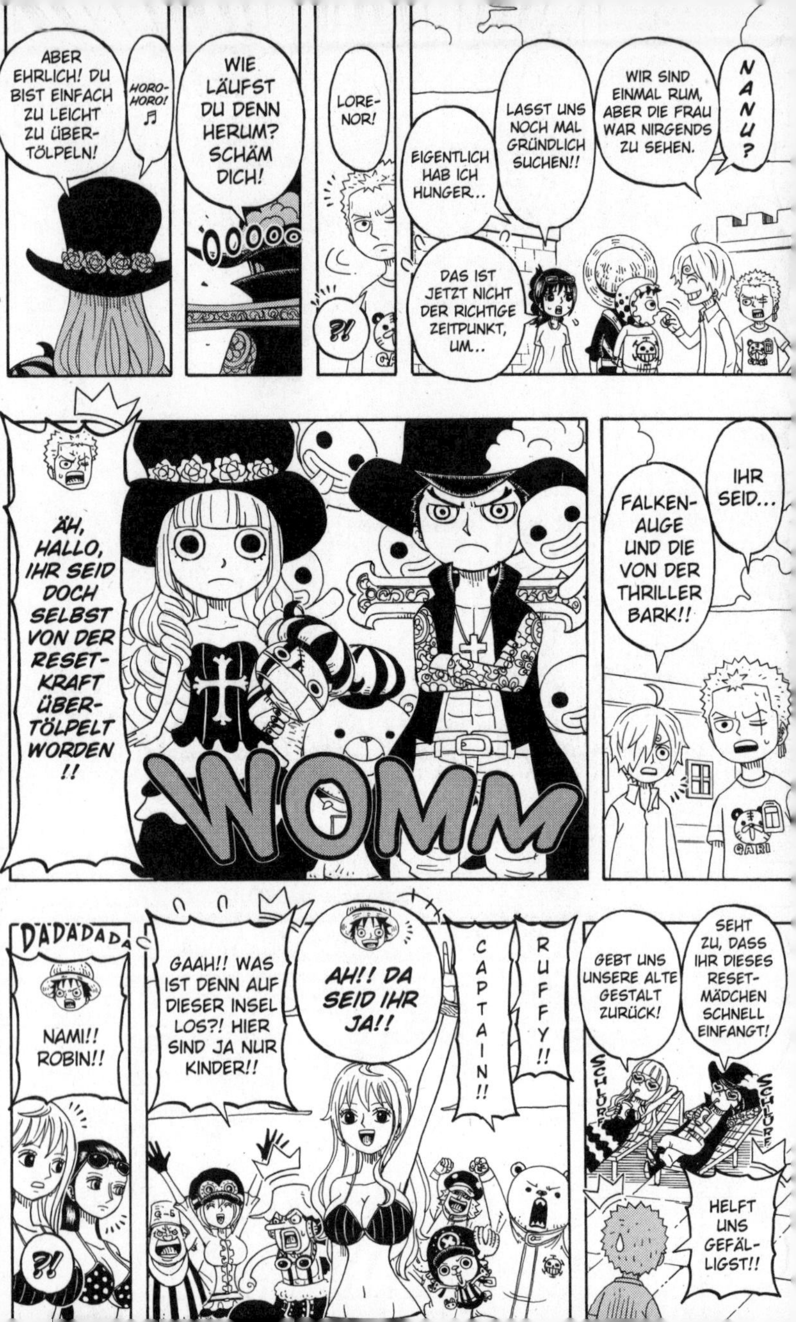
NANU?
WIR SIND EINMAL RUM, ABER DIE FRAU WAR NIRGENDS ZU SEHEN.
LASST UNS NOCH MAL GRÜNDLICH SUCHEN!!
EIGENTLICH HAB ICH HUNGER...
DAS IST JETZT NICHT DER RICHTIGE ZEITPUNKT, UM...
LORE-NOR!
?!
WIE LÄUFST DU DENN HERUM? SCHÄM DICH!
HORO-HORO! ♪
ABER EHRLICH! DU BIST EINFACH ZU LEICHT ZU ÜBER-TÖLPELN!
IHR SEID...
FALKEN-AUGE UND DIE VON DER THRILLER BARK!!
WOMM
ÄH, HALLO, IHR SEID DOCH SELBST VON DER RESET-KRAFT ÜBER-TÖLPELT WORDEN!!
SEHT ZU, DASS IHR DIESES RESET-MÄDCHEN SCHNELL EINFANGT!
GEBT UNS UNSERE ALTE GESTALT ZURÜCK!
SCHLÜRF
SCHLÜRF
HELFT UNS GEFÄLLIGST!!
RUFFY!!
CAPTAIN!!
AH!! DA SEID IHR JA!!
GAAH!! WAS IST DENN AUF DIESER INSEL LOS?! HIER SIND JA NUR KINDER!!
DADADADA
NAMI!! ROBIN!!
?!

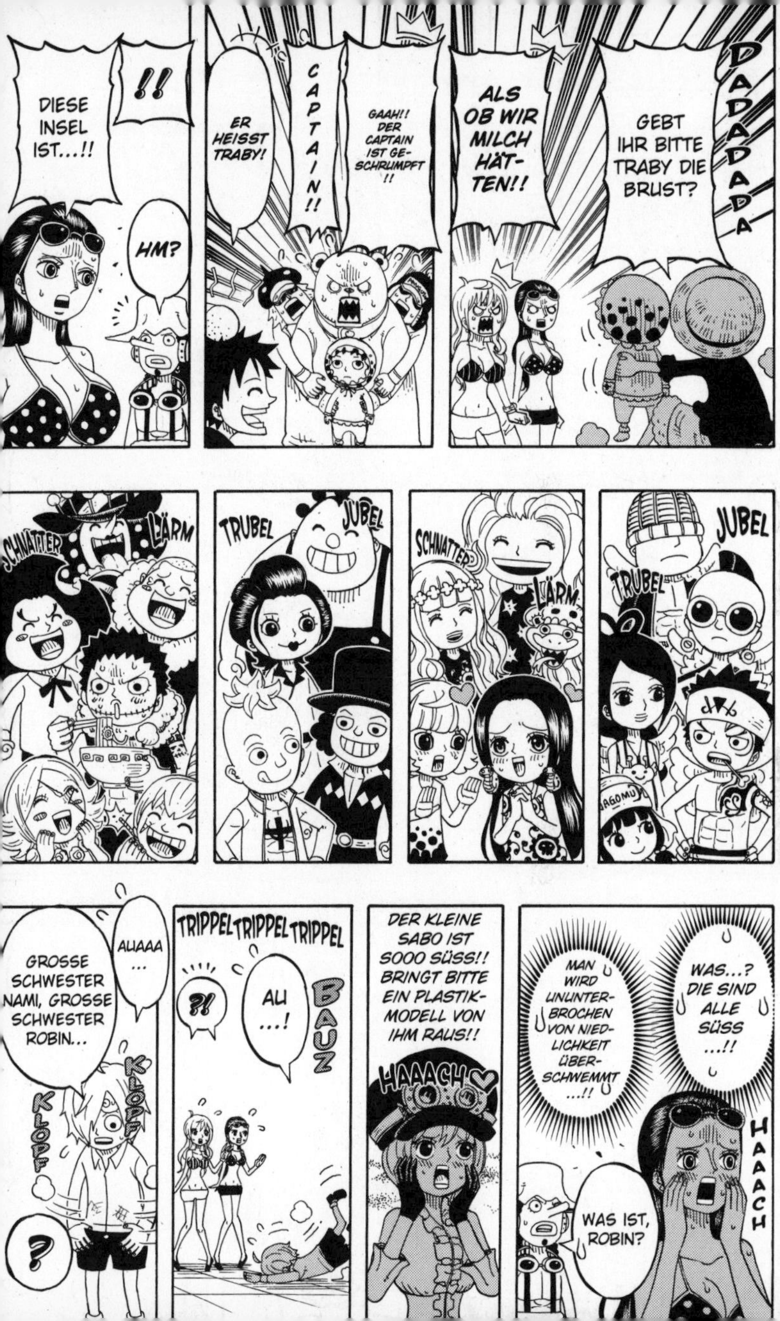
DADADADA
GEBT IHR BITTE TRABY DIE BRUST?
ALS OB WIR MILCH HÄT-TEN!!
GAAH!! DER CAPTAIN IST GE-SCHRUMPFT!!
CAPTAIN!!
ER HEISST TRABY!
!!
DIESE INSEL IST...!!
HM?
JUBEL
TRUBEL
SCHNATTER
LÄRM
JUBEL
TRUBEL
LÄRM
SCHNATTER
WAS...? DIE SIND ALLE SÜSS...!!
MAN WIRD UNUNTER-BROCHEN VON NIED-LICHKEIT ÜBER-SCHWEMMT...!!
HAAACH
WAS IST, ROBIN?
DER KLEINE SABO IST SOOO SÜSS!! BRINGT BITTE EIN PLASTIK-MODELL VON IHM RAUS!!
HAAACH♥
BAUZ
AU...!
?!
TRIPPEL TRIPPEL TRIPPEL
AUAAA...
GROSSE SCHWESTER NAMI, GROSSE SCHWESTER ROBIN...
KLOPF
KLOPF
KLOPF
?

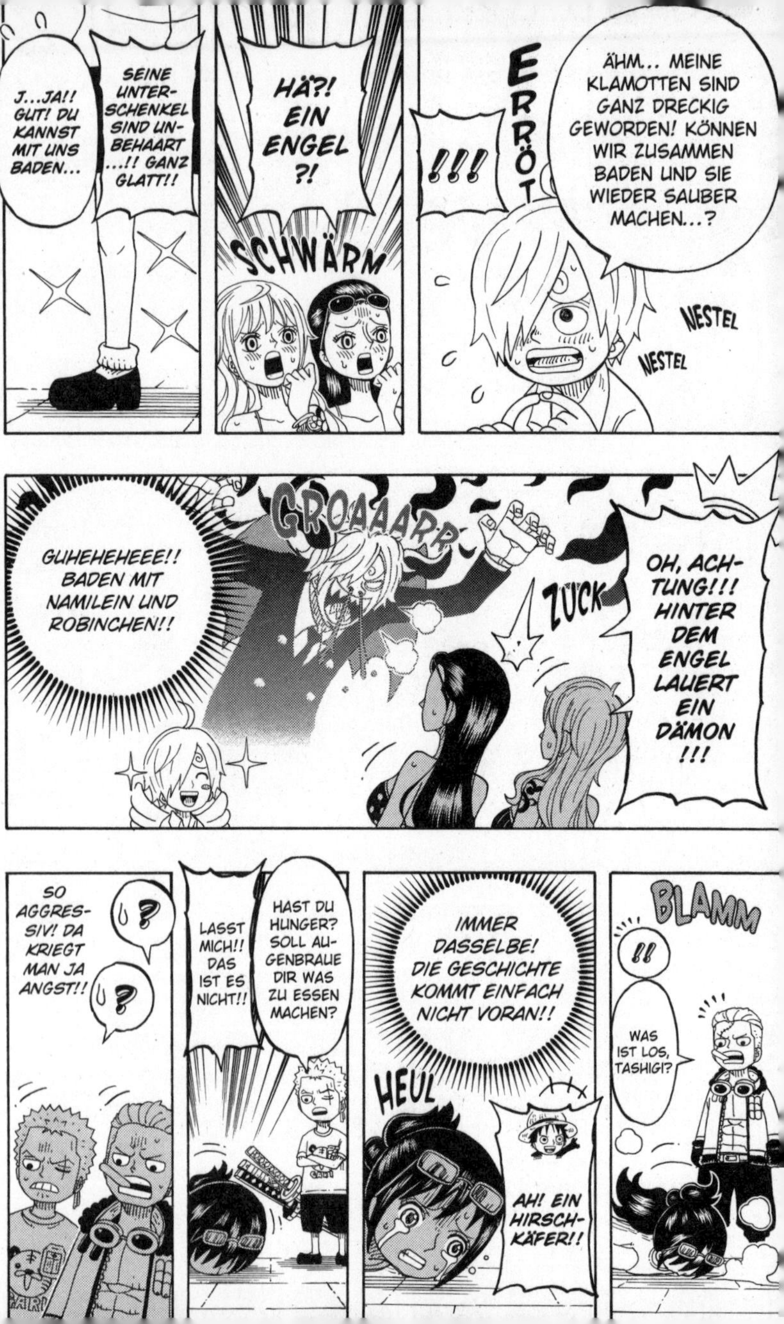
ÄHM... MEINE KLAMOTTEN SIND GANZ DRECKIG GEWORDEN! KÖNNEN WIR ZUSAMMEN BADEN UND SIE WIEDER SAUBER MACHEN...?
ERRÖT
!!!
NESTEL
NESTEL
HÄ?! EIN ENGEL ?!
SCHWÄRM
SEINE UNTERSCHENKEL SIND UNBEHAART ...!! GANZ GLATT!!
J...JA!! GUT! DU KANNST MIT UNS BADEN...
OH, ACHTUNG!!! HINTER DEM ENGEL LAUERT EIN DÄMON !!!
ZUCK
GROAAARR
GUHEHEHEEE!! BADEN MIT NAMILEIN UND ROBINCHEN!!
BLAMM
!!
WAS IST LOS, TASHIGI?
IMMER DASSELBE! DIE GESCHICHTE KOMMT EINFACH NICHT VORAN!!
HEUL
AH! EIN HIRSCHKÄFER!!
HAST DU HUNGER? SOLL AUGENBRAUE DIR WAS ZU ESSEN MACHEN?
LASST MICH!! DAS IST ES NICHT!!
SO AGGRESSIV! DA KRIEGT MAN JA ANGST!!
?
?

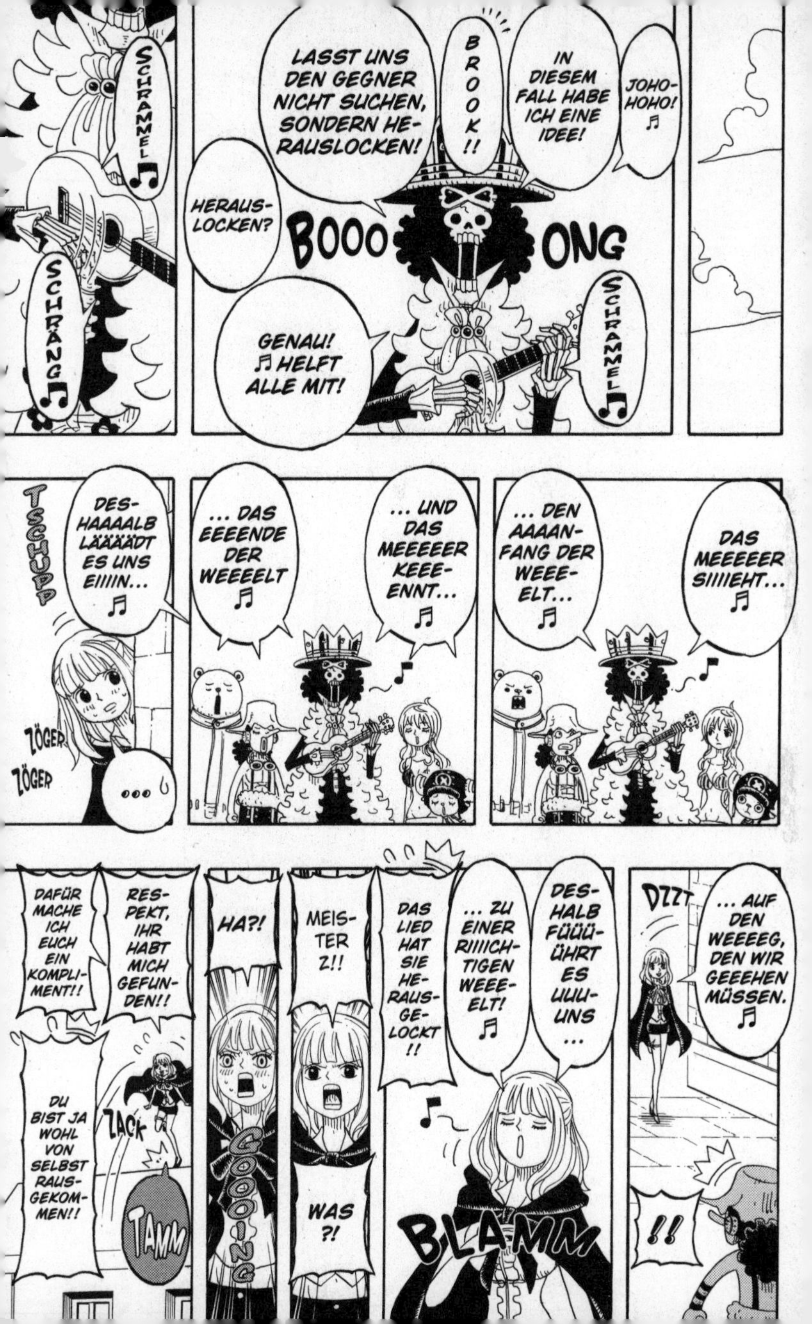
JOHO-HOHO! ♫
IN DIESEM FALL HABE ICH EINE IDEE!
BROOK!!
LASST UNS DEN GEGNER NICHT SUCHEN, SONDERN HE-RAUSLOCKEN!
BOOO ONG
HERAUS-LOCKEN?
SCHRAMMEL
GENAU! ♫ HELFT ALLE MIT!
SCHRAMMEL
SCHRÄNG
DAS MEEEEER SIIIEHT… ♫
… DEN AAAAN-FANG DER WEEE-ELT… ♫
… UND DAS MEEEEER KEEE-ENNT… ♫
… DAS EEEENDE DER WEEEELT ♫
DES-HAAAALB LÄÄÄÄDT ES UNS EIIIIN… ♫
TSCHUPP
ZÖGER
ZÖGER
…
… AUF DEN WEEEEG, DEN WIR GEEEHEN MÜSSEN. ♫
DZZT
!!
DES-HALB FÜÜÜ-ÜHRT ES UUU-UNS …
… ZU EINER RIIIICH-TIGEN WEEE-ELT! ♫
BLAMM
DAS LIED HAT SIE HE-RAUS-GE-LOCKT!!
MEIS-TER Z!!
WAS?!
HA?!
GOOOING
RES-PEKT, IHR HABT MICH GEFUN-DEN!!
DAFÜR MACHE ICH EUCH EIN KOMPLI-MENT!!
ZACK
TAMM
DU BIST JA WOHL VON SELBST RAUS-GEKOM-MEN!!

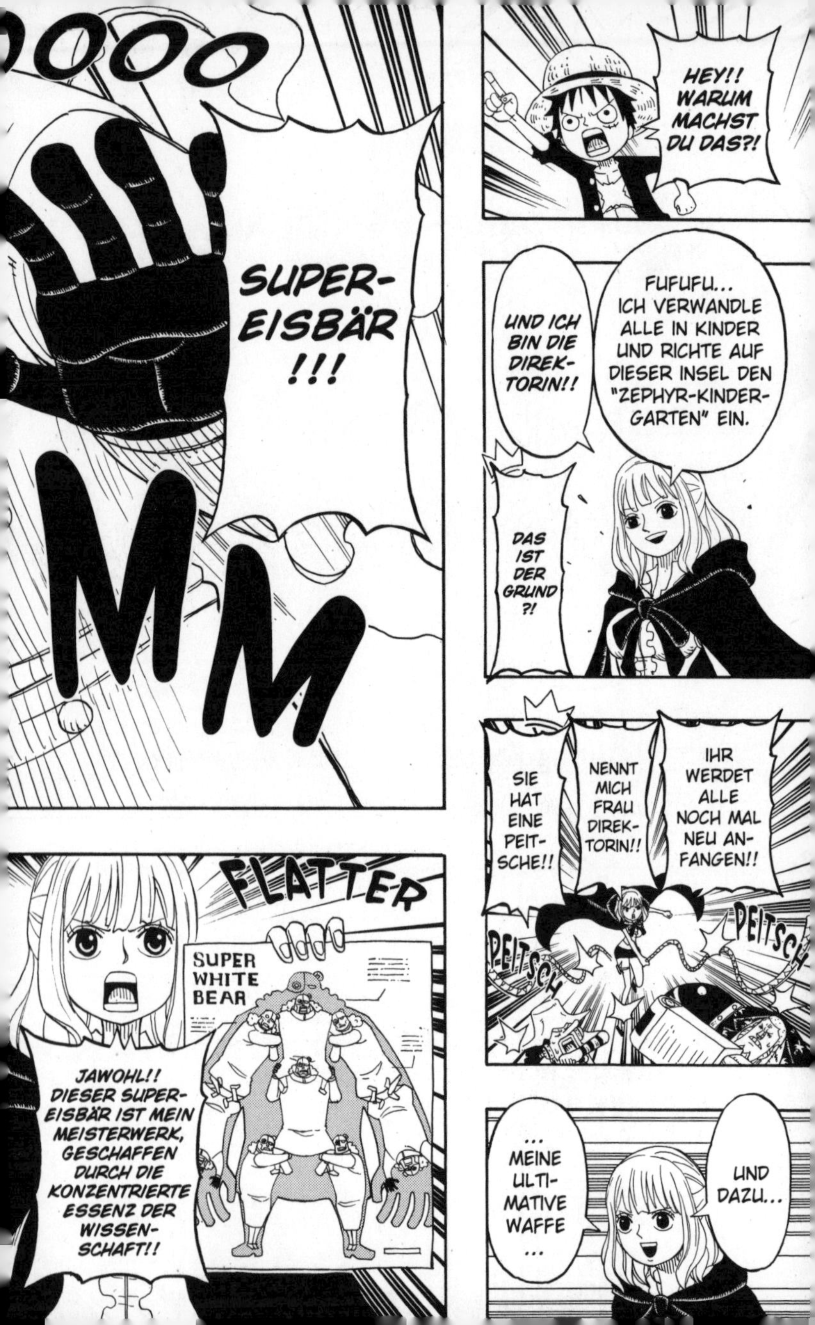
HEY!! WARUM MACHST DU DAS?!
FUFUFU... ICH VERWANDLE ALLE IN KINDER UND RICHTE AUF DIESER INSEL DEN "ZEPHYR-KINDERGARTEN" EIN.
UND ICH BIN DIE DIREKTORIN!!
DAS IST DER GRUND?!
IHR WERDET ALLE NOCH MAL NEU ANFANGEN!!
NENNT MICH FRAU DIREKTORIN!!
SIE HAT EINE PEITSCHE!!
PEITSCH
PEITSCH
UND DAZU...
... MEINE ULTIMATIVE WAFFE ...
OOOO
MM
SUPER-EISBÄR!!!
FLATTER
SUPER WHITE BEAR
JAWOHL!! DIESER SUPER-EISBÄR IST MEIN MEISTERWERK, GESCHAFFEN DURCH DIE KONZENTRIERTE ESSENZ DER WISSENSCHAFT!!

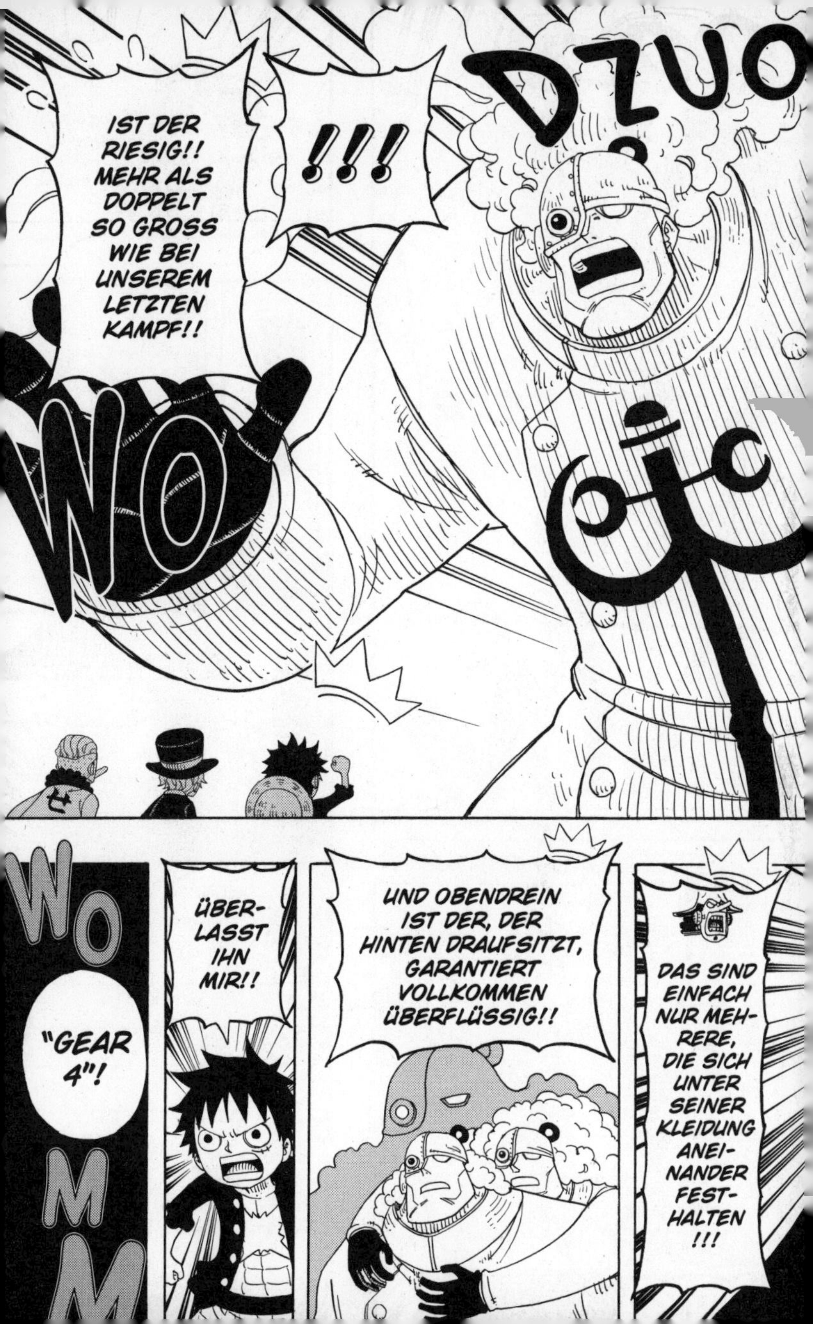
DZUO
!!!
IST DER RIESIG!! MEHR ALS DOPPELT SO GROSS WIE BEI UNSEREM LETZTEN KAMPF!!
WO
DAS SIND EINFACH NUR MEH-RERE, DIE SICH UNTER SEINER KLEIDUNG ANEI-NANDER FEST-HALTEN!!!
UND OBENDREIN IST DER, DER HINTEN DRAUFSITZT, GARANTIERT VOLLKOMMEN ÜBERFLÜSSIG!!
ÜBER-LASST IHN MIR!!
"GEAR 4"!
WOMM

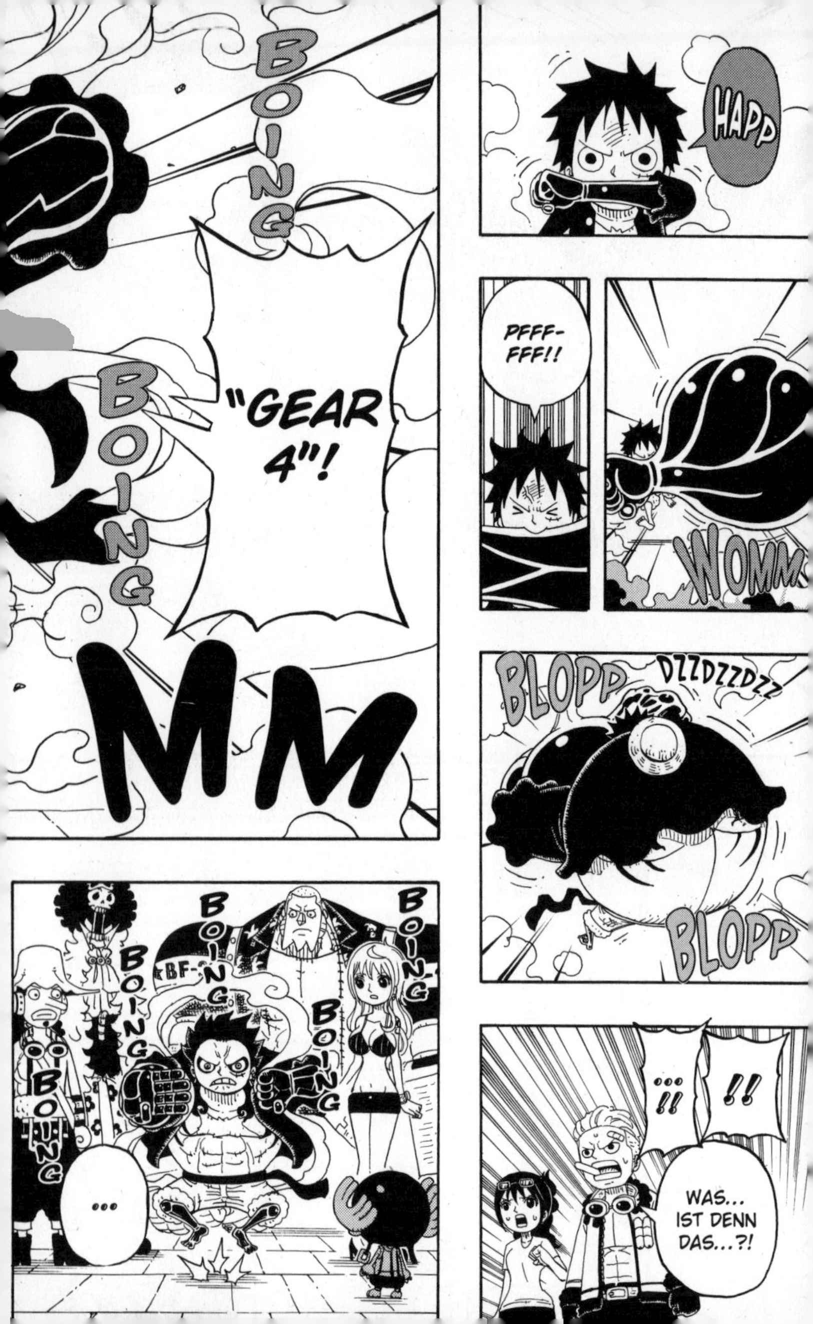

HAPP
PFFF-FFF!!
WOMM
BLOPP
DZZDZZDZZ
BLOPP
...!!
!!
WAS... IST DENN DAS...?!
BOING
BOING
"GEAR 4"!
MM
BOING
BOING
BOING
BOING
BOING
...

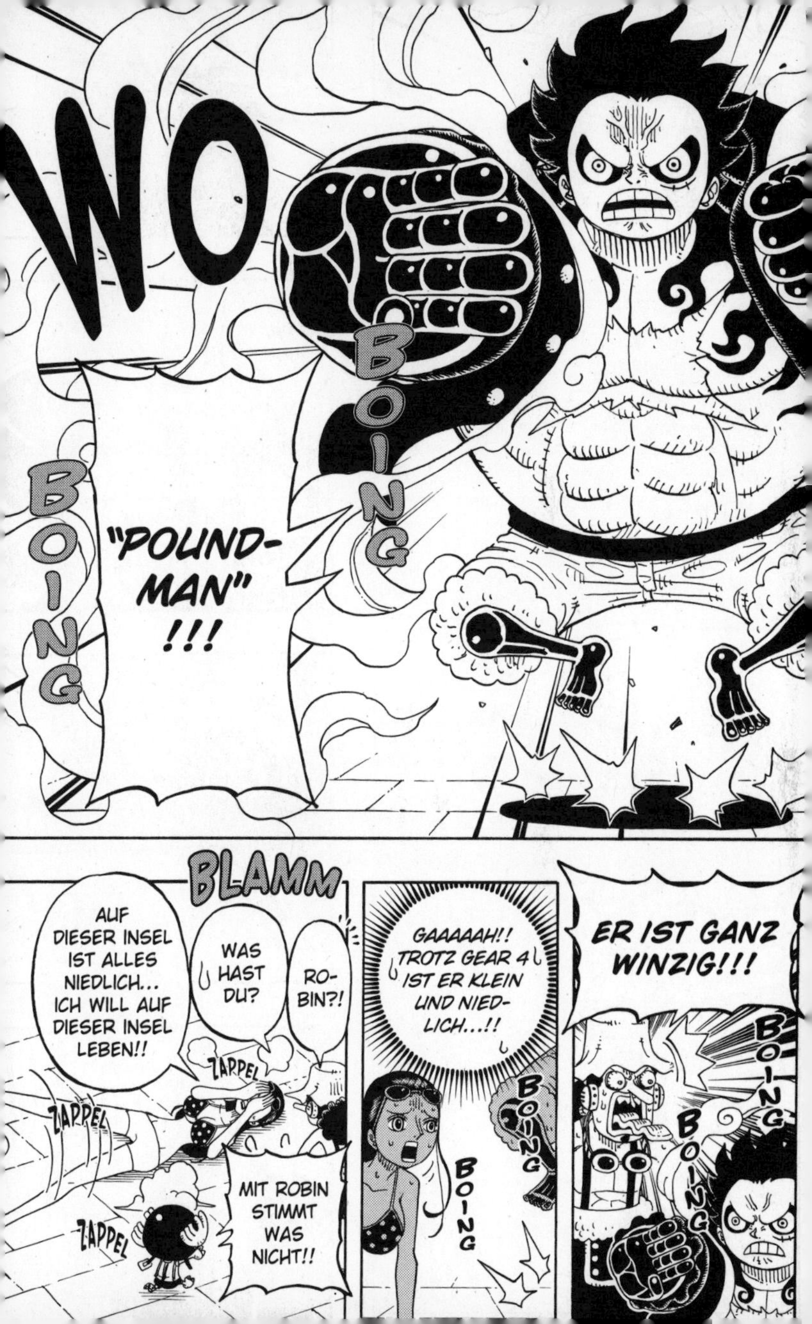
WO
BOING
BOING
"POUND-MAN"!!!
BLAMM
ER IST GANZ WINZIG!!!
BOING
BOING
BOING
GAAAAAH!! TROTZ GEAR 4 IST ER KLEIN UND NIED-LICH...!!
BOING
BOING
RO-BIN?!
WAS HAST DU?
AUF DIESER INSEL IST ALLES NIEDLICH... ICH WILL AUF DIESER INSEL LEBEN!!
ZAPPEL
ZAPPEL
ZAPPEL
MIT ROBIN STIMMT WAS NICHT!!

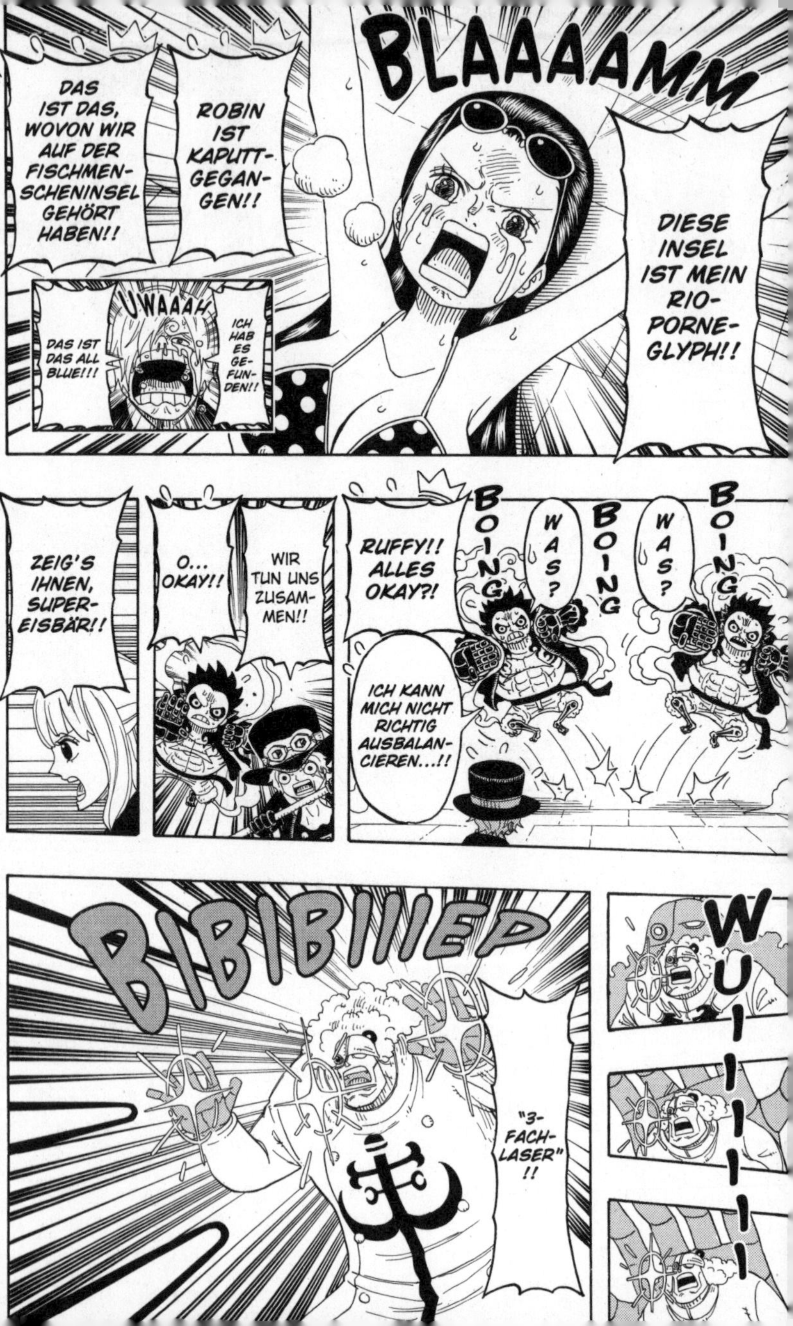
BLAAAAMM
DIESE INSEL IST MEIN RIO-PORNE-GLYPH!!
ROBIN IST KAPUTT-GEGANGEN!!
DAS IST DAS, WOVON WIR AUF DER FISCHMENSCHENINSEL GEHÖRT HABEN!!
UWAAAH
ICH HAB ES GEFUNDEN!!
DAS IST DAS ALL BLUE!!!
BOING
WAS?
BOING
WAS?
BOING
RUFFY!! ALLES OKAY?!
ICH KANN MICH NICHT RICHTIG AUSBALANCIEREN...!!
WIR TUN UNS ZUSAMMEN!!
O... OKAY!!
ZEIG'S IHNEN, SUPER-EISBÄR!!
WUIIIII
BIBIBIIIEP
"3-FACH-LASER"!!

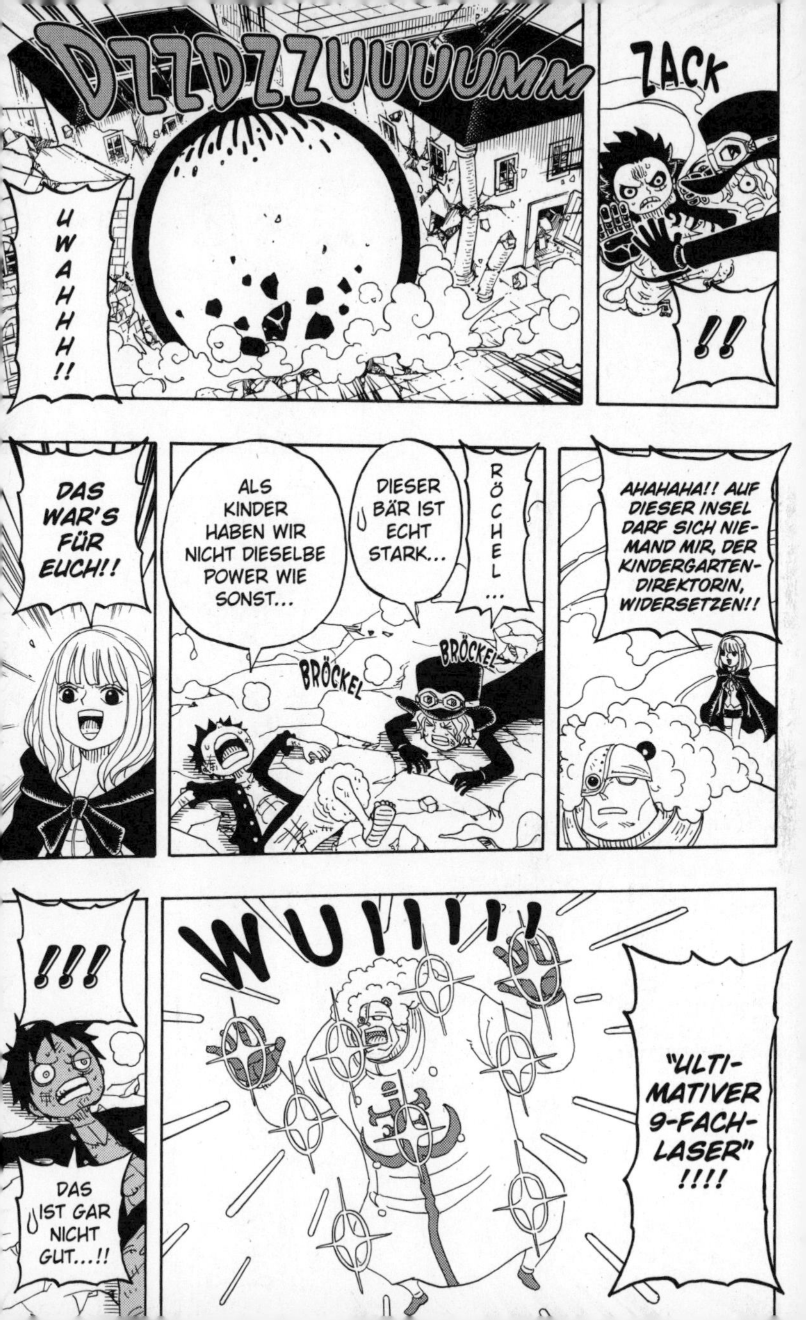
DZZDZZUUUUMM
UWAHHHH!!
ZACK
!!
DAS WAR'S FÜR EUCH!!
RÖCHEL ...
DIESER BÄR IST ECHT STARK...
ALS KINDER HABEN WIR NICHT DIESELBE POWER WIE SONST...
BRÖCKEL
BRÖCKEL
AHAHAHA!! AUF DIESER INSEL DARF SICH NIE-MAND MIR, DER KINDERGARTEN-DIREKTORIN, WIDERSETZEN!!
!!!
DAS IST GAR NICHT GUT...!!
WUIIII
"ULTI-MATIVER 9-FACH-LASER" !!!!

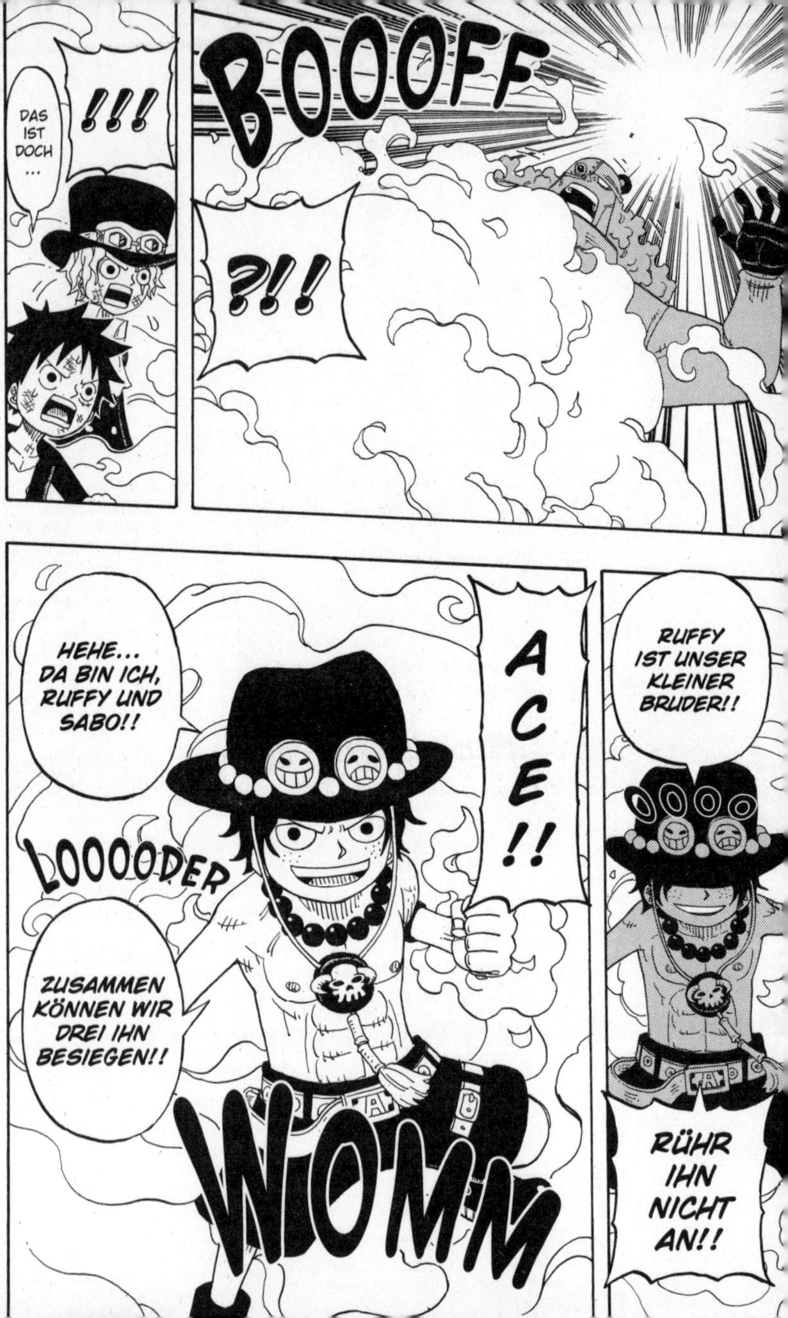
BOOOFF
?!!
!!!
DAS IST DOCH ...
RUFFY IST UNSER KLEINER BRUDER!!
RÜHR IHN NICHT AN!!
ACE!!
HEHE... DA BIN ICH, RUFFY UND SABO!!
LOOOODER
ZUSAMMEN KÖNNEN WIR DREI IHN BESIEGEN!!
WOMM

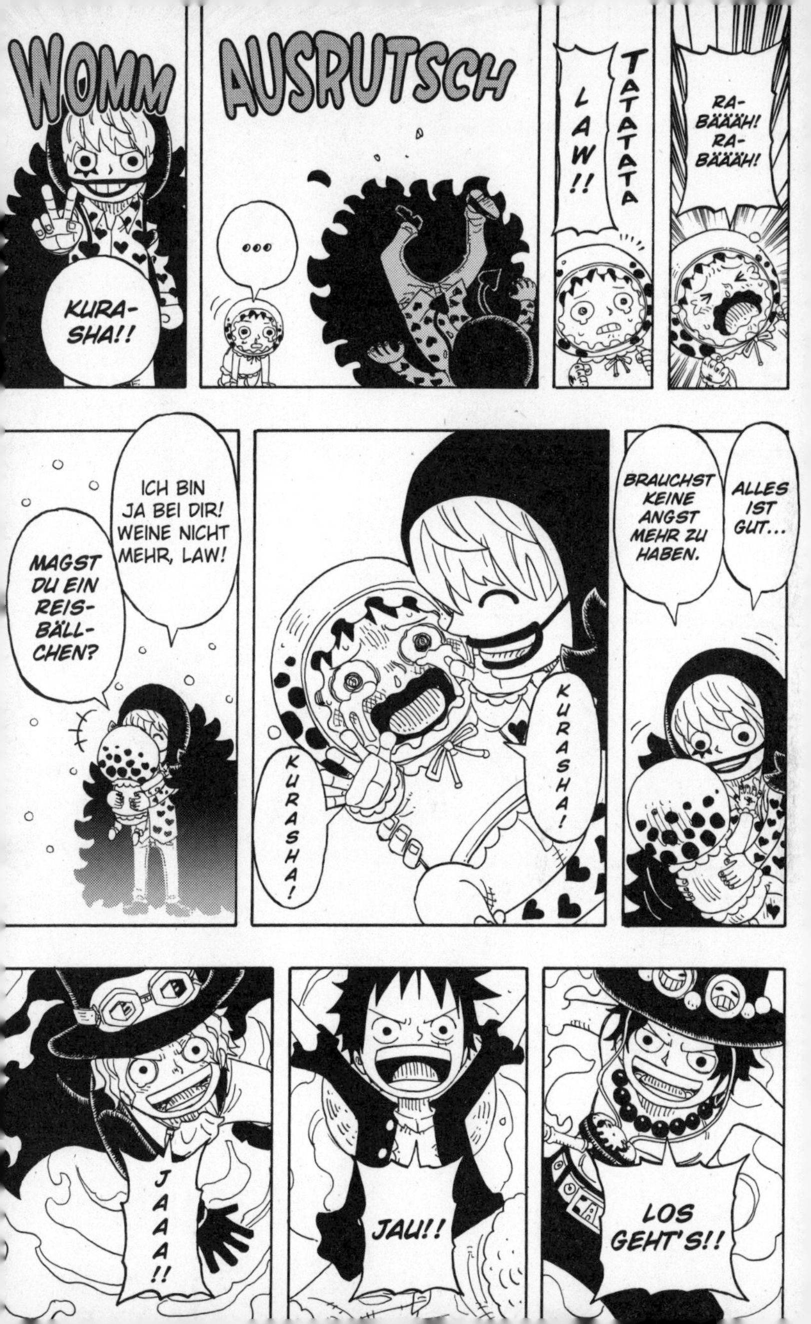
RA-BÄÄÄH! RA-BÄÄÄH!
TATATATA
LAW!!
AUSRUTSCH
...
WOMM
KURA-SHA!!
ALLES IST GUT...
BRAUCHST KEINE ANGST MEHR ZU HABEN.
KURASHA!
KURASHA!
ICH BIN JA BEI DIR! WEINE NICHT MEHR, LAW!
MAGST DU EIN REIS-BÄLL-CHEN?
LOS GEHT'S!!
JAU!!
JAAAA!!

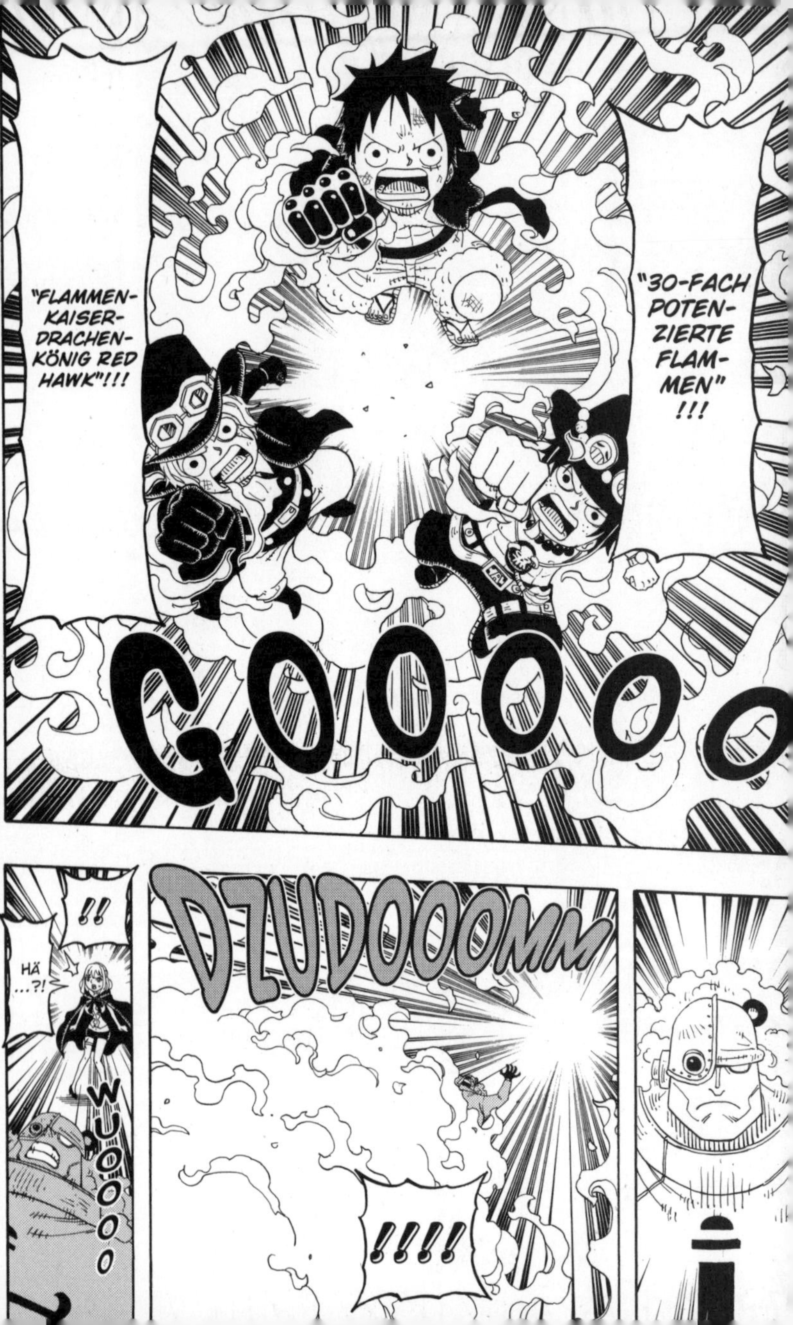
"30-FACH POTENZIERTE FLAMMEN"!!!
"FLAMMEN-KAISER-DRACHEN-KÖNIG RED HAWK"!!!
GOOOOOO
DZUDOOOMM
!!!!
!!
HÄ ...?!
WUOOOOO

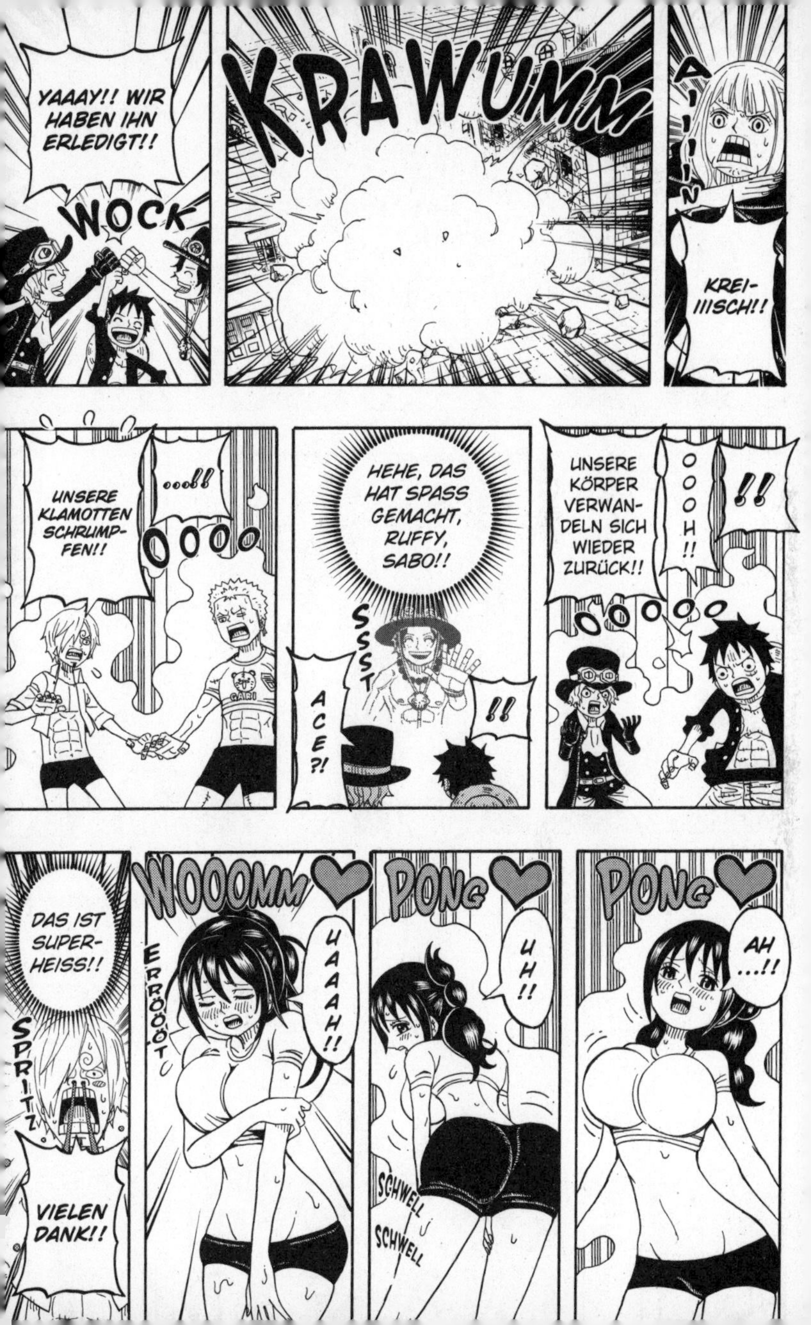
A-I-I-I-N
KREI-IIISCH!!
KRAWUMM
YAAAY!! WIR HABEN IHN ERLEDIGT!!
WOCK
!!
OOOOH!!
UNSERE KÖRPER VERWANDELN SICH WIEDER ZURÜCK!!
OOOOOO
HEHE, DAS HAT SPASS GEMACHT, RUFFY, SABO!!
SSST
!!
ACE?!
...!!
UNSERE KLAMOTTEN SCHRUMPFEN!!
OOOO
PONG
AH ...!!
PONG
UH!!
SCHWELL
SCHWELL
WOOOMM
UAAAAH!!
ERRÖÖÖT
DAS IST SUPER-HEISS!!
SPRITZ
VIELEN DANK!!

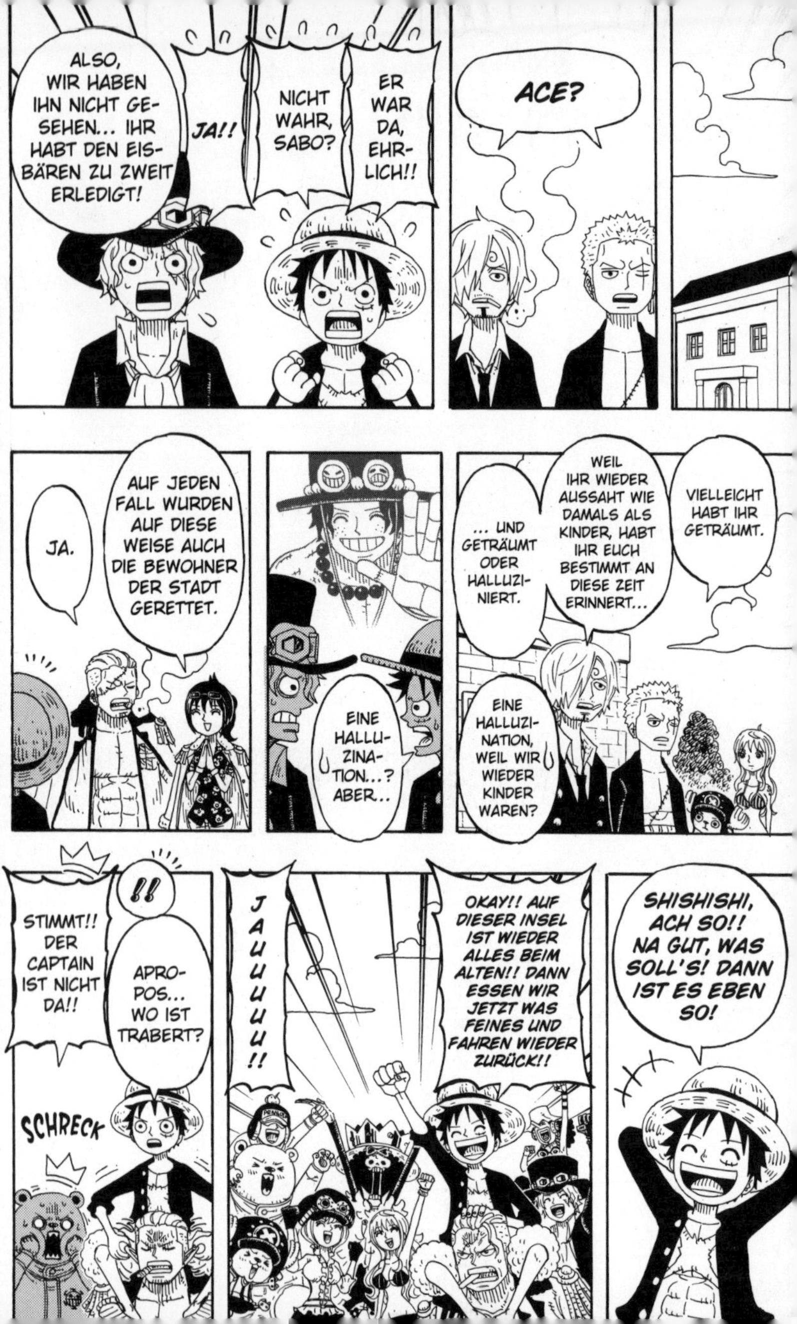
ACE?
ER WAR DA, EHRLICH!!
NICHT WAHR, SABO?
JA!!
ALSO, WIR HABEN IHN NICHT GESEHEN... IHR HABT DEN EISBÄREN ZU ZWEIT ERLEDIGT!
VIELLEICHT HABT IHR GETRÄUMT.
WEIL IHR WIEDER AUSSAHT WIE DAMALS ALS KINDER, HABT IHR EUCH BESTIMMT AN DIESE ZEIT ERINNERT...
... UND GETRÄUMT ODER HALLUZINIERT.
EINE HALLUZINATION, WEIL WIR WIEDER KINDER WAREN?
EINE HALLUZINATION...? ABER...
AUF JEDEN FALL WURDEN AUF DIESE WEISE AUCH DIE BEWOHNER DER STADT GERETTET.
JA.
SHISHISHI, ACH SO!! NA GUT, WAS SOLL'S! DANN IST ES EBEN SO!
OKAY!! AUF DIESER INSEL IST WIEDER ALLES BEIM ALTEN!! DANN ESSEN WIR JETZT WAS FEINES UND FAHREN WIEDER ZURÜCK!!
JAUUUUUU!!
APROPOS... WO IST TRABERT?
!!
STIMMT!! DER CAPTAIN IST NICHT DA!!
SCHRECK

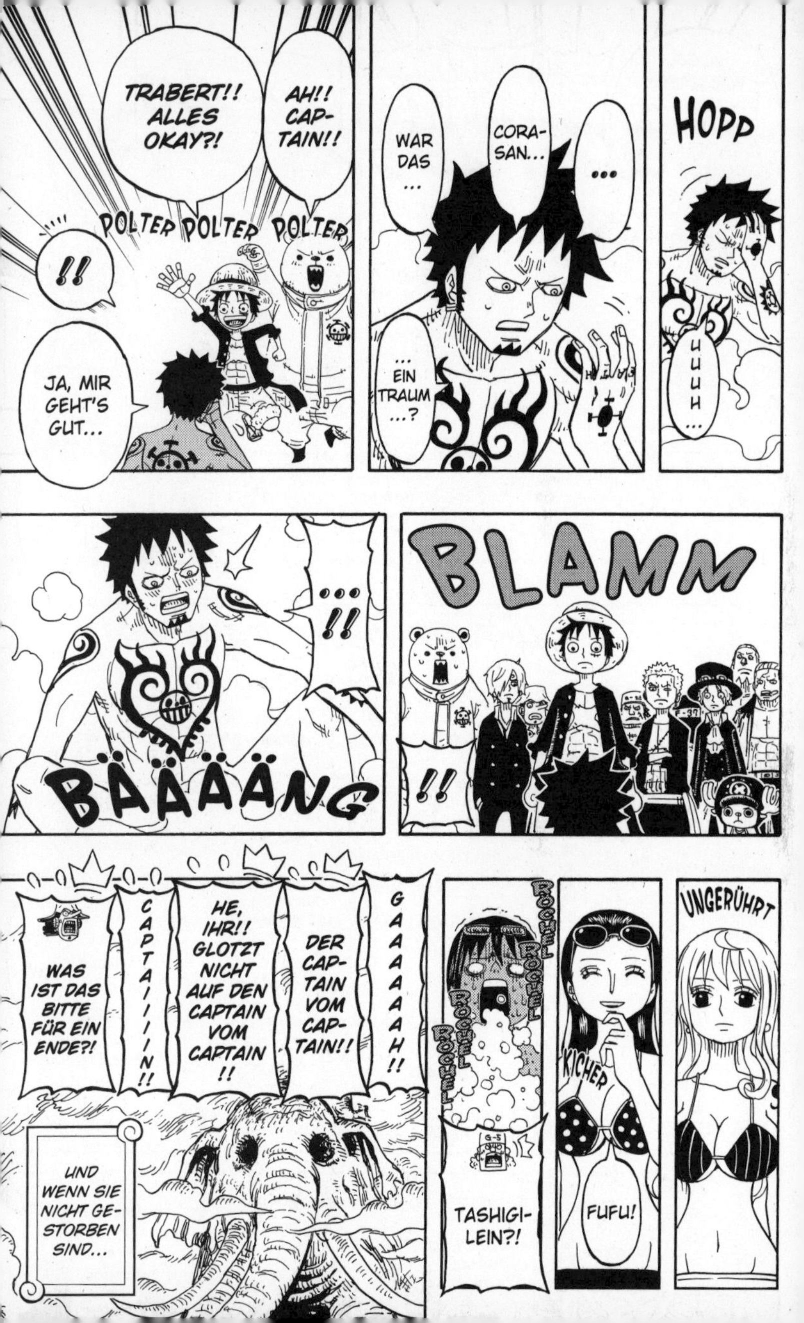
HOPP
UUUH...
...
CORA-SAN...
WAR DAS ...
... EIN TRAUM ...?
AH!! CAP-TAIN!!
TRABERT!! ALLES OKAY?!
POLTER POLTER POLTER
!!
JA, MIR GEHT'S GUT...
BLAMM
!!
...!!
BÄÄÄÄNG
UNGERÜHRT
KICHER
FUFU!
ROCHEL ROCHEL ROCHEL ROCHEL ROCHEL
TASHIGI-LEIN?!
GAAAAAAAH!!
DER CAP-TAIN VOM CAP-TAIN!!
HE, IHR!! GLOTZT NICHT AUF DEN CAPTAIN VOM CAPTAIN!!
CAPTAIIIIIN!!
WAS IST DAS BITTE FÜR EIN ENDE?!
UND WENN SIE NICHT GE-STORBEN SIND...

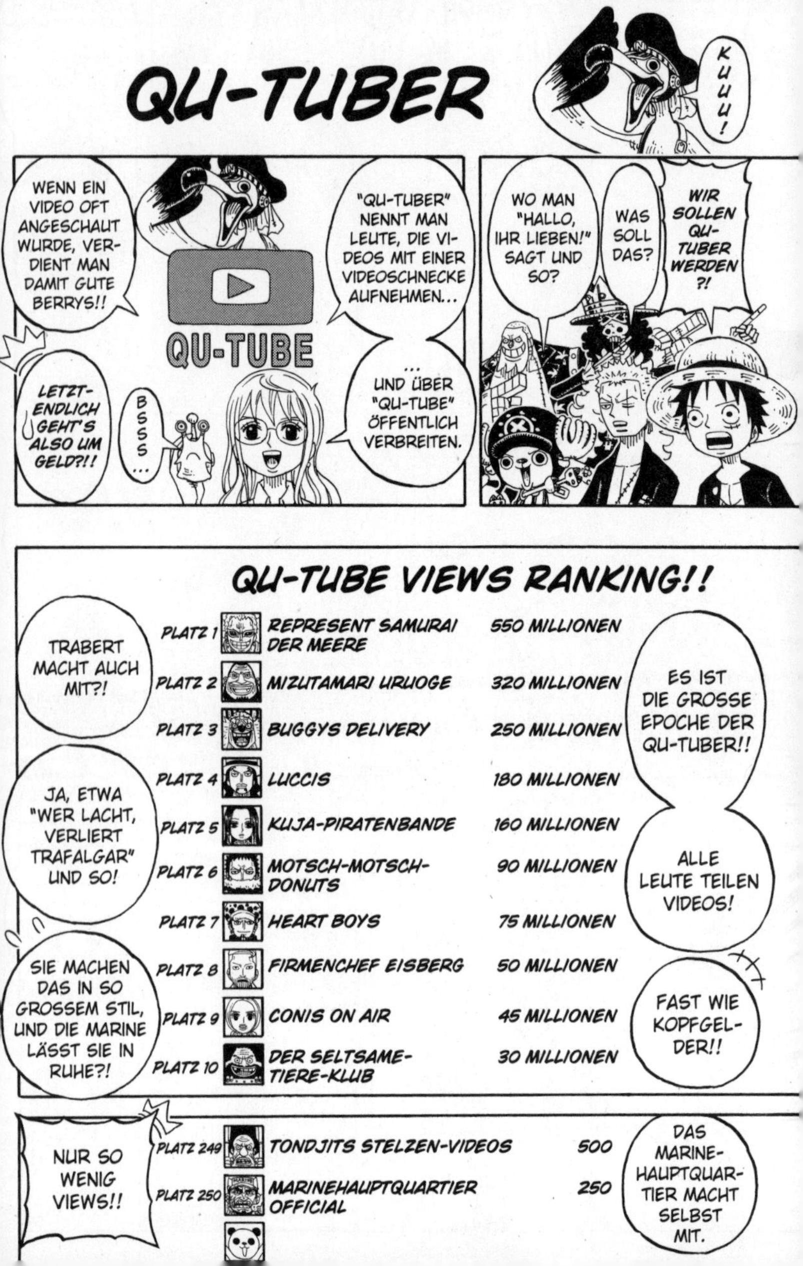
QU-TUBER
KUUUU!
WIR SOLLEN QU-TUBER WERDEN?!
WAS SOLL DAS?
WO MAN "HALLO, IHR LIEBEN!" SAGT UND SO?
"QU-TUBER" NENNT MAN LEUTE, DIE VIDEOS MIT EINER VIDEOSCHNECKE AUFNEHMEN...
... UND ÜBER "QU-TUBE" ÖFFENTLICH VERBREITEN.
WENN EIN VIDEO OFT ANGESCHAUT WURDE, VERDIENT MAN DAMIT GUTE BERRYS!!
QU-TUBE
BSSS...
LETZTENDLICH GEHT'S ALSO UM GELD?!!
QU-TUBE VIEWS RANKING!!
ES IST DIE GROSSE EPOCHE DER QU-TUBER!!
ALLE LEUTE TEILEN VIDEOS!
FAST WIE KOPFGELDER!!
PLATZ 1 REPRESENT SAMURAI DER MEERE 550 MILLIONEN
PLATZ 2 MIZUTAMARI URUOGE 320 MILLIONEN
PLATZ 3 BUGGYS DELIVERY 250 MILLIONEN
PLATZ 4 LUCCIS 180 MILLIONEN
PLATZ 5 KUJA-PIRATENBANDE 160 MILLIONEN
PLATZ 6 MOTSCH-MOTSCH-DONUTS 90 MILLIONEN
PLATZ 7 HEART BOYS 75 MILLIONEN
PLATZ 8 FIRMENCHEF EISBERG 50 MILLIONEN
PLATZ 9 CONIS ON AIR 45 MILLIONEN
PLATZ 10 DER SELTSAME-TIERE-KLUB 30 MILLIONEN
TRABERT MACHT AUCH MIT?!
JA, ETWA "WER LACHT, VERLIERT TRAFALGAR" UND SO!
SIE MACHEN DAS IN SO GROSSEM STIL, UND DIE MARINE LÄSST SIE IN RUHE?!
DAS MARINE-HAUPTQUARTIER MACHT SELBST MIT.
PLATZ 249 TONDJITS STELZEN-VIDEOS 500
PLATZ 250 MARINEHAUPTQUARTIER OFFICIAL 250
NUR SO WENIG VIEWS!!

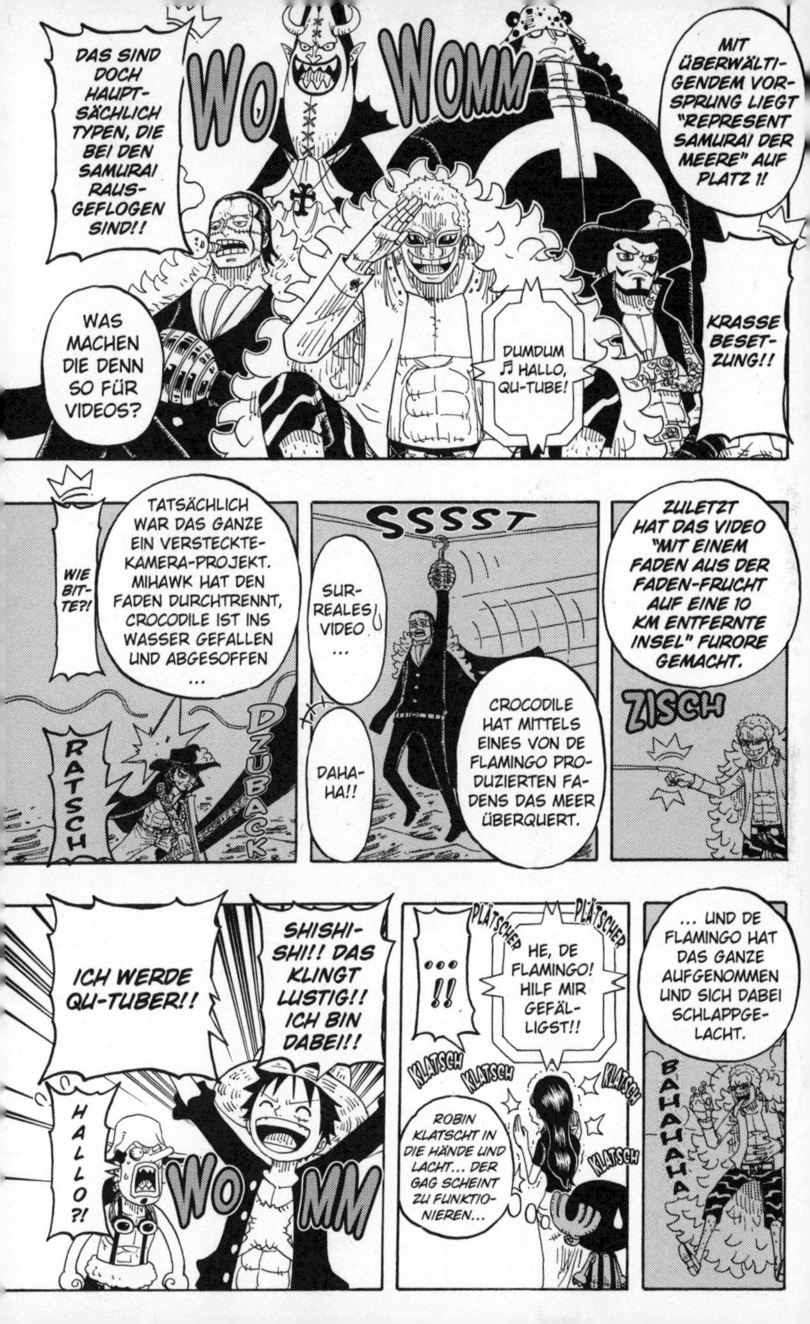
MIT ÜBERWÄLTIGENDEM VORSPRUNG LIEGT "REPRESENT SAMURAI DER MEERE" AUF PLATZ 1!
WO WOMM
DAS SIND DOCH HAUPTSÄCHLICH TYPEN, DIE BEI DEN SAMURAI RAUSGEFLOGEN SIND!!
KRASSE BESETZUNG!!
DUMDUM ♬ HALLO, QU-TUBE!
WAS MACHEN DIE DENN SO FÜR VIDEOS?
ZULETZT HAT DAS VIDEO "MIT EINEM FADEN AUS DER FADEN-FRUCHT AUF EINE 10 KM ENTFERNTE INSEL" FURORE GEMACHT.
ZISCH
SSSST
CROCODILE HAT MITTELS EINES VON DE FLAMINGO PRODUZIERTEN FADENS DAS MEER ÜBERQUERT.
SURREALES VIDEO …
DAHAHA!!
TATSÄCHLICH WAR DAS GANZE EIN VERSTECKTE-KAMERA-PROJEKT. MIHAWK HAT DEN FADEN DURCHTRENNT, CROCODILE IST INS WASSER GEFALLEN UND ABGESOFFEN …
WIE BITTE?!
DZUBACK
RATSCH
… UND DE FLAMINGO HAT DAS GANZE AUFGENOMMEN UND SICH DABEI SCHLAPPGELACHT.
BAHAHAHA
PLÄTSCHER
PLÄTSCHER
HE, DE FLAMINGO! HILF MIR GEFÄLLIGST!!
…!!
KLATSCH
KLATSCH
KLATSCH
KLATSCH
ROBIN KLATSCHT IN DIE HÄNDE UND LACHT… DER GAG SCHEINT ZU FUNKTIONIEREN…
SHISHISHI!! DAS KLINGT LUSTIG!! ICH BIN DABEI!!
ICH WERDE QU-TUBER!!
HALLO?!
WOMM

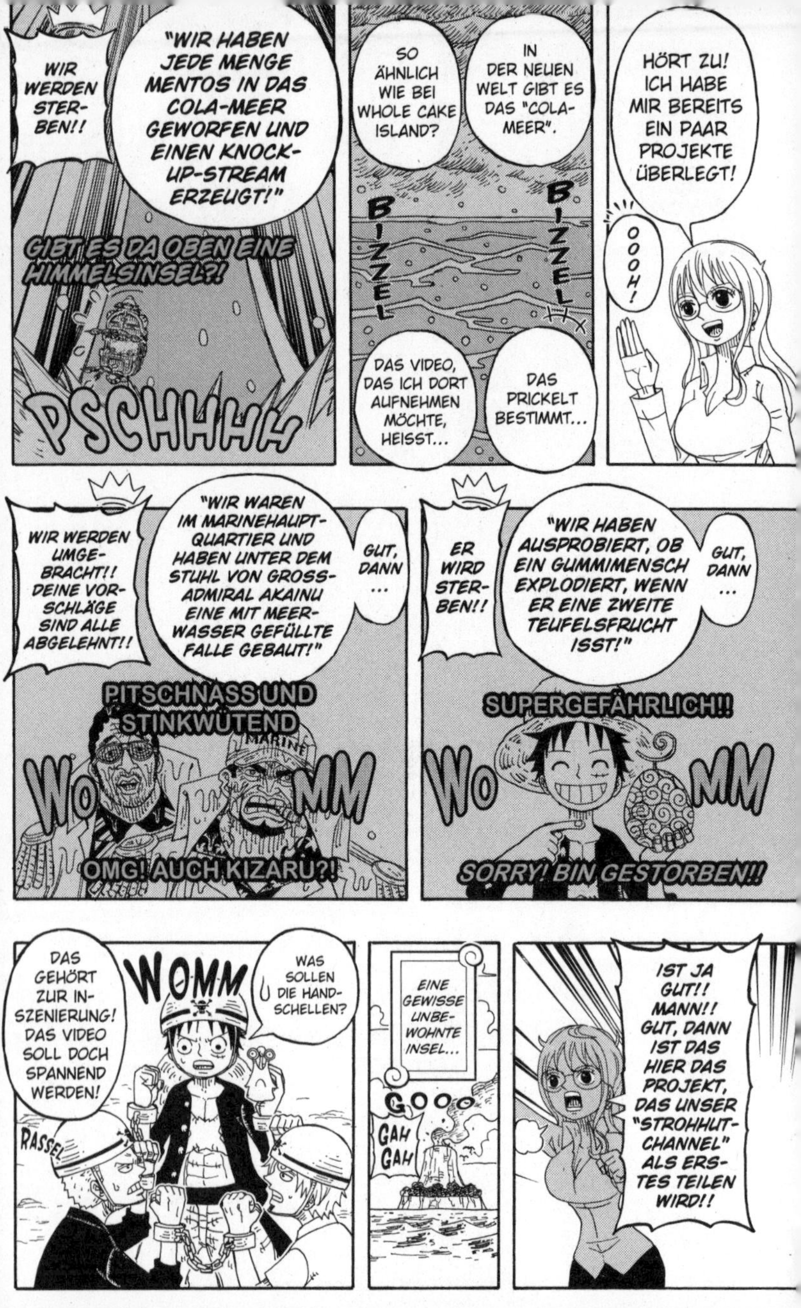
HÖRT ZU! ICH HABE MIR BEREITS EIN PAAR PROJEKTE ÜBERLEGT!
OOOH!
IN DER NEUEN WELT GIBT ES DAS "COLA-MEER".
SO ÄHNLICH WIE BEI WHOLE CAKE ISLAND?
BIZZEL
BIZZEL
DAS PRICKELT BESTIMMT…
DAS VIDEO, DAS ICH DORT AUFNEHMEN MÖCHTE, HEISST…
"WIR HABEN JEDE MENGE MENTOS IN DAS COLA-MEER GEWORFEN UND EINEN KNOCK-UP-STREAM ERZEUGT!"
WIR WERDEN STERBEN!!
GIBT ES DA OBEN EINE HIMMELSINSEL?!
PSCHHHHH
GUT, DANN …
"WIR HABEN AUSPROBIERT, OB EIN GUMMIMENSCH EXPLODIERT, WENN ER EINE ZWEITE TEUFELSFRUCHT ISST!"
ER WIRD STERBEN!!
SUPERGEFÄHRLICH!!
WOMM
SORRY! BIN GESTORBEN!!
GUT, DANN …
"WIR WAREN IM MARINEHAUPTQUARTIER UND HABEN UNTER DEM STUHL VON GROSSADMIRAL AKAINU EINE MIT MEERWASSER GEFÜLLTE FALLE GEBAUT!"
WIR WERDEN UMGEBRACHT!! DEINE VORSCHLÄGE SIND ALLE ABGELEHNT!!
PITSCHNASS UND STINKWÜTEND
MARINE
WOMM
OMG! AUCH KIZARU?!
IST JA GUT!! MANN!! GUT, DANN IST DAS HIER DAS PROJEKT, DAS UNSER "STROHHUT-CHANNEL" ALS ERSTES TEILEN WIRD!!
EINE GEWISSE UNBEWOHNTE INSEL…
GOOO
GAH GAH
WAS SOLLEN DIE HANDSCHELLEN?
WOMM
DAS GEHÖRT ZUR INSZENIERUNG! DAS VIDEO SOLL DOCH SPANNEND WERDEN!
RASSEL

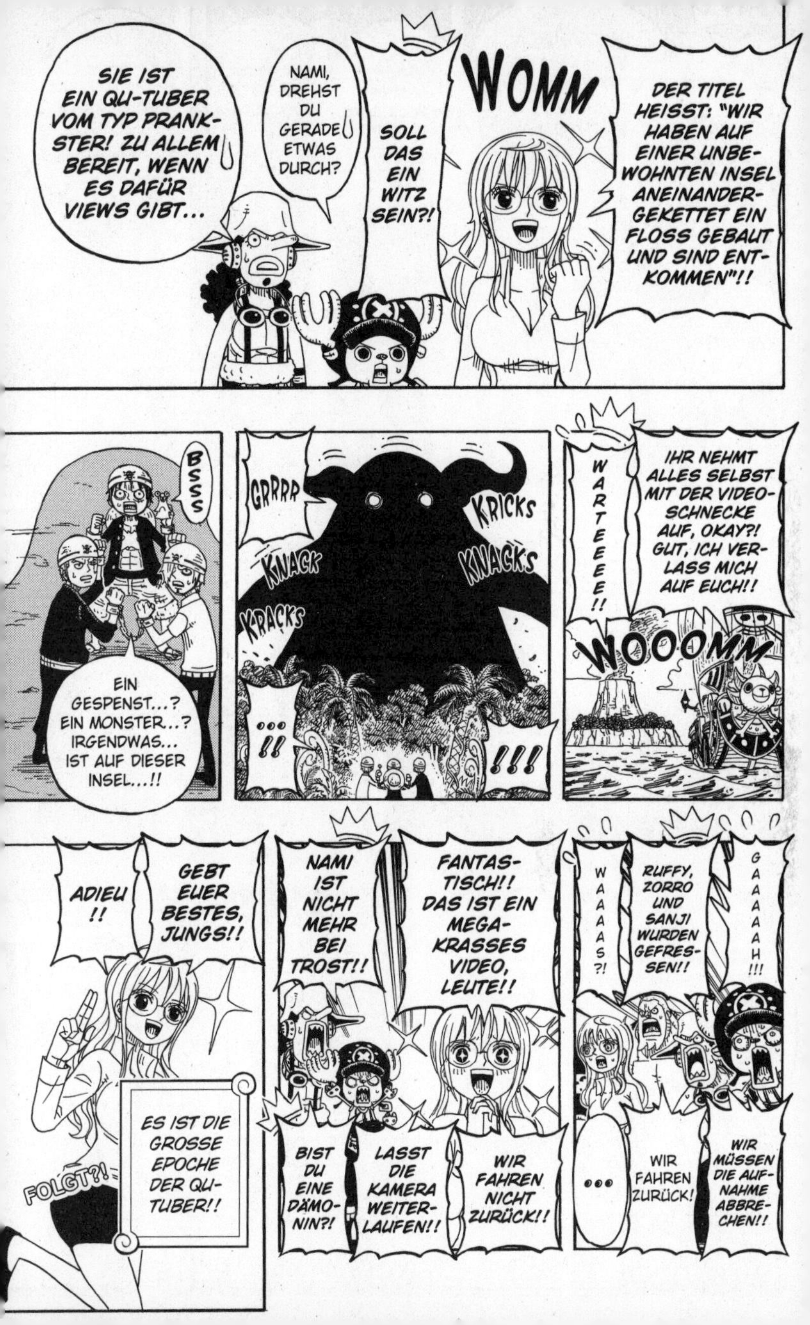
DER TITEL HEISST: "WIR HABEN AUF EINER UNBEWOHNTEN INSEL ANEINANDERGEKETTET EIN FLOSS GEBAUT UND SIND ENTKOMMEN"!!
WOMM
SOLL DAS EIN WITZ SEIN?!
NAMI, DREHST DU GERADE ETWAS DURCH?
SIE IST EIN QU-TUBER VOM TYP PRANKSTER! ZU ALLEM BEREIT, WENN ES DAFÜR VIEWS GIBT…
WARTEEEEE!!
IHR NEHMT ALLES SELBST MIT DER VIDEOSCHNECKE AUF, OKAY?! GUT, ICH VERLASS MICH AUF EUCH!!
WOOOMM
GRRRR
KRICKS
KNACKS
KNACK
KRACKS
…!!
!!!
BSSS
EIN GESPENST…? EIN MONSTER…? IRGENDWAS… IST AUF DIESER INSEL…!!
GAAAAAH!!!
RUFFY, ZORRO UND SANJI WURDEN GEFRESSEN!!
WAAAAAS?!
WIR MÜSSEN DIE AUFNAHME ABBRECHEN!!
WIR FAHREN ZURÜCK!
…
FANTASTISCH!! DAS IST EIN MEGAKRASSES VIDEO, LEUTE!!
NAMI IST NICHT MEHR BEI TROST!!
WIR FAHREN NICHT ZURÜCK!!
LASST DIE KAMERA WEITERLAUFEN!!
BIST DU EINE DÄMONIN?!
GEBT EUER BESTES, JUNGS!!
ADIEU!!
ES IST DIE GROSSE EPOCHE DER QU-TUBER!!
FOLGT?!

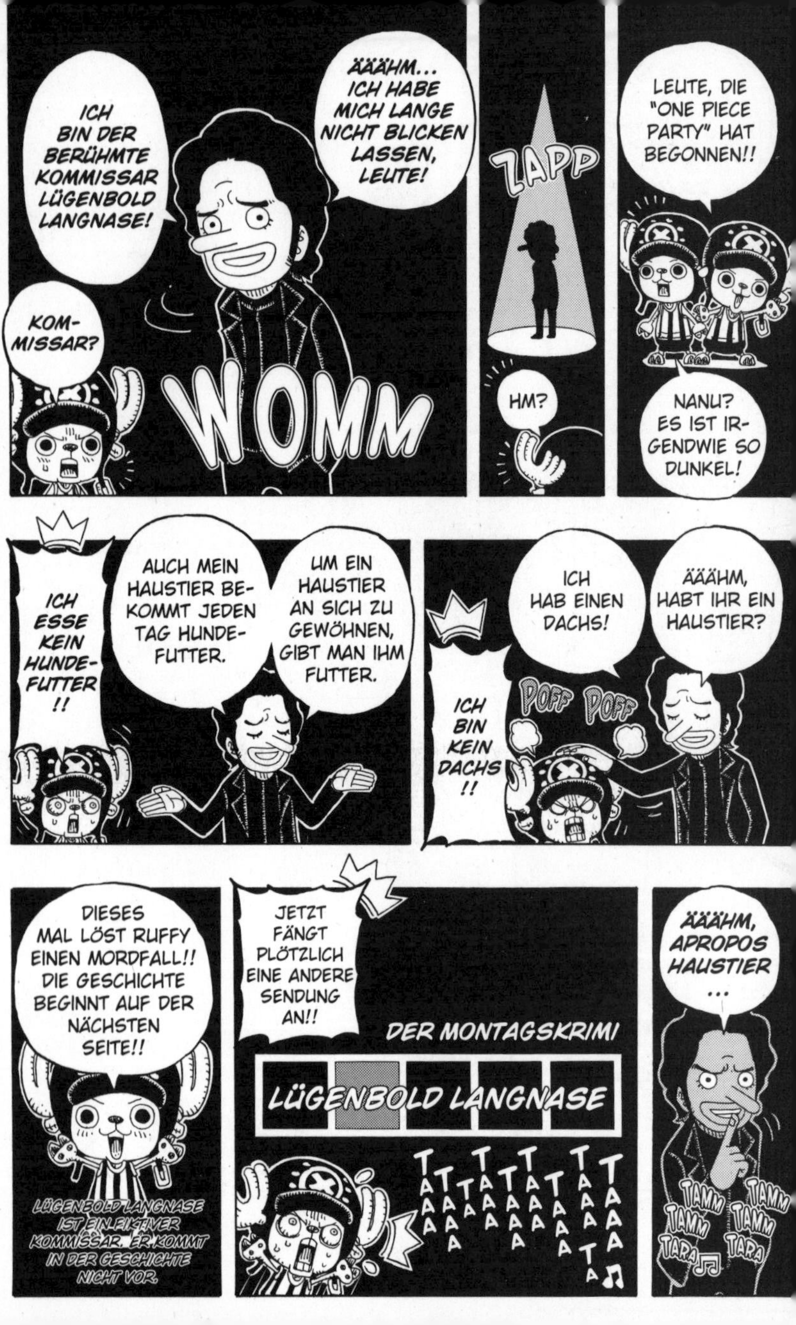
LEUTE, DIE "ONE PIECE PARTY" HAT BEGONNEN!!
NANU? ES IST IRGENDWIE SO DUNKEL!
ZAPP
HM?
ÄÄÄHM... ICH HABE MICH LANGE NICHT BLICKEN LASSEN, LEUTE!
WOMM
ICH BIN DER BERÜHMTE KOMMISSAR LÜGENBOLD LANGNASE!
KOMMISSAR?
ÄÄÄHM, HABT IHR EIN HAUSTIER?
ICH HAB EINEN DACHS!
POFF POFF
ICH BIN KEIN DACHS!!
UM EIN HAUSTIER AN SICH ZU GEWÖHNEN, GIBT MAN IHM FUTTER.
AUCH MEIN HAUSTIER BEKOMMT JEDEN TAG HUNDEFUTTER.
ICH ESSE KEIN HUNDEFUTTER!!
ÄÄÄHM, APROPOS HAUSTIER ...
TAMM TAMM TAMM TAMM TARA TARA
DER MONTAGSKRIMI
LÜGENBOLD LANGNASE
JETZT FÄNGT PLÖTZLICH EINE ANDERE SENDUNG AN!!
DIESES MAL LÖST RUFFY EINEN MORDFALL!! DIE GESCHICHTE BEGINNT AUF DER NÄCHSTEN SEITE!!
LÜGENBOLD LANGNASE IST EIN FIKTIVER KOMMISSAR. ER KOMMT IN DER GESCHICHTE NICHT VOR.

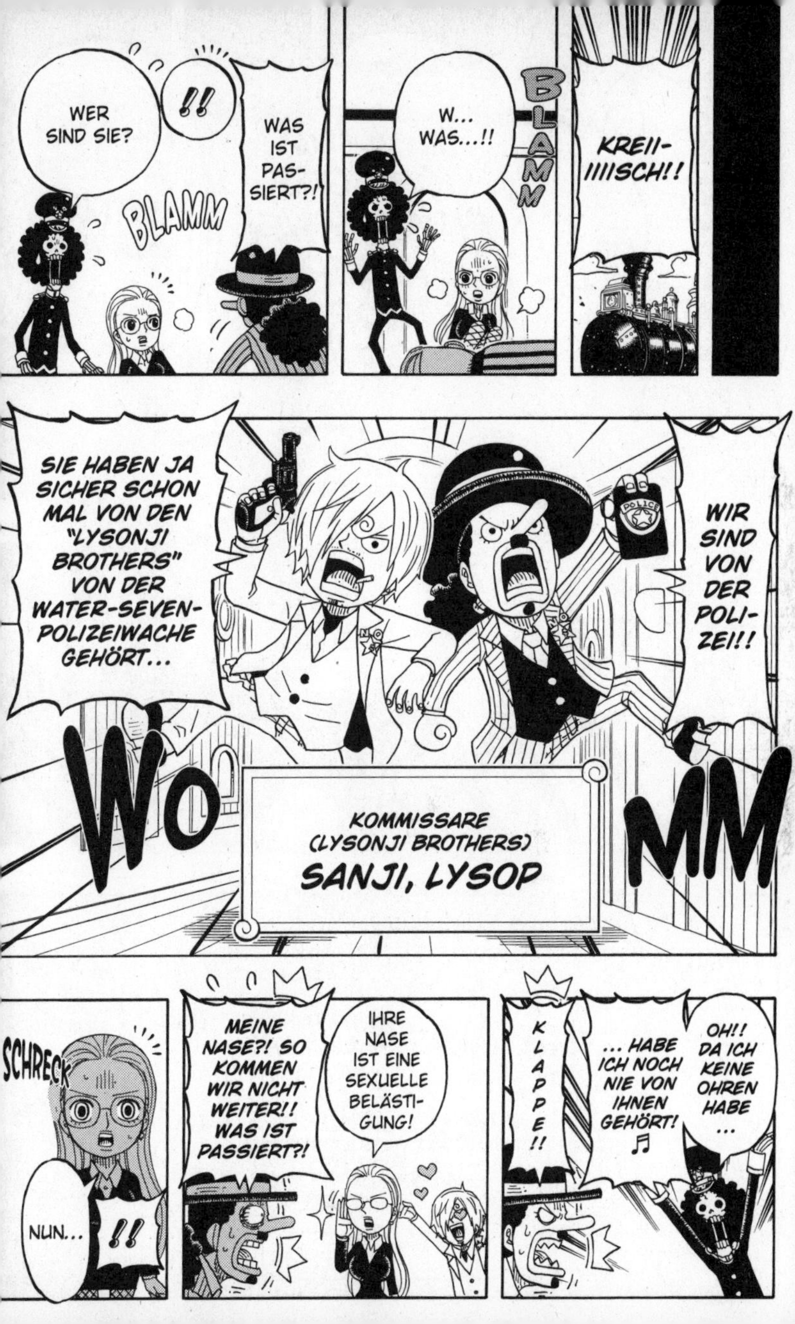
KREII-IIIISCH!!
BLAMM
W... WAS...!!
WAS IST PAS-SIERT?!
!!
WER SIND SIE?
BLAMM
WIR SIND VON DER POLI-ZEI!!
SIE HABEN JA SICHER SCHON MAL VON DEN "LYSONJI BROTHERS" VON DER WATER-SEVEN-POLIZEIWACHE GEHÖRT...
WO
MM
KOMMISSARE (LYSONJI BROTHERS)
SANJI, LYSOP
OH!! DA ICH KEINE OHREN HABE ...
... HABE ICH NOCH NIE VON IHNEN GEHÖRT! ♬
KLAPPE!!
IHRE NASE IST EINE SEXUELLE BELÄSTI-GUNG!
MEINE NASE?! SO KOMMEN WIR NICHT WEITER!! WAS IST PASSIERT?!
SCHRECK
!!
NUN...

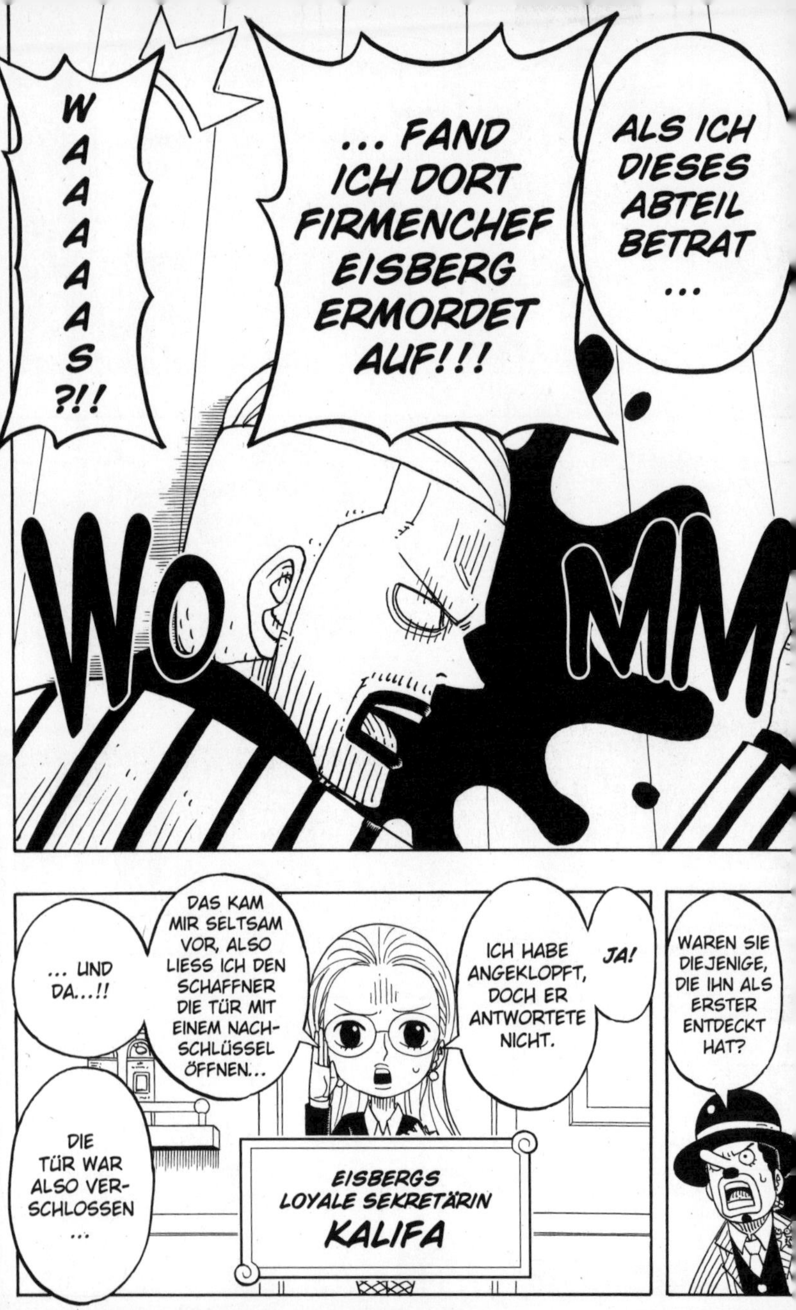
ALS ICH DIESES ABTEIL BETRAT …
… FAND ICH DORT FIRMENCHEF EISBERG ERMORDET AUF!!!
WAAAAAAS?!!
WOMM
WAREN SIE DIEJENIGE, DIE IHN ALS ERSTER ENTDECKT HAT?
JA!
ICH HABE ANGEKLOPFT, DOCH ER ANTWORTETE NICHT.
DAS KAM MIR SELTSAM VOR, ALSO LIESS ICH DEN SCHAFFNER DIE TÜR MIT EINEM NACH-SCHLÜSSEL ÖFFNEN…
… UND DA…!!
EISBERGS LOYALE SEKRETÄRIN KALIFA
DIE TÜR WAR ALSO VER-SCHLOSSEN …

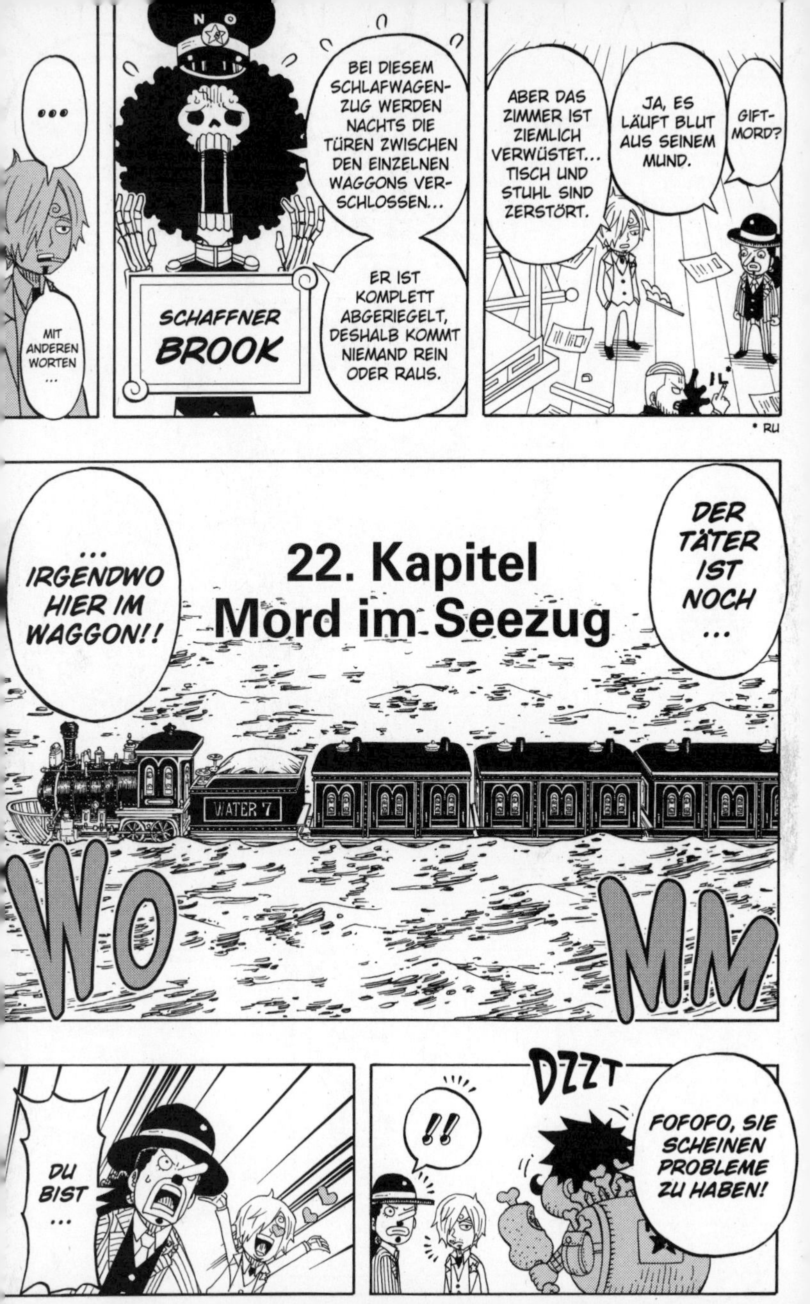
GIFT-MORD?
JA, ES LÄUFT BLUT AUS SEINEM MUND.
IL*
ABER DAS ZIMMER IST ZIEMLICH VERWÜSTET... TISCH UND STUHL SIND ZERSTÖRT.
BEI DIESEM SCHLAFWAGENZUG WERDEN NACHTS DIE TÜREN ZWISCHEN DEN EINZELNEN WAGGONS VERSCHLOSSEN...
ER IST KOMPLETT ABGERIEGELT, DESHALB KOMMT NIEMAND REIN ODER RAUS.
SCHAFFNER BROOK
...
MIT ANDEREN WORTEN ...
* RU
DER TÄTER IST NOCH ...
... IRGENDWO HIER IM WAGGON!!
22. Kapitel
Mord im Seezug
WATER 7
WOMM
DZZT
FOFOFO, SIE SCHEINEN PROBLEME ZU HABEN!
!!
DU BIST ...

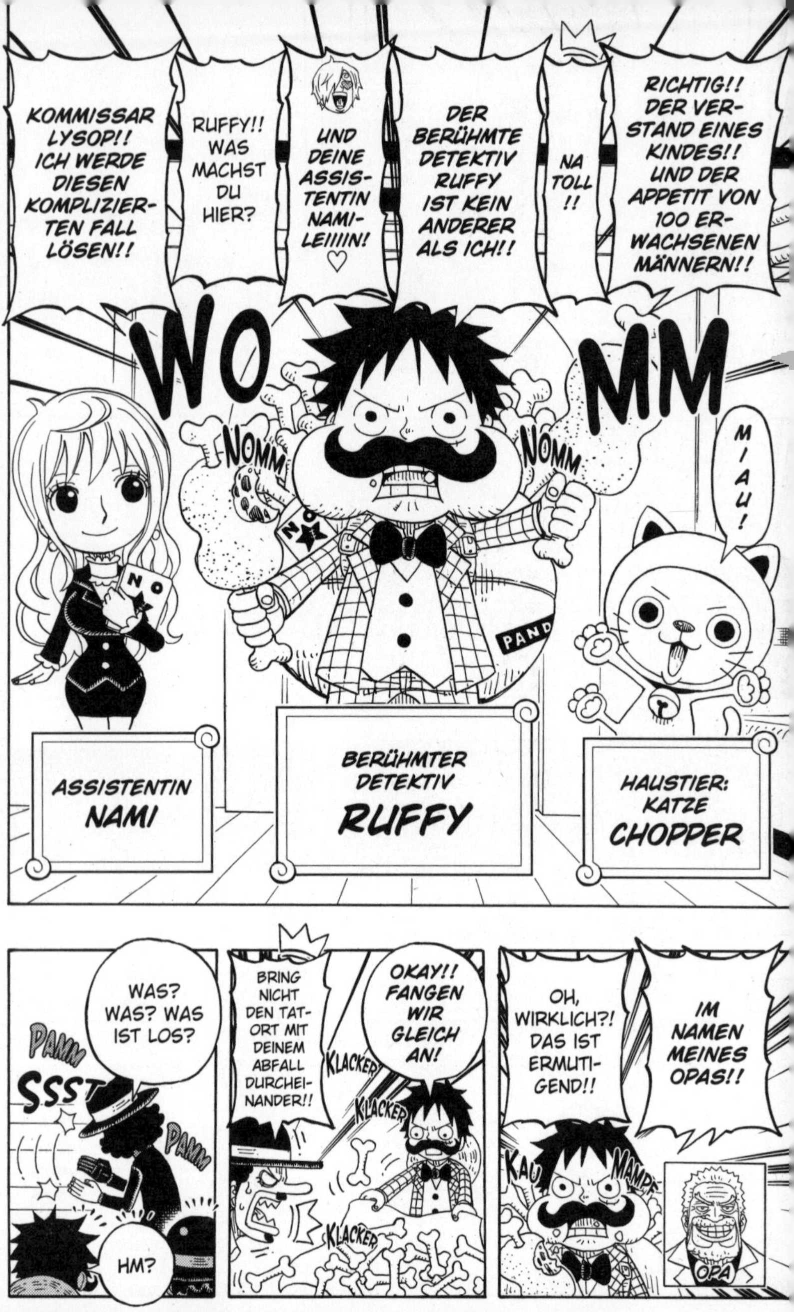
RICHTIG!! DER VERSTAND EINES KINDES!! UND DER APPETIT VON 100 ERWACHSENEN MÄNNERN!!
NA TOLL!!
DER BERÜHMTE DETEKTIV RUFFY IST KEIN ANDERER ALS ICH!!
UND DEINE ASSISTENTIN NAMI-LEIIIIN! ♡
RUFFY!! WAS MACHST DU HIER?
KOMMISSAR LYSOP!! ICH WERDE DIESEN KOMPLIZIERTEN FALL LÖSEN!!
WOMM
NOMM
NOMM
MIAU!
HAUSTIER: KATZE CHOPPER
BERÜHMTER DETEKTIV RUFFY
ASSISTENTIN NAMI
IM NAMEN MEINES OPAS!!
OH, WIRKLICH?! DAS IST ERMUTIGEND!!
MAMPF
KAU
OPA
OKAY!! FANGEN WIR GLEICH AN!
BRING NICHT DEN TATORT MIT DEINEM ABFALL DURCHEINANDER!!
KLACKER
KLACKER
KLACKER
WAS? WAS? WAS IST LOS?
PAMM
SSST
PAMM
HM?

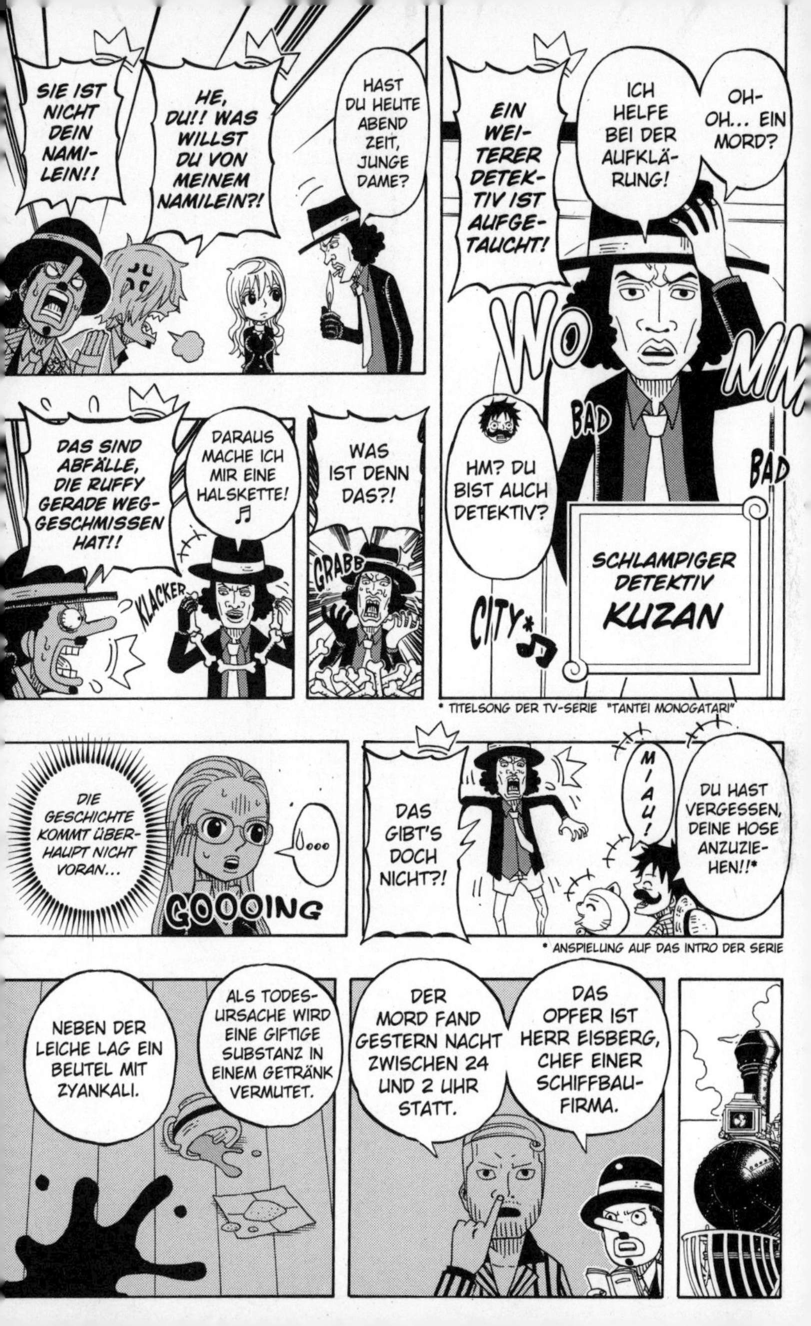

* TITELSONG DER TV-SERIE "TANTEI MONOGATARI"

* ANSPIELUNG AUF DAS INTRO DER SERIE

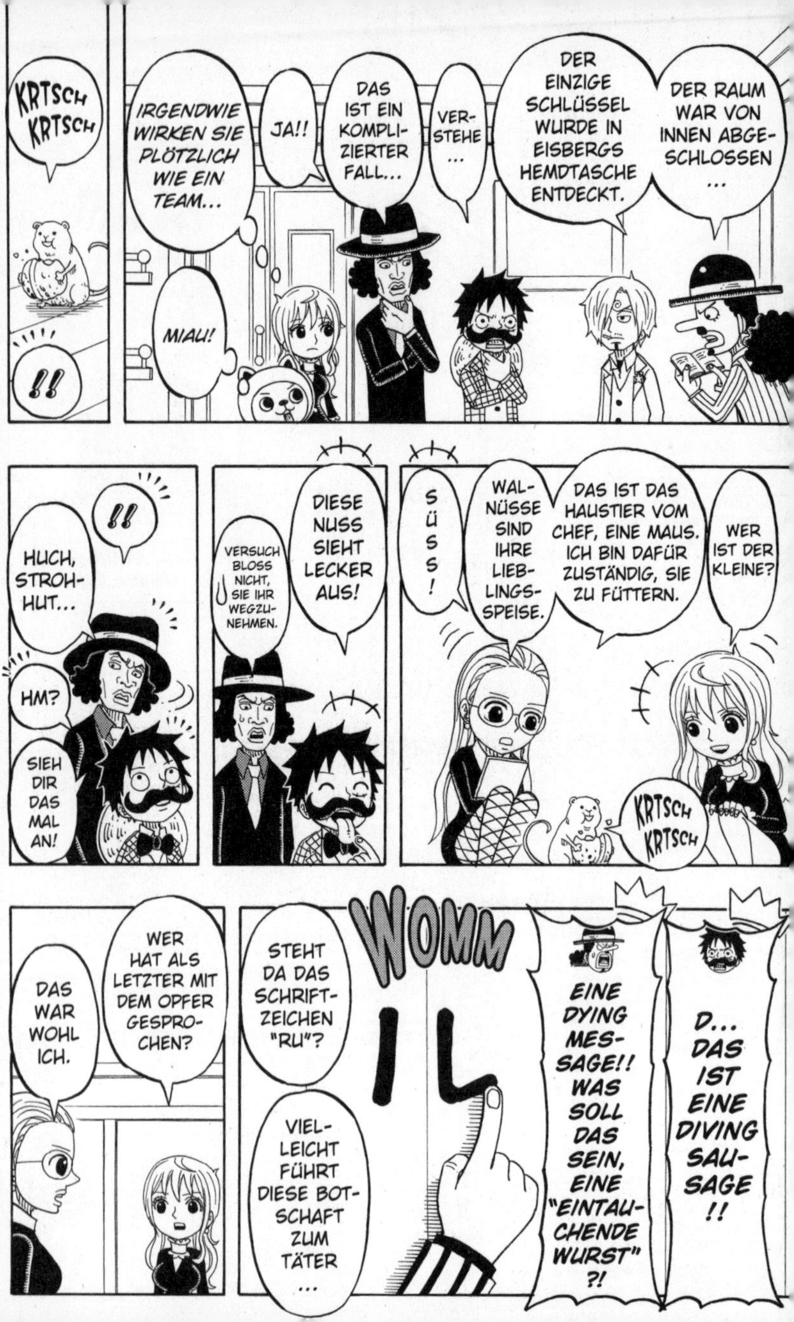

DER RAUM WAR VON INNEN ABGESCHLOSSEN ...
DER EINZIGE SCHLÜSSEL WURDE IN EISBERGS HEMDTASCHE ENTDECKT.
VERSTEHE ...
DAS IST EIN KOMPLIZIERTER FALL...
JA!!
IRGENDWIE WIRKEN SIE PLÖTZLICH WIE EIN TEAM...
MIAU!
KRTSCH KRTSCH
!!
WER IST DER KLEINE?
DAS IST DAS HAUSTIER VOM CHEF, EINE MAUS. ICH BIN DAFÜR ZUSTÄNDIG, SIE ZU FÜTTERN.
WALNÜSSE SIND IHRE LIEBLINGSSPEISE.
KRTSCH KRTSCH
SÜSS!
DIESE NUSS SIEHT LECKER AUS!
VERSUCH BLOSS NICHT, SIE IHR WEGZUNEHMEN.
!!
HUCH, STROHHUT...
HM?
SIEH DIR DAS MAL AN!
D... DAS IST EINE DIVING SAUSAGE!!
EINE DYING MESSAGE!! WAS SOLL DAS SEIN, EINE "EINTAUCHENDE WURST"?!
WOMM
STEHT DA DAS SCHRIFTZEICHEN "RU"?
VIELLEICHT FÜHRT DIESE BOTSCHAFT ZUM TÄTER ...
WER HAT ALS LETZTER MIT DEM OPFER GESPROCHEN?
DAS WAR WOHL ICH.

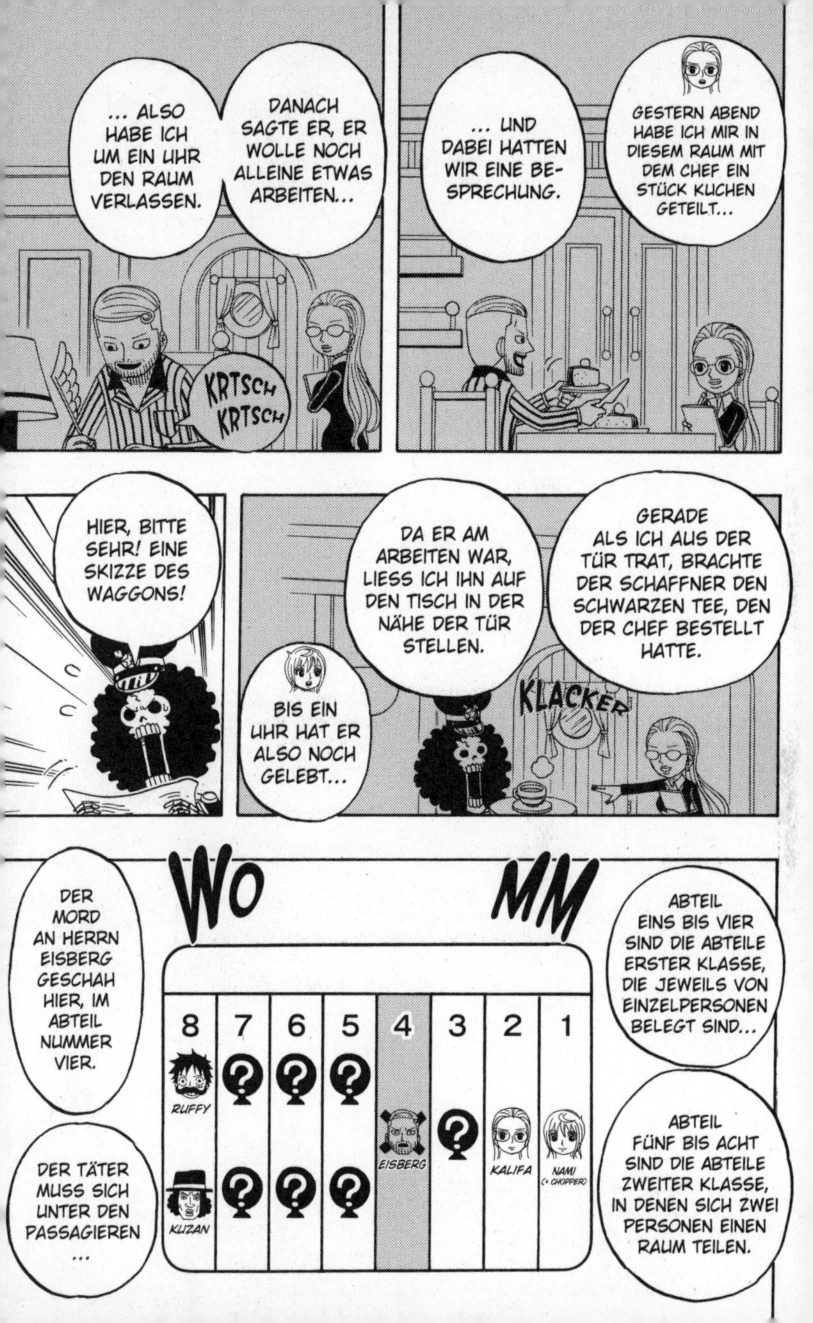
GESTERN ABEND HABE ICH MIR IN DIESEM RAUM MIT DEM CHEF EIN STÜCK KUCHEN GETEILT...
... UND DABEI HATTEN WIR EINE BE-SPRECHUNG.
DANACH SAGTE ER, ER WOLLE NOCH ALLEINE ETWAS ARBEITEN...
... ALSO HABE ICH UM EIN UHR DEN RAUM VERLASSEN.
KRTSCH KRTSCH
GERADE ALS ICH AUS DER TÜR TRAT, BRACHTE DER SCHAFFNER DEN SCHWARZEN TEE, DEN DER CHEF BESTELLT HATTE.
DA ER AM ARBEITEN WAR, LIESS ICH IHN AUF DEN TISCH IN DER NÄHE DER TÜR STELLEN.
KLACKER
BIS EIN UHR HAT ER ALSO NOCH GELEBT...
HIER, BITTE SEHR! EINE SKIZZE DES WAGGONS!
WO MM
ABTEIL EINS BIS VIER SIND DIE ABTEILE ERSTER KLASSE, DIE JEWEILS VON EINZELPERSONEN BELEGT SIND...
ABTEIL FÜNF BIS ACHT SIND DIE ABTEILE ZWEITER KLASSE, IN DENEN SICH ZWEI PERSONEN EINEN RAUM TEILEN.
8 7 6 5 4 3 2 1
RUFFY
KUZAN
EISBERG
KALIFA
NAMI (+ CHOPPER)
DER MORD AN HERRN EISBERG GESCHAH HIER, IM ABTEIL NUMMER VIER.
DER TÄTER MUSS SICH UNTER DEN PASSAGIEREN ...

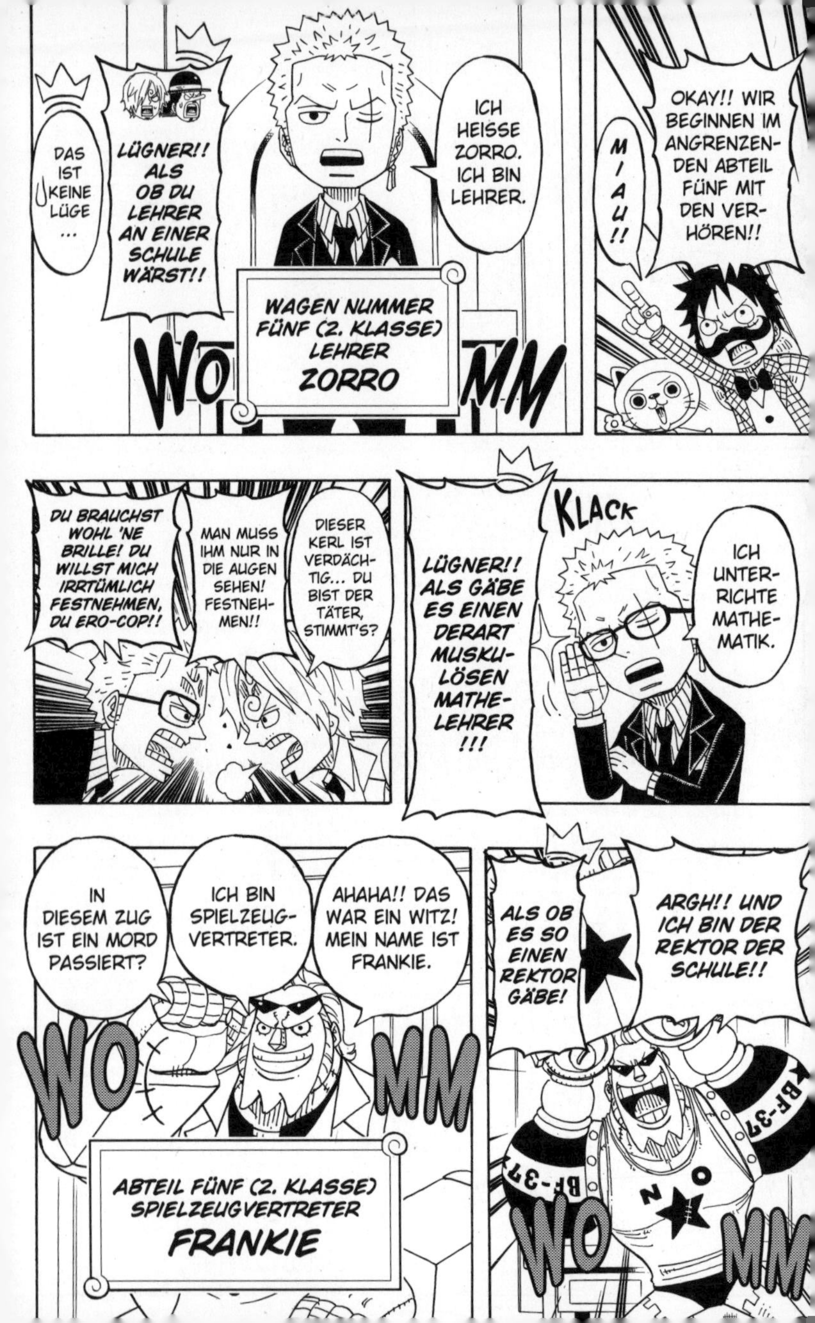
OKAY!! WIR BEGINNEN IM ANGRENZENDEN ABTEIL FÜNF MIT DEN VERHÖREN!!
MIAU!!
ICH HEISSE ZORRO. ICH BIN LEHRER.
WAGEN NUMMER FÜNF (2. KLASSE) LEHRER ZORRO
LÜGNER!! ALS OB DU LEHRER AN EINER SCHULE WÄRST!!
DAS IST KEINE LÜGE ...
WOMM
KLACK
ICH UNTERRICHTE MATHEMATIK.
LÜGNER!! ALS GÄBE ES EINEN DERART MUSKULÖSEN MATHELEHRER!!!
DIESER KERL IST VERDÄCHTIG... DU BIST DER TÄTER, STIMMT'S?
MAN MUSS IHM NUR IN DIE AUGEN SEHEN! FESTNEHMEN!!
DU BRAUCHST WOHL 'NE BRILLE! DU WILLST MICH IRRTÜMLICH FESTNEHMEN, DU ERO-COP!!
ARGH!! UND ICH BIN DER REKTOR DER SCHULE!!
ALS OB ES SO EINEN REKTOR GÄBE!
WOMM
AHAHA!! DAS WAR EIN WITZ! MEIN NAME IST FRANKIE.
ICH BIN SPIELZEUGVERTRETER.
IN DIESEM ZUG IST EIN MORD PASSIERT?
ABTEIL FÜNF (2. KLASSE) SPIELZEUGVERTRETER FRANKIE
WOMM

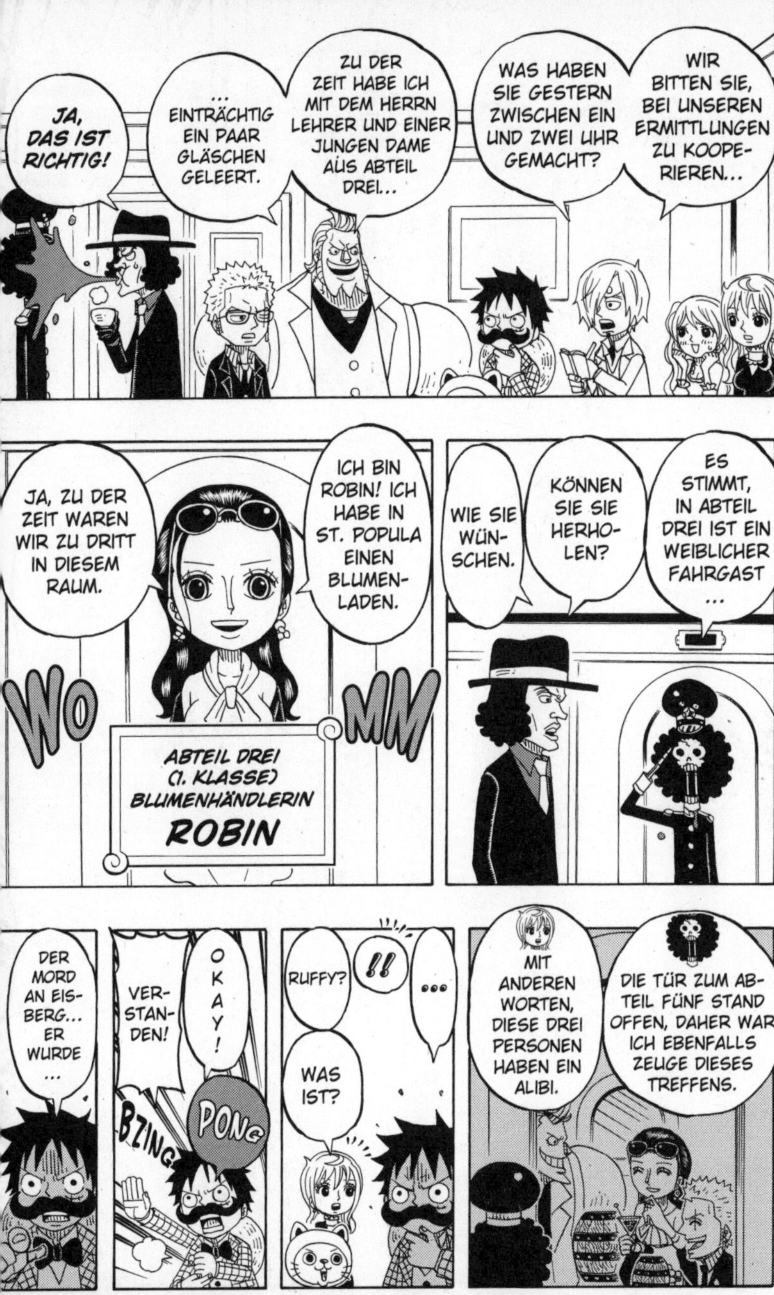
WIR BITTEN SIE, BEI UNSEREN ERMITTLUNGEN ZU KOOPERIEREN…
WAS HABEN SIE GESTERN ZWISCHEN EIN UND ZWEI UHR GEMACHT?
ZU DER ZEIT HABE ICH MIT DEM HERRN LEHRER UND EINER JUNGEN DAME AUS ABTEIL DREI…
… EINTRÄCHTIG EIN PAAR GLÄSCHEN GELEERT.
JA, DAS IST RICHTIG!
ES STIMMT, IN ABTEIL DREI IST EIN WEIBLICHER FAHRGAST …
KÖNNEN SIE SIE HERHOLEN?
WIE SIE WÜNSCHEN.
ICH BIN ROBIN! ICH HABE IN ST. POPULA EINEN BLUMENLADEN.
JA, ZU DER ZEIT WAREN WIR ZU DRITT IN DIESEM RAUM.
WOMM
ABTEIL DREI (1. KLASSE) BLUMENHÄNDLERIN ROBIN
DIE TÜR ZUM ABTEIL FÜNF STAND OFFEN, DAHER WAR ICH EBENFALLS ZEUGE DIESES TREFFENS.
MIT ANDEREN WORTEN, DIESE DREI PERSONEN HABEN EIN ALIBI.
…
!!
RUFFY?
WAS IST?
OKAY!
VERSTANDEN!
PONG
BZING
DER MORD AN EISBERG… ER WURDE …

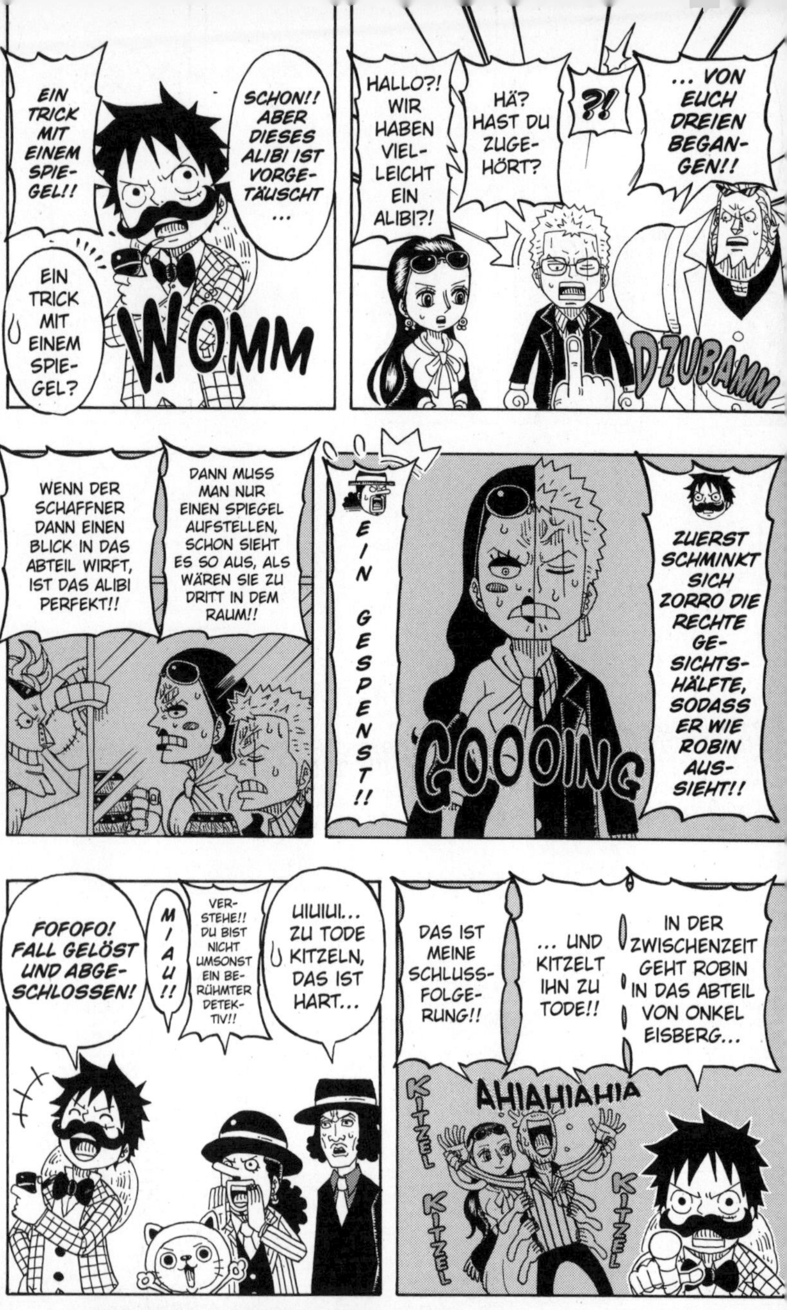
... VON EUCH DREIEN BEGANGEN!!
?!
HÄ? HAST DU ZUGEHÖRT?
HALLO?! WIR HABEN VIELLEICHT EIN ALIBI?!
DZUBAMM
SCHON!! ABER DIESES ALIBI IST VORGETÄUSCHT ...
EIN TRICK MIT EINEM SPIEGEL!!
EIN TRICK MIT EINEM SPIEGEL?
WOMM
ZUERST SCHMINKT SICH ZORRO DIE RECHTE GESICHTSHÄLFTE, SODASS ER WIE ROBIN AUSSIEHT!!
EIN GESPENST!!
GOOOING
DANN MUSS MAN NUR EINEN SPIEGEL AUFSTELLEN, SCHON SIEHT ES SO AUS, ALS WÄREN SIE ZU DRITT IN DEM RAUM!!
WENN DER SCHAFFNER DANN EINEN BLICK IN DAS ABTEIL WIRFT, IST DAS ALIBI PERFEKT!!
IN DER ZWISCHENZEIT GEHT ROBIN IN DAS ABTEIL VON ONKEL EISBERG...
... UND KITZELT IHN ZU TODE!!
DAS IST MEINE SCHLUSSFOLGERUNG!!
AHIAHIAHIA
KITZEL
KITZEL
KITZEL
UIUIUI... ZU TODE KITZELN, DAS IST HART...
VERSTEHE!! DU BIST NICHT UMSONST EIN BERÜHMTER DETEKTIV!!
MIAU!!
FOFOFO! FALL GELÖST UND ABGESCHLOSSEN!

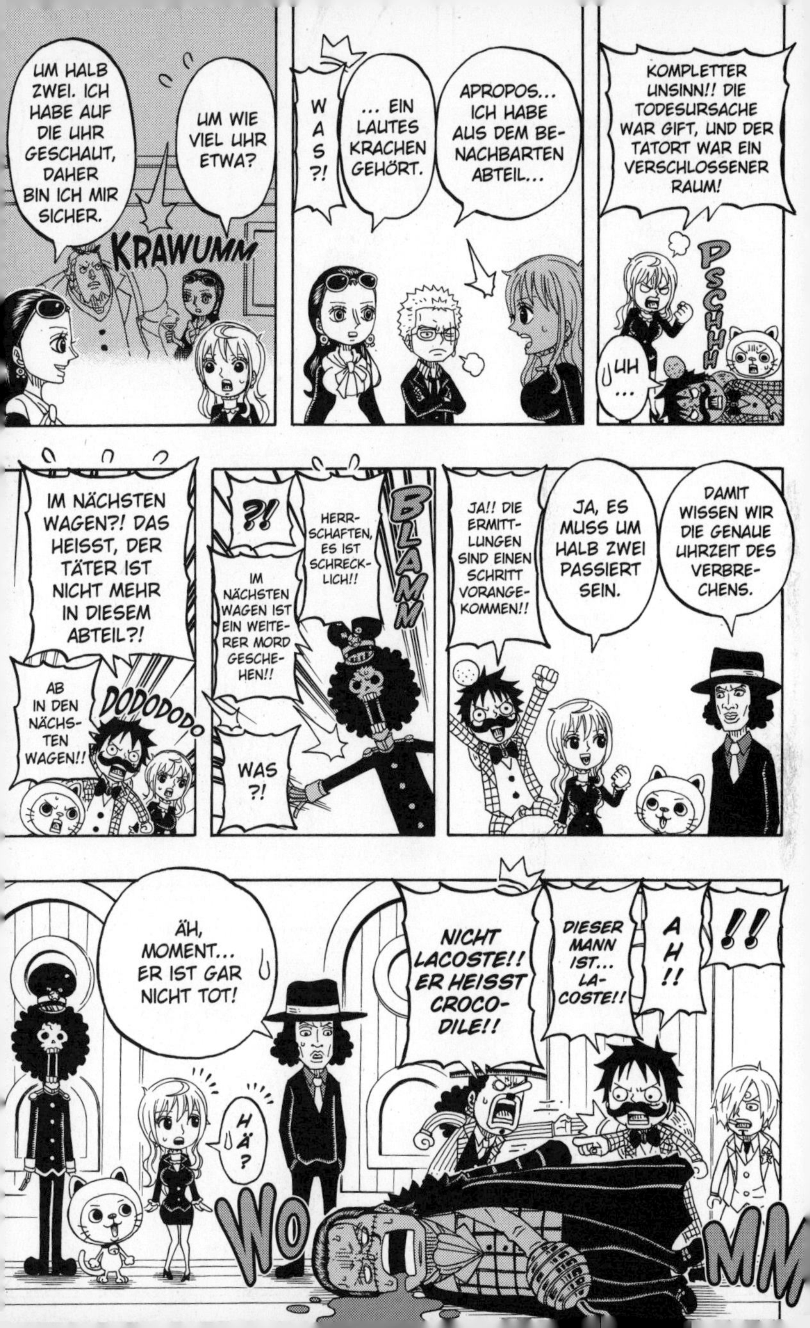

KOMPLETTER UNSINN!! DIE TODESURSACHE WAR GIFT, UND DER TATORT WAR EIN VERSCHLOSSENER RAUM!
PSCHHH
UH ...
APROPOS... ICH HABE AUS DEM BENACHBARTEN ABTEIL...
... EIN LAUTES KRACHEN GEHÖRT.
WAS ?!
UM WIE VIEL UHR ETWA?
UM HALB ZWEI. ICH HABE AUF DIE UHR GESCHAUT, DAHER BIN ICH MIR SICHER.
KRAWUMM
DAMIT WISSEN WIR DIE GENAUE UHRZEIT DES VERBRECHENS.
JA, ES MUSS UM HALB ZWEI PASSIERT SEIN.
JA!! DIE ERMITTLUNGEN SIND EINEN SCHRITT VORANGEKOMMEN!!
BLAMM
HERRSCHAFTEN, ES IST SCHRECKLICH!!
?!
IM NÄCHSTEN WAGEN IST EIN WEITERER MORD GESCHEHEN!!
WAS ?!
IM NÄCHSTEN WAGEN?! DAS HEISST, DER TÄTER IST NICHT MEHR IN DIESEM ABTEIL?!
AB IN DEN NÄCHSTEN WAGEN!!
DODODODODO
!!
AH!!
DIESER MANN IST... LACOSTE!!
NICHT LACOSTE!! ER HEISST CROCODILE!!
ÄH, MOMENT... ER IST GAR NICHT TOT!
HÄ?
WOMM

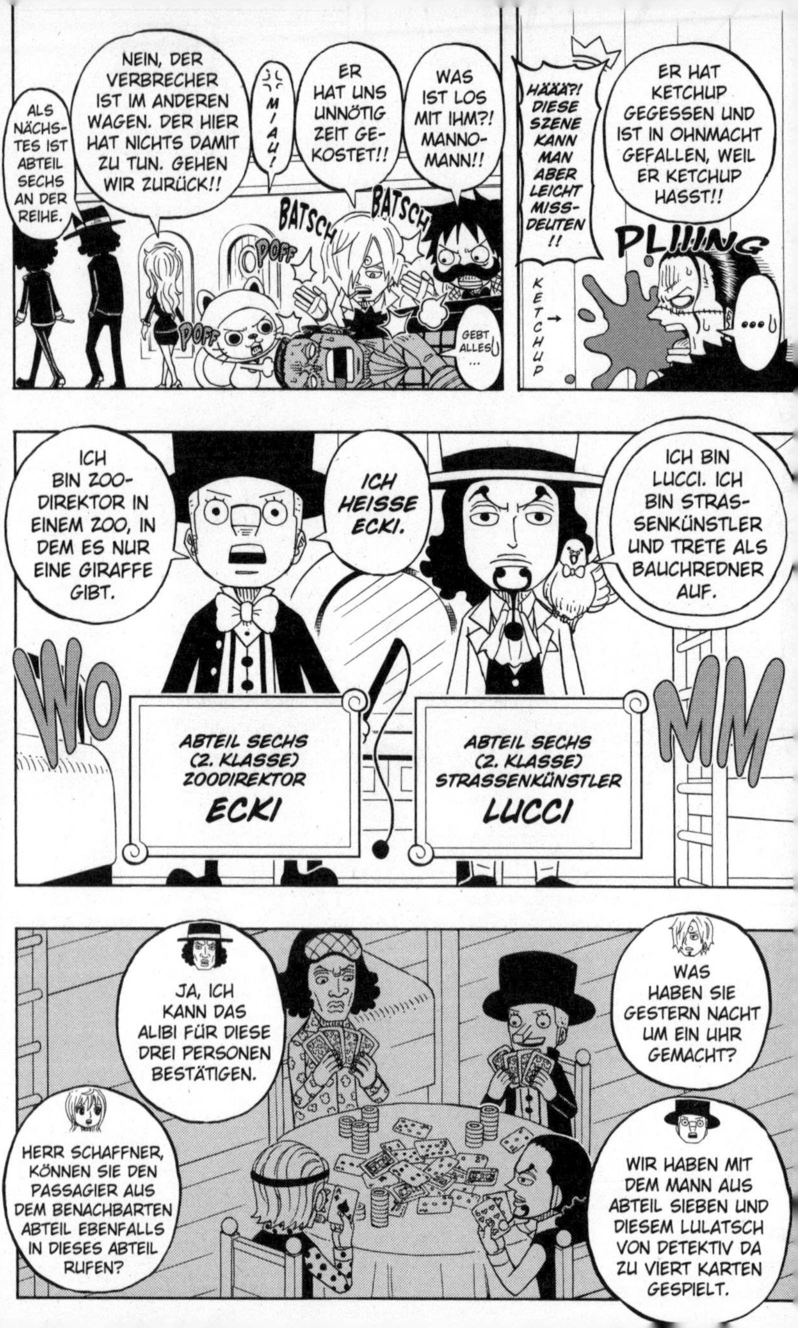
ALS NÄCHSTES IST ABTEIL SECHS AN DER REIHE.
NEIN, DER VERBRECHER IST IM ANDEREN WAGEN. DER HIER HAT NICHTS DAMIT ZU TUN. GEHEN WIR ZURÜCK!!
MIAU!
ER HAT UNS UNNÖTIG ZEIT GEKOSTET!!
WAS IST LOS MIT IHM?! MANNOMANN!!
BATSCH
BATSCH
POFF
POFF
POFF
GEBT ALLES ...
HÄÄÄ?! DIESE SZENE KANN MAN ABER LEICHT MISSDEUTEN!!
ER HAT KETCHUP GEGESSEN UND IST IN OHNMACHT GEFALLEN, WEIL ER KETCHUP HASST!!
PLIIING
KETCHUP →
...
ICH BIN ZOODIREKTOR IN EINEM ZOO, IN DEM ES NUR EINE GIRAFFE GIBT.
ICH HEISSE ECKI.
ICH BIN LUCCI. ICH BIN STRASSENKÜNSTLER UND TRETE ALS BAUCHREDNER AUF.
WO
MM
ABTEIL SECHS (2. KLASSE) ZOODIREKTOR ECKI
ABTEIL SECHS (2. KLASSE) STRASSENKÜNSTLER LUCCI
JA, ICH KANN DAS ALIBI FÜR DIESE DREI PERSONEN BESTÄTIGEN.
WAS HABEN SIE GESTERN NACHT UM EIN UHR GEMACHT?
HERR SCHAFFNER, KÖNNEN SIE DEN PASSAGIER AUS DEM BENACHBARTEN ABTEIL EBENFALLS IN DIESES ABTEIL RUFEN?
WIR HABEN MIT DEM MANN AUS ABTEIL SIEBEN UND DIESEM LULATSCH VON DETEKTIV DA ZU VIERT KARTEN GESPIELT.

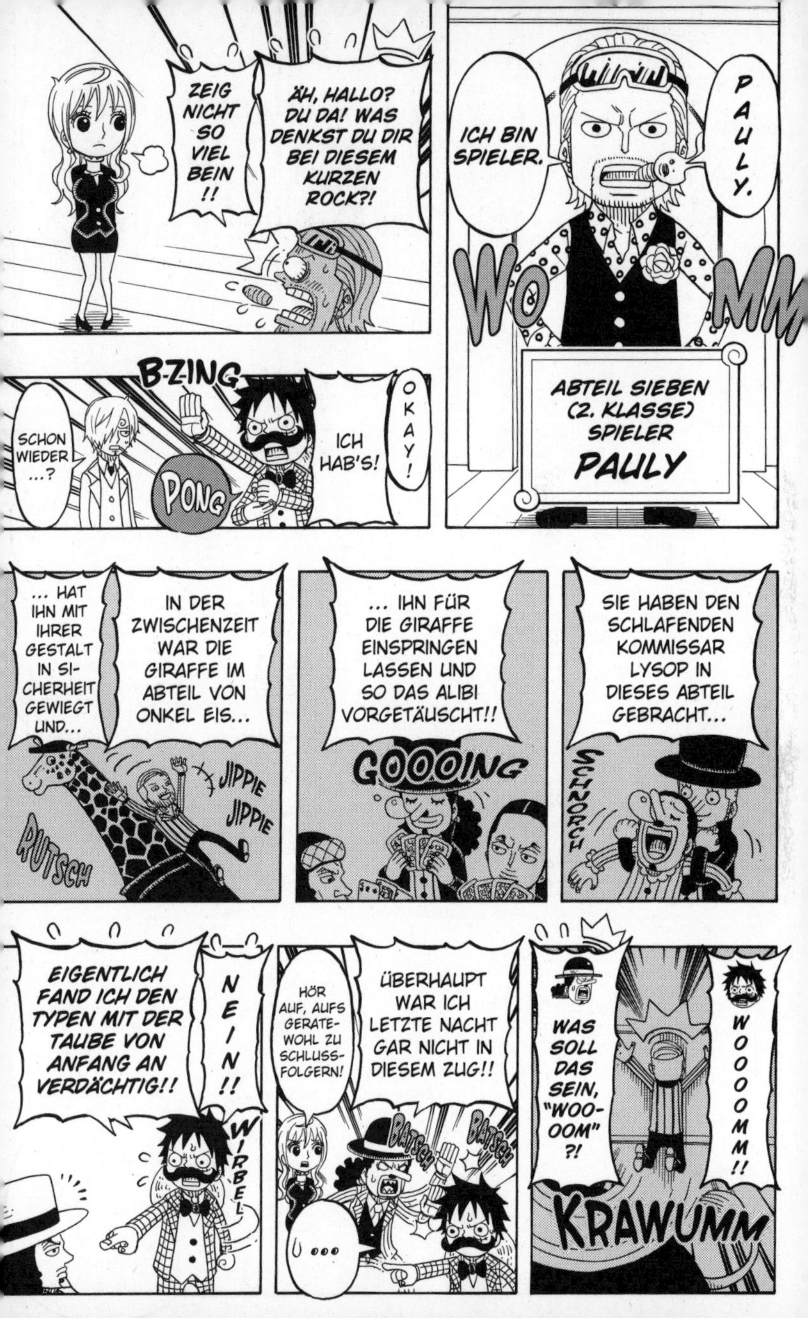
ZEIG NICHT SO VIEL BEIN!!
ÄH, HALLO? DU DA! WAS DENKST DU DIR BEI DIESEM KURZEN ROCK?!
ICH BIN SPIELER.
PAULY.
WOMM
ABTEIL SIEBEN (2. KLASSE) SPIELER PAULY
B-Z-ING
OKAY!
ICH HAB'S!
SCHON WIEDER ...?
PONG
IN DER ZWISCHENZEIT WAR DIE GIRAFFE IM ABTEIL VON ONKEL EIS...
... HAT IHN MIT IHRER GESTALT IN SICHERHEIT GEWIEGT UND...
JIPPIE JIPPIE
RUTSCH
... IHN FÜR DIE GIRAFFE EINSPRINGEN LASSEN UND SO DAS ALIBI VORGETÄUSCHT!!
GOOOING
SIE HABEN DEN SCHLAFENDEN KOMMISSAR LYSOP IN DIESES ABTEIL GEBRACHT...
SCHNORCH
EIGENTLICH FAND ICH DEN TYPEN MIT DER TAUBE VON ANFANG AN VERDÄCHTIG!!
NEIN!!
WIRBEL
ÜBERHAUPT WAR ICH LETZTE NACHT GAR NICHT IN DIESEM ZUG!!
HÖR AUF, AUFS GERATEWOHL ZU SCHLUSSFOLGERN!
BATSCH
BATSCH
...
WOOOOMM!!
WAS SOLL DAS SEIN, "WOOOOM"?!
KRAWUMM

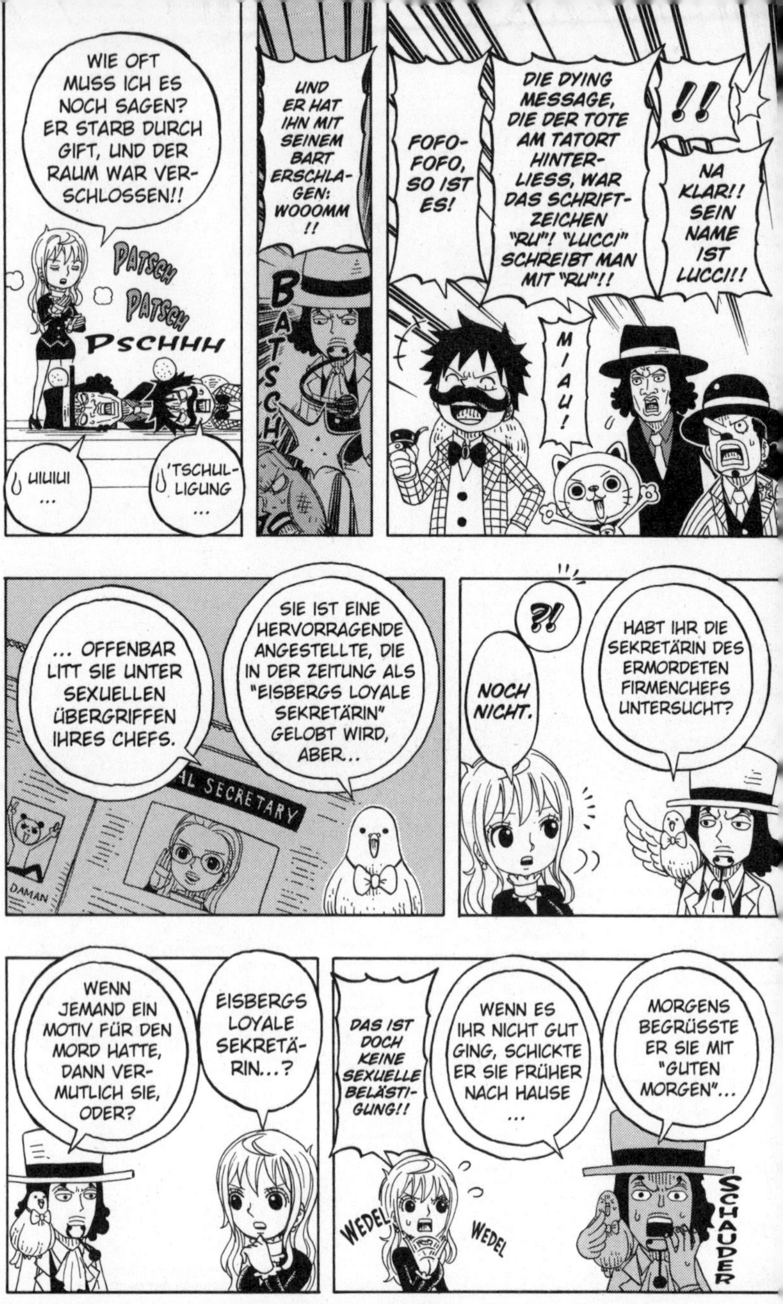
!!
DIE DYING MESSAGE, DIE DER TOTE AM TATORT HINTERLIESS, WAR DAS SCHRIFTZEICHEN "RU"! "LUCCI" SCHREIBT MAN MIT "RU"!!
FOFO-FOFO, SO IST ES!
NA KLAR!! SEIN NAME IST LUCCI!!
MIAU!
UND ER HAT IHN MIT SEINEM BART ERSCHLAGEN: WOOOMM!!
BATSCH
WIE OFT MUSS ICH ES NOCH SAGEN? ER STARB DURCH GIFT, UND DER RAUM WAR VERSCHLOSSEN!!
PATSCH
PATSCH
PSCHHH
'TSCHULLIGUNG ...
UIUIUI ...
HABT IHR DIE SEKRETÄRIN DES ERMORDETEN FIRMENCHEFS UNTERSUCHT?
?!
NOCH NICHT.
SIE IST EINE HERVORRAGENDE ANGESTELLTE, DIE IN DER ZEITUNG ALS "EISBERGS LOYALE SEKRETÄRIN" GELOBT WIRD, ABER...
... OFFENBAR LITT SIE UNTER SEXUELLEN ÜBERGRIFFEN IHRES CHEFS.
AL SECRETARY
DAMAN
MORGENS BEGRÜSSTE ER SIE MIT "GUTEN MORGEN"...
WENN ES IHR NICHT GUT GING, SCHICKTE ER SIE FRÜHER NACH HAUSE ...
DAS IST DOCH KEINE SEXUELLE BELÄSTIGUNG!!
WEDEL
WEDEL
SCHAUDER
EISBERGS LOYALE SEKRETÄRIN...?
WENN JEMAND EIN MOTIV FÜR DEN MORD HATTE, DANN VERMUTLICH SIE, ODER?

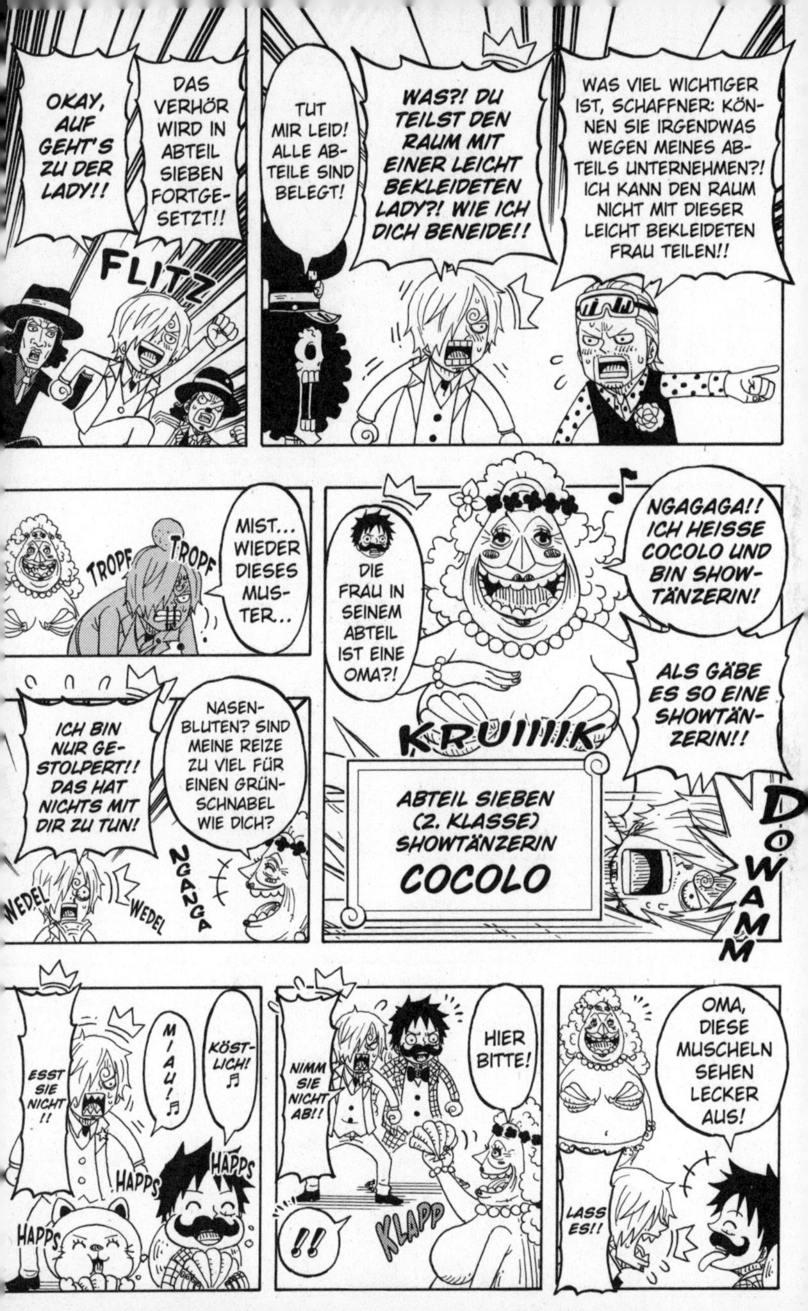
OKAY, AUF GEHT'S ZU DER LADY!!
DAS VERHÖR WIRD IN ABTEIL SIEBEN FORTGESETZT!!
FLITZ
TUT MIR LEID! ALLE ABTEILE SIND BELEGT!
WAS?! DU TEILST DEN RAUM MIT EINER LEICHT BEKLEIDETEN LADY?! WIE ICH DICH BENEIDE!!
WAS VIEL WICHTIGER IST, SCHAFFNER: KÖNNEN SIE IRGENDWAS WEGEN MEINES ABTEILS UNTERNEHMEN?! ICH KANN DEN RAUM NICHT MIT DIESER LEICHT BEKLEIDETEN FRAU TEILEN!!
TROPF TROPF
MIST... WIEDER DIESES MUSTER...
DIE FRAU IN SEINEM ABTEIL IST EINE OMA?!
NGAGAGA!! ICH HEISSE COCOLO UND BIN SHOWTÄNZERIN!
ALS GÄBE ES SO EINE SHOWTÄNZERIN!!
KRUIIIIK
ABTEIL SIEBEN (2. KLASSE) SHOWTÄNZERIN COCOLO
DOWAMM
ICH BIN NUR GESTOLPERT!! DAS HAT NICHTS MIT DIR ZU TUN!
NASENBLUTEN? SIND MEINE REIZE ZU VIEL FÜR EINEN GRÜNSCHNABEL WIE DICH?
NGANGA
WEDEL WEDEL
ESST SIE NICHT!!
MIAU!♪
KÖSTLICH!♪
HAPPS HAPPS HAPPS
NIMM SIE NICHT AB!!
HIER BITTE!
!!
KLAPP
OMA, DIESE MUSCHELN SEHEN LECKER AUS!
LASS ES!!

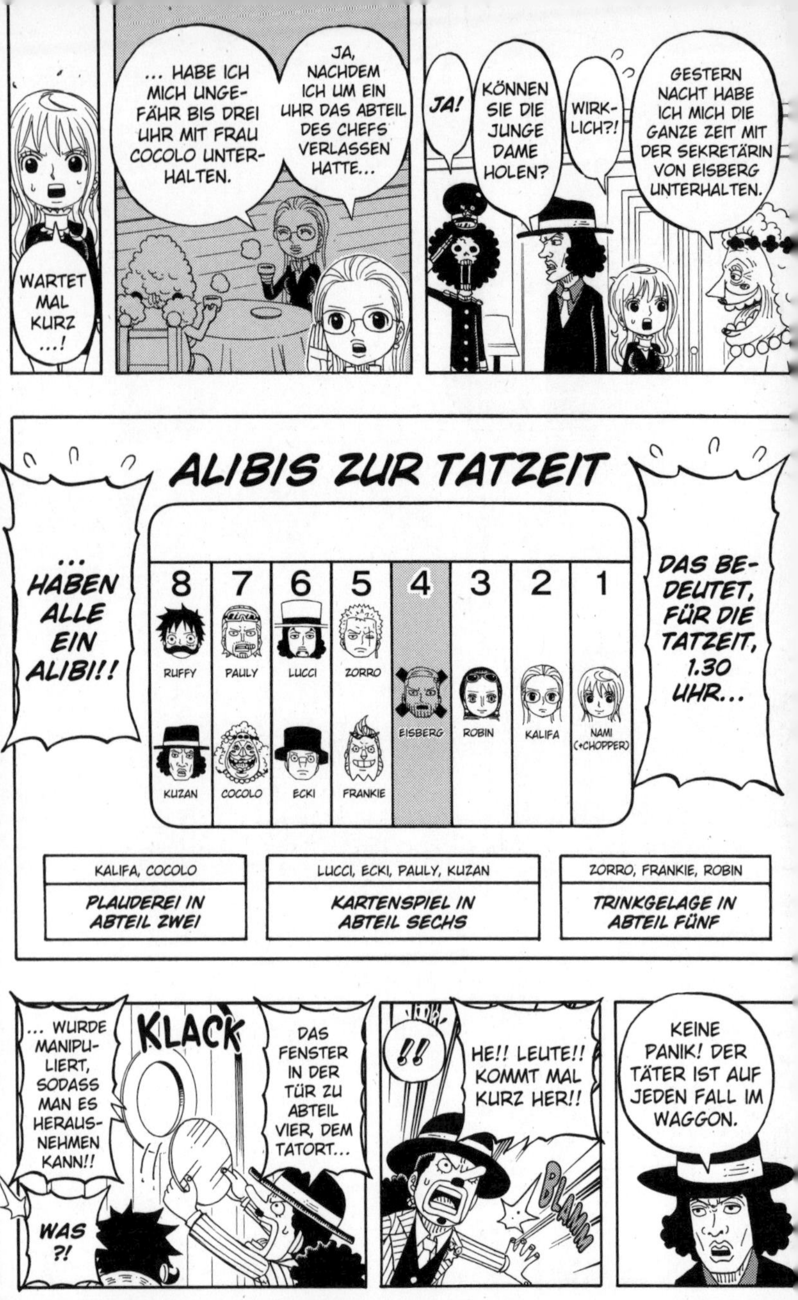
GESTERN NACHT HABE ICH MICH DIE GANZE ZEIT MIT DER SEKRETÄRIN VON EISBERG UNTERHALTEN.
WIRKLICH?!
KÖNNEN SIE DIE JUNGE DAME HOLEN?
JA!
JA, NACHDEM ICH UM EIN UHR DAS ABTEIL DES CHEFS VERLASSEN HATTE...
... HABE ICH MICH UNGEFÄHR BIS DREI UHR MIT FRAU COCOLO UNTERHALTEN.
WARTET MAL KURZ ...!
DAS BEDEUTET, FÜR DIE TATZEIT, 1.30 UHR...
ALIBIS ZUR TATZEIT
1 NAMI (+CHOPPER)
2 KALIFA
3 ROBIN
4 EISBERG
5 ZORRO FRANKIE
6 LUCCI ECKI
7 PAULY COCOLO
8 RUFFY KUZAN
ZORRO, FRANKIE, ROBIN
TRINKGELAGE IN ABTEIL FÜNF
LUCCI, ECKI, PAULY, KUZAN
KARTENSPIEL IN ABTEIL SECHS
KALIFA, COCOLO
PLAUDEREI IN ABTEIL ZWEI
... HABEN ALLE EIN ALIBI!!
KEINE PANIK! DER TÄTER IST AUF JEDEN FALL IM WAGGON.
!!
HE!! LEUTE!! KOMMT MAL KURZ HER!!
BLAMM
DAS FENSTER IN DER TÜR ZU ABTEIL VIER, DEM TATORT...
KLACK
... WURDE MANIPULIERT, SODASS MAN ES HERAUSNEHMEN KANN!!
WAS ?!

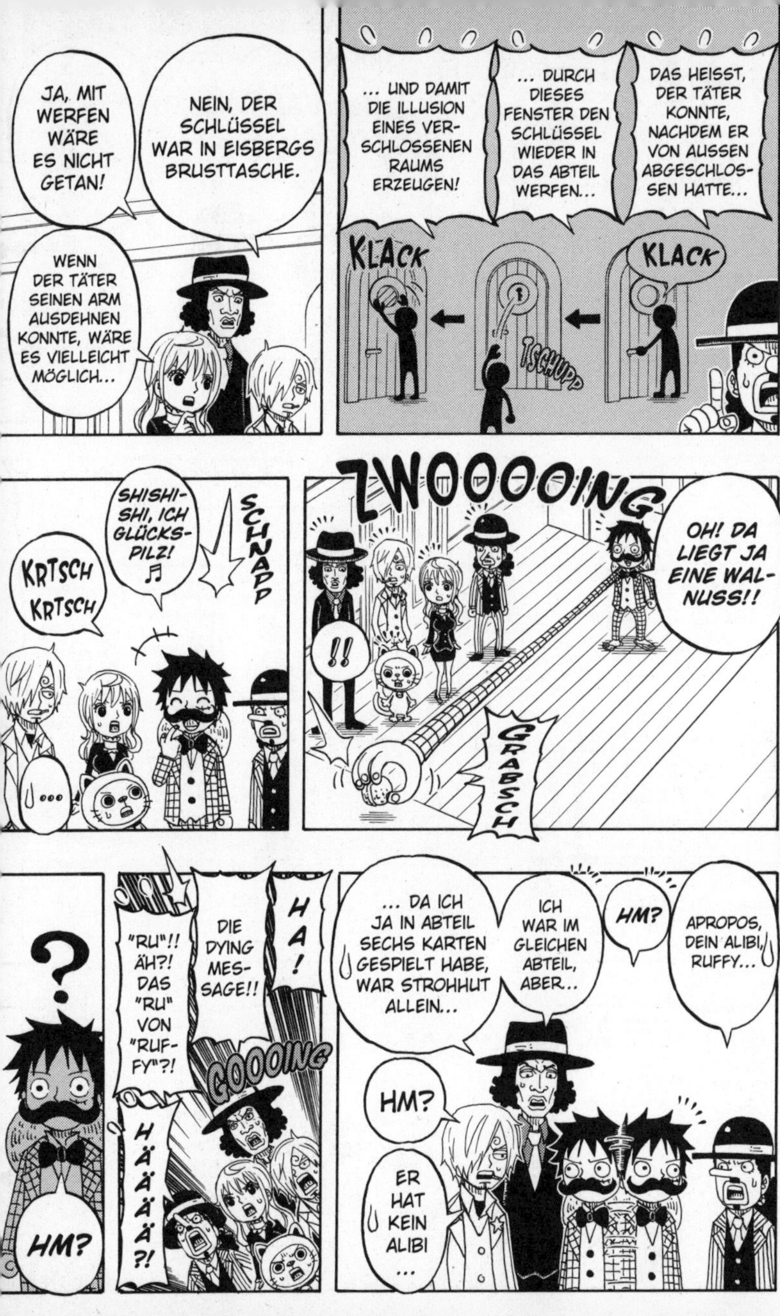
DAS HEISST, DER TÄTER KONNTE, NACHDEM ER VON AUSSEN ABGESCHLOSSEN HATTE…
… DURCH DIESES FENSTER DEN SCHLÜSSEL WIEDER IN DAS ABTEIL WERFEN…
… UND DAMIT DIE ILLUSION EINES VERSCHLOSSENEN RAUMS ERZEUGEN!
KLACK
TSCHUPP
KLACK
NEIN, DER SCHLÜSSEL WAR IN EISBERGS BRUSTTASCHE.
JA, MIT WERFEN WÄRE ES NICHT GETAN!
WENN DER TÄTER SEINEN ARM AUSDEHNEN KONNTE, WÄRE ES VIELLEICHT MÖGLICH…
ZWOOOOING
OH! DA LIEGT JA EINE WALNUSS!!
!!
GRABSCH
SCHNAPP
SHISHISHI, ICH GLÜCKSPILZ! ♫
KRTSCH KRTSCH
…
APROPOS, DEIN ALIBI, RUFFY…
HM?
ICH WAR IM GLEICHEN ABTEIL, ABER…
… DA ICH JA IN ABTEIL SECHS KARTEN GESPIELT HABE, WAR STROHHUT ALLEIN…
HM?
ER HAT KEIN ALIBI …
HA!
DIE DYING MESSAGE!!
"RU"!! ÄH?! DAS "RU" VON "RUFFY"?!
GOOOING
HÄÄÄÄ?!
?
HM?

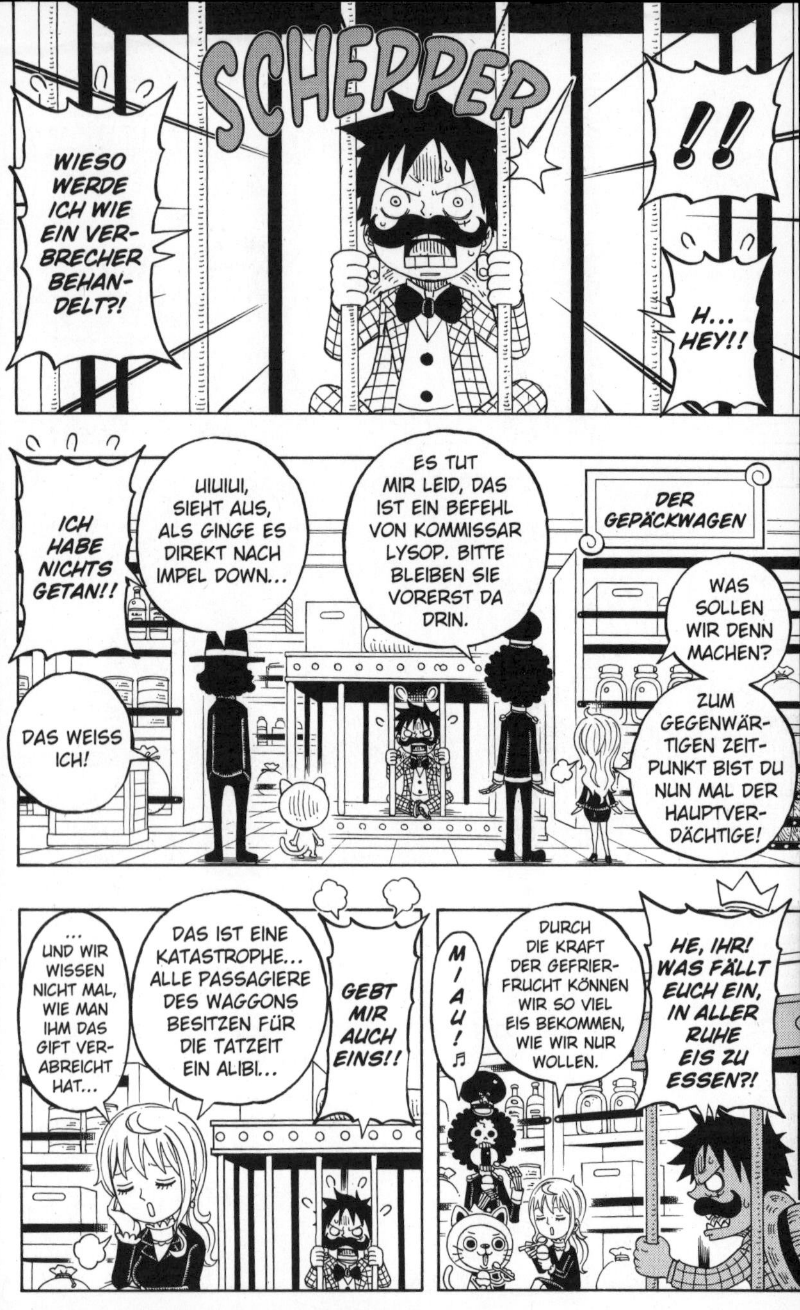
SCHEPPER
WIESO WERDE ICH WIE EIN VERBRECHER BEHANDELT?!
!!
H... HEY!!
ICH HABE NICHTS GETAN!!
UIUIUI, SIEHT AUS, ALS GINGE ES DIREKT NACH IMPEL DOWN...
ES TUT MIR LEID, DAS IST EIN BEFEHL VON KOMMISSAR LYSOP. BITTE BLEIBEN SIE VORERST DA DRIN.
DER GEPÄCKWAGEN
WAS SOLLEN WIR DENN MACHEN?
ZUM GEGENWÄRTIGEN ZEITPUNKT BIST DU NUN MAL DER HAUPTVERDÄCHTIGE!
DAS WEISS ICH!
GEBT MIR AUCH EINS!!
DAS IST EINE KATASTROPHE... ALLE PASSAGIERE DES WAGGONS BESITZEN FÜR DIE TATZEIT EIN ALIBI...
... UND WIR WISSEN NICHT MAL, WIE MAN IHM DAS GIFT VERABREICHT HAT...
HE, IHR! WAS FÄLLT EUCH EIN, IN ALLER RUHE EIS ZU ESSEN?!
DURCH DIE KRAFT DER GEFRIERFRUCHT KÖNNEN WIR SO VIEL EIS BEKOMMEN, WIE WIR NUR WOLLEN.
MIAU!♬

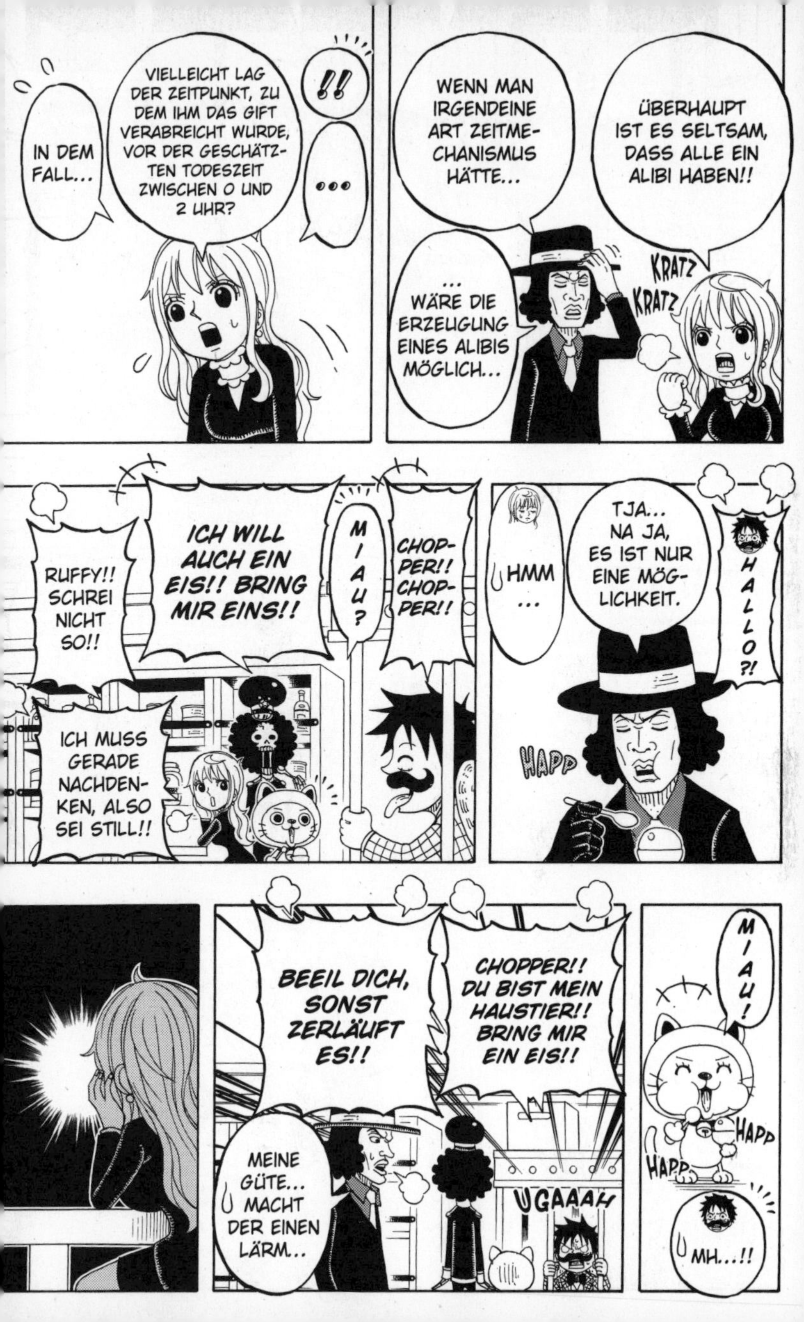
ÜBERHAUPT IST ES SELTSAM, DASS ALLE EIN ALIBI HABEN!!
KRATZ KRATZ
WENN MAN IRGENDEINE ART ZEITMECHANISMUS HÄTTE…
… WÄRE DIE ERZEUGUNG EINES ALIBIS MÖGLICH…
!!
•••
VIELLEICHT LAG DER ZEITPUNKT, ZU DEM IHM DAS GIFT VERABREICHT WURDE, VOR DER GESCHÄTZTEN TODESZEIT ZWISCHEN 0 UND 2 UHR?
IN DEM FALL…
HALLO?!
TJA… NA JA, ES IST NUR EINE MÖGLICHKEIT.
HMM …
HAPP
CHOPPER!! CHOPPER!!
MIAU?
ICH WILL AUCH EIN EIS!! BRING MIR EINS!!
RUFFY!! SCHREI NICHT SO!!
ICH MUSS GERADE NACHDENKEN, ALSO SEI STILL!!
MIAU!
HAPP
HAPP
MH…!!
CHOPPER!! DU BIST MEIN HAUSTIER!! BRING MIR EIN EIS!!
BEEIL DICH, SONST ZERLÄUFT ES!!
UGAAAH
MEINE GÜTE… MACHT DER EINEN LÄRM…

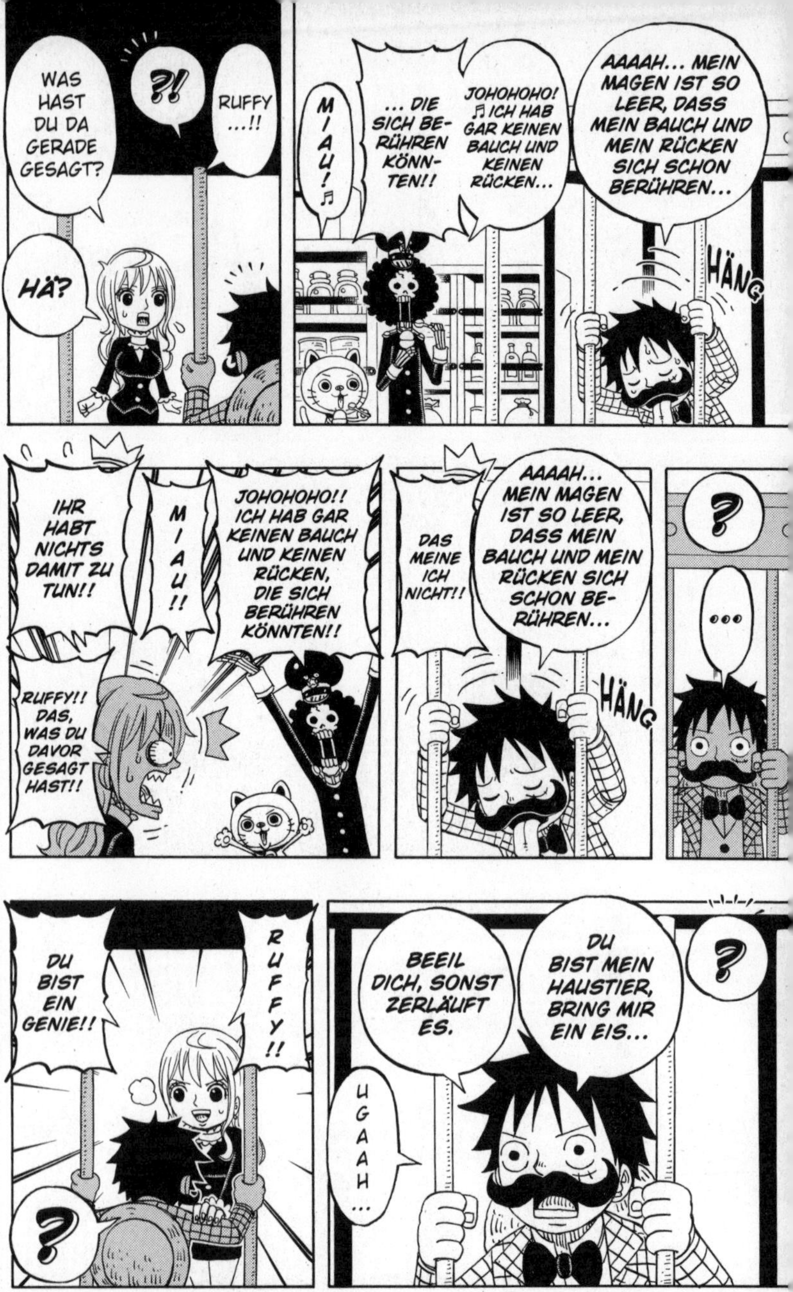
AAAAH… MEIN MAGEN IST SO LEER, DASS MEIN BAUCH UND MEIN RÜCKEN SICH SCHON BERÜHREN…
HÄNG
JOHOHOHO! ♫ ICH HAB GAR KEINEN BAUCH UND KEINEN RÜCKEN…
… DIE SICH BERÜHREN KÖNNTEN!!
MIAU! ♫
RUFFY …!!
?!
WAS HAST DU DA GERADE GESAGT?
HÄ?
RUFFY!! DAS, WAS DU DAVOR GESAGT HAST!!
JOHOHOHO!! ICH HAB GAR KEINEN BAUCH UND KEINEN RÜCKEN, DIE SICH BERÜHREN KÖNNTEN!!
MIAU!!
IHR HABT NICHTS DAMIT ZU TUN!!
AAAAH… MEIN MAGEN IST SO LEER, DASS MEIN BAUCH UND MEIN RÜCKEN SICH SCHON BERÜHREN…
HÄNG
DAS MEINE ICH NICHT!!
?
…
DU BIST MEIN HAUSTIER, BRING MIR EIN EIS…
BEEIL DICH, SONST ZERLÄUFT ES.
?
UGAAH…
RUFFY!!
DU BIST EIN GENIE!!
?

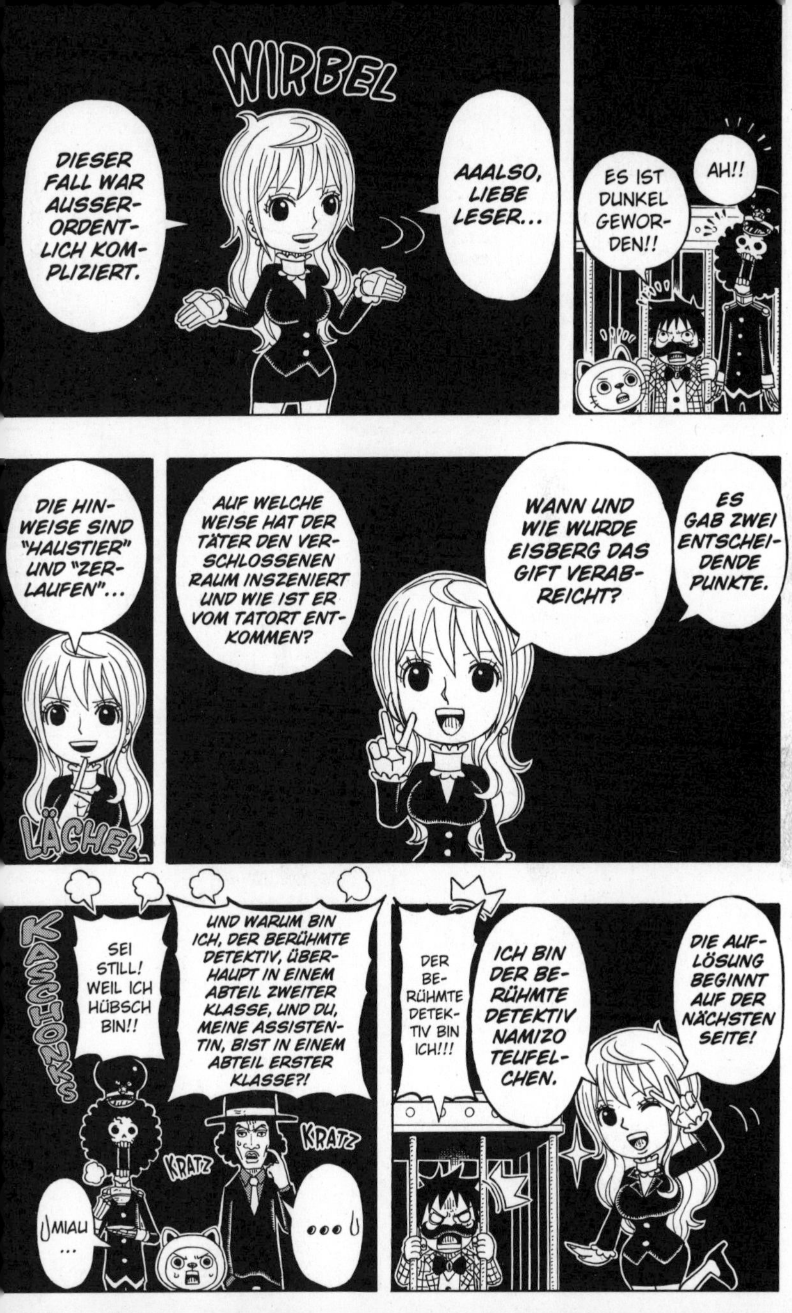
AH!!
ES IST DUNKEL GEWORDEN!!
WIRBEL
AAALSO, LIEBE LESER...
DIESER FALL WAR AUSSERORDENTLICH KOMPLIZIERT.
ES GAB ZWEI ENTSCHEIDENDE PUNKTE.
WANN UND WIE WURDE EISBERG DAS GIFT VERABREICHT?
AUF WELCHE WEISE HAT DER TÄTER DEN VERSCHLOSSENEN RAUM INSZENIERT UND WIE IST ER VOM TATORT ENTKOMMEN?
DIE HINWEISE SIND "HAUSTIER" UND "ZERLAUFEN"...
LÄCHEL
DIE AUFLÖSUNG BEGINNT AUF DER NÄCHSTEN SEITE!
ICH BIN DER BERÜHMTE DETEKTIV NAMIZO TEUFELCHEN.
DER BERÜHMTE DETEKTIV BIN ICH!!!
UND WARUM BIN ICH, DER BERÜHMTE DETEKTIV, ÜBERHAUPT IN EINEM ABTEIL ZWEITER KLASSE, UND DU, MEINE ASSISTENTIN, BIST IN EINEM ABTEIL ERSTER KLASSE?!
SEI STILL! WEIL ICH HÜBSCH BIN!!
KASCHONKS
KRATZ
KRATZ
...
MIAU ...

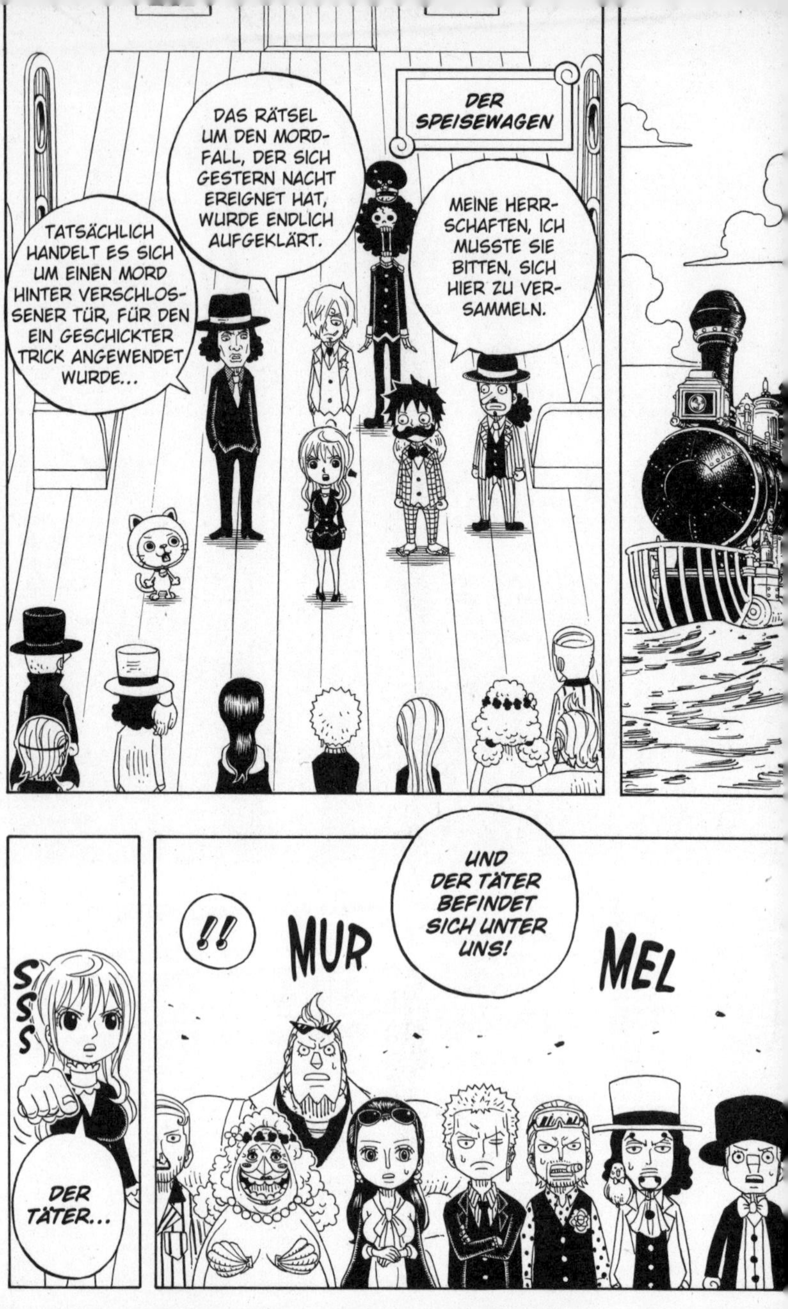

DER SPEISEWAGEN
MEINE HERRSCHAFTEN, ICH MUSSTE SIE BITTEN, SICH HIER ZU VERSAMMELN.
DAS RÄTSEL UM DEN MORDFALL, DER SICH GESTERN NACHT EREIGNET HAT, WURDE ENDLICH AUFGEKLÄRT.
TATSÄCHLICH HANDELT ES SICH UM EINEN MORD HINTER VERSCHLOSSENER TÜR, FÜR DEN EIN GESCHICKTER TRICK ANGEWENDET WURDE...
UND DER TÄTER BEFINDET SICH UNTER UNS!
MEL
MUR
!!
SSS
DER TÄTER...

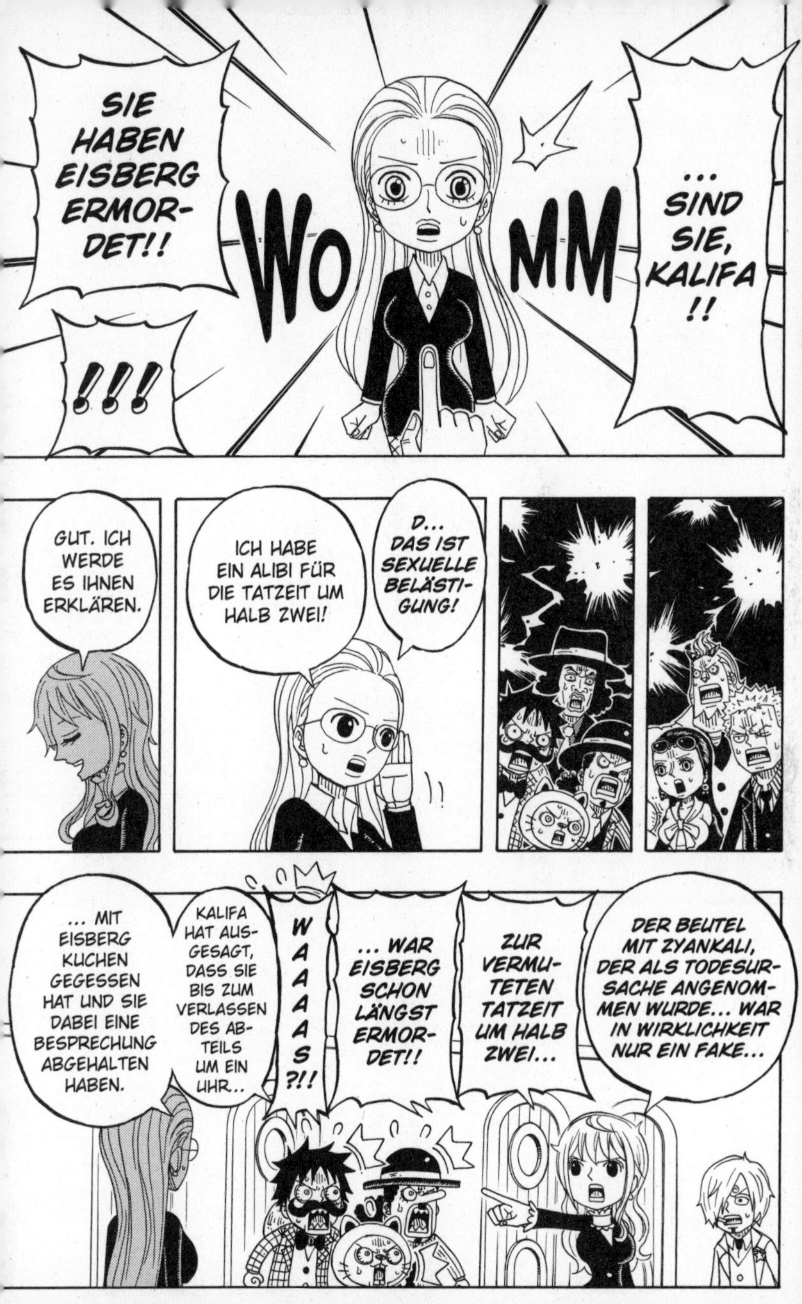
... SIND SIE, KALIFA!!
WOMM
SIE HABEN EISBERG ERMORDET!!
!!!
D... DAS IST SEXUELLE BELÄSTIGUNG!
ICH HABE EIN ALIBI FÜR DIE TATZEIT UM HALB ZWEI!
GUT. ICH WERDE ES IHNEN ERKLÄREN.
DER BEUTEL MIT ZYANKALI, DER ALS TODESURSACHE ANGENOMMEN WURDE... WAR IN WIRKLICHKEIT NUR EIN FAKE...
ZUR VERMUTETEN TATZEIT UM HALB ZWEI...
... WAR EISBERG SCHON LÄNGST ERMORDET!!
WAAAAAS?!!
KALIFA HAT AUSGESAGT, DASS SIE BIS ZUM VERLASSEN DES ABTEILS UM EIN UHR...
... MIT EISBERG KUCHEN GEGESSEN HAT UND SIE DABEI EINE BESPRECHUNG ABGEHALTEN HABEN.

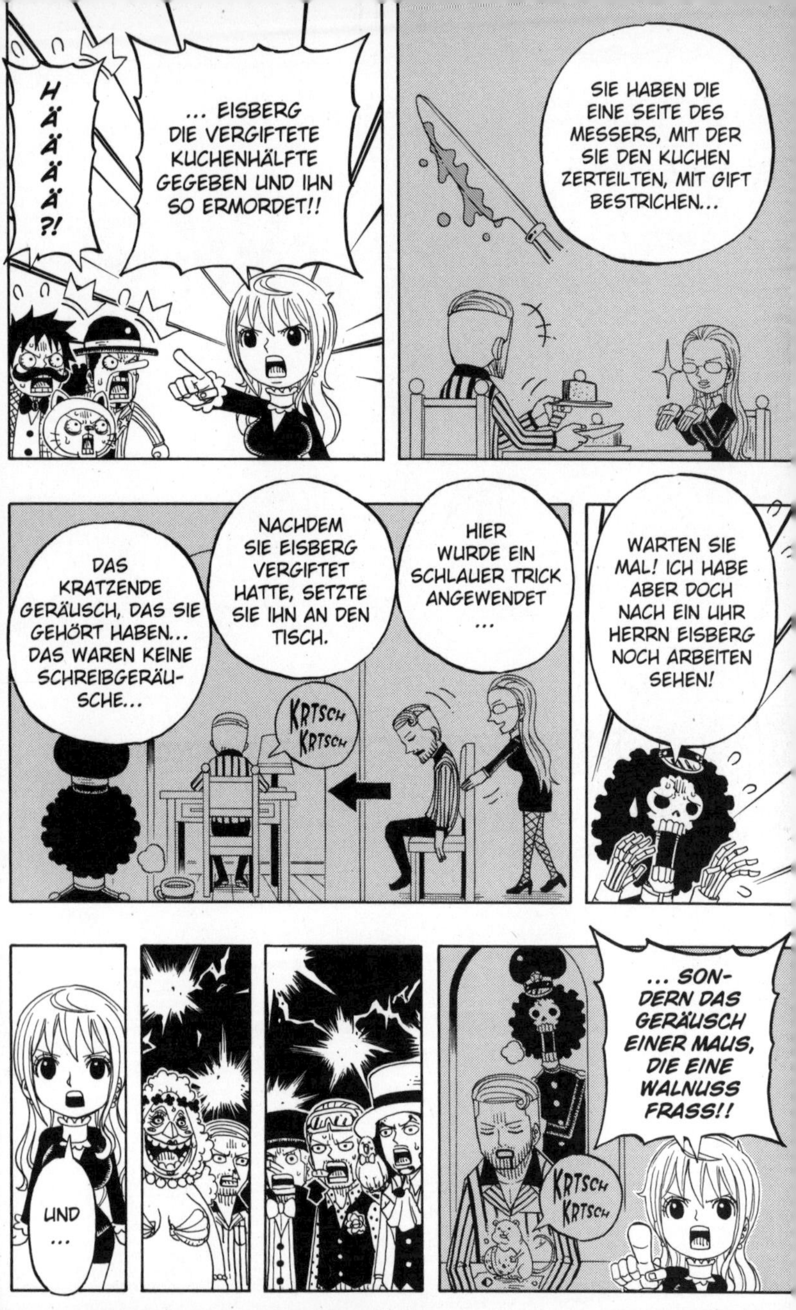
SIE HABEN DIE EINE SEITE DES MESSERS, MIT DER SIE DEN KUCHEN ZERTEILTEN, MIT GIFT BESTRICHEN...
... EISBERG DIE VERGIFTETE KUCHENHÄLFTE GEGEBEN UND IHN SO ERMORDET!!
HÄÄÄÄ?!
WARTEN SIE MAL! ICH HABE ABER DOCH NACH EIN UHR HERRN EISBERG NOCH ARBEITEN SEHEN!
HIER WURDE EIN SCHLAUER TRICK ANGEWENDET ...
NACHDEM SIE EISBERG VERGIFTET HATTE, SETZTE SIE IHN AN DEN TISCH.
KRTSCH KRTSCH
DAS KRATZENDE GERÄUSCH, DAS SIE GEHÖRT HABEN... DAS WAREN KEINE SCHREIBGERÄU-SCHE...
... SON-DERN DAS GERÄUSCH EINER MAUS, DIE EINE WALNUSS FRASS!!
KRTSCH KRTSCH
UND ...

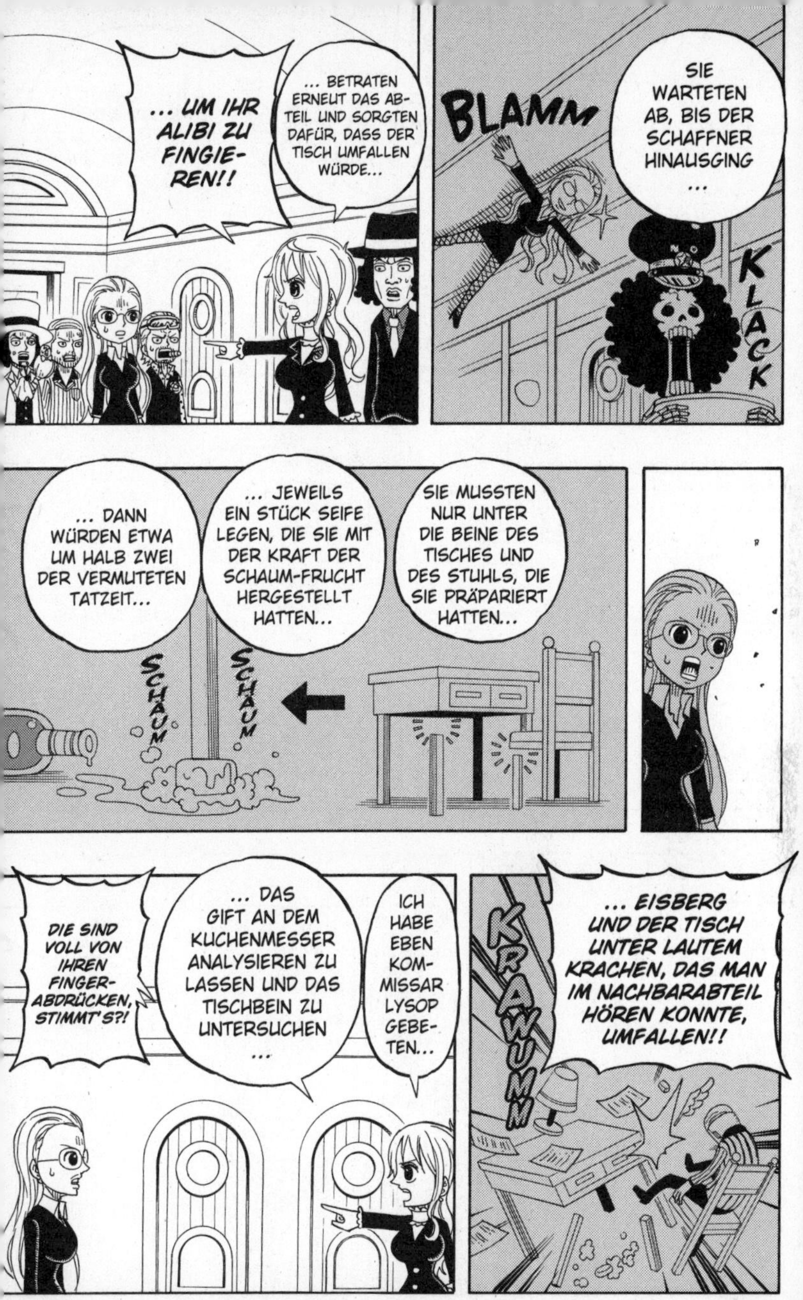
SIE WARTETEN AB, BIS DER SCHAFFNER HINAUSGING ...
BLAMM
KLACK
... BETRATEN ERNEUT DAS ABTEIL UND SORGTEN DAFÜR, DASS DER TISCH UMFALLEN WÜRDE...
... UM IHR ALIBI ZU FINGIEREN!!
SIE MUSSTEN NUR UNTER DIE BEINE DES TISCHES UND DES STUHLS, DIE SIE PRÄPARIERT HATTEN...
... JEWEILS EIN STÜCK SEIFE LEGEN, DIE SIE MIT DER KRAFT DER SCHAUM-FRUCHT HERGESTELLT HATTEN...
... DANN WÜRDEN ETWA UM HALB ZWEI DER VERMUTETEN TATZEIT...
SCHAUM
SCHAUM
KRAWUMM
... EISBERG UND DER TISCH UNTER LAUTEM KRACHEN, DAS MAN IM NACHBARABTEIL HÖREN KONNTE, UMFALLEN!!
ICH HABE EBEN KOMMISSAR LYSOP GEBETEN...
... DAS GIFT AN DEM KUCHENMESSER ANALYSIEREN ZU LASSEN UND DAS TISCHBEIN ZU UNTERSUCHEN ...
DIE SIND VOLL VON IHREN FINGERABDRÜCKEN, STIMMT'S?!

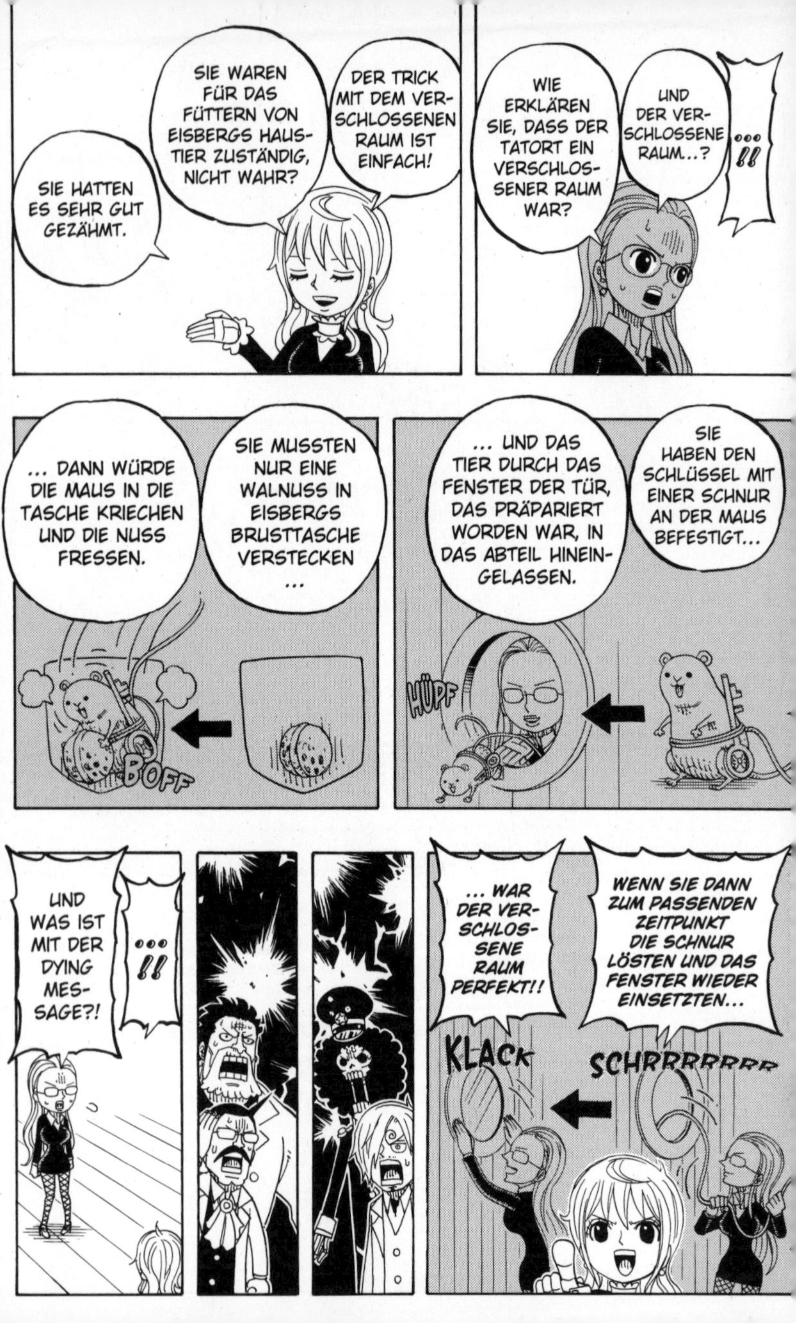
…!!
UND DER VERSCHLOSSENE RAUM…?
WIE ERKLÄREN SIE, DASS DER TATORT EIN VERSCHLOSSENER RAUM WAR?
DER TRICK MIT DEM VERSCHLOSSENEN RAUM IST EINFACH!
SIE WAREN FÜR DAS FÜTTERN VON EISBERGS HAUSTIER ZUSTÄNDIG, NICHT WAHR?
SIE HATTEN ES SEHR GUT GEZÄHMT.
SIE HABEN DEN SCHLÜSSEL MIT EINER SCHNUR AN DER MAUS BEFESTIGT…
… UND DAS TIER DURCH DAS FENSTER DER TÜR, DAS PRÄPARIERT WORDEN WAR, IN DAS ABTEIL HINEINGELASSEN.
HÜPF
SIE MUSSTEN NUR EINE WALNUSS IN EISBERGS BRUSTTASCHE VERSTECKEN …
… DANN WÜRDE DIE MAUS IN DIE TASCHE KRIECHEN UND DIE NUSS FRESSEN.
BOFF
WENN SIE DANN ZUM PASSENDEN ZEITPUNKT DIE SCHNUR LÖSTEN UND DAS FENSTER WIEDER EINSETZTEN…
SCHRRRRRRRR
… WAR DER VERSCHLOSSENE RAUM PERFEKT!!
KLACK
…!!
UND WAS IST MIT DER DYING MESSAGE?!

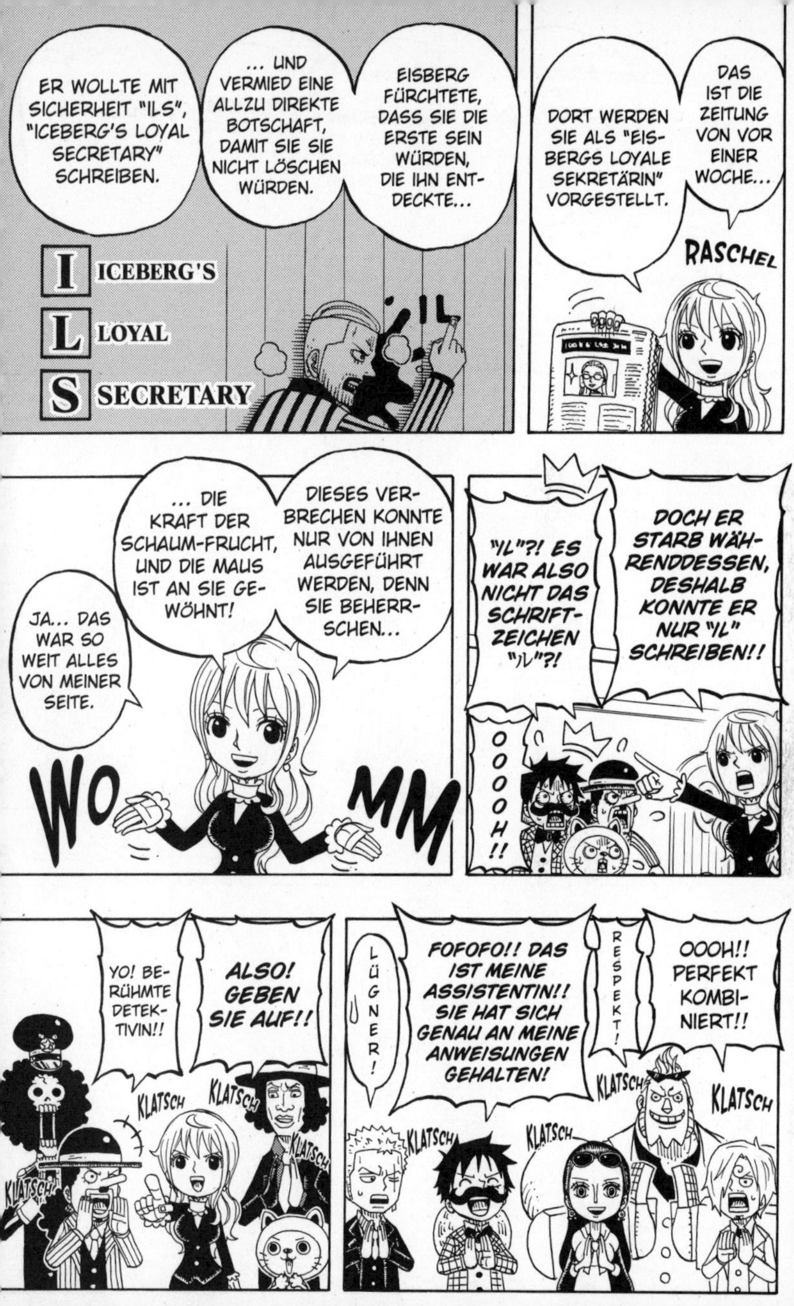
DAS IST DIE ZEITUNG VON VOR EINER WOCHE...
DORT WERDEN SIE ALS "EISBERGS LOYALE SEKRETÄRIN" VORGESTELLT.
RASCHEL
EISBERG FÜRCHTETE, DASS SIE DIE ERSTE SEIN WÜRDEN, DIE IHN ENTDECKTE...
... UND VERMIED EINE ALLZU DIREKTE BOTSCHAFT, DAMIT SIE SIE NICHT LÖSCHEN WÜRDEN.
ER WOLLTE MIT SICHERHEIT "ILS", "ICEBERG'S LOYAL SECRETARY" SCHREIBEN.
I ICEBERG'S
L LOYAL
S SECRETARY
IL
DOCH ER STARB WÄHRENDDESSEN, DESHALB KONNTE ER NUR "IL" SCHREIBEN!!
"IL"?! ES WAR ALSO NICHT DAS SCHRIFTZEICHEN "ル"?!
OOOOOH!!
DIESES VERBRECHEN KONNTE NUR VON IHNEN AUSGEFÜHRT WERDEN, DENN SIE BEHERRSCHEN...
... DIE KRAFT DER SCHAUM-FRUCHT, UND DIE MAUS IST AN SIE GEWÖHNT!
JA... DAS WAR SO WEIT ALLES VON MEINER SEITE.
WOMM
OOOH!! PERFEKT KOMBINIERT!!
RESPEKT!
FOFOFO!! DAS IST MEINE ASSISTENTIN!! SIE HAT SICH GENAU AN MEINE ANWEISUNGEN GEHALTEN!
LÜGNER!
KLATSCH
KLATSCH
KLATSCH
KLATSCH
ALSO! GEBEN SIE AUF!!
YO! BERÜHMTE DETEKTIVIN!!
KLATSCH
KLATSCH
KLATSCH
KLATSCH

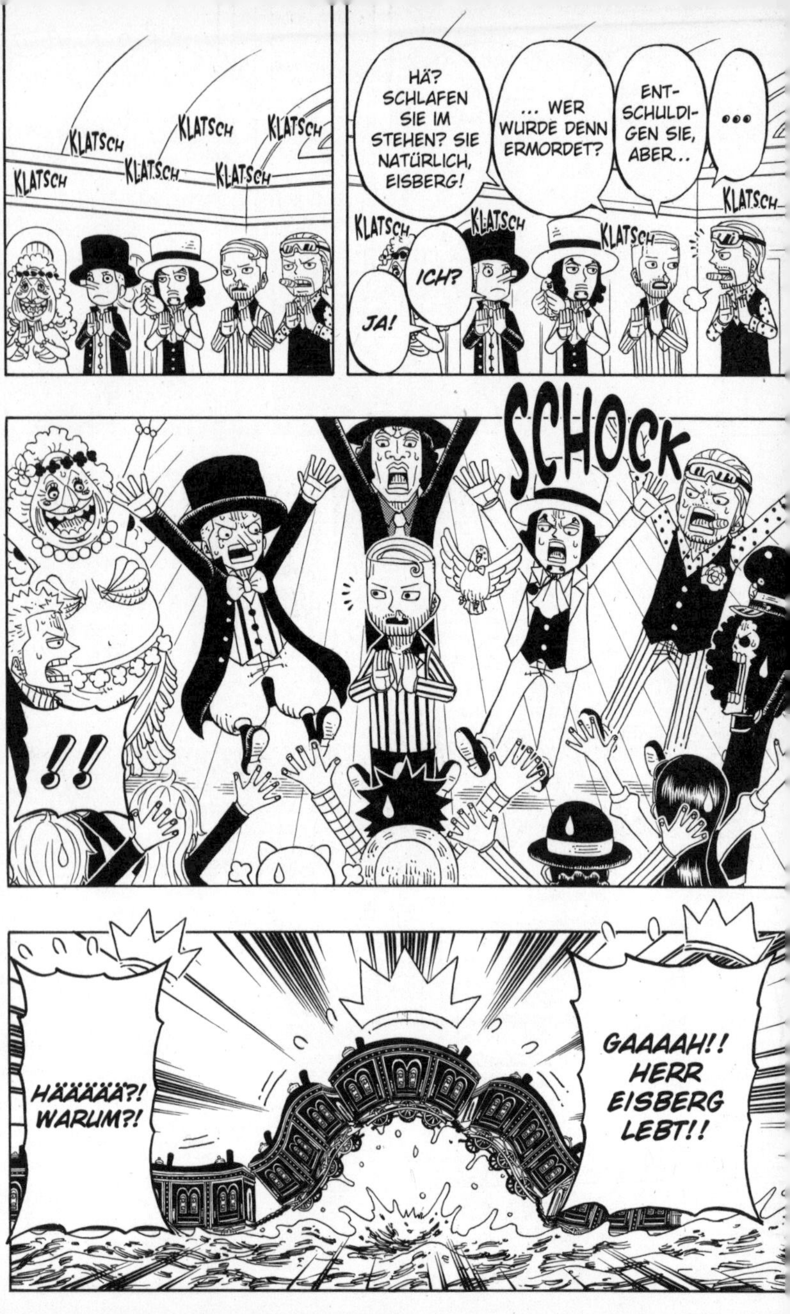
KLATSCH
KLATSCH
KLATSCH
KLATSCH
KLATSCH
KLATSCH
...
ENT-SCHULDI-GEN SIE, ABER...
... WER WURDE DENN ERMORDET?
HÄ? SCHLAFEN SIE IM STEHEN? SIE NATÜRLICH, EISBERG!
KLATSCH
KLATSCH
KLATSCH
KLATSCH
ICH?
JA!
SCHOCK
!!
GAAAAH!! HERR EISBERG LEBT!!
HÄÄÄÄÄ?! WARUM?!

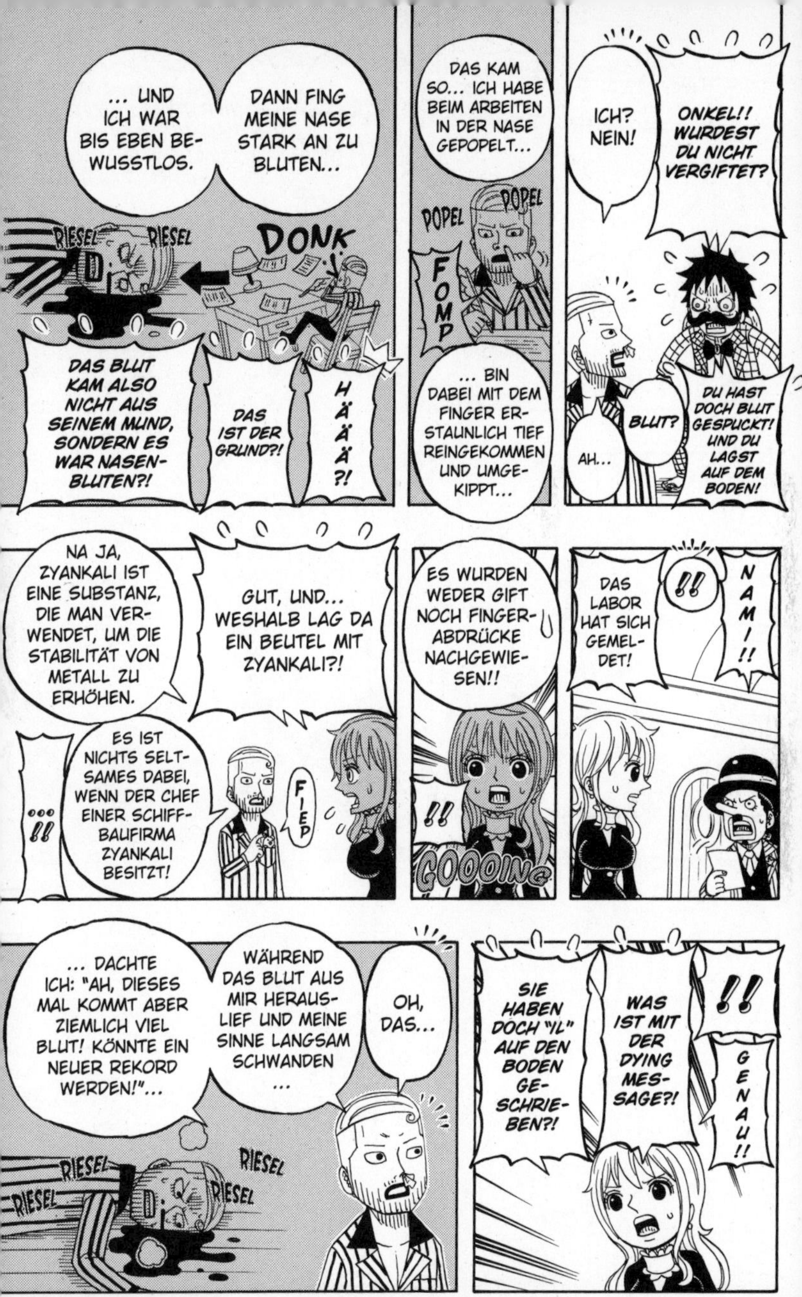

ONKEL!! WURDEST DU NICHT VERGIFTET?
ICH? NEIN!
DU HAST DOCH BLUT GESPUCKT! UND DU LAGST AUF DEM BODEN!
BLUT?
AH...
DAS KAM SO... ICH HABE BEIM ARBEITEN IN DER NASE GEPOPELT...
POPEL
POPEL
FOMP
... BIN DABEI MIT DEM FINGER ERSTAUNLICH TIEF REINGEKOMMEN UND UMGEKIPPT...
DANN FING MEINE NASE STARK AN ZU BLUTEN...
... UND ICH WAR BIS EBEN BEWUSSTLOS.
DONK
RIESEL
RIESEL
HÄÄÄ?!
DAS IST DER GRUND?!
DAS BLUT KAM ALSO NICHT AUS SEINEM MUND, SONDERN ES WAR NASENBLUTEN?!
NAMI!!
!!
DAS LABOR HAT SICH GEMELDET!
ES WURDEN WEDER GIFT NOCH FINGERABDRÜCKE NACHGEWIESEN!!
!!
GOOOING
GUT, UND... WESHALB LAG DA EIN BEUTEL MIT ZYANKALI?!
NA JA, ZYANKALI IST EINE SUBSTANZ, DIE MAN VERWENDET, UM DIE STABILITÄT VON METALL ZU ERHÖHEN.
FIEP
ES IST NICHTS SELTSAMES DABEI, WENN DER CHEF EINER SCHIFFBAUFIRMA ZYANKALI BESITZT!
...!!
!!
GENAU!!
WAS IST MIT DER DYING MESSAGE?!
SIE HABEN DOCH "IL" AUF DEN BODEN GESCHRIEBEN?!
OH, DAS...
WÄHREND DAS BLUT AUS MIR HERAUSLIEF UND MEINE SINNE LANGSAM SCHWANDEN ...
... DACHTE ICH: "AH, DIESES MAL KOMMT ABER ZIEMLICH VIEL BLUT! KÖNNTE EIN NEUER REKORD WERDEN!"...
RIESEL
RIESEL
RIESEL
RIESEL

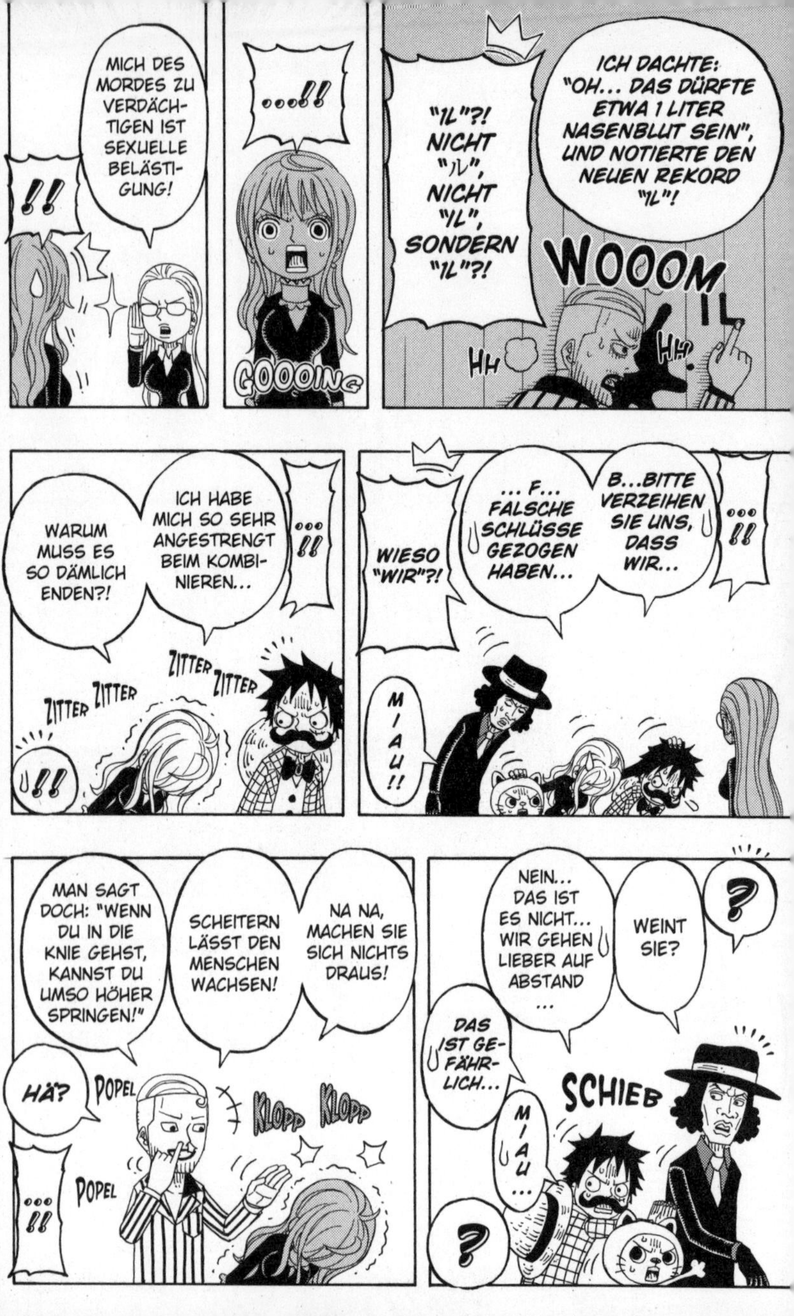

ICH DACHTE: "OH... DAS DÜRFTE ETWA 1 LITER NASENBLUT SEIN", UND NOTIERTE DEN NEUEN REKORD "ıL"!
WOOOM
IL
HH
HH
"ıL"?! NICHT "ル", NICHT "ıL", SONDERN "ıL"?!
...!!
GOOOING
MICH DES MORDES ZU VERDÄCHTIGEN IST SEXUELLE BELÄSTIGUNG!
!!
...!!
B...BITTE VERZEIHEN SIE UNS, DASS WIR...
... F... FALSCHE SCHLÜSSE GEZOGEN HABEN...
WIESO "WIR"?!
MIAU!!
...!!
ICH HABE MICH SO SEHR ANGESTRENGT BEIM KOMBINIEREN...
WARUM MUSS ES SO DÄMLICH ENDEN?!
ZITTER ZITTER
ZITTER ZITTER
!!
?
WEINT SIE?
NEIN... DAS IST ES NICHT... WIR GEHEN LIEBER AUF ABSTAND ...
DAS IST GEFÄHRLICH...
SCHIEB
MIAU...
?
NA NA, MACHEN SIE SICH NICHTS DRAUS!
SCHEITERN LÄSST DEN MENSCHEN WACHSEN!
MAN SAGT DOCH: "WENN DU IN DIE KNIE GEHST, KANNST DU UMSO HÖHER SPRINGEN!"
KLOPP KLOPP
HÄ?
POPEL
POPEL
...!!

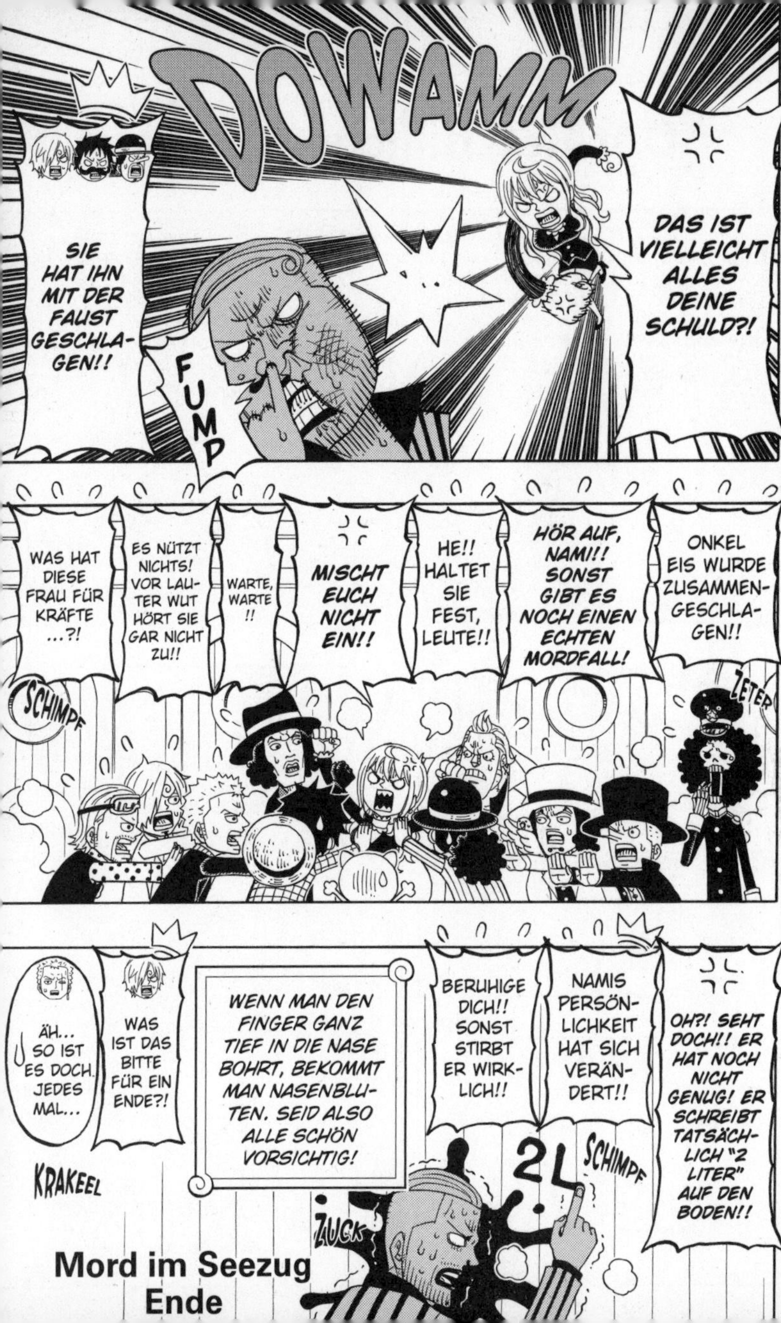
DOWAMM
DAS IST VIELLEICHT ALLES DEINE SCHULD?!
FUMP
SIE HAT IHN MIT DER FAUST GESCHLAGEN!!
ONKEL EIS WURDE ZUSAMMENGESCHLAGEN!!
HÖR AUF, NAMI!! SONST GIBT ES NOCH EINEN ECHTEN MORDFALL!
HE!! HALTET SIE FEST, LEUTE!!
MISCHT EUCH NICHT EIN!!
WARTE, WARTE!!
ES NÜTZT NICHTS! VOR LAUTER WUT HÖRT SIE GAR NICHT ZU!!
WAS HAT DIESE FRAU FÜR KRÄFTE ...?!
ZETER
SCHIMPF
OH?! SEHT DOCH!! ER HAT NOCH NICHT GENUG! ER SCHREIBT TATSÄCHLICH "2 LITER" AUF DEN BODEN!!
NAMIS PERSÖNLICHKEIT HAT SICH VERÄNDERT!!
BERUHIGE DICH!! SONST STIRBT ER WIRKLICH!!
SCHIMPF
2L
ZUCK
WENN MAN DEN FINGER GANZ TIEF IN DIE NASE BOHRT, BEKOMMT MAN NASENBLUTEN. SEID ALSO ALLE SCHÖN VORSICHTIG!
WAS IST DAS BITTE FÜR EIN ENDE?!
ÄH... SO IST ES DOCH JEDES MAL...
KRAKEEL
Mord im Seezug Ende

Der Reisbällchen-Laden

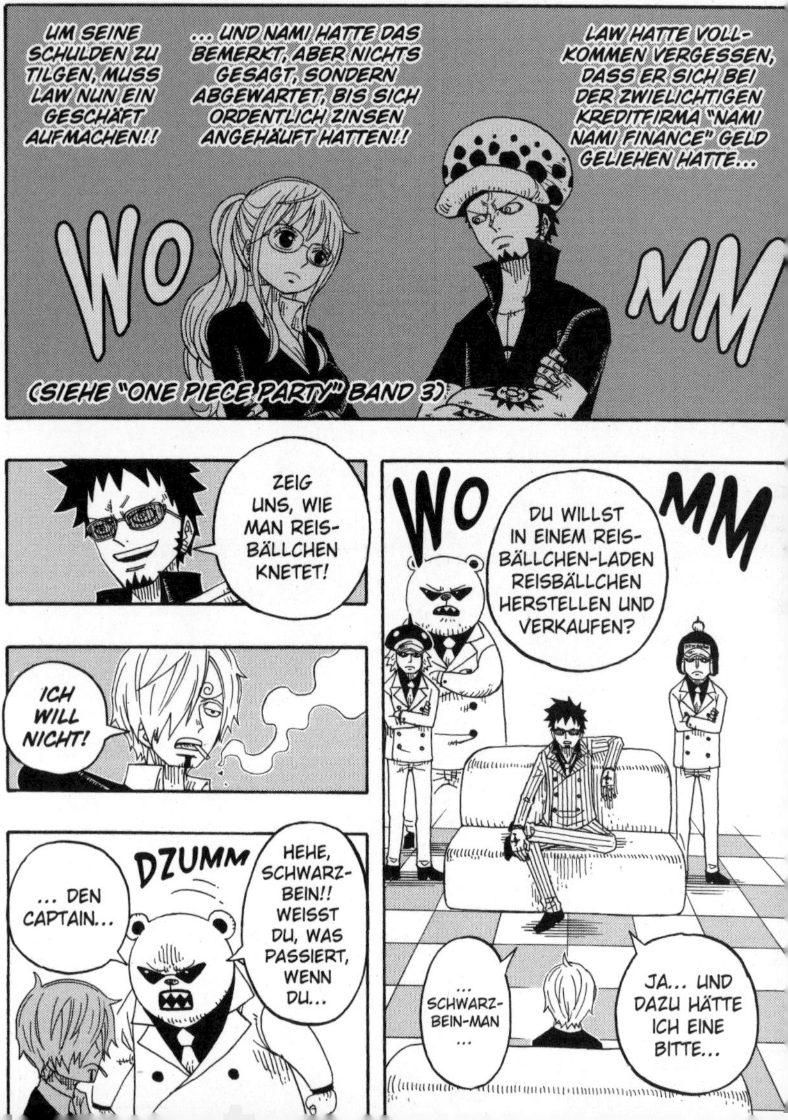

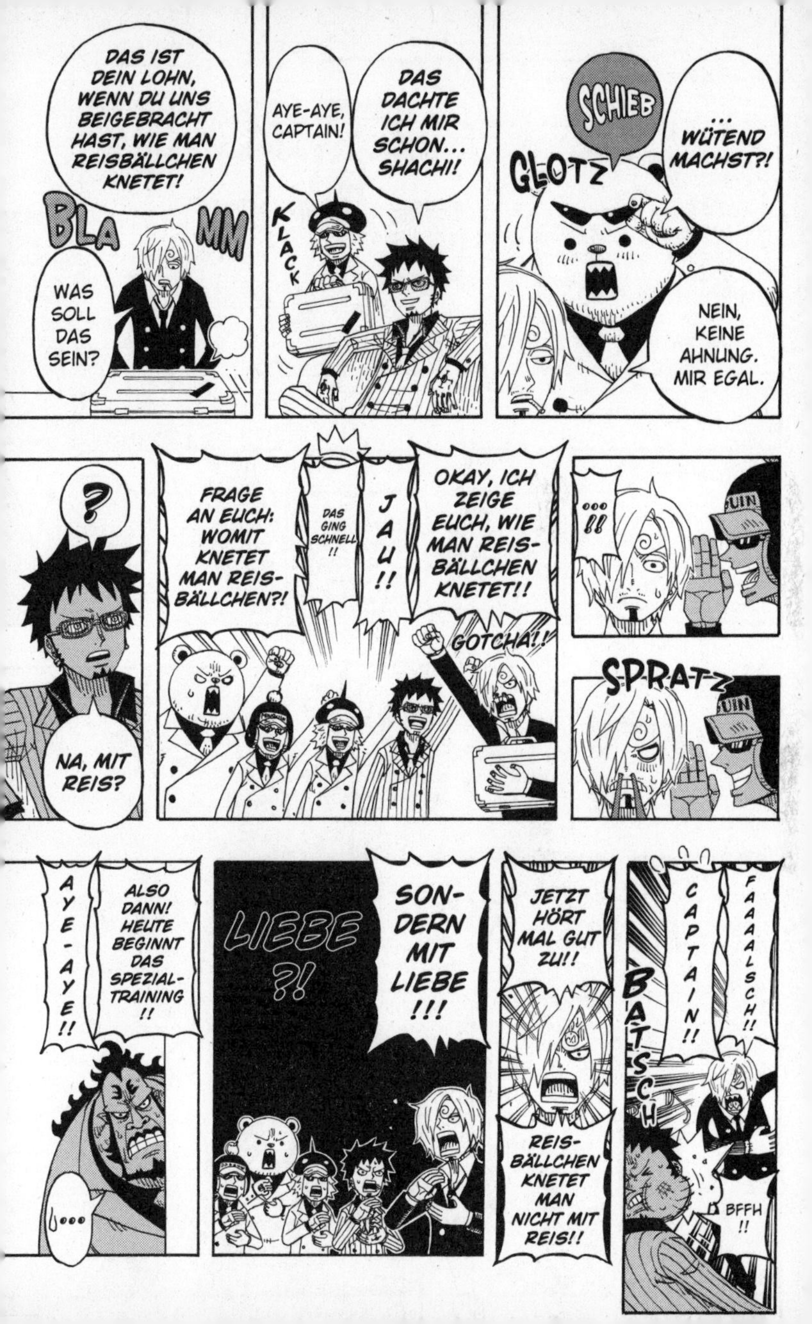
SCHIEB
... WÜTEND MACHST?!
GLOTZ
NEIN, KEINE AHNUNG. MIR EGAL.
DAS DACHTE ICH MIR SCHON... SHACHI!
AYE-AYE, CAPTAIN!
KLACK
DAS IST DEIN LOHN, WENN DU UNS BEIGEBRACHT HAST, WIE MAN REISBÄLLCHEN KNETET!
BLAMM
WAS SOLL DAS SEIN?
...!!
SPRATZ
OKAY, ICH ZEIGE EUCH, WIE MAN REISBÄLLCHEN KNETET!!
GOTCHA!!
JAU!!
DAS GING SCHNELL!!
FRAGE AN EUCH: WOMIT KNETET MAN REISBÄLLCHEN?!
?
NA, MIT REIS?
FAAAALSCH!!
CAPTAIN!!
BATSCH
BFFH!!
JETZT HÖRT MAL GUT ZU!!
REISBÄLLCHEN KNETET MAN NICHT MIT REIS!!
SONDERN MIT LIEBE!!!
LIEBE?!
ALSO DANN! HEUTE BEGINNT DAS SPEZIALTRAINING!!
AYE-AYE!!
...

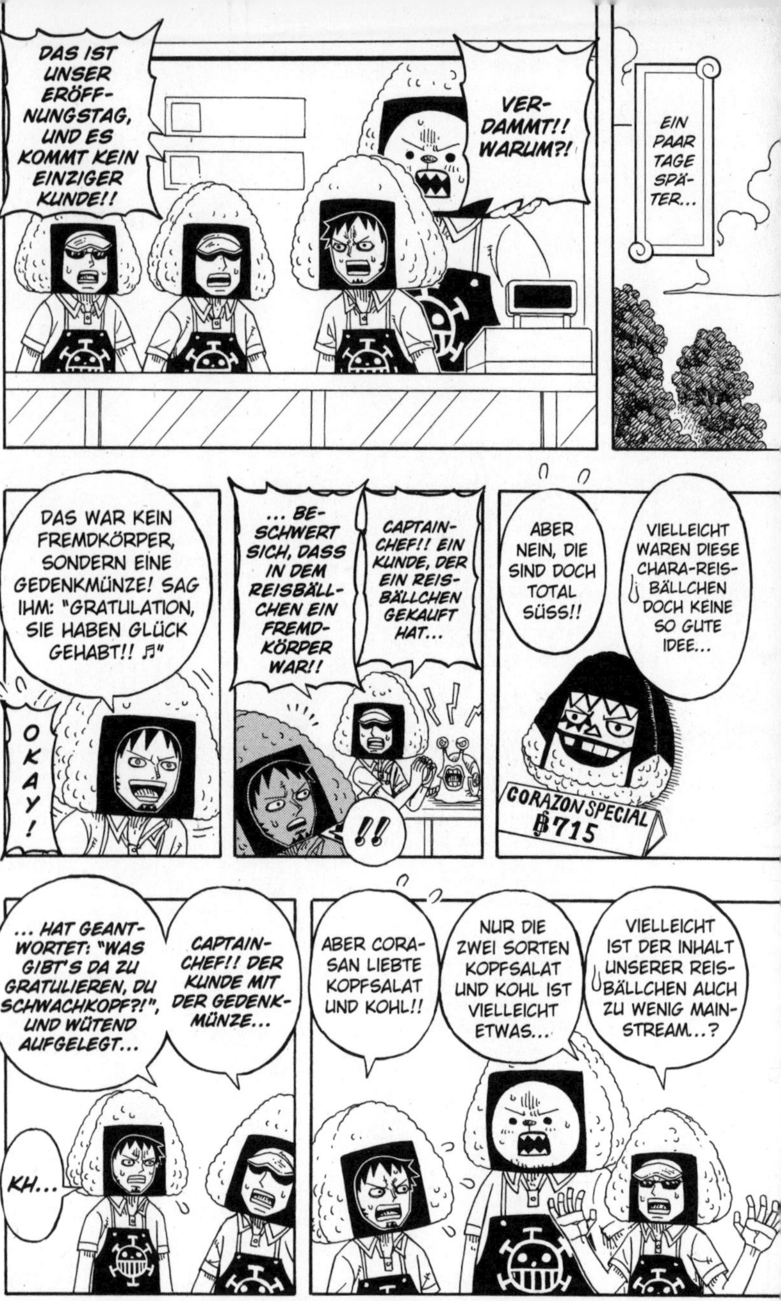
EIN PAAR TAGE SPÄTER...
DAS IST UNSER ERÖFFNUNGSTAG, UND ES KOMMT KEIN EINZIGER KUNDE!!
VERDAMMT!! WARUM?!
VIELLEICHT WAREN DIESE CHARA-REISBÄLLCHEN DOCH KEINE SO GUTE IDEE...
ABER NEIN, DIE SIND DOCH TOTAL SÜSS!!
CORAZON SPECIAL ฿715
CAPTAIN-CHEF!! EIN KUNDE, DER EIN REISBÄLLCHEN GEKAUFT HAT...
... BESCHWERT SICH, DASS IN DEM REISBÄLLCHEN EIN FREMDKÖRPER WAR!!
!!
DAS WAR KEIN FREMDKÖRPER, SONDERN EINE GEDENKMÜNZE! SAG IHM: "GRATULATION, SIE HABEN GLÜCK GEHABT!! ♫"
OKAY!
VIELLEICHT IST DER INHALT UNSERER REISBÄLLCHEN AUCH ZU WENIG MAINSTREAM...?
NUR DIE ZWEI SORTEN KOPFSALAT UND KOHL IST VIELLEICHT ETWAS...
ABER CORA-SAN LIEBTE KOPFSALAT UND KOHL!!
CAPTAIN-CHEF!! DER KUNDE MIT DER GEDENKMÜNZE...
... HAT GEANTWORTET: "WAS GIBT'S DA ZU GRATULIEREN, DU SCHWACHKOPF?!", UND WÜTEND AUFGELEGT...
KH...

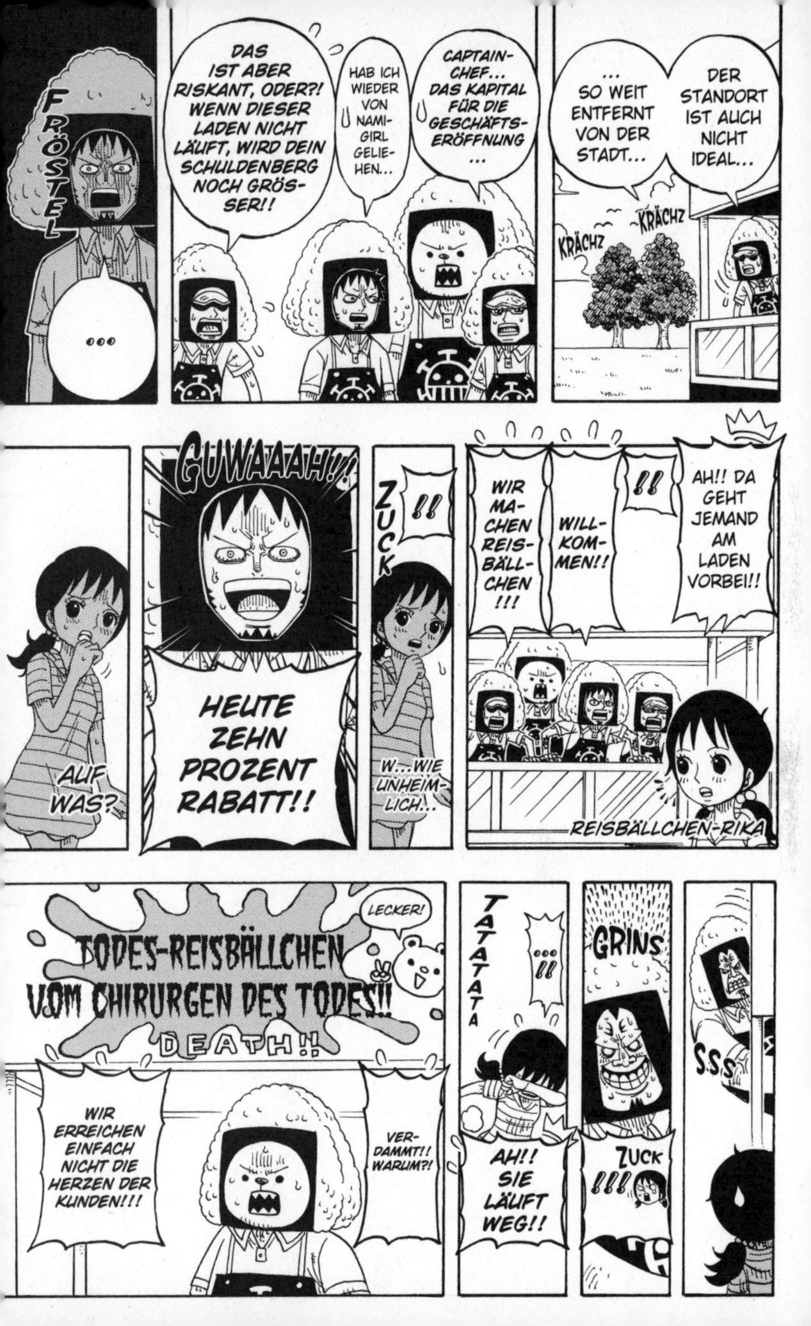
DER STANDORT IST AUCH NICHT IDEAL...
... SO WEIT ENTFERNT VON DER STADT...
KRÄCHZ
KRÄCHZ
CAPTAIN-CHEF... DAS KAPITAL FÜR DIE GESCHÄFTS-ERÖFFNUNG ...
HAB ICH WIEDER VON NAMI-GIRL GELIE-HEN...
DAS IST ABER RISKANT, ODER?! WENN DIESER LADEN NICHT LÄUFT, WIRD DEIN SCHULDENBERG NOCH GRÖS-SER!!
FRÖSTEL
...
AH!! DA GEHT JEMAND AM LADEN VORBEI!!
!!
WILL-KOM-MEN!!
WIR MA-CHEN REIS-BÄLL-CHEN!!!
REISBÄLLCHEN-RIKA
ZUCK
!!
W... WIE UNHEIM-LICH...
GUWAAAH!!
HEUTE ZEHN PROZENT RABATT!!
AUF WAS?
S.S.S
GRINS
ZUCK
!!!
TATATATA
...!!
AH!! SIE LÄUFT WEG!!
TODES-REISBÄLLCHEN VOM CHIRURGEN DES TODES!!
DEATH!!
LECKER!
VER-DAMMT!! WARUM?!
WIR ERREICHEN EINFACH NICHT DIE HERZEN DER KUNDEN!!!

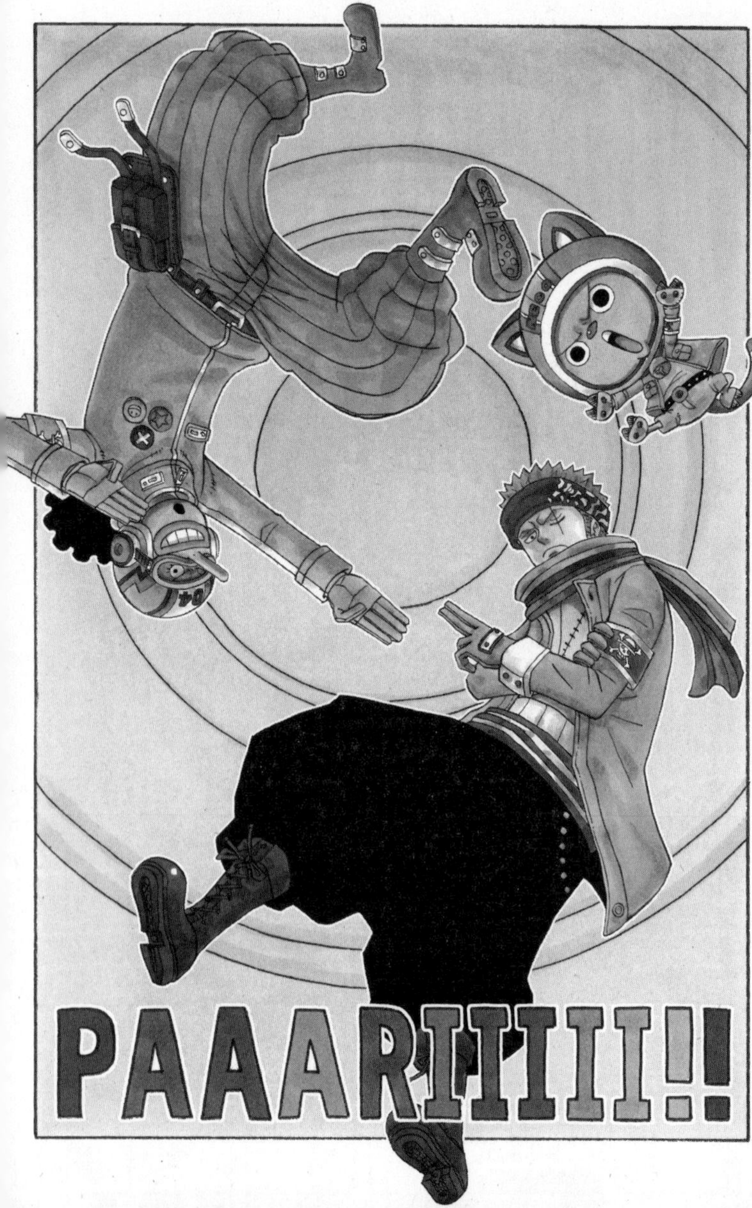
PAAARIIIII!!

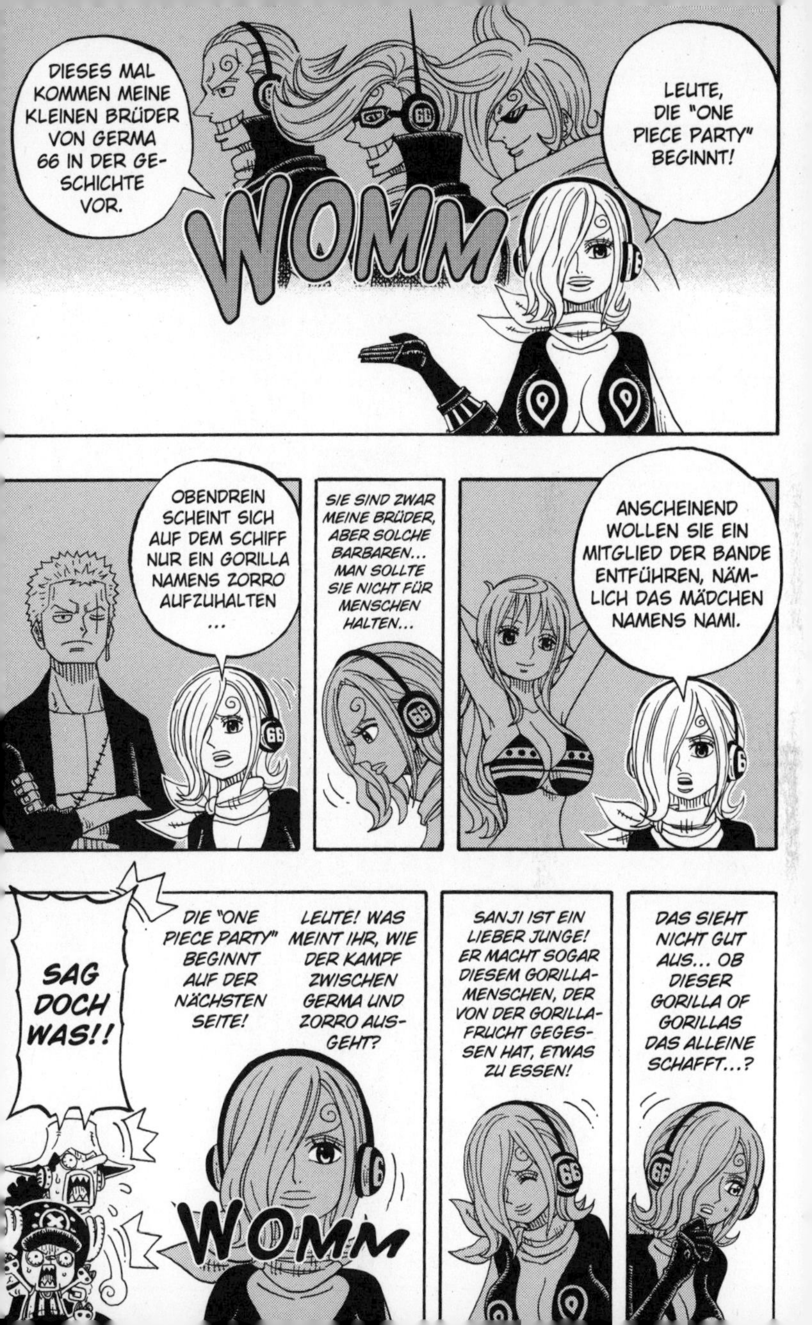
LEUTE, DIE "ONE PIECE PARTY" BEGINNT!
DIESES MAL KOMMEN MEINE KLEINEN BRÜDER VON GERMA 66 IN DER GESCHICHTE VOR.
WOMM
ANSCHEINEND WOLLEN SIE EIN MITGLIED DER BANDE ENTFÜHREN, NÄMLICH DAS MÄDCHEN NAMENS NAMI.
SIE SIND ZWAR MEINE BRÜDER, ABER SOLCHE BARBAREN… MAN SOLLTE SIE NICHT FÜR MENSCHEN HALTEN…
OBENDREIN SCHEINT SICH AUF DEM SCHIFF NUR EIN GORILLA NAMENS ZORRO AUFZUHALTEN …
DAS SIEHT NICHT GUT AUS… OB DIESER GORILLA OF GORILLAS DAS ALLEINE SCHAFFT…?
SANJI IST EIN LIEBER JUNGE! ER MACHT SOGAR DIESEM GORILLAMENSCHEN, DER VON DER GORILLAFRUCHT GEGESSEN HAT, ETWAS ZU ESSEN!
LEUTE! WAS MEINT IHR, WIE DER KAMPF ZWISCHEN GERMA UND ZORRO AUSGEHT?
DIE "ONE PIECE PARTY" BEGINNT AUF DER NÄCHSTEN SEITE!
WOMM
SAG DOCH WAS!!

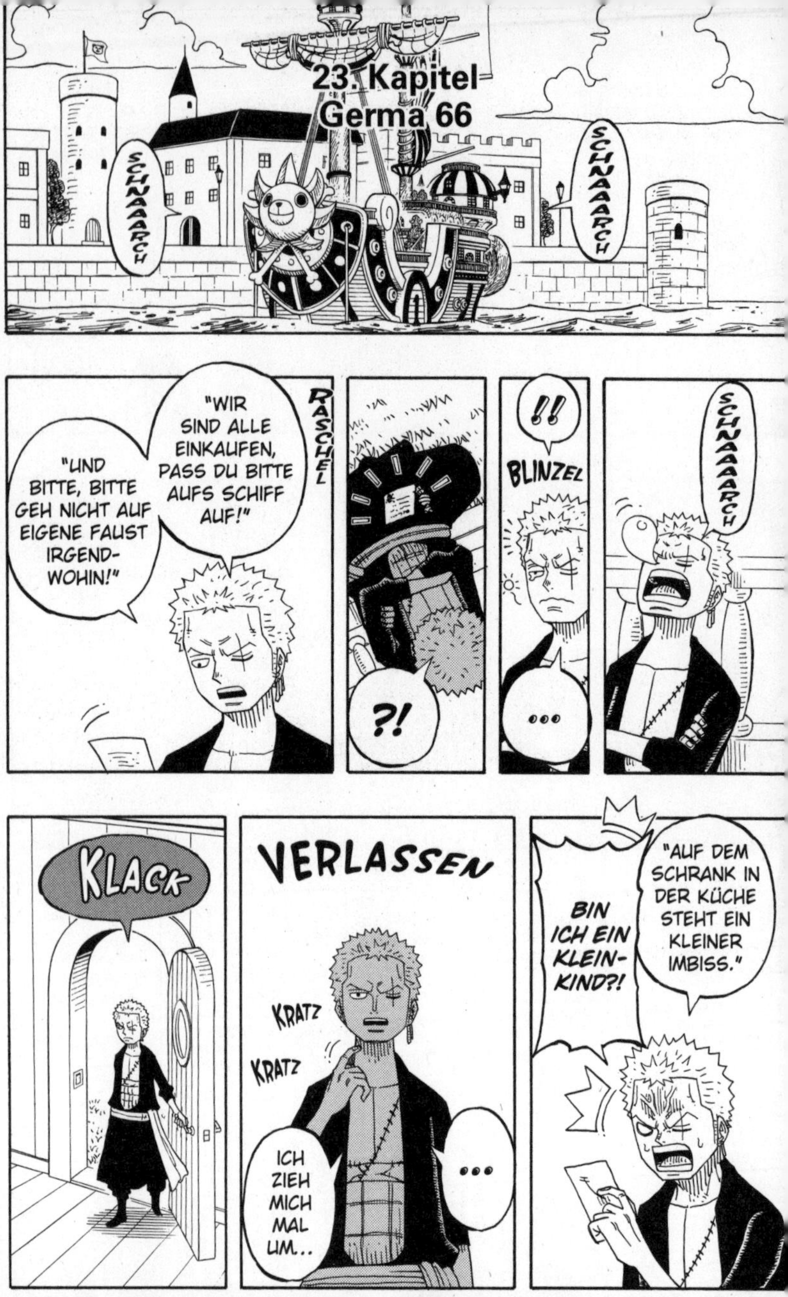
23. Kapitel
Germa 66
SCHNAAAARCH
SCHNAAARCH
SCHNAAAAARCH
BLINZEL
!!
...
?!
RASCHEL
"WIR SIND ALLE EINKAUFEN, PASS DU BITTE AUFS SCHIFF AUF!"
"UND BITTE, BITTE GEH NICHT AUF EIGENE FAUST IRGEND-WOHIN!"
"AUF DEM SCHRANK IN DER KÜCHE STEHT EIN KLEINER IMBISS."
BIN ICH EIN KLEIN-KIND?!
VERLASSEN
KRATZ
KRATZ
...
ICH ZIEH MICH MAL UM...
KLACK

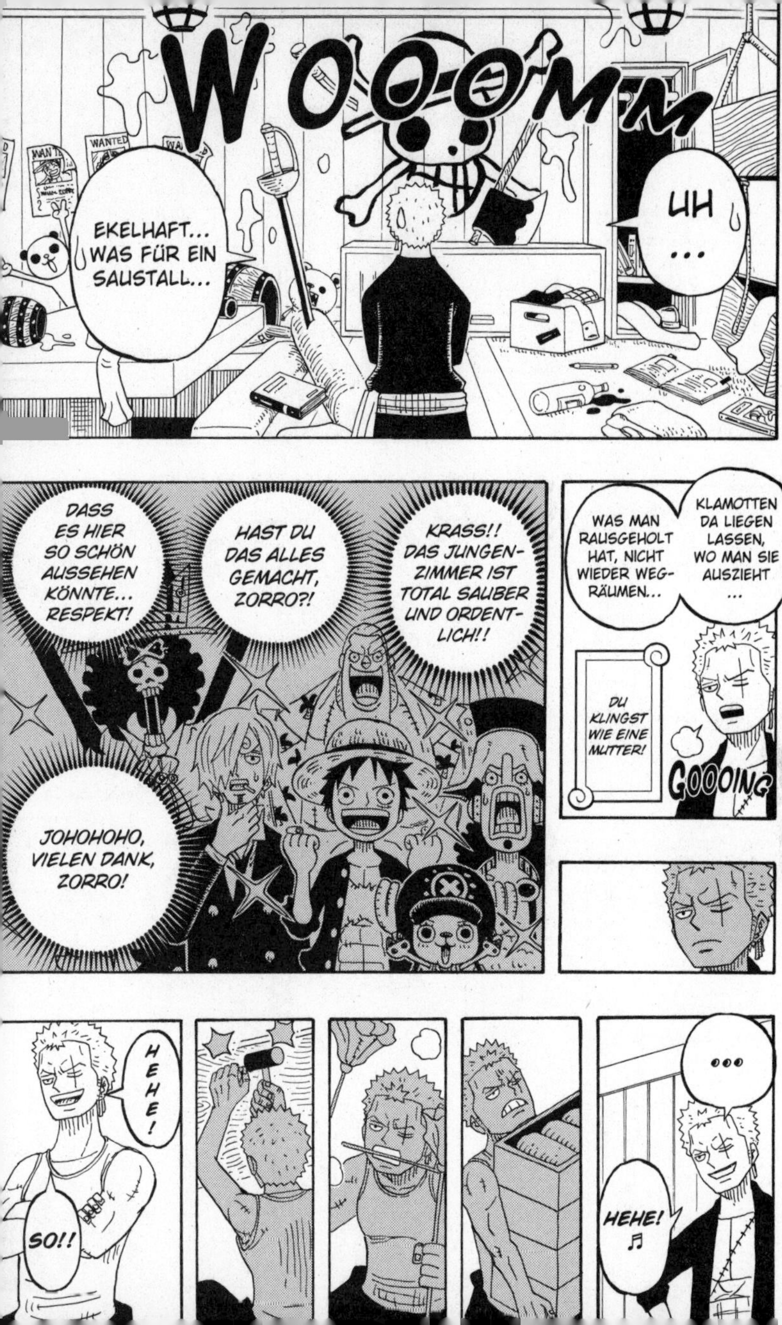
WOOOMM
UH ...
EKELHAFT... WAS FÜR EIN SAUSTALL...
KLAMOTTEN DA LIEGEN LASSEN, WO MAN SIE AUSZIEHT ...
WAS MAN RAUSGEHOLT HAT, NICHT WIEDER WEG-RÄUMEN...
DU KLINGST WIE EINE MUTTER!
GOOOING
KRASS!! DAS JUNGEN-ZIMMER IST TOTAL SAUBER UND ORDENT-LICH!!
HAST DU DAS ALLES GEMACHT, ZORRO?!
DASS ES HIER SO SCHÖN AUSSEHEN KÖNNTE... RESPEKT!
JOHOHOHO, VIELEN DANK, ZORRO!
...
HEHE! ♪
HEHE!
SO!!

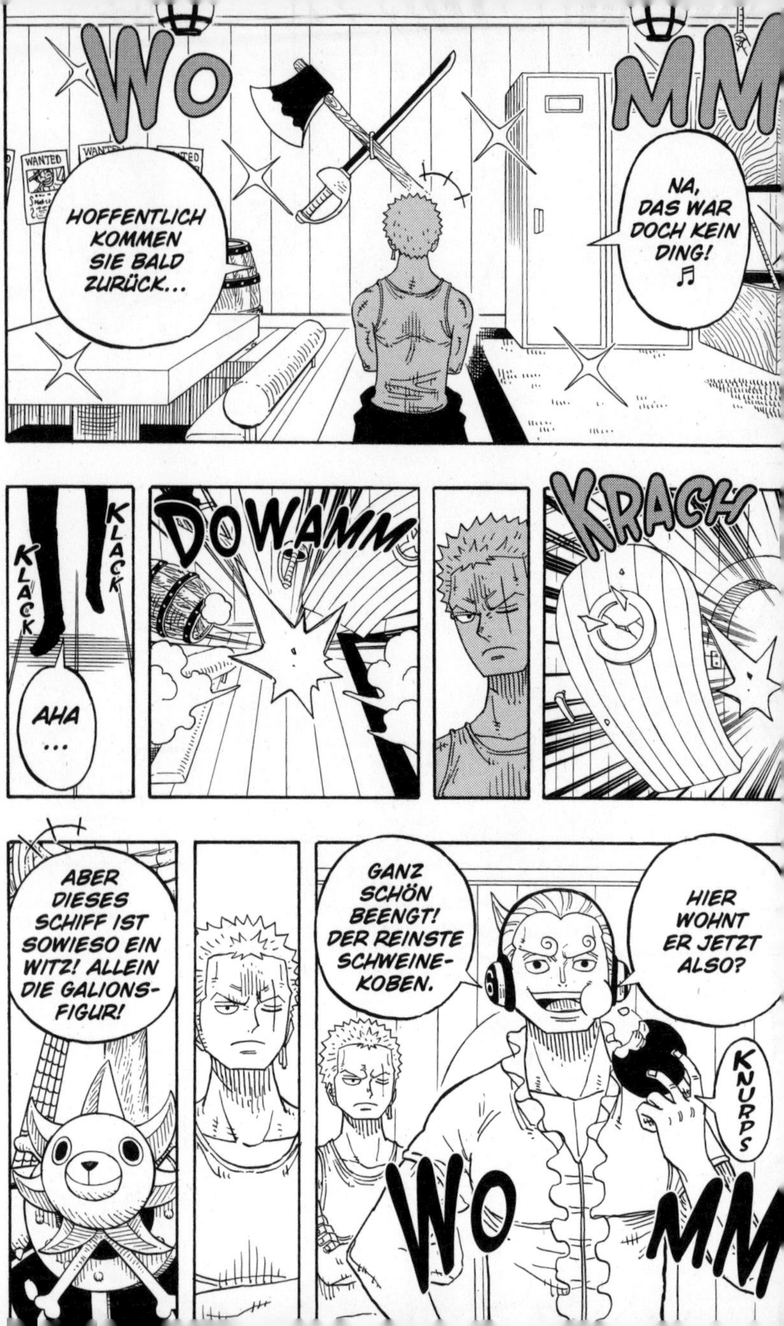
WOMM
NA, DAS WAR DOCH KEIN DING! ♪
HOFFENTLICH KOMMEN SIE BALD ZURÜCK...
KRACH
DOWAMM
KLACK
KLACK
AHA ...
HIER WOHNT ER JETZT ALSO?
KNURPS
GANZ SCHÖN BEENGT! DER REINSTE SCHWEINE-KOBEN.
WOMM
ABER DIESES SCHIFF IST SOWIESO EIN WITZ! ALLEIN DIE GALIONS-FIGUR!

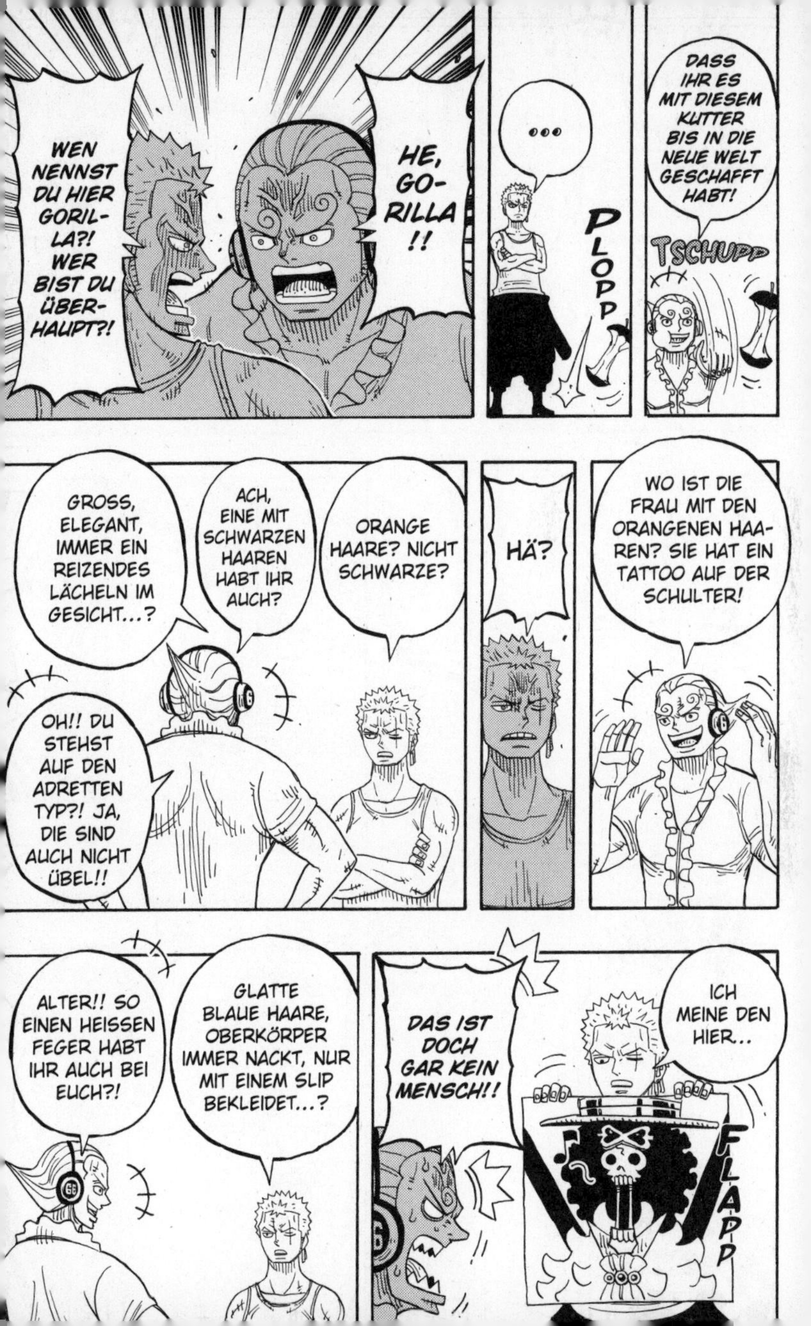
DASS IHR ES MIT DIESEM KUTTER BIS IN DIE NEUE WELT GESCHAFFT HABT!
TSCHUPP
...
PLOPP
HE, GO-RILLA!!
WEN NENNST DU HIER GORIL-LA?! WER BIST DU ÜBER-HAUPT?!
WO IST DIE FRAU MIT DEN ORANGENEN HAA-REN? SIE HAT EIN TATTOO AUF DER SCHULTER!
HÄ?
ORANGE HAARE? NICHT SCHWARZE?
ACH, EINE MIT SCHWARZEN HAAREN HABT IHR AUCH?
GROSS, ELEGANT, IMMER EIN REIZENDES LÄCHELN IM GESICHT...?
OH!! DU STEHST AUF DEN ADRETTEN TYP?! JA, DIE SIND AUCH NICHT ÜBEL!!
ICH MEINE DEN HIER...
FLAPP
DAS IST DOCH GAR KEIN MENSCH!!
GLATTE BLAUE HAARE, OBERKÖRPER IMMER NACKT, NUR MIT EINEM SLIP BEKLEIDET...?
ALTER!! SO EINEN HEISSEN FEGER HABT IHR AUCH BEI EUCH?!

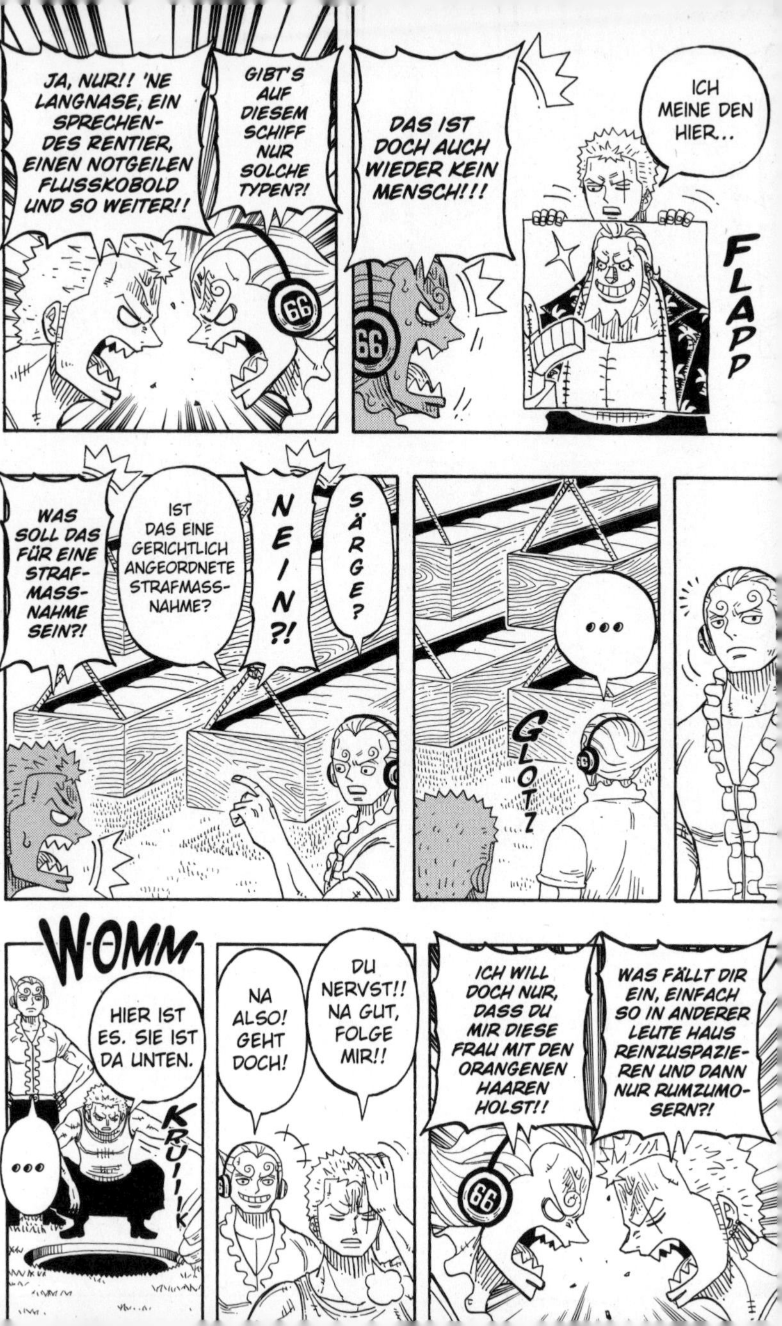
GIBT'S AUF DIESEM SCHIFF NUR SOLCHE TYPEN?!
JA, NUR!! 'NE LANGNASE, EIN SPRECHENDES RENTIER, EINEN NOTGEILEN FLUSSKOBOLD UND SO WEITER!!
ICH MEINE DEN HIER...
FLAPP
DAS IST DOCH AUCH WIEDER KEIN MENSCH!!!
SÄRGE?
NEIN?!
IST DAS EINE GERICHTLICH ANGEORDNETE STRAFMASSNAHME?
WAS SOLL DAS FÜR EINE STRAFMASSNAHME SEIN?!
...
GLOTZ
WOMM
HIER IST ES. SIE IST DA UNTEN.
KRUIIIK
...
DU NERVST!! NA GUT, FOLGE MIR!!
NA ALSO! GEHT DOCH!
WAS FÄLLT DIR EIN, EINFACH SO IN ANDERER LEUTE HAUS REINZUSPAZIEREN UND DANN NUR RUMZUMOSERN?!
ICH WILL DOCH NUR, DASS DU MIR DIESE FRAU MIT DEN ORANGENEN HAAREN HOLST!!

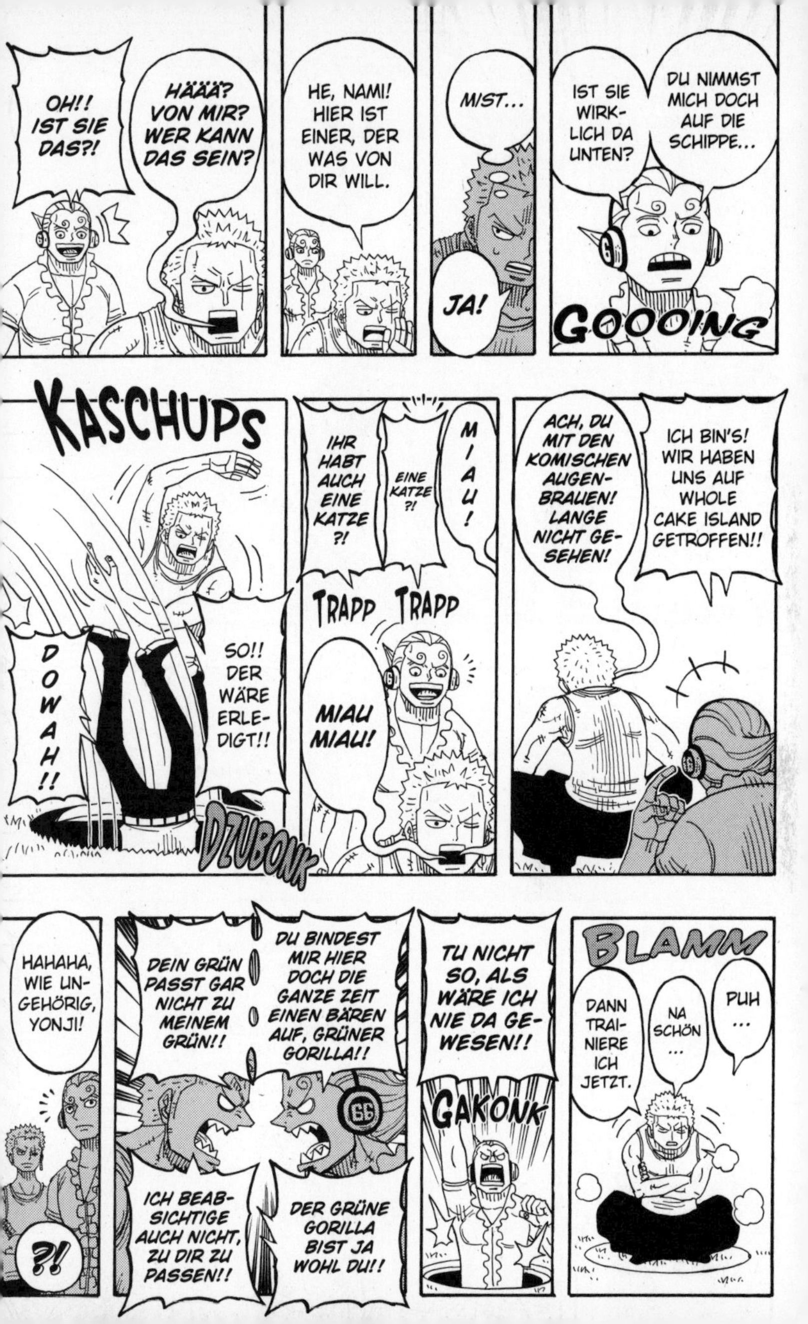

DU NIMMST MICH DOCH AUF DIE SCHIPPE…
IST SIE WIRKLICH DA UNTEN?
GOOOING
MIST…
JA!
HE, NAMI! HIER IST EINER, DER WAS VON DIR WILL.
HÄÄÄ? VON MIR? WER KANN DAS SEIN?
OH!! IST SIE DAS?!
ICH BIN'S! WIR HABEN UNS AUF WHOLE CAKE ISLAND GETROFFEN!!
ACH, DU MIT DEN KOMISCHEN AUGENBRAUEN! LANGE NICHT GESEHEN!
MIAU!
EINE KATZE?!
IHR HABT AUCH EINE KATZE?!
TRAPP TRAPP
MIAU MIAU!
KASCHUPS
SO!! DER WÄRE ERLEDIGT!!
DOWAH!!
DZUBONK
BLAMM
PUH…
NA SCHÖN…
DANN TRAINIERE ICH JETZT.
TU NICHT SO, ALS WÄRE ICH NIE DA GEWESEN!!
GAKONK
DU BINDEST MIR HIER DOCH DIE GANZE ZEIT EINEN BÄREN AUF, GRÜNER GORILLA!!
DEIN GRÜN PASST GAR NICHT ZU MEINEM GRÜN!!
DER GRÜNE GORILLA BIST JA WOHL DU!!
ICH BEABSICHTIGE AUCH NICHT, ZU DIR ZU PASSEN!!
HAHAHA, WIE UNGEHÖRIG, YONJI!
?!

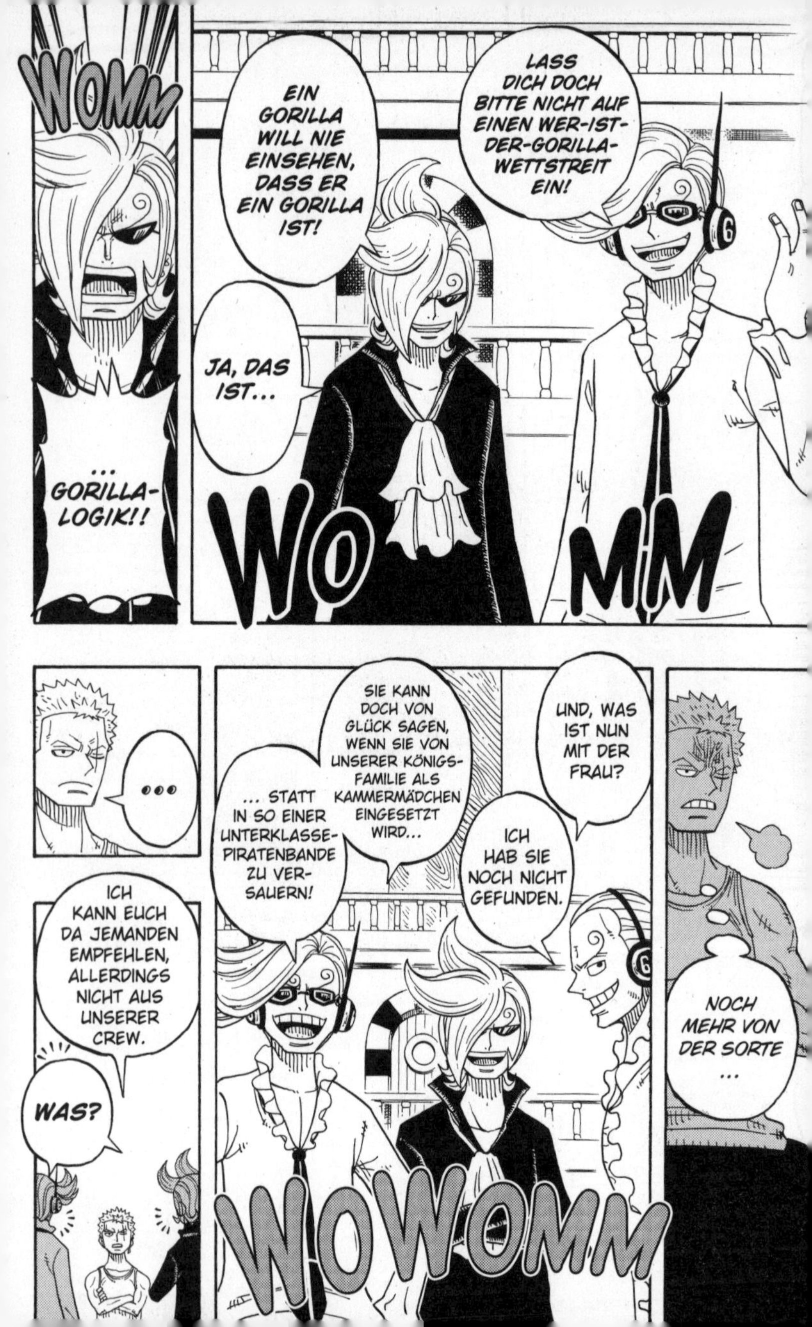
LASS DICH DOCH BITTE NICHT AUF EINEN WER-IST-DER-GORILLA-WETTSTREIT EIN!
EIN GORILLA WILL NIE EINSEHEN, DASS ER EIN GORILLA IST!
JA, DAS IST...
WOMM
...GORILLA-LOGIK!!
WOMM
UND, WAS IST NUN MIT DER FRAU?
NOCH MEHR VON DER SORTE ...
ICH HAB SIE NOCH NICHT GEFUNDEN.
SIE KANN DOCH VON GLÜCK SAGEN, WENN SIE VON UNSERER KÖNIGS-FAMILIE ALS KAMMERMÄDCHEN EINGESETZT WIRD...
... STATT IN SO EINER UNTERKLASSE-PIRATENBANDE ZU VERSAUERN!
WOWOMM
...
ICH KANN EUCH DA JEMANDEN EMPFEHLEN, ALLERDINGS NICHT AUS UNSERER CREW.
WAS?

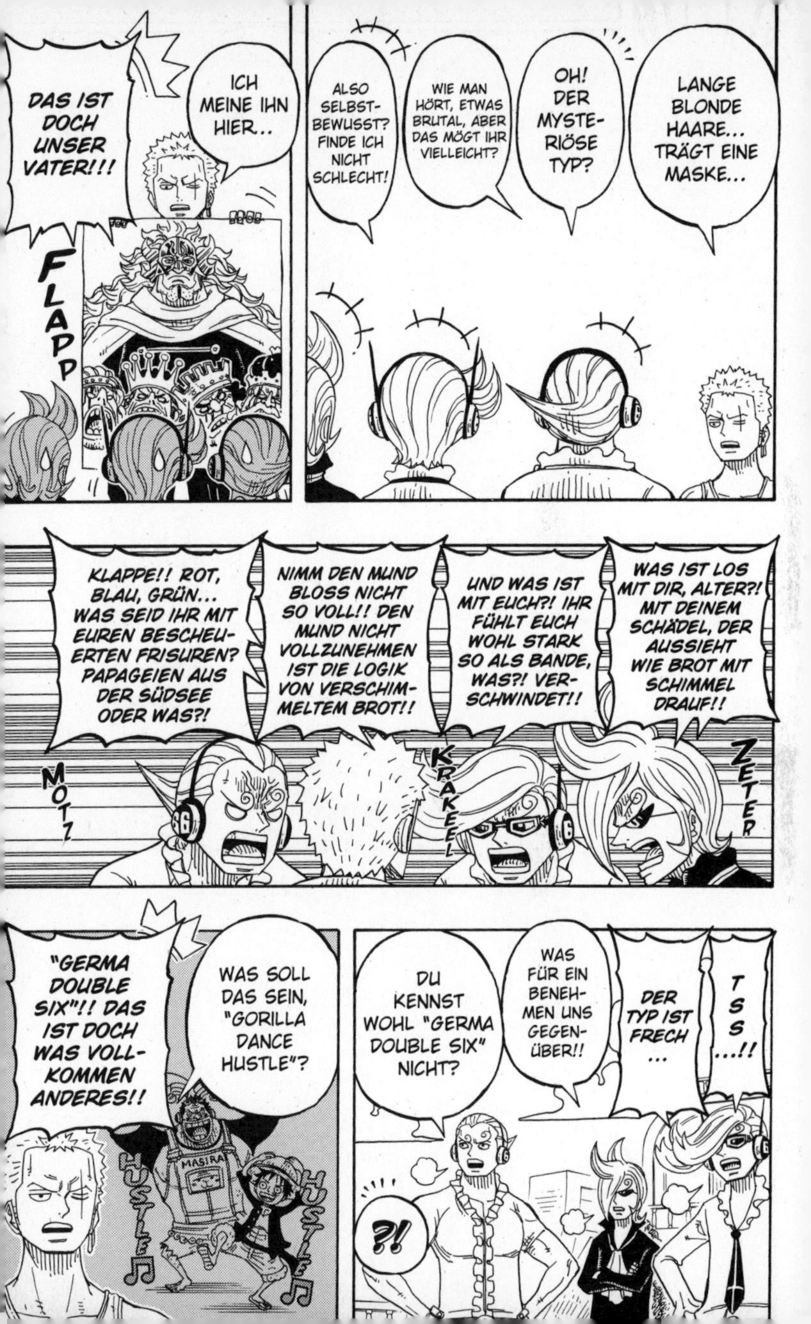

LANGE BLONDE HAARE… TRÄGT EINE MASKE…
OH! DER MYSTERIÖSE TYP?
WIE MAN HÖRT, ETWAS BRUTAL, ABER DAS MÖGT IHR VIELLEICHT?
ALSO SELBSTBEWUSST? FINDE ICH NICHT SCHLECHT!
ICH MEINE IHN HIER…
DAS IST DOCH UNSER VATER!!!
FLAPP
WAS IST LOS MIT DIR, ALTER?! MIT DEINEM SCHÄDEL, DER AUSSIEHT WIE BROT MIT SCHIMMEL DRAUF!!
UND WAS IST MIT EUCH?! IHR FÜHLT EUCH WOHL STARK SO ALS BANDE, WAS?! VERSCHWINDET!!
NIMM DEN MUND BLOSS NICHT SO VOLL!! DEN MUND NICHT VOLLZUNEHMEN IST DIE LOGIK VON VERSCHIMMELTEM BROT!!
KLAPPE!! ROT, BLAU, GRÜN… WAS SEID IHR MIT EUREN BESCHEUERTEN FRISUREN? PAPAGEIEN AUS DER SÜDSEE ODER WAS?!
ZETER
KRAKEEL
MOTZ
TSS…!!
DER TYP IST FRECH…
WAS FÜR EIN BENEHMEN UNS GEGENÜBER!!
DU KENNST WOHL "GERMA DOUBLE SIX" NICHT?
?!
WAS SOLL DAS SEIN, "GORILLA DANCE HUSTLE"?
"GERMA DOUBLE SIX"!! DAS IST DOCH WAS VOLLKOMMEN ANDERES!!
MASIRA
HUSTLE
HUSTLE

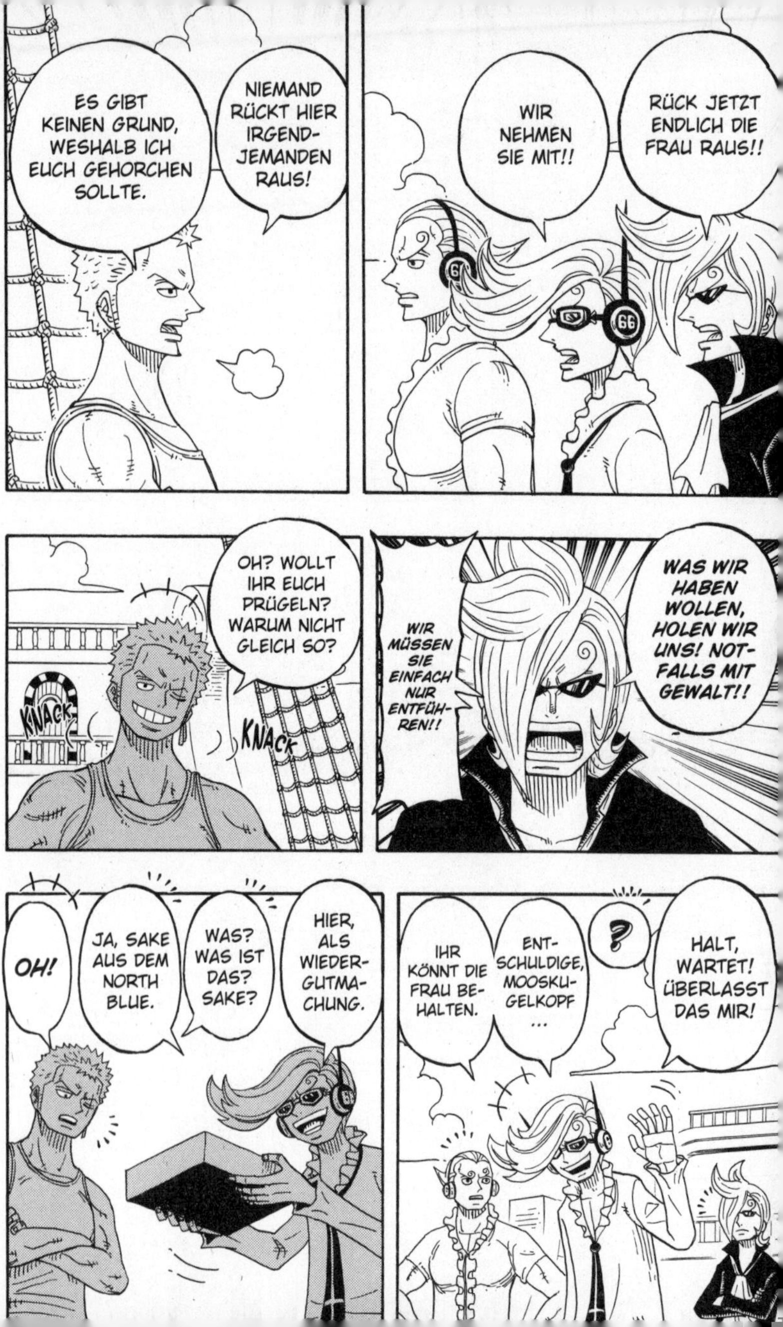
RÜCK JETZT ENDLICH DIE FRAU RAUS!!
WIR NEHMEN SIE MIT!!
NIEMAND RÜCKT HIER IRGEND-JEMANDEN RAUS!
ES GIBT KEINEN GRUND, WESHALB ICH EUCH GEHORCHEN SOLLTE.
WAS WIR HABEN WOLLEN, HOLEN WIR UNS! NOT-FALLS MIT GEWALT!!
WIR MÜSSEN SIE EINFACH NUR ENTFÜH-REN!!
OH? WOLLT IHR EUCH PRÜGELN? WARUM NICHT GLEICH SO?
KNACK
KNACK
HALT, WARTET! ÜBERLASST DAS MIR!
?
ENT-SCHULDIGE, MOOSKU-GELKOPF ...
IHR KÖNNT DIE FRAU BE-HALTEN.
HIER, ALS WIEDER-GUTMA-CHUNG.
WAS? WAS IST DAS? SAKE?
JA, SAKE AUS DEM NORTH BLUE.
OH!

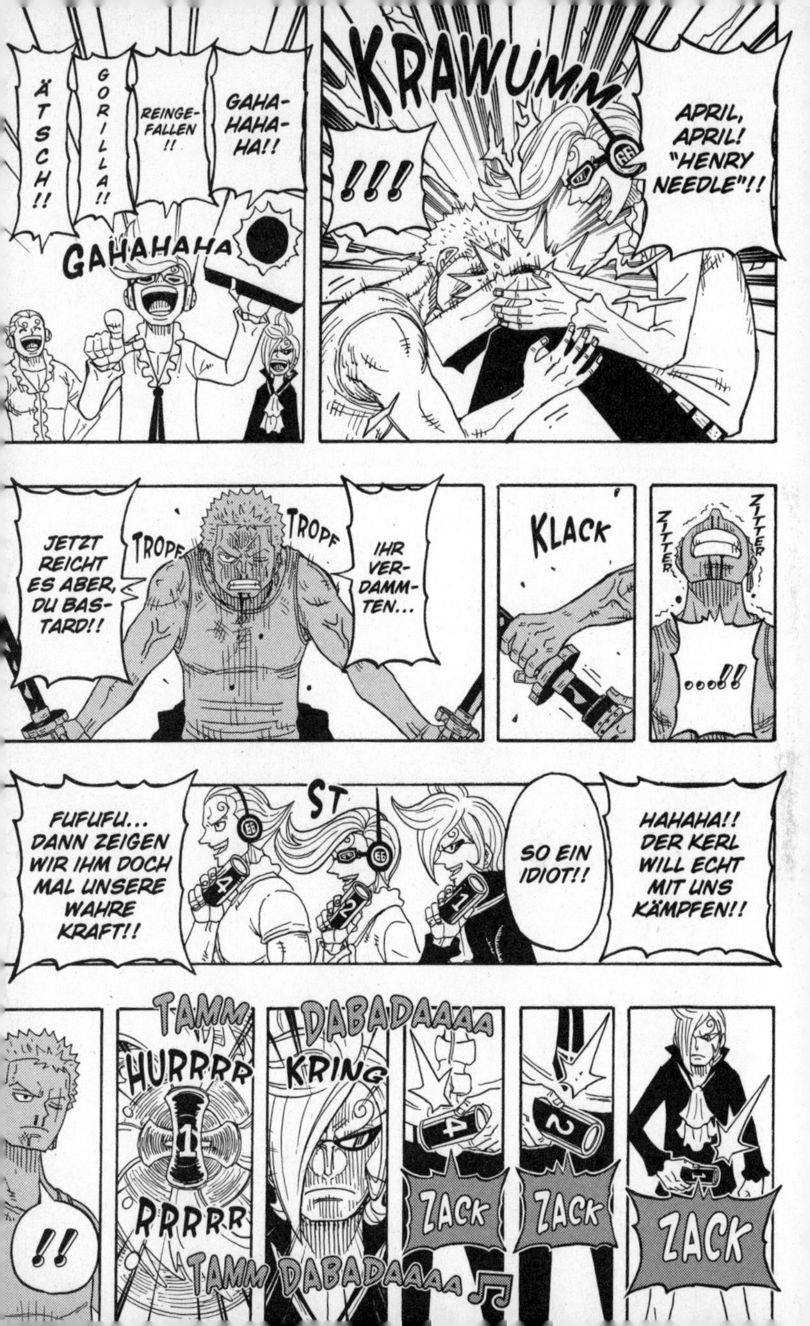
APRIL, APRIL! "HENRY NEEDLE"!!
!!!
KRAWUMM
GAHA-HAHA-HA!!
REINGE-FALLEN !!
GORILLA!!
ÄTSCH!!
GAHAHAHA
...!!
ZITTER
ZITTER
KLACK
IHR VER-DAMM-TEN...
TROPF
TROPF
JETZT REICHT ES ABER, DU BAS-TARD!!
HAHAHA!! DER KERL WILL ECHT MIT UNS KÄMPFEN!!
SO EIN IDIOT!!
ST
FUFUFU... DANN ZEIGEN WIR IHM DOCH MAL UNSERE WAHRE KRAFT!!
ZACK
ZACK
ZACK
DABADAAAA
KRING
TAMM
HURRRRR
RRRRR
TAMM DABADAAAAA ♫
!!

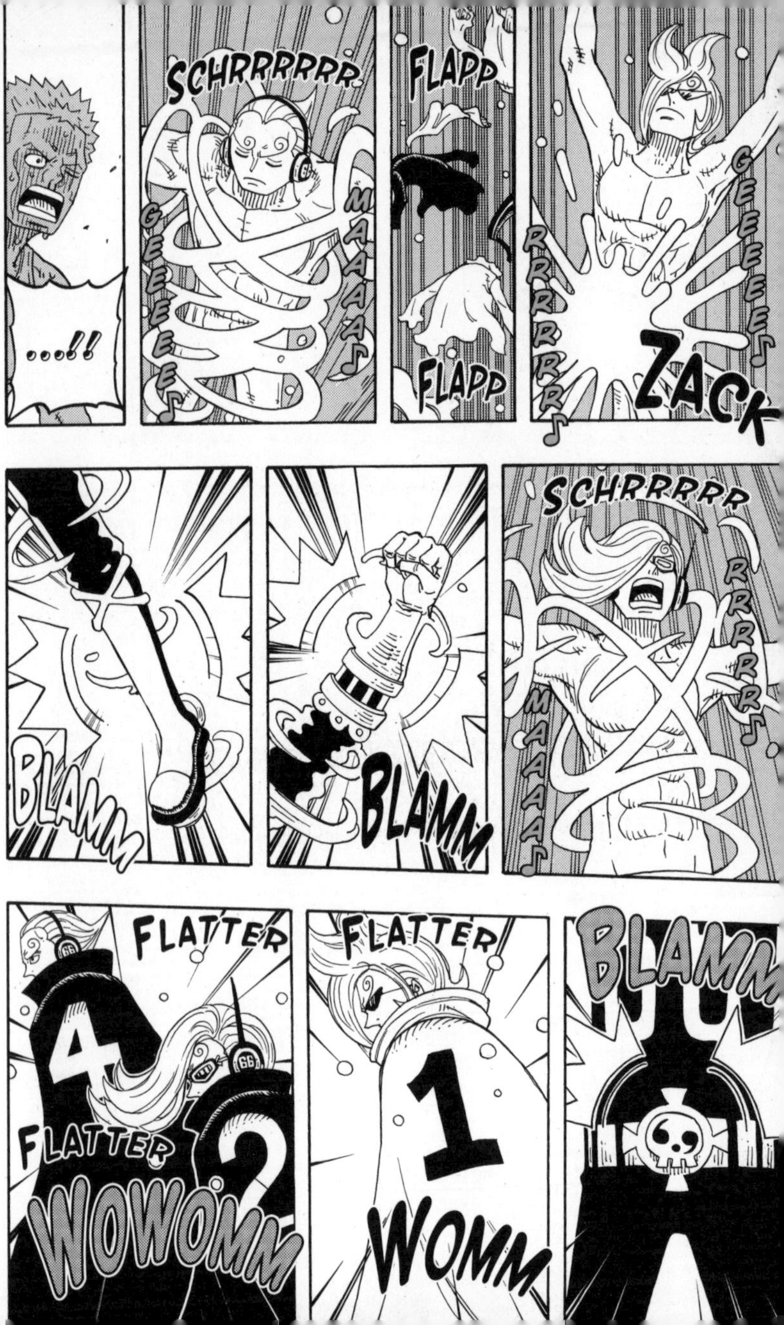
GEEEEES♪
RRRRRR♪
ZACK
FLAPP
FLAPP
SCHRRRRRRR
MAAAAAS♪
GEEEEEES♪
…!!
SCHRRRRRR
RRRRRRS♪
MAAAAS♪
BLAMM
BLAMM
BLAMM
FLATTER
1
WOMM
FLATTER
4
FLATTER
2
WOWOMM

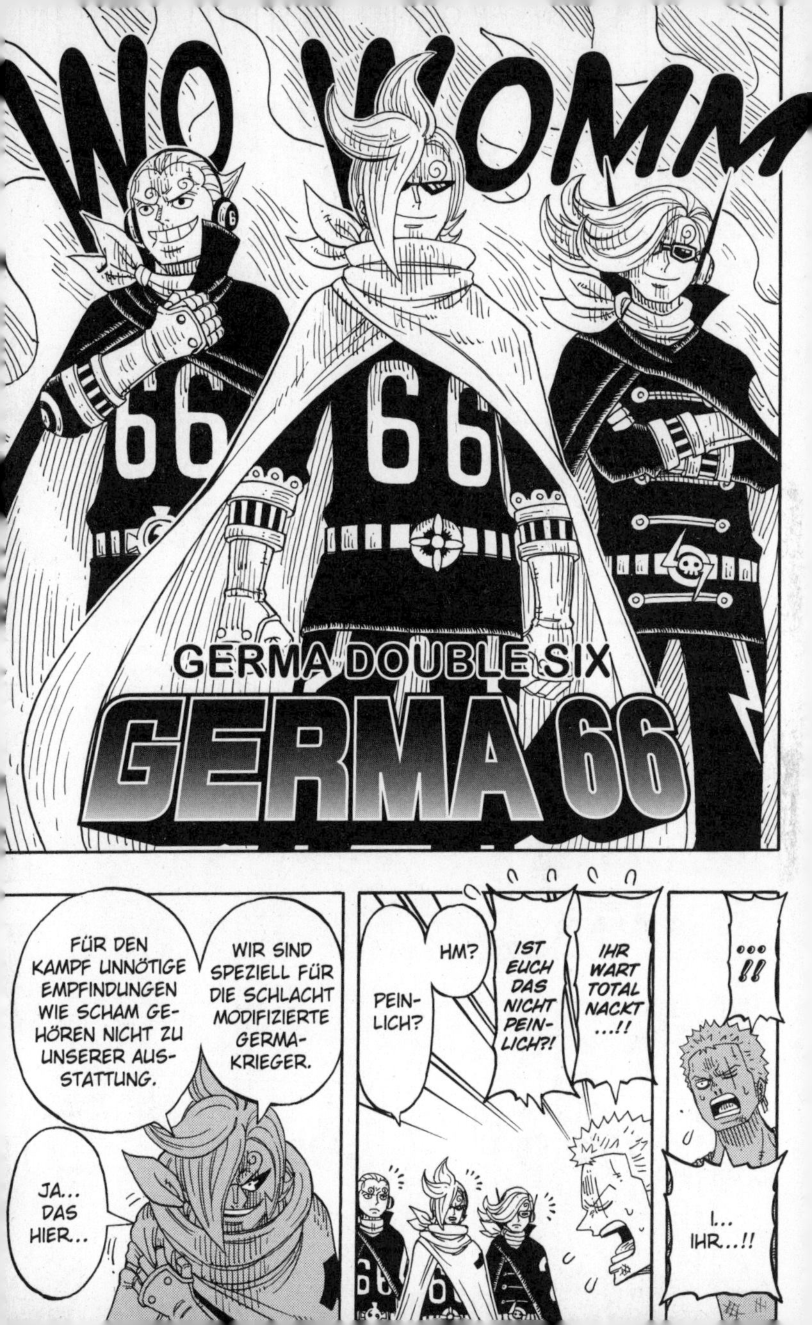
WO WOMM
GERMA DOUBLE SIX
GERMA 66
...!!
IHR WART TOTAL NACKT...!!
IST EUCH DAS NICHT PEINLICH?!
HM?
PEINLICH?
I... IHR...!!
WIR SIND SPEZIELL FÜR DIE SCHLACHT MODIFIZIERTE GERMA-KRIEGER.
FÜR DEN KAMPF UNNÖTIGE EMPFINDUNGEN WIE SCHAM GEHÖREN NICHT ZU UNSERER AUSSTATTUNG.
JA... DAS HIER...

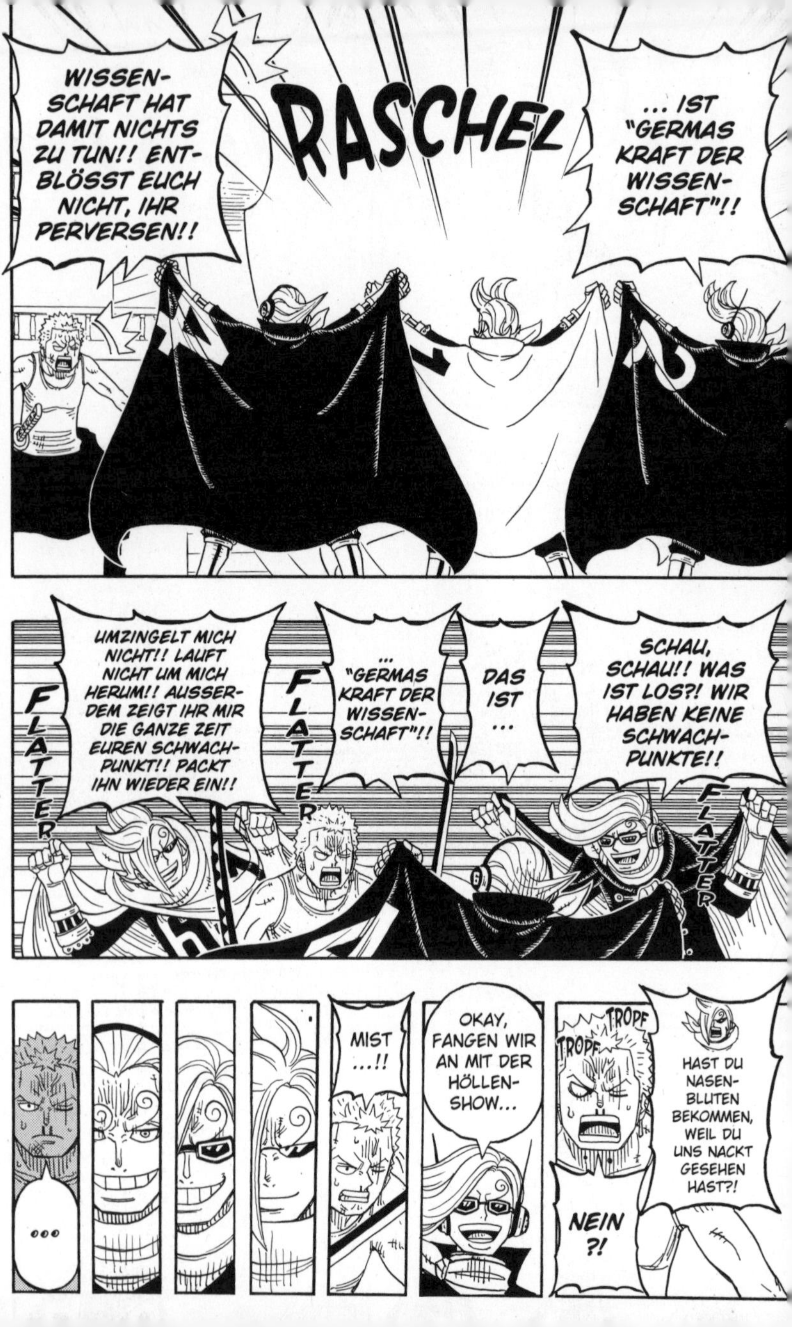
... IST "GERMAS KRAFT DER WISSENSCHAFT"!!
RASCHEL
WISSENSCHAFT HAT DAMIT NICHTS ZU TUN!! ENTBLÖSST EUCH NICHT, IHR PERVERSEN!!
SCHAU, SCHAU!! WAS IST LOS?! WIR HABEN KEINE SCHWACHPUNKTE!!
FLATTER
DAS IST ...
... "GERMAS KRAFT DER WISSENSCHAFT"!!
FLATTER
UMZINGELT MICH NICHT!! LAUFT NICHT UM MICH HERUM!! AUSSERDEM ZEIGT IHR MIR DIE GANZE ZEIT EUREN SCHWACHPUNKT!! PACKT IHN WIEDER EIN!!
FLATTER
HAST DU NASENBLUTEN BEKOMMEN, WEIL DU UNS NACKT GESEHEN HAST?!
TROPF
TROPF
NEIN ?!
OKAY, FANGEN WIR AN MIT DER HÖLLENSHOW...
MIST ...!!
...

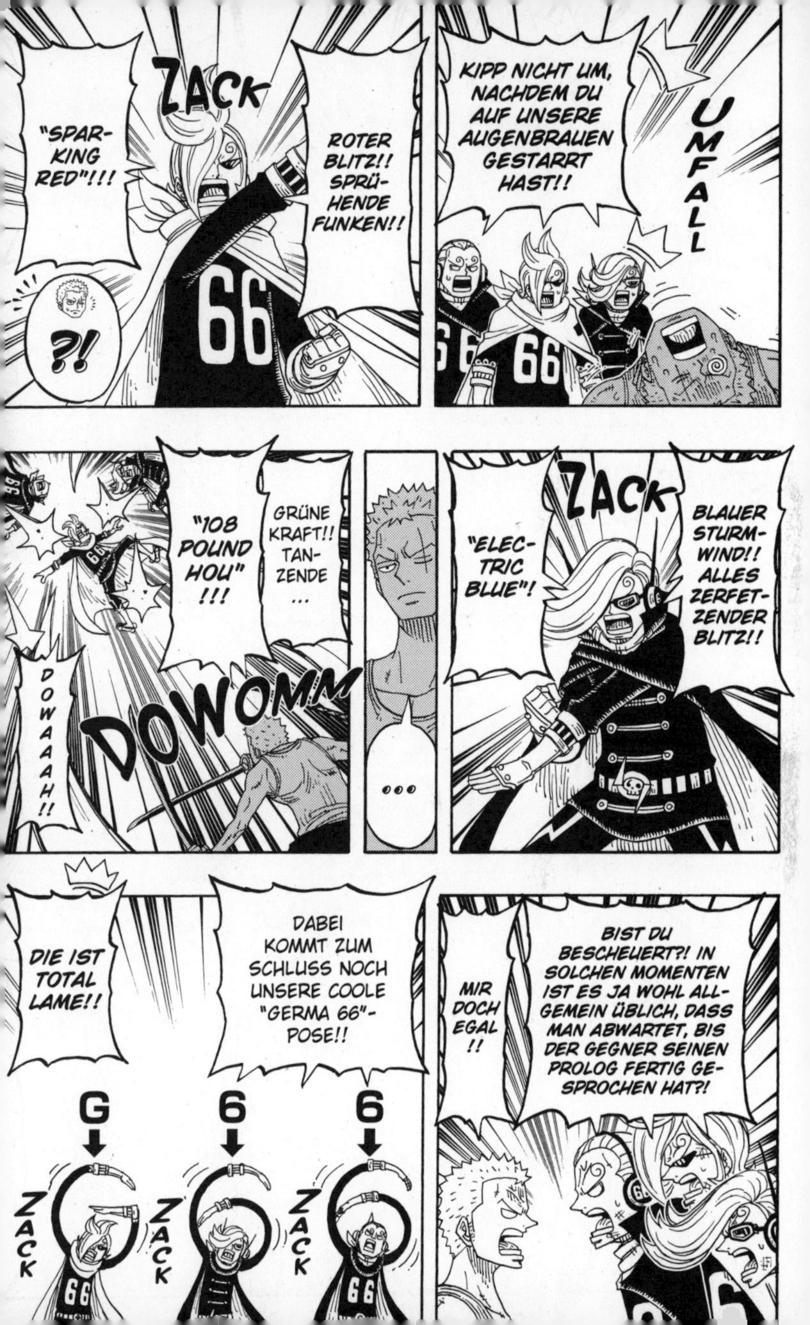

ZACK
"SPARKING RED"!!!
ROTER BLITZ!! SPRÜHENDE FUNKEN!!
?!
KIPP NICHT UM, NACHDEM DU AUF UNSERE AUGENBRAUEN GESTARRT HAST!!
UMFALL
"108 POUND HOU"!!!
GRÜNE KRAFT!! TANZENDE ...
DOWOMM
DOWAAAAH!!
...
ZACK
"ELECTRIC BLUE"!
BLAUER STURMWIND!! ALLES ZERFETZENDER BLITZ!!
DIE IST TOTAL LAME!!
DABEI KOMMT ZUM SCHLUSS NOCH UNSERE COOLE "GERMA 66"-POSE!!
G
6
6
ZACK
ZACK
ZACK
MIR DOCH EGAL!!
BIST DU BESCHEUERT?! IN SOLCHEN MOMENTEN IST ES JA WOHL ALLGEMEIN ÜBLICH, DASS MAN ABWARTET, BIS DER GEGNER SEINEN PROLOG FERTIG GESPROCHEN HAT?!

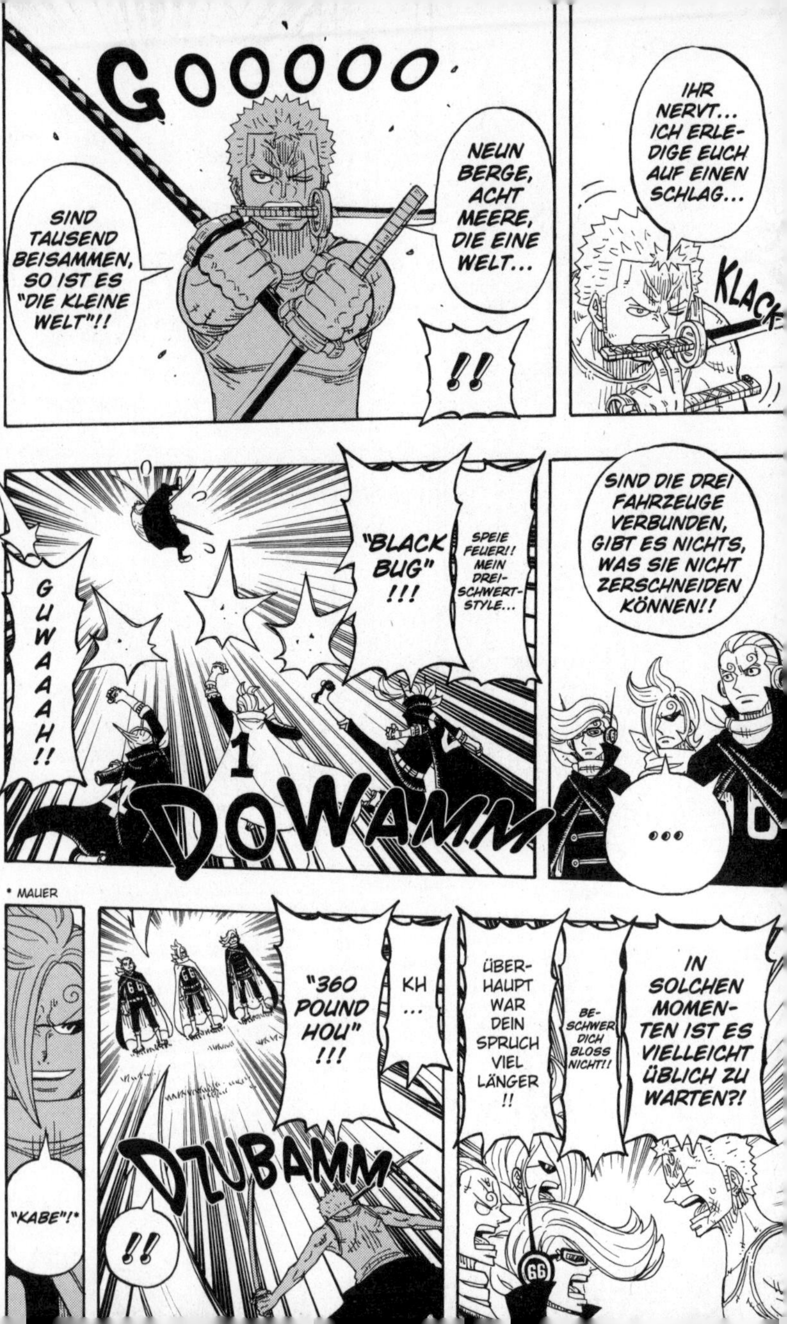
IHR NERVT… ICH ERLE-DIGE EUCH AUF EINEN SCHLAG…
KLACK
GOOOOO
NEUN BERGE, ACHT MEERE, DIE EINE WELT…
SIND TAUSEND BEISAMMEN, SO IST ES "DIE KLEINE WELT"!!
!!
SIND DIE DREI FAHRZEUGE VERBUNDEN, GIBT ES NICHTS, WAS SIE NICHT ZERSCHNEIDEN KÖNNEN!!
•••
SPEIE FEUER!! MEIN DREI-SCHWERT-STYLE…
"BLACK BUG" !!!
DOWAMM
GUWAAAAH!!
IN SOLCHEN MOMEN-TEN IST ES VIELLEICHT ÜBLICH ZU WARTEN?!
BE-SCHWER DICH BLOSS NICHT!!
ÜBER-HAUPT WAR DEIN SPRUCH VIEL LÄNGER !!
KH …
"360 POUND HOU" !!!
DZUBAMM
!!
"KABE"!*

* MAUER

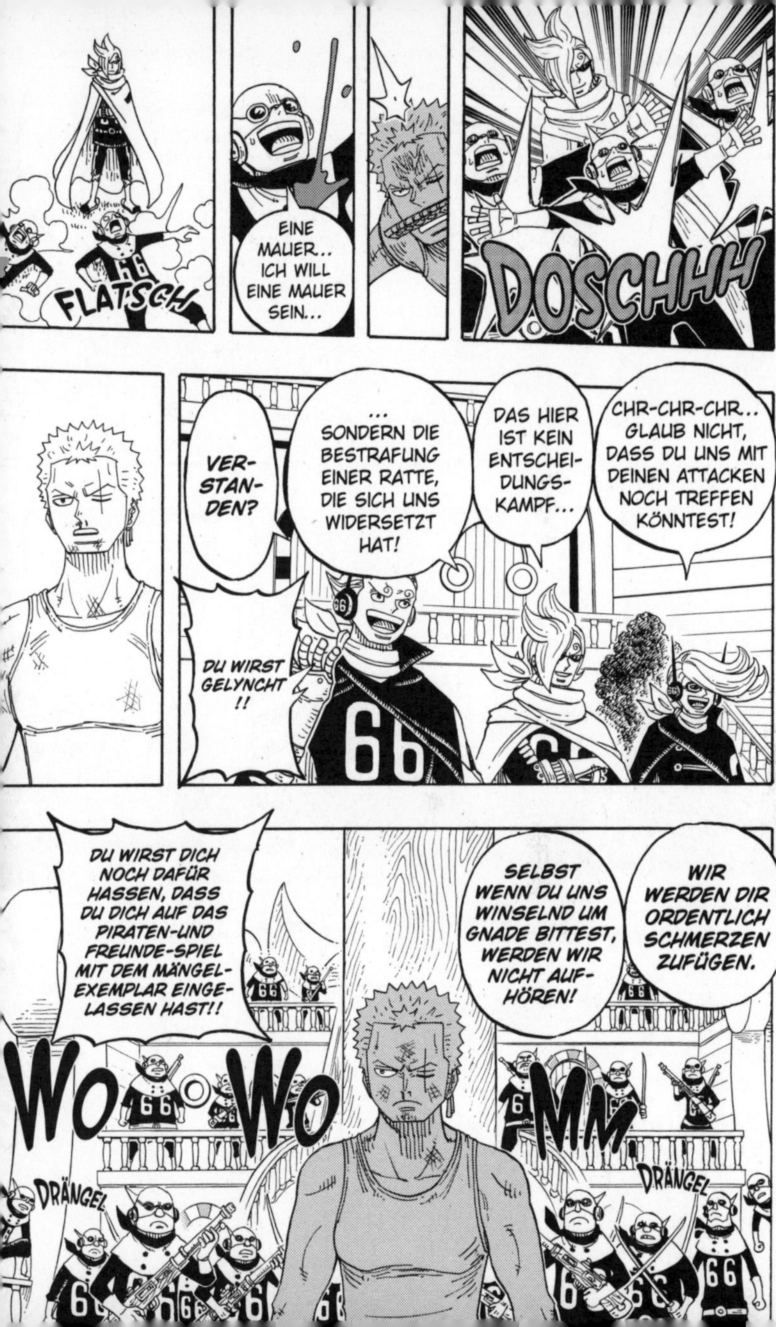
DOSCHHH
EINE MAUER.. ICH WILL EINE MAUER SEIN...
FLATSCH
CHR-CHR-CHR.. GLAUB NICHT, DASS DU UNS MIT DEINEN ATTACKEN NOCH TREFFEN KÖNNTEST!
DAS HIER IST KEIN ENTSCHEI-DUNGS-KAMPF...
... SONDERN DIE BESTRAFUNG EINER RATTE, DIE SICH UNS WIDERSETZT HAT!
VER-STAN-DEN?
DU WIRST GELYNCHT!!
WIR WERDEN DIR ORDENTLICH SCHMERZEN ZUFÜGEN.
SELBST WENN DU UNS WINSELND UM GNADE BITTEST, WERDEN WIR NICHT AUF-HÖREN!
DU WIRST DICH NOCH DAFÜR HASSEN, DASS DU DICH AUF DAS PIRATEN-UND FREUNDE-SPIEL MIT DEM MÄNGEL-EXEMPLAR EINGE-LASSEN HAST!!
WO WO MM
DRÄNGEL
DRÄNGEL

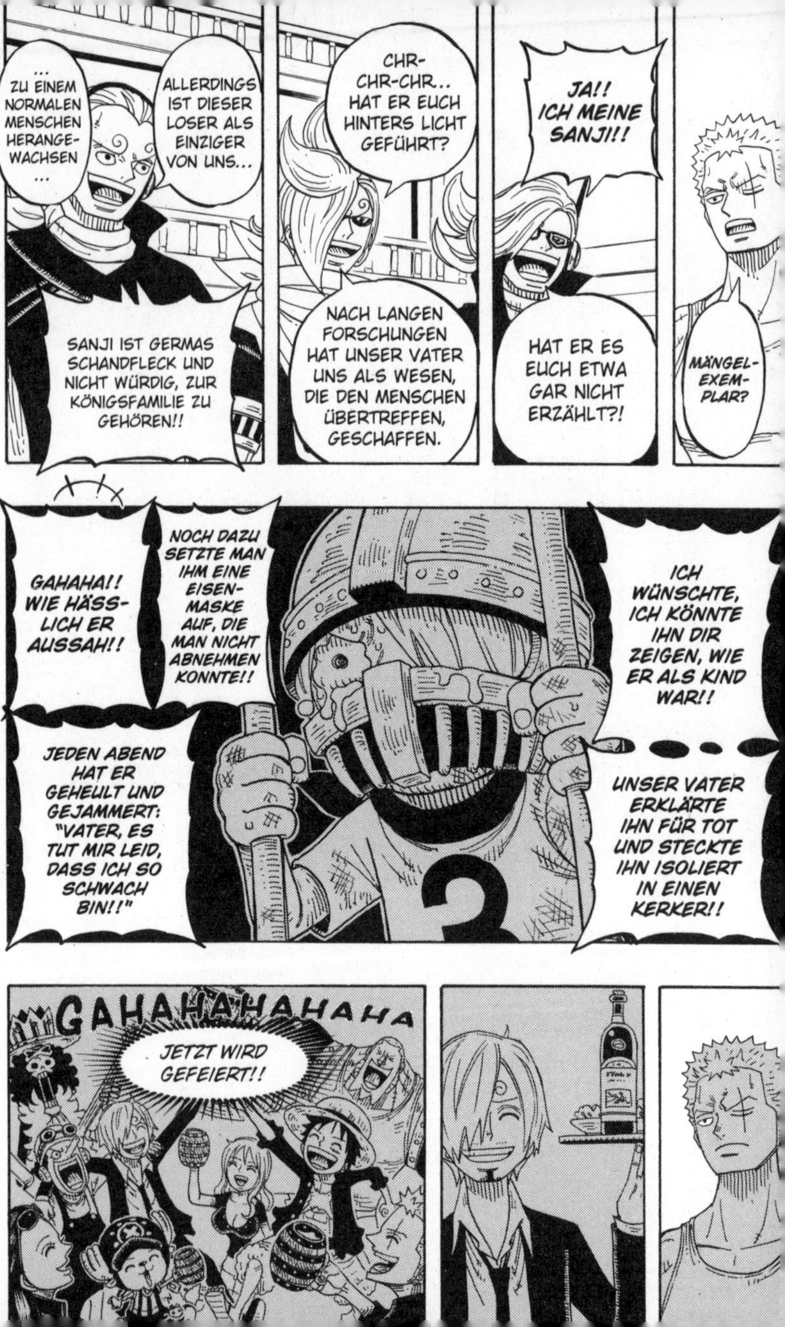
MÄNGEL-EXEMPLAR?
JA!! ICH MEINE SANJI!!
HAT ER ES EUCH ETWA GAR NICHT ERZÄHLT?!
CHR-CHR-CHR... HAT ER EUCH HINTERS LICHT GEFÜHRT?
NACH LANGEN FORSCHUNGEN HAT UNSER VATER UNS ALS WESEN, DIE DEN MENSCHEN ÜBERTREFFEN, GESCHAFFEN.
ALLERDINGS IST DIESER LOSER ALS EINZIGER VON UNS...
... ZU EINEM NORMALEN MENSCHEN HERANGEWACHSEN ...
SANJI IST GERMAS SCHANDFLECK UND NICHT WÜRDIG, ZUR KÖNIGSFAMILIE ZU GEHÖREN!!
ICH WÜNSCHTE, ICH KÖNNTE IHN DIR ZEIGEN, WIE ER ALS KIND WAR!!
...
UNSER VATER ERKLÄRTE IHN FÜR TOT UND STECKTE IHN ISOLIERT IN EINEN KERKER!!
NOCH DAZU SETZTE MAN IHM EINE EISENMASKE AUF, DIE MAN NICHT ABNEHMEN KONNTE!!
GAHAHA!! WIE HÄSSLICH ER AUSSAH!!
JEDEN ABEND HAT ER GEHEULT UND GEJAMMERT: "VATER, ES TUT MIR LEID, DASS ICH SO SCHWACH BIN!!"
GAHAHAHAHAHAHA
JETZT WIRD GEFEIERT!!

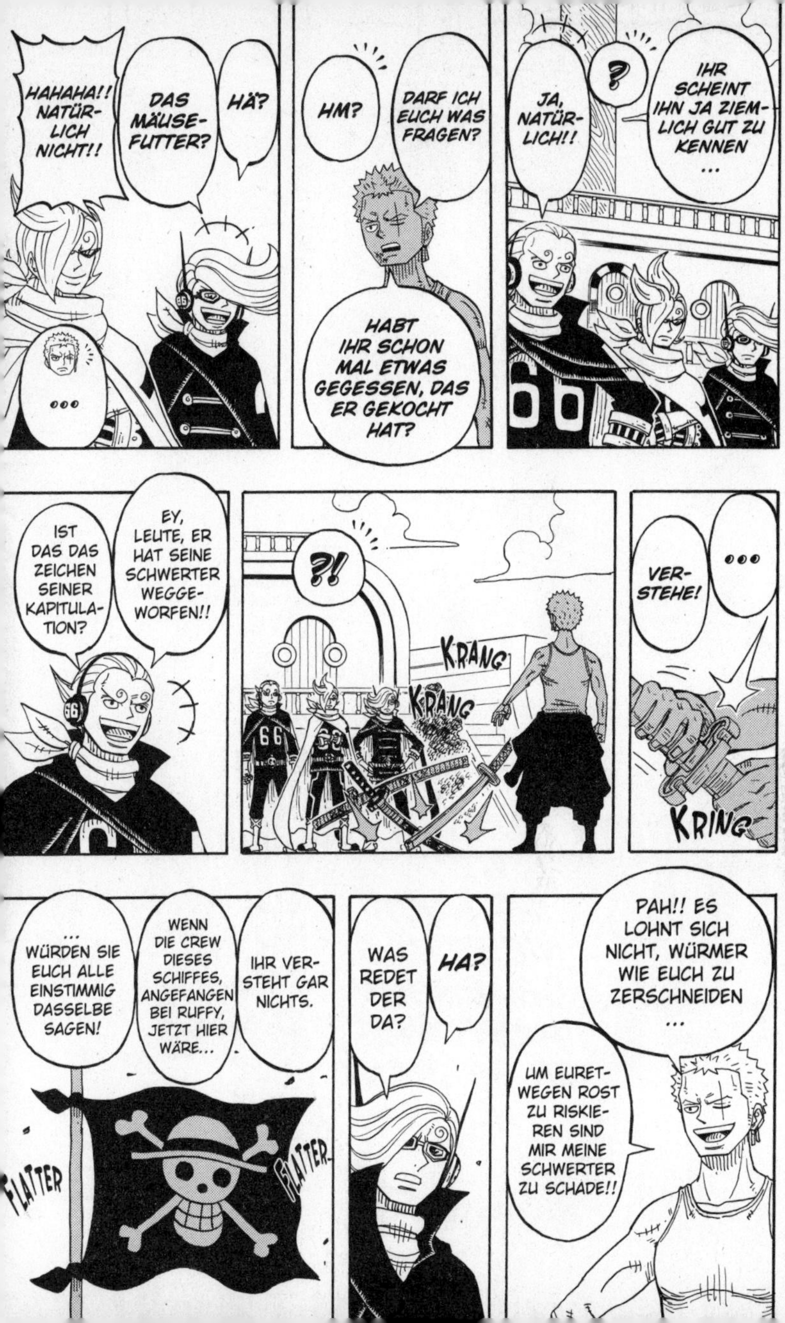
IHR SCHEINT IHN JA ZIEMLICH GUT ZU KENNEN ...
?
JA, NATÜRLICH!!
DARF ICH EUCH WAS FRAGEN?
HM?
HABT IHR SCHON MAL ETWAS GEGESSEN, DAS ER GEKOCHT HAT?
HÄ?
DAS MÄUSEFUTTER?
HAHAHA!! NATÜRLICH NICHT!!
...
...
VERSTEHE!
KRING
?!
KRANG
KRANG
EY, LEUTE, ER HAT SEINE SCHWERTER WEGGEWORFEN!!
IST DAS DAS ZEICHEN SEINER KAPITULATION?
PAH!! ES LOHNT SICH NICHT, WÜRMER WIE EUCH ZU ZERSCHNEIDEN ...
UM EURETWEGEN ROST ZU RISKIEREN SIND MIR MEINE SCHWERTER ZU SCHADE!!
HA?
WAS REDET DER DA?
IHR VERSTEHT GAR NICHTS.
WENN DIE CREW DIESES SCHIFFES, ANGEFANGEN BEI RUFFY, JETZT HIER WÄRE...
... WÜRDEN SIE EUCH ALLE EINSTIMMIG DASSELBE SAGEN!
FLATTER
FLATTER

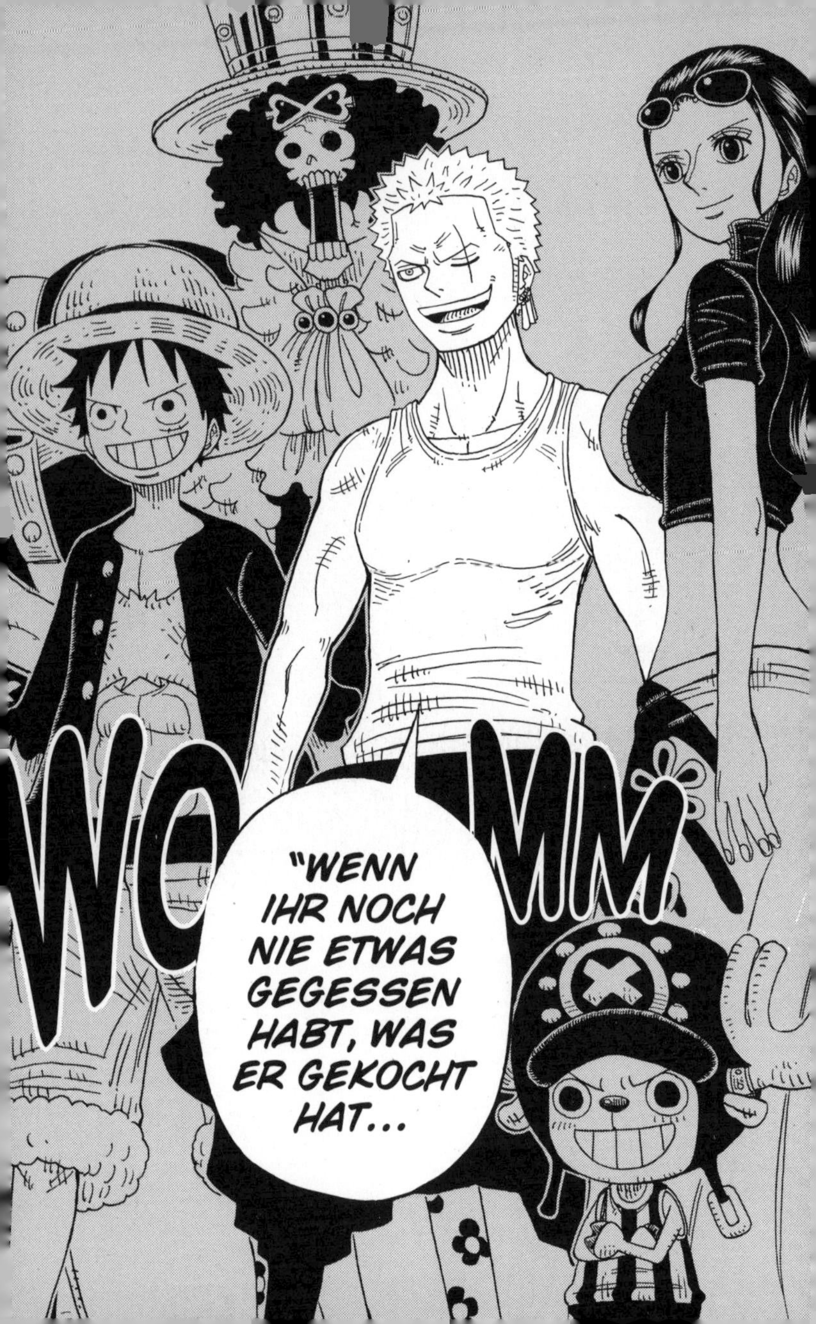
WO MM
"WENN IHR NOCH NIE ETWAS GEGESSEN HABT, WAS ER GEKOCHT HAT...

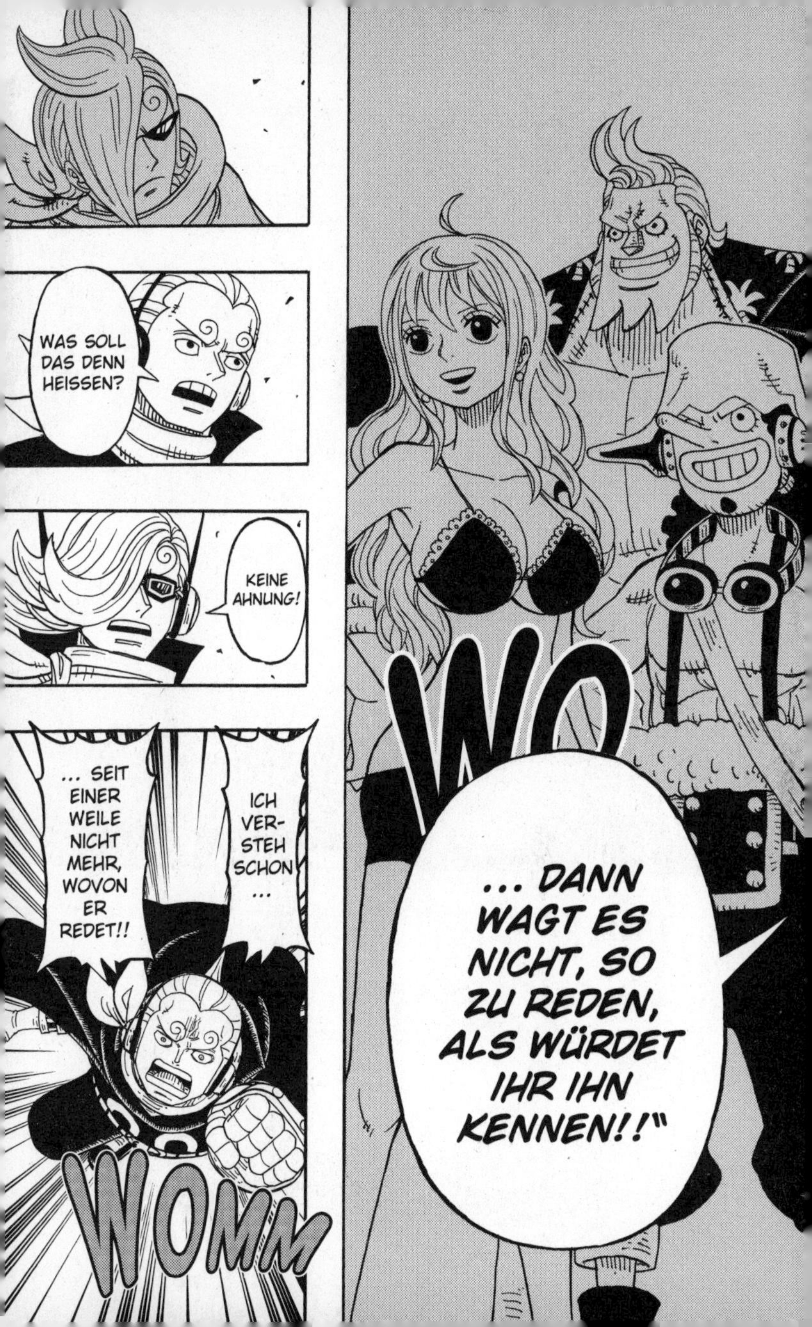
WO
... DANN WAGT ES NICHT, SO ZU REDEN, ALS WÜRDET IHR IHN KENNEN!!"
WAS SOLL DAS DENN HEISSEN?
KEINE AHNUNG!
ICH VERSTEH SCHON ...
... SEIT EINER WEILE NICHT MEHR, WOVON ER REDET!!
WOMM

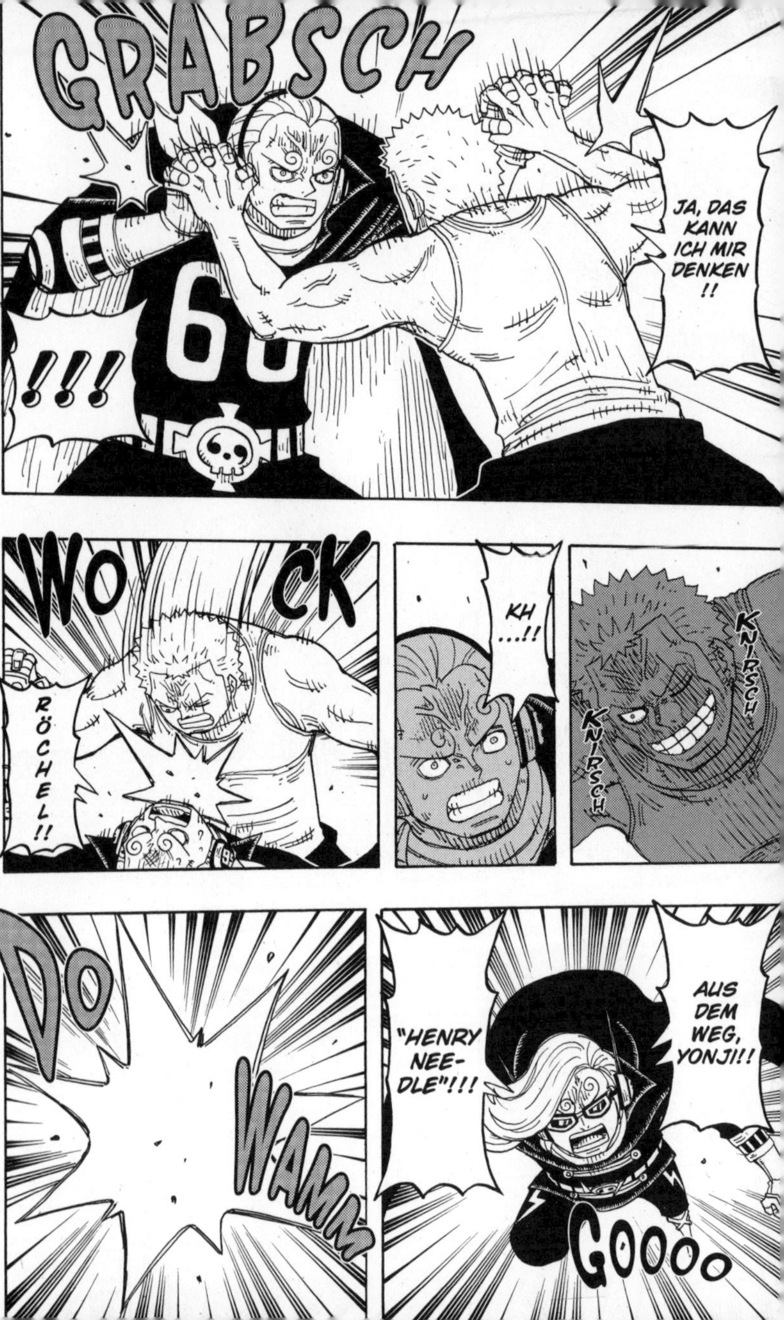
GRABSCH
JA, DAS KANN ICH MIR DENKEN !!
!!!
WO CK
KNIRSCH
KNIRSCH
KH ...!!
RÖCHEL!!
AUS DEM WEG, YONJI!!
"HENRY NEE-DLE"!!!
GOOOO
DO
WAMM

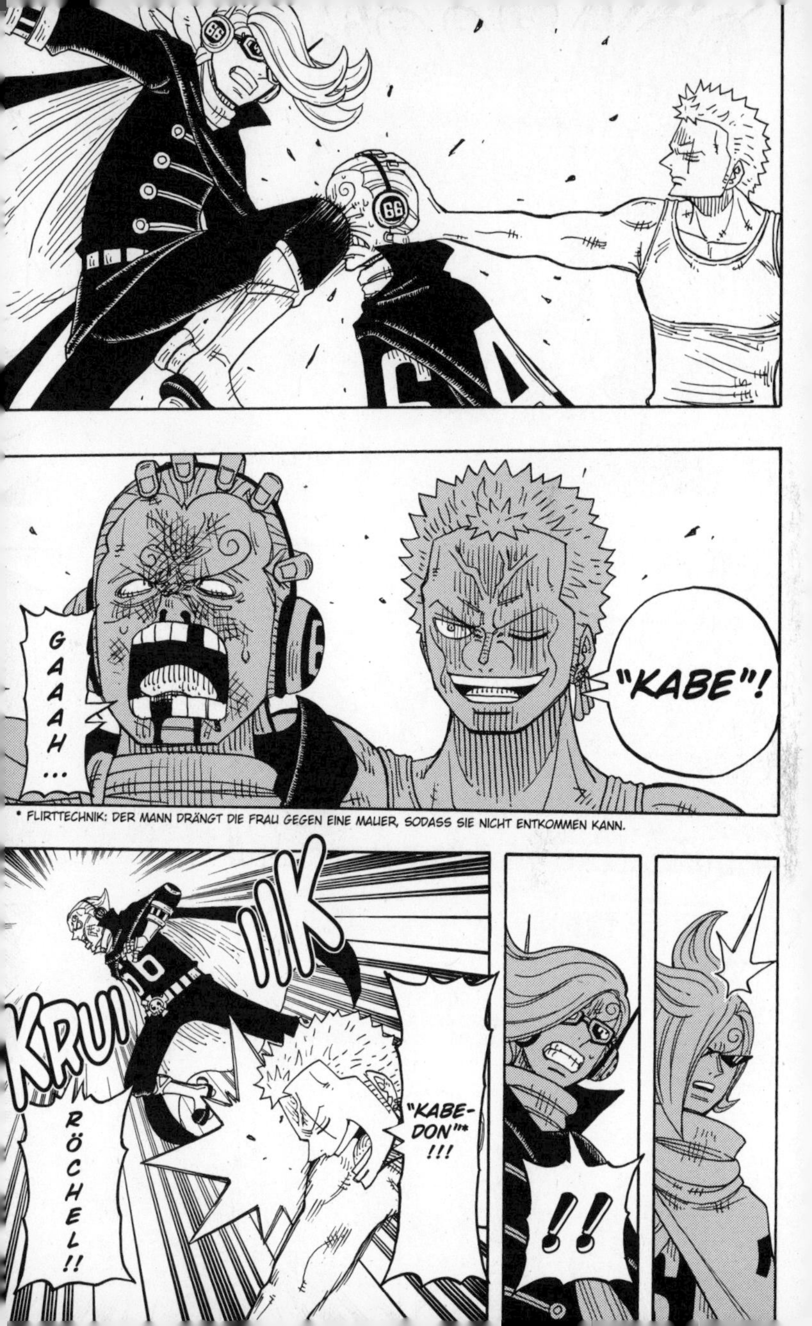

* FLIRTTECHNIK: DER MANN DRÄNGT DIE FRAU GEGEN EINE MAUER, SODASS SIE NICHT ENTKOMMEN KANN.

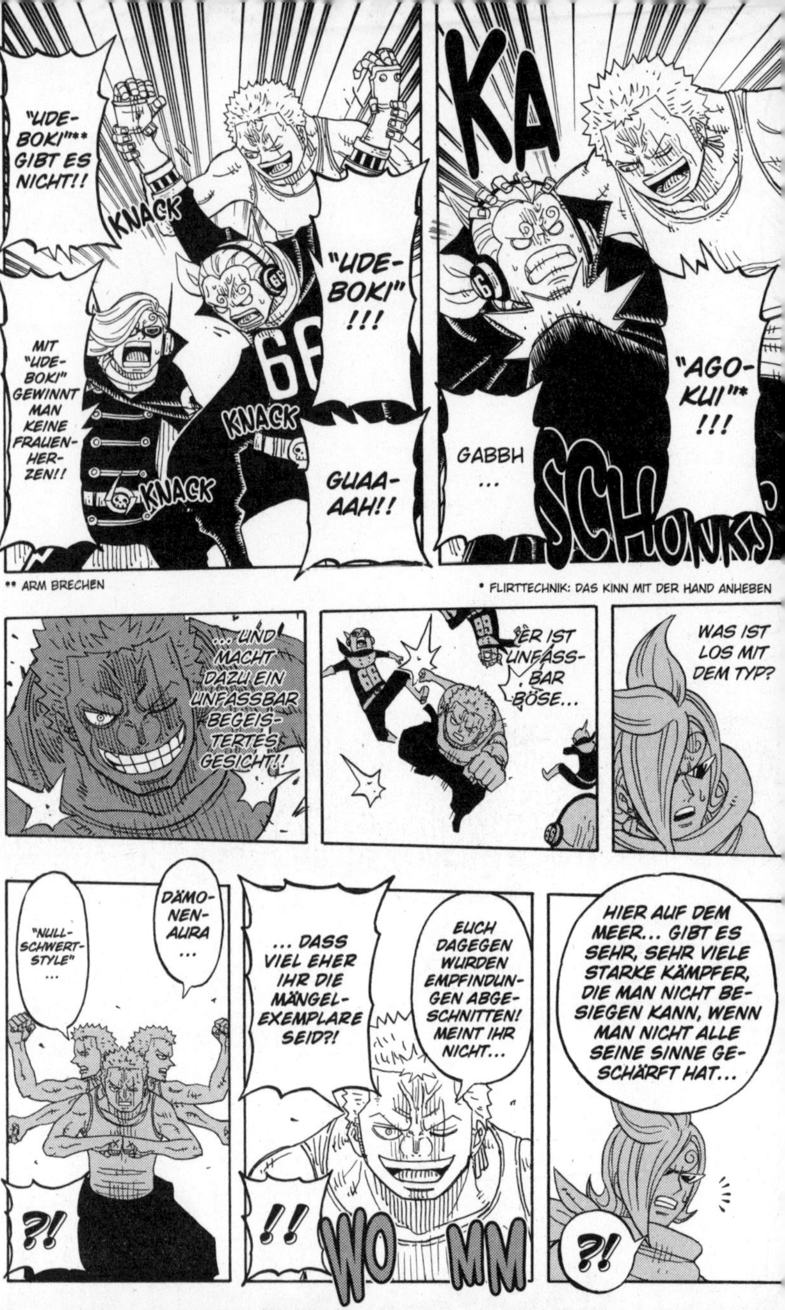

* FLIRTTECHNIK: DAS KINN MIT DER HAND ANHEBEN

** ARM BRECHEN

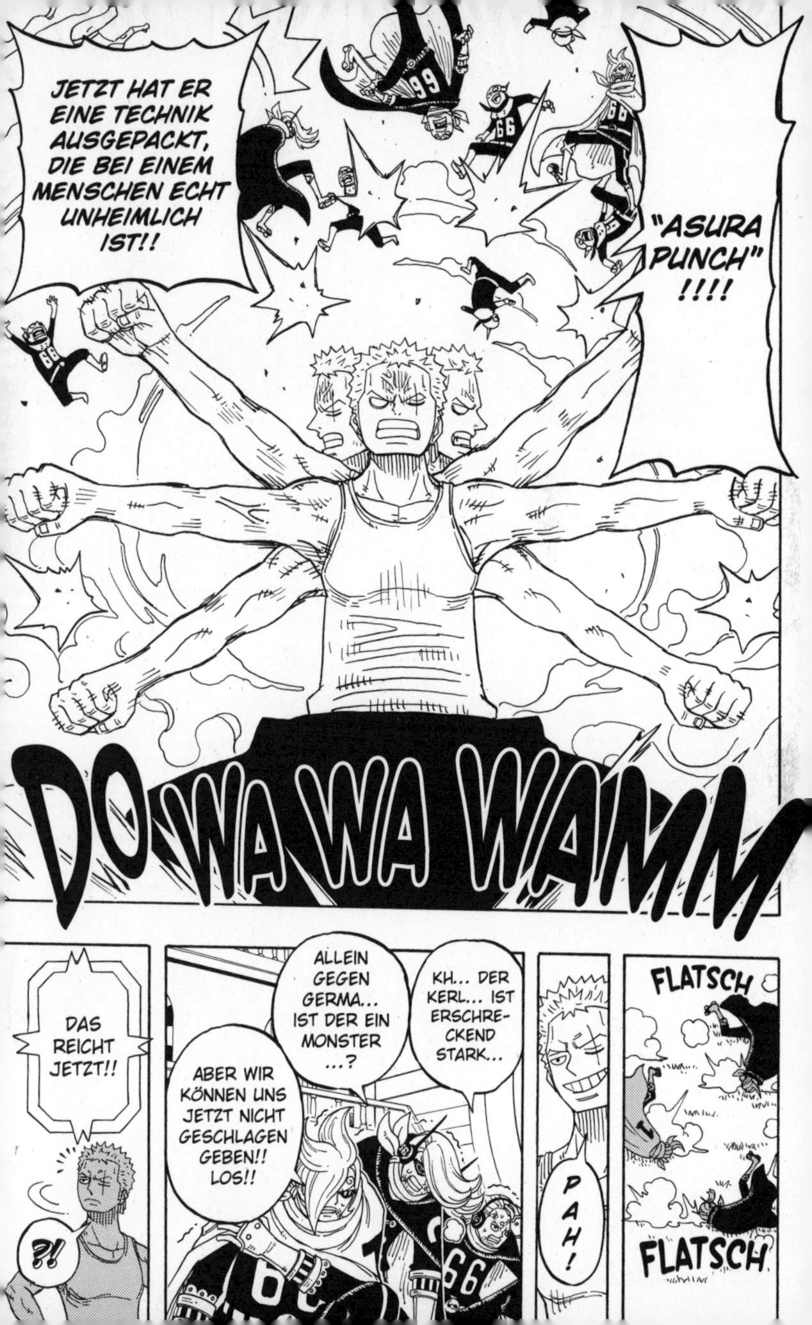
"ASURA PUNCH" !!!!
JETZT HAT ER EINE TECHNIK AUSGEPACKT, DIE BEI EINEM MENSCHEN ECHT UNHEIMLICH IST!!
DO-WA WA WAMM
FLATSCH
FLATSCH
PAH!
KH... DER KERL... IST ERSCHRE-CKEND STARK...
ALLEIN GEGEN GERMA... IST DER EIN MONSTER ...?
ABER WIR KÖNNEN UNS JETZT NICHT GESCHLAGEN GEBEN!! LOS!!
DAS REICHT JETZT!!
?!

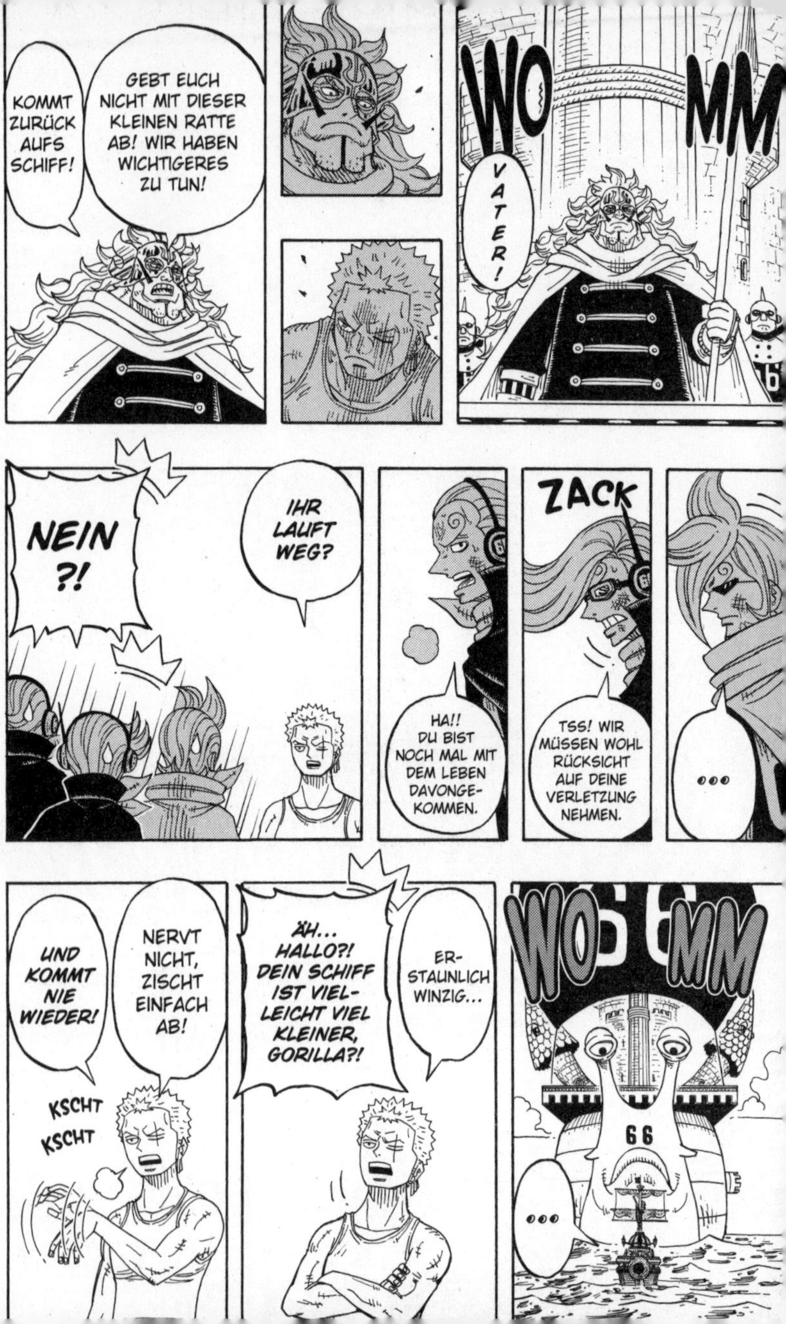
GEBT EUCH NICHT MIT DIESER KLEINEN RATTE AB! WIR HABEN WICHTIGERES ZU TUN!
KOMMT ZURÜCK AUFS SCHIFF!
WOMM
VATER!
IHR LAUFT WEG?
NEIN?!
...
ZACK
TSS! WIR MÜSSEN WOHL RÜCKSICHT AUF DEINE VERLETZUNG NEHMEN.
HA!! DU BIST NOCH MAL MIT DEM LEBEN DAVONGEKOMMEN.
NERVT NICHT, ZISCHT EINFACH AB!
UND KOMMT NIE WIEDER!
KSCHT KSCHT
ERSTAUNLICH WINZIG...
ÄH... HALLO?! DEIN SCHIFF IST VIELLEICHT VIEL KLEINER, GORILLA?!
WOMM
66
...

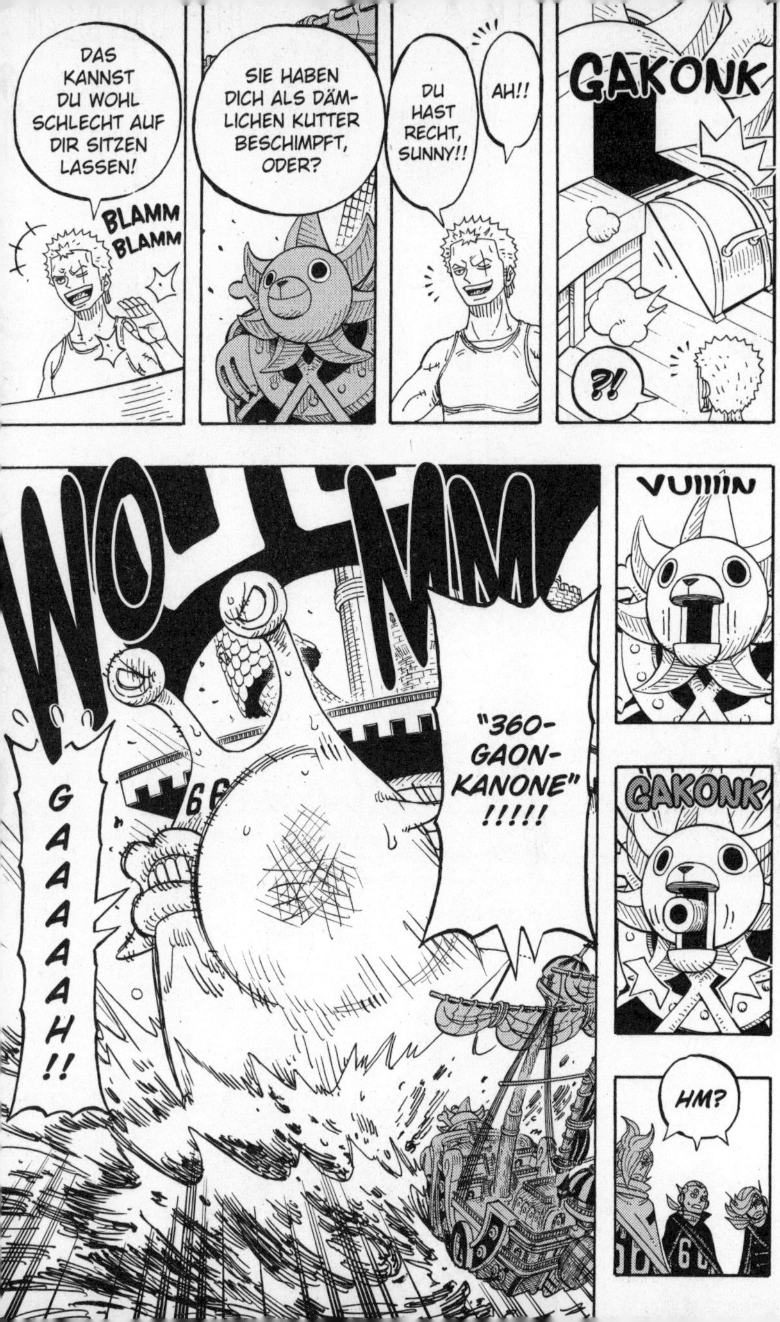
GAKONK
?!
AH!!
DU HAST RECHT, SUNNY!!
SIE HABEN DICH ALS DÄMLICHEN KUTTER BESCHIMPFT, ODER?
DAS KANNST DU WOHL SCHLECHT AUF DIR SITZEN LASSEN!
BLAMM BLAMM
VUIIIIN
GAKONK
HM?
WOMM
"360-GAON-KANONE" !!!!!
GAAAAAAAH!!

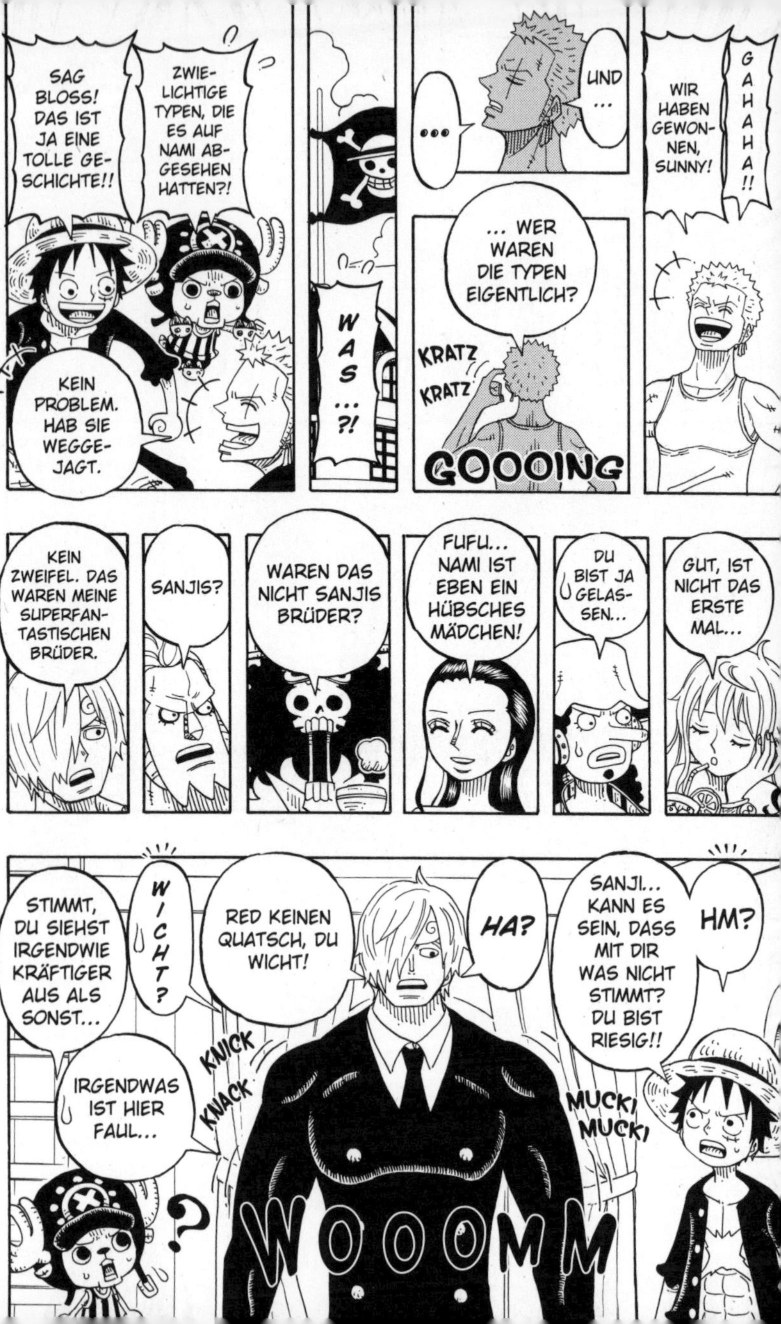
GAHAHAHA!!
WIR HABEN GEWONNEN, SUNNY!
UND ...
...
... WER WAREN DIE TYPEN EIGENTLICH?
KRATZ
KRATZ
GOOOING
WAS ...?!
ZWIELICHTIGE TYPEN, DIE ES AUF NAMI ABGESEHEN HATTEN?!
SAG BLOSS! DAS IST JA EINE TOLLE GESCHICHTE!!
KEIN PROBLEM. HAB SIE WEGGEJAGT.
GUT, IST NICHT DAS ERSTE MAL...
DU BIST JA GELASSEN...
FUFU... NAMI IST EBEN EIN HÜBSCHES MÄDCHEN!
WAREN DAS NICHT SANJIS BRÜDER?
SANJIS?
KEIN ZWEIFEL. DAS WAREN MEINE SUPERFANTASTISCHEN BRÜDER.
HM?
SANJI... KANN ES SEIN, DASS MIT DIR WAS NICHT STIMMT? DU BIST RIESIG!!
HA?
RED KEINEN QUATSCH, DU WICHT!
WICHT?
STIMMT, DU SIEHST IRGENDWIE KRÄFTIGER AUS ALS SONST...
MUCKI
MUCKI
KNICK
KNACK
IRGENDWAS IST HIER FAUL...
WOOOMM

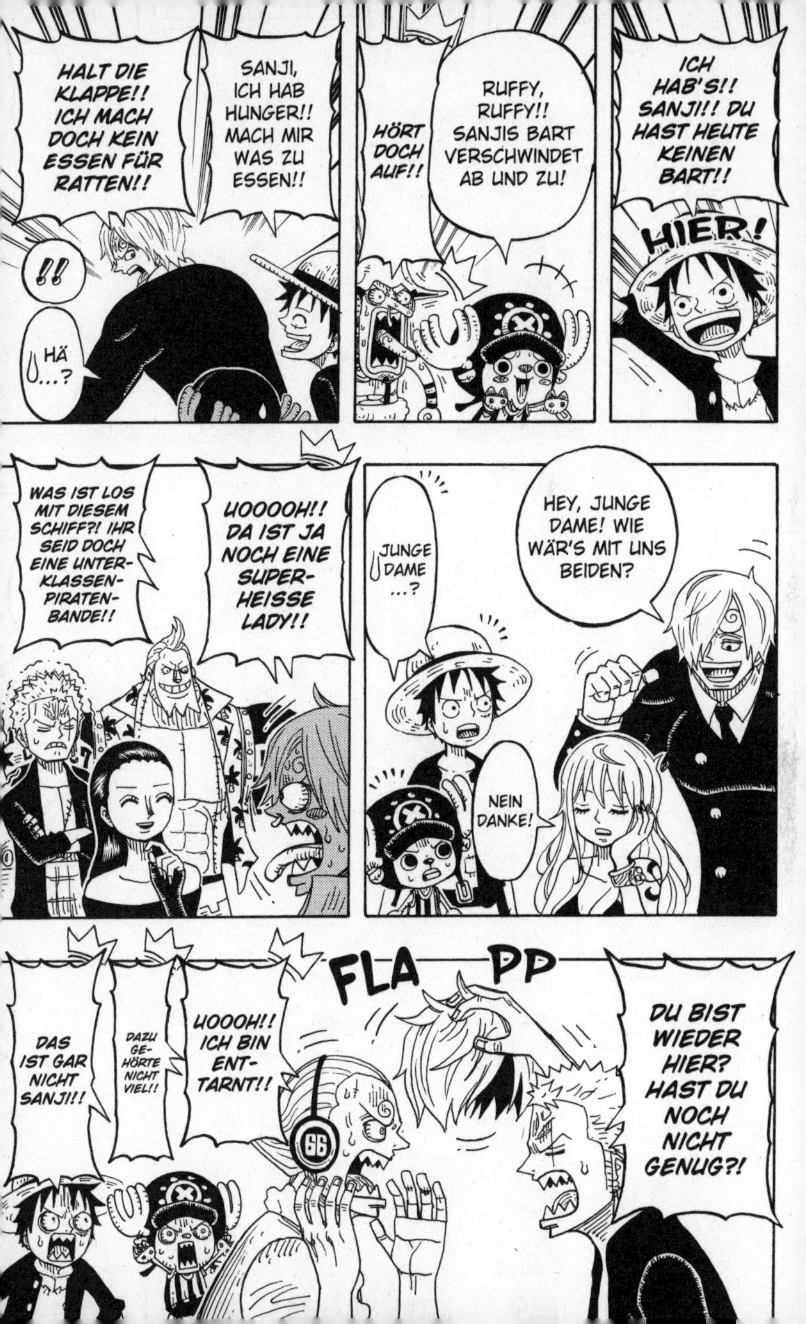
ICH HAB'S!! SANJI!!! DU HAST HEUTE KEINEN BART!!
HIER!
RUFFY, RUFFY!! SANJIS BART VERSCHWINDET AB UND ZU!
HÖRT DOCH AUF!!
SANJI, ICH HAB HUNGER!! MACH MIR WAS ZU ESSEN!!
HALT DIE KLAPPE!! ICH MACH DOCH KEIN ESSEN FÜR RATTEN!!
!!
HÄ ...?
HEY, JUNGE DAME! WIE WÄR'S MIT UNS BEIDEN?
JUNGE DAME ...?
NEIN DANKE!
UOOOOH!! DA IST JA NOCH EINE SUPER-HEISSE LADY!!
WAS IST LOS MIT DIESEM SCHIFF?! IHR SEID DOCH EINE UNTER-KLASSEN-PIRATEN-BANDE!!
DU BIST WIEDER HIER? HAST DU NOCH NICHT GENUG?!
FLA PP
UOOOH!! ICH BIN ENT-TARNT!!
DAZU GEHÖRTE NICHT VIEL!!
DAS IST GAR NICHT SANJI!!

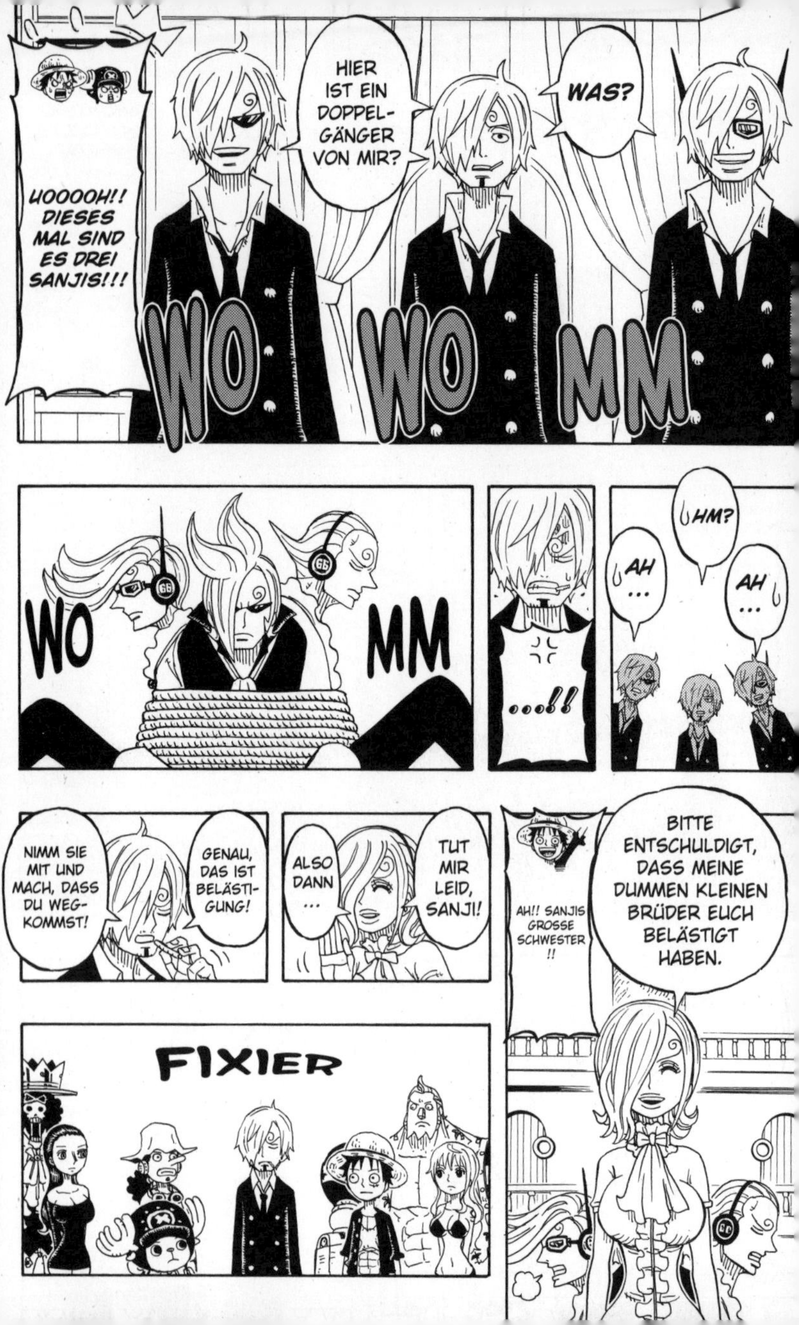
WAS?
HIER IST EIN DOPPELGÄNGER VON MIR?
UOOOOH!! DIESES MAL SIND ES DREI SANJIS!!!
WO WO MM
HM?
AH ...
AH ...
...!!
WO MM
BITTE ENTSCHULDIGT, DASS MEINE DUMMEN KLEINEN BRÜDER EUCH BELÄSTIGT HABEN.
AH!! SANJIS GROSSE SCHWESTER !!
TUT MIR LEID, SANJI!
ALSO DANN ...
GENAU, DAS IST BELÄSTIGUNG!
NIMM SIE MIT UND MACH, DASS DU WEGKOMMST!
FIXIER

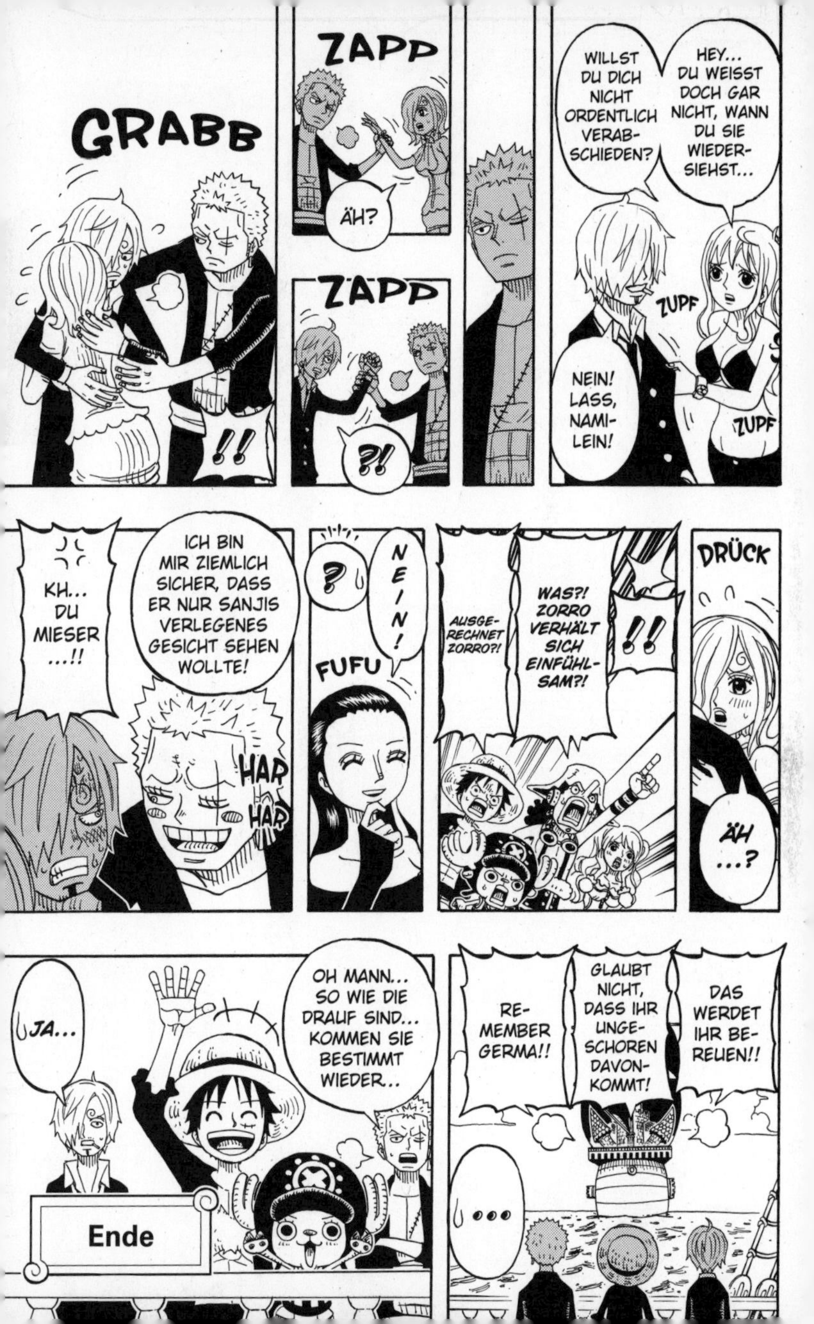
HEY... DU WEISST DOCH GAR NICHT, WANN DU SIE WIEDERSIEHST...
WILLST DU DICH NICHT ORDENTLICH VERABSCHIEDEN?
ZUPF
NEIN! LASS, NAMILEIN!
ZUPF
ZAPP
ÄH?
ZAPP
?!
GRABB
!!
DRÜCK
ÄH ...?
!!
WAS?! ZORRO VERHÄLT SICH EINFÜHLSAM?!
AUSGERECHNET ZORRO?!
NEIN!
?
FUFU
ICH BIN MIR ZIEMLICH SICHER, DASS ER NUR SANJIS VERLEGENES GESICHT SEHEN WOLLTE!
HAR HAR
KH... DU MIESER ...!!
DAS WERDET IHR BEREUEN!!
GLAUBT NICHT, DASS IHR UNGESCHOREN DAVONKOMMT!
REMEMBER GERMA!!
...
OH MANN... SO WIE DIE DRAUF SIND... KOMMEN SIE BESTIMMT WIEDER...
JA...
Ende

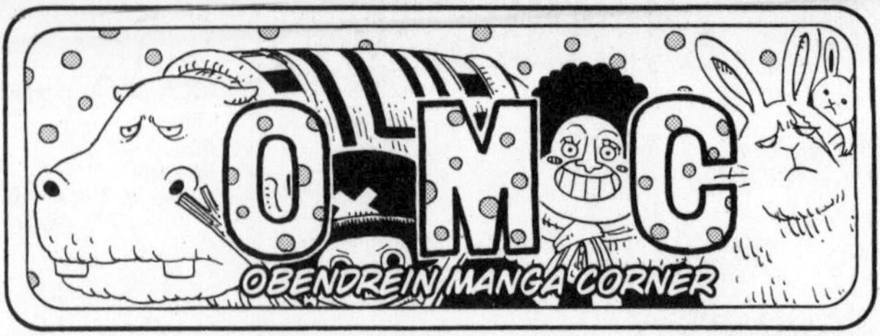

(aus „One Piece“ Band 90, Kapitel 903)

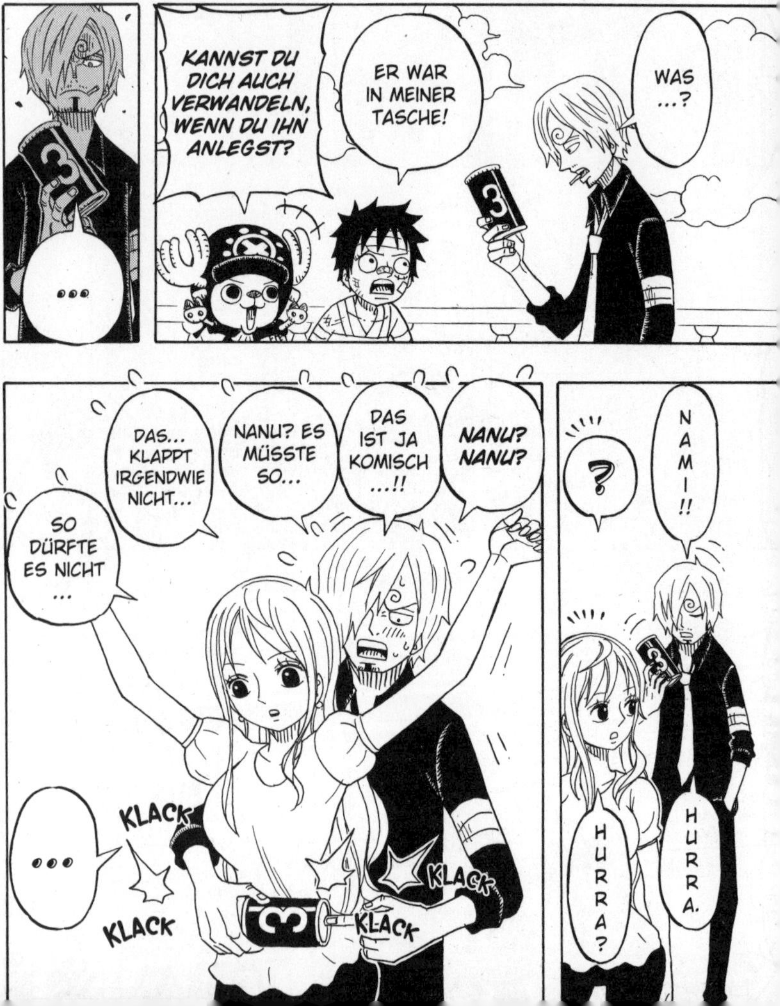

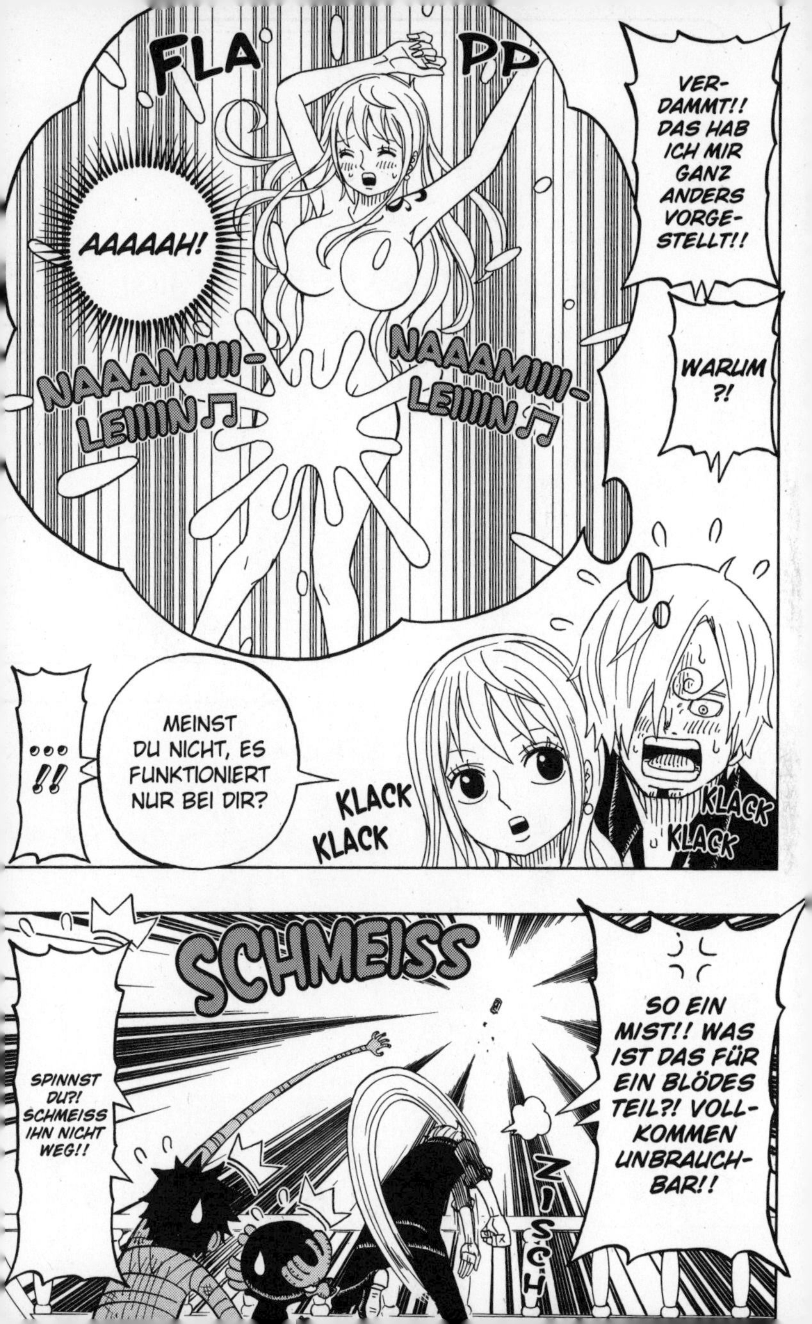

FLAPP
AAAAAH!
NAAAMIIII-LEIIIIN♫
NAAAMIIII-LEIIIIN♫
VER-DAMMT!! DAS HAB ICH MIR GANZ ANDERS VORGE-STELLT!!
WARUM?!
...!!
MEINST DU NICHT, ES FUNKTIONIERT NUR BEI DIR?
KLACK KLACK
KLACK KLACK
SCHMEISS
SPINNST DU?! SCHMEISS IHN NICHT WEG!!
SO EIN MIST!! WAS IST DAS FÜR EIN BLÖDES TEIL?! VOLL-KOMMEN UNBRAUCH-BAR!!
ZISCH

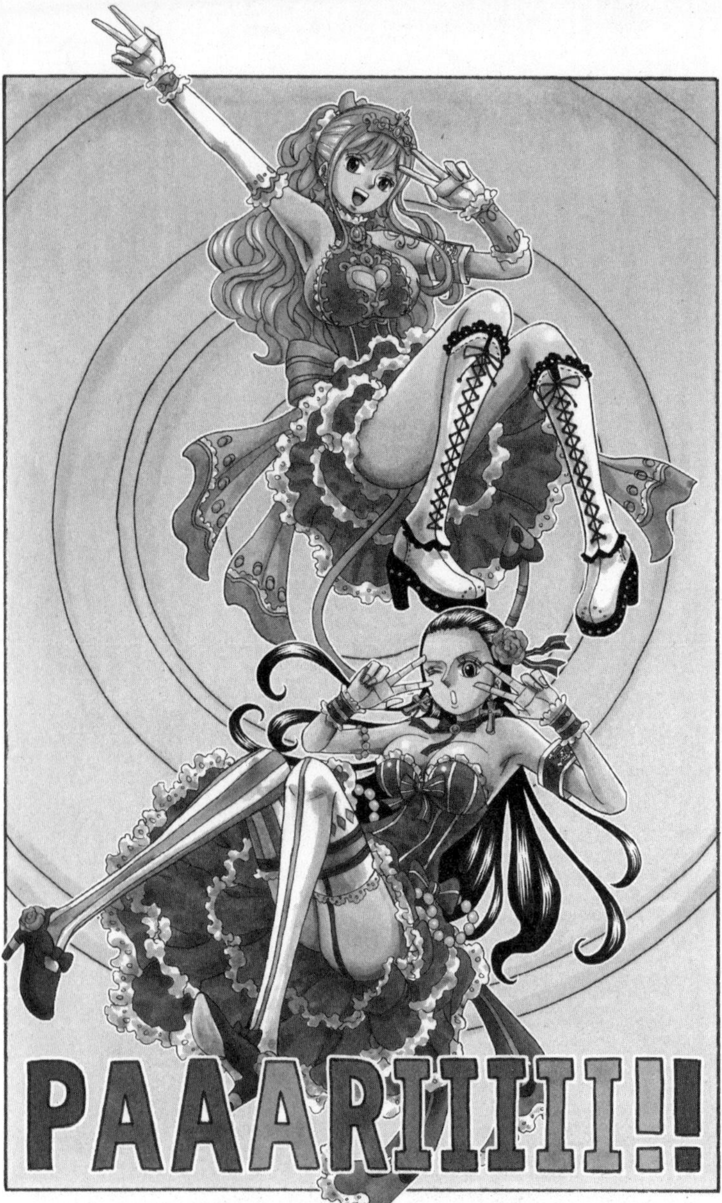
PAAARIIIII!!

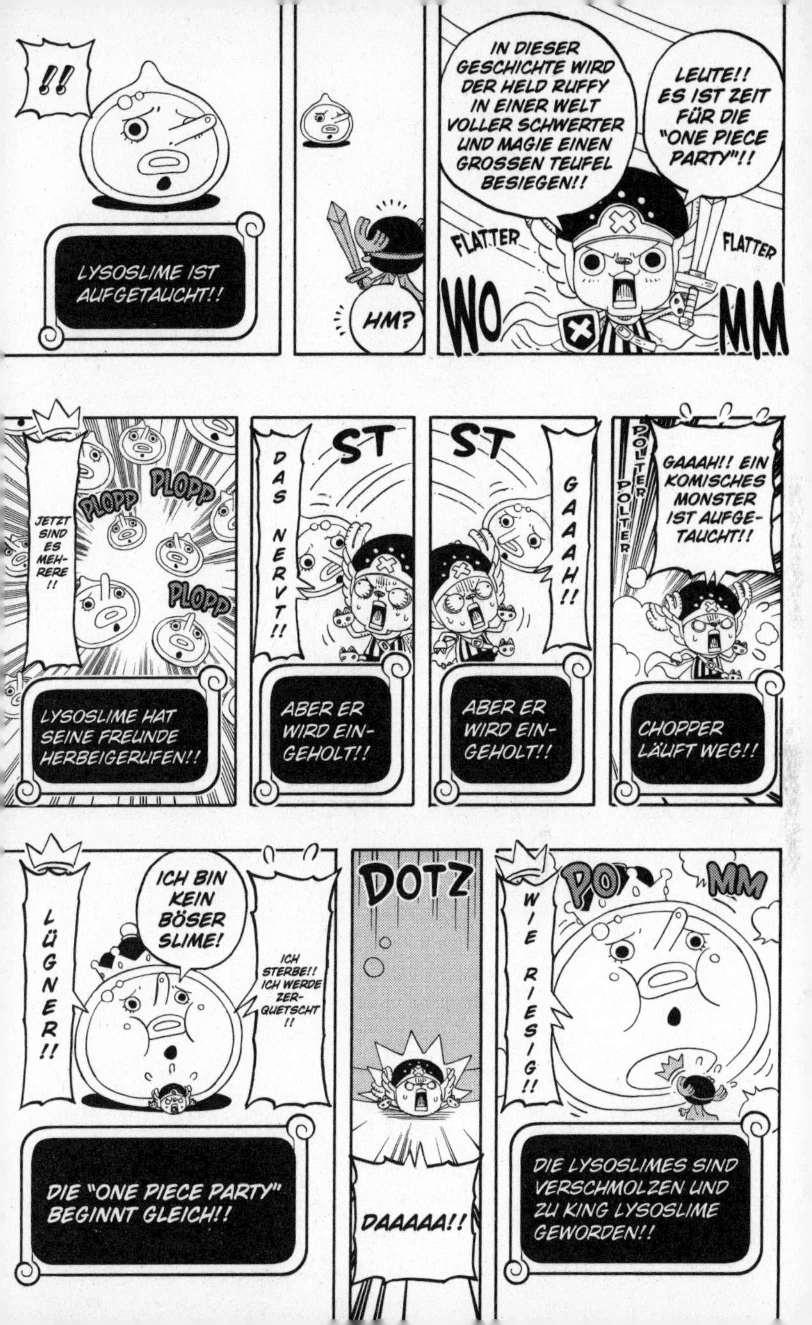
!!
LYSOSLIME IST AUFGETAUCHT!!
HM?
LEUTE!! ES IST ZEIT FÜR DIE "ONE PIECE PARTY"!!
IN DIESER GESCHICHTE WIRD DER HELD RUFFY IN EINER WELT VOLLER SCHWERTER UND MAGIE EINEN GROSSEN TEUFEL BESIEGEN!!
FLATTER
FLATTER
WOMM
JETZT SIND ES MEHRERE!!
PLOPP
PLOPP
PLOPP
LYSOSLIME HAT SEINE FREUNDE HERBEIGERUFEN!!
ST
DAS NERVT!!
ABER ER WIRD EINGEHOLT!!
ST
GAAAAH!!
ABER ER WIRD EINGEHOLT!!
POLTER POLTER
GAAAH!! EIN KOMISCHES MONSTER IST AUFGETAUCHT!!
CHOPPER LÄUFT WEG!!
LÜGNER!!
ICH BIN KEIN BÖSER SLIME!
ICH STERBE!! ICH WERDE ZERQUETSCHT!!
DIE "ONE PIECE PARTY" BEGINNT GLEICH!!
DOTZ
DAAAAA!!
POMM
WIE RIESIG!!
DIE LYSOSLIMES SIND VERSCHMOLZEN UND ZU KING LYSOSLIME GEWORDEN!!

24. Kapitel
GQ
(Grandline Quest)

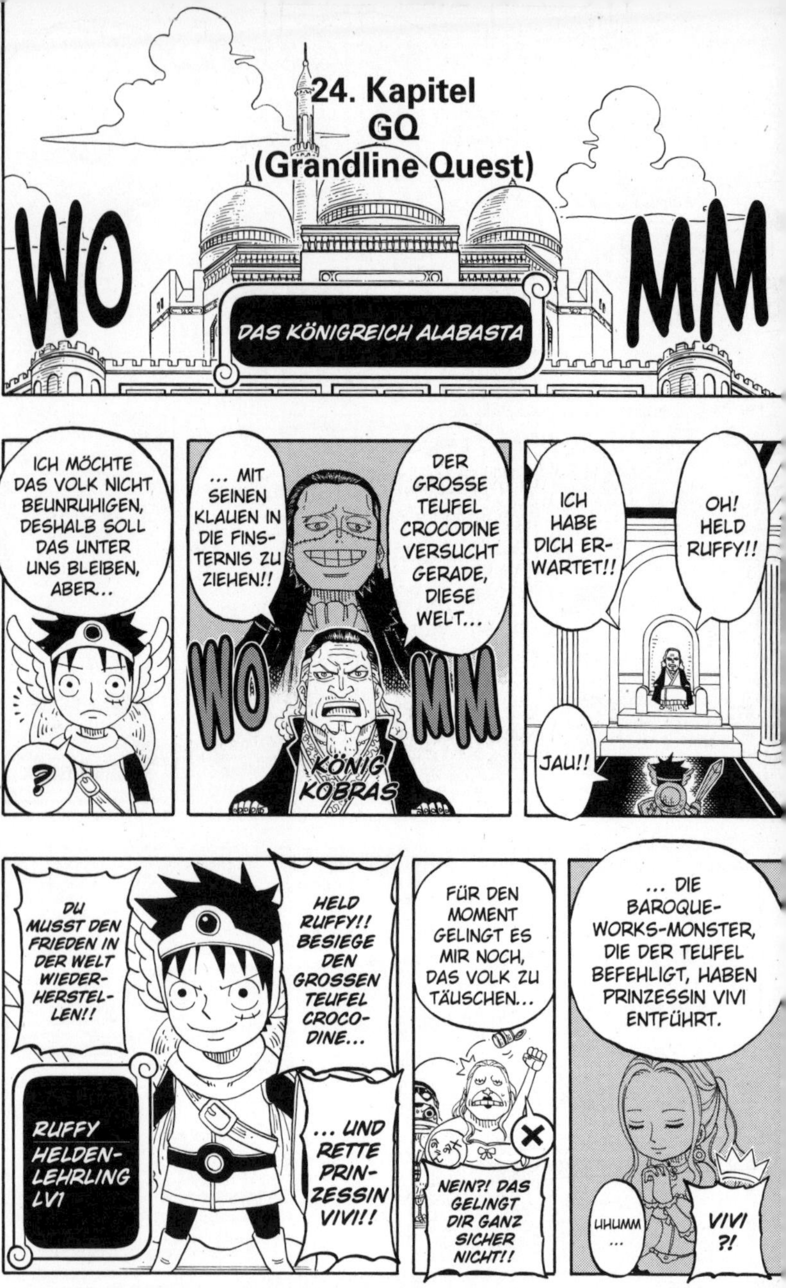

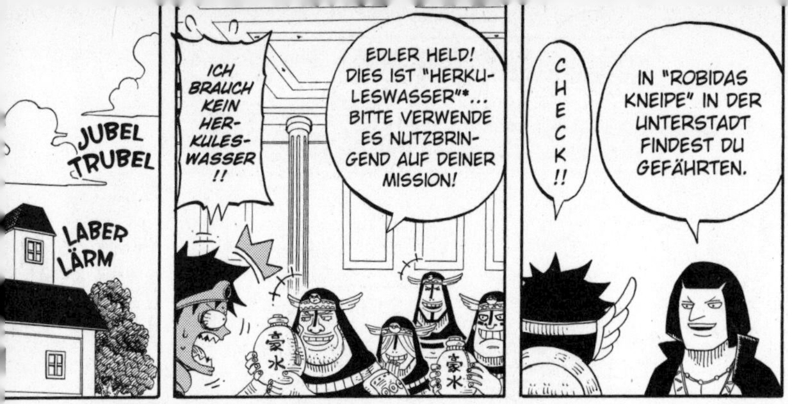

* HERKULESWASSER: MAN STIRBT, WENN MAN ES TRINKT.

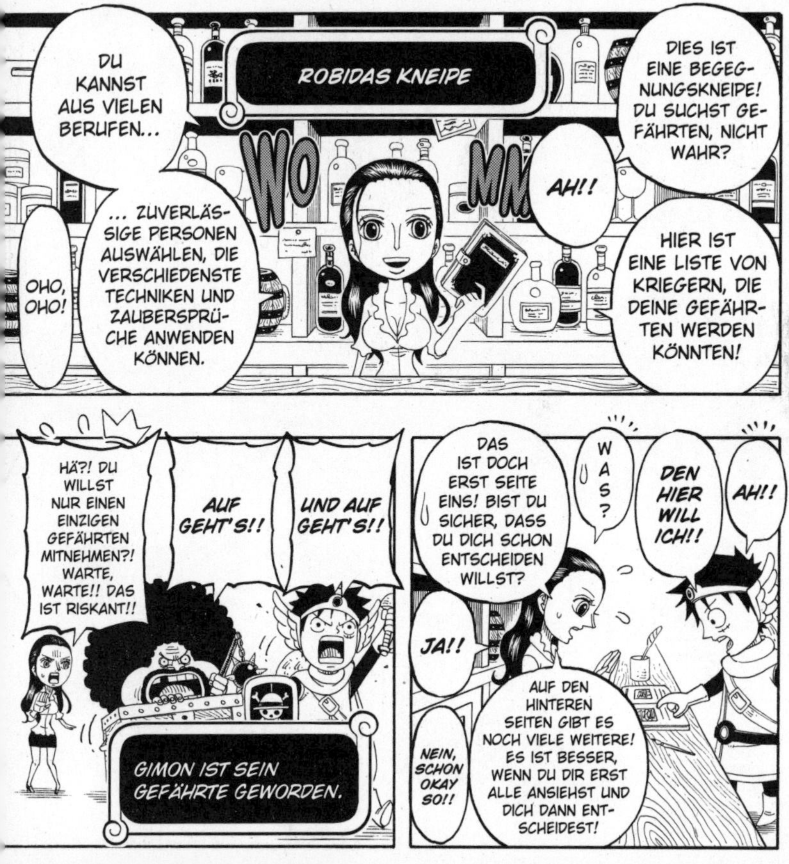

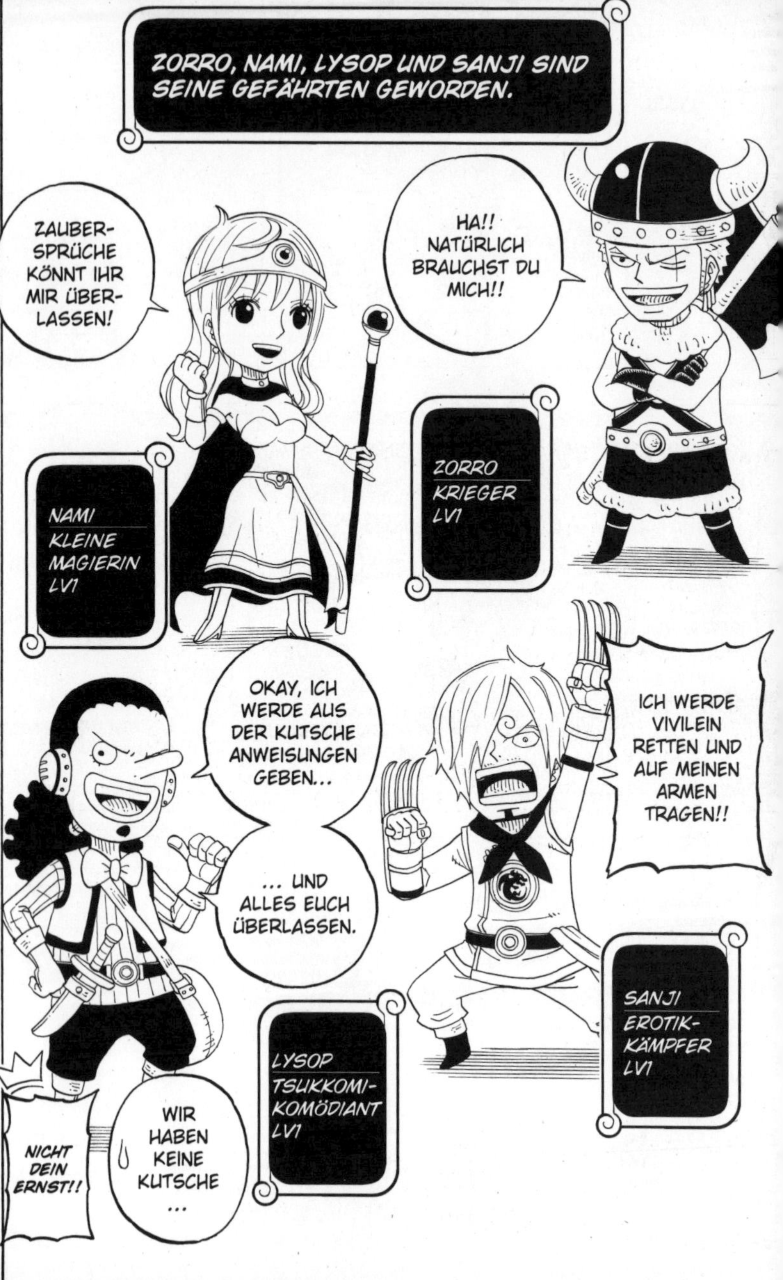

ZORRO, NAMI, LYSOP UND SANJI SIND SEINE GEFÄHRTEN GEWORDEN.
HA!! NATÜRLICH BRAUCHST DU MICH!!
ZORRO KRIEGER LV1
ZAUBER-SPRÜCHE KÖNNT IHR MIR ÜBER-LASSEN!
NAMI KLEINE MAGIERIN LV1
ICH WERDE VIVILEIN RETTEN UND AUF MEINEN ARMEN TRAGEN!!
SANJI EROTIK-KÄMPFER LV1
OKAY, ICH WERDE AUS DER KUTSCHE ANWEISUNGEN GEBEN...
... UND ALLES EUCH ÜBERLASSEN.
LYSOP TSUKKOMI-KOMÖDIANT LV1
WIR HABEN KEINE KUTSCHE ...
NICHT DEIN ERNST!!

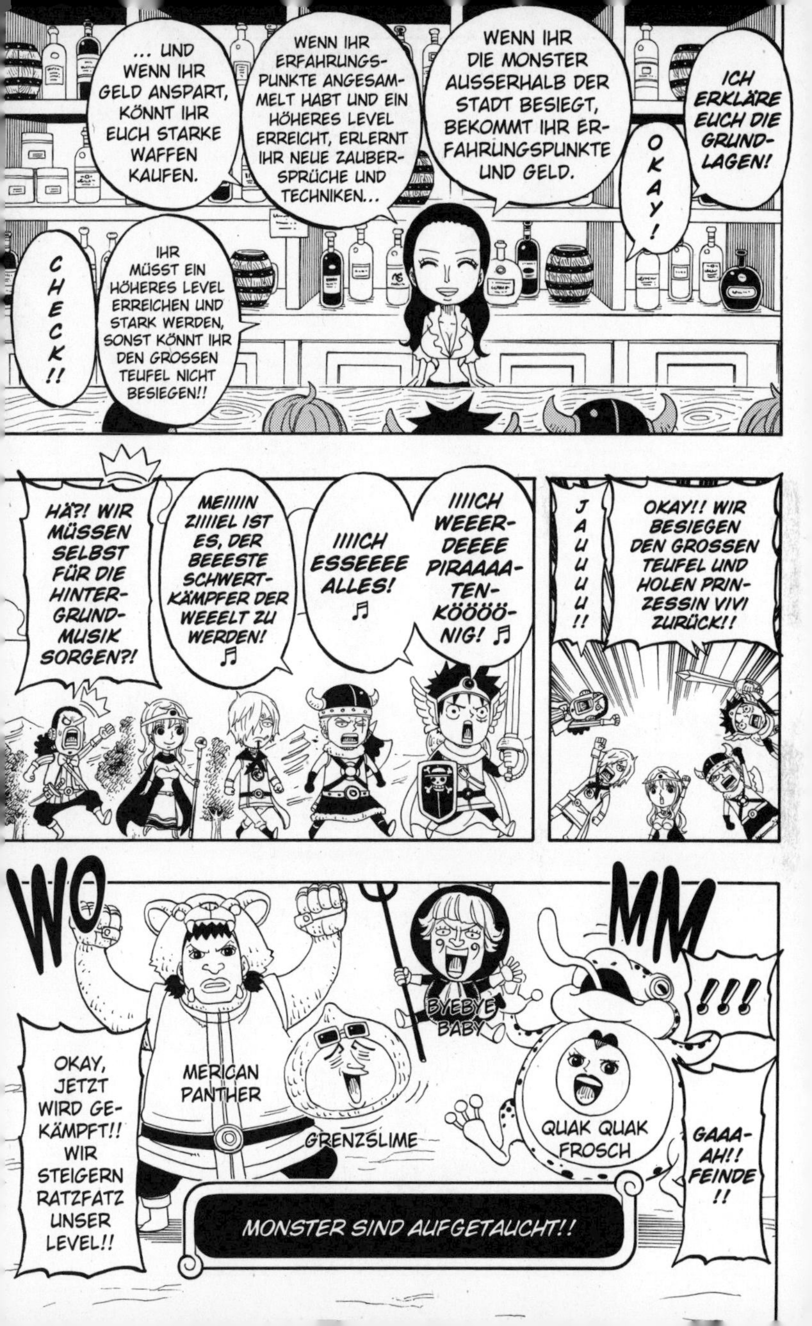

ICH ERKLÄRE EUCH DIE GRUNDLAGEN!
OKAY!
WENN IHR DIE MONSTER AUSSERHALB DER STADT BESIEGT, BEKOMMT IHR ERFAHRUNGSPUNKTE UND GELD.
WENN IHR ERFAHRUNGSPUNKTE ANGESAMMELT HABT UND EIN HÖHERES LEVEL ERREICHT, ERLERNT IHR NEUE ZAUBERSPRÜCHE UND TECHNIKEN...
... UND WENN IHR GELD ANSPART, KÖNNT IHR EUCH STARKE WAFFEN KAUFEN.
IHR MÜSST EIN HÖHERES LEVEL ERREICHEN UND STARK WERDEN, SONST KÖNNT IHR DEN GROSSEN TEUFEL NICHT BESIEGEN!!
CHECK!!
OKAY!! WIR BESIEGEN DEN GROSSEN TEUFEL UND HOLEN PRINZESSIN VIVI ZURÜCK!!
JAUUUU!!
IIIICH WEEERDEEEE PIRAAAATENKÖÖÖÖNIG! ♫
IIIICH ESSEEEE ALLES! ♫
MEIIIIN ZIIIIEL IST ES, DER BEEESTE SCHWERTKÄMPFER DER WEEELT ZU WERDEN! ♫
HÄ?! WIR MÜSSEN SELBST FÜR DIE HINTERGRUNDMUSIK SORGEN?!
WO
MM
!!!
GAAAAH!! FEINDE!!
BYEBYE BABY
MERICAN PANTHER
GRENZSLIME
QUAK QUAK FROSCH
MONSTER SIND AUFGETAUCHT!!
OKAY, JETZT WIRD GEKÄMPFT!! WIR STEIGERN RATZFATZ UNSER LEVEL!!

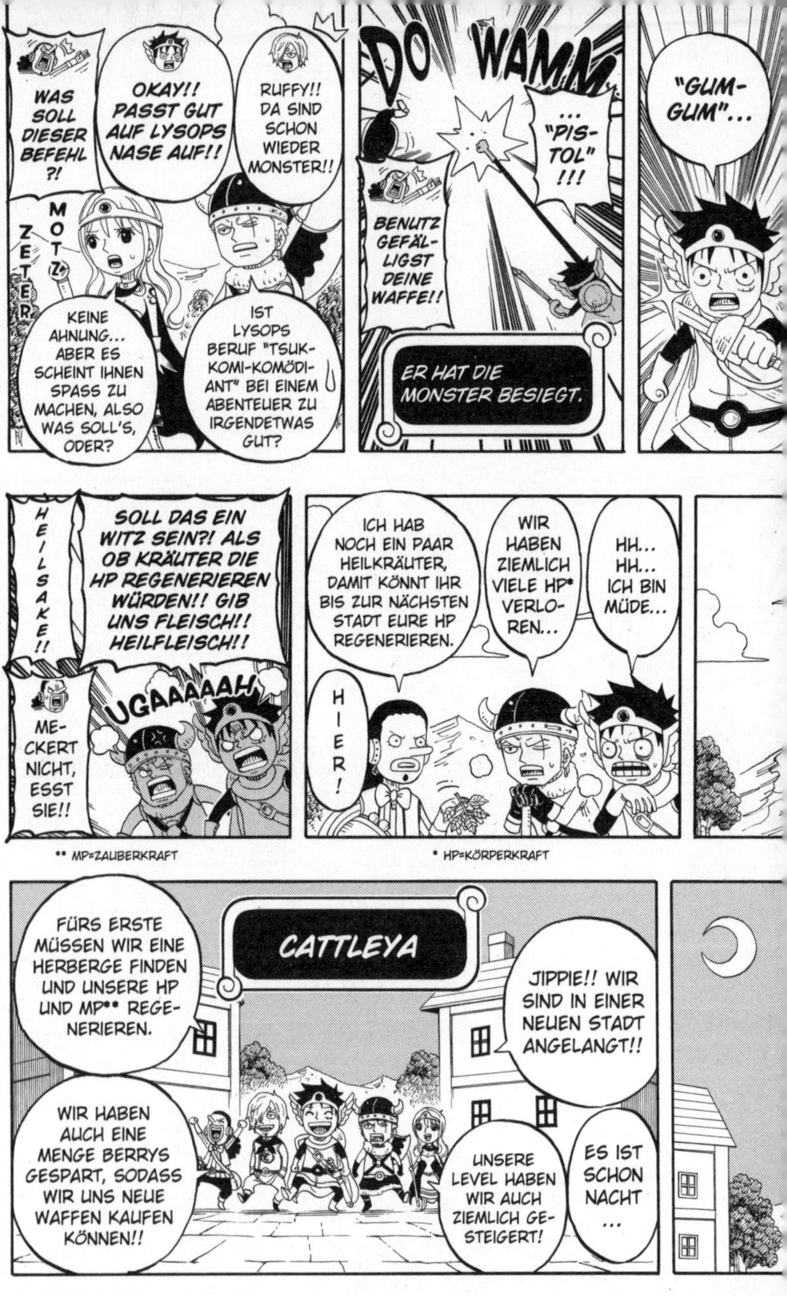

* HP=KÖRPERKRAFT

** MP=ZAUBERKRAFT

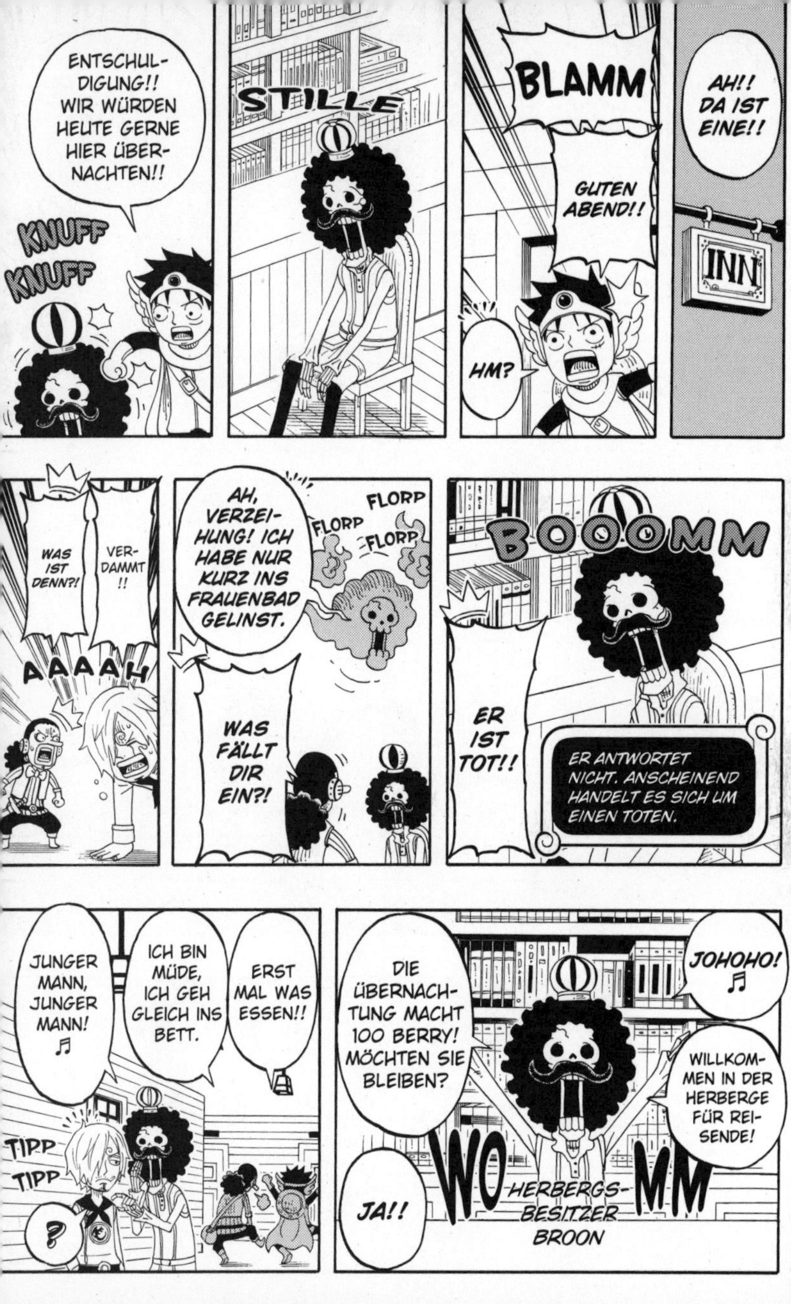
AH!! DA IST EINE!!
INN
BLAMM
GUTEN ABEND!!
HM?
STILLE
ENTSCHUL-DIGUNG!! WIR WÜRDEN HEUTE GERNE HIER ÜBER-NACHTEN!!
KNUFF
KNUFF
BOOOMM
ER ANTWORTET NICHT. ANSCHEINEND HANDELT ES SICH UM EINEN TOTEN.
ER IST TOT!!
AH, VERZEI-HUNG! ICH HABE NUR KURZ INS FRAUENBAD GELINST.
FLORP
FLORP
FLORP
WAS FÄLLT DIR EIN?!
VER-DAMMT !!
WAS IST DENN?!
AAAAH
JOHOHO! ♬
WILLKOM-MEN IN DER HERBERGE FÜR REI-SENDE!
DIE ÜBERNACH-TUNG MACHT 100 BERRY! MÖCHTEN SIE BLEIBEN?
WO-MM
HERBERGS-BESITZER BROON
JA!!
ERST MAL WAS ESSEN!!
ICH BIN MÜDE, ICH GEH GLEICH INS BETT.
JUNGER MANN, JUNGER MANN! ♬
TIPP
TIPP
?

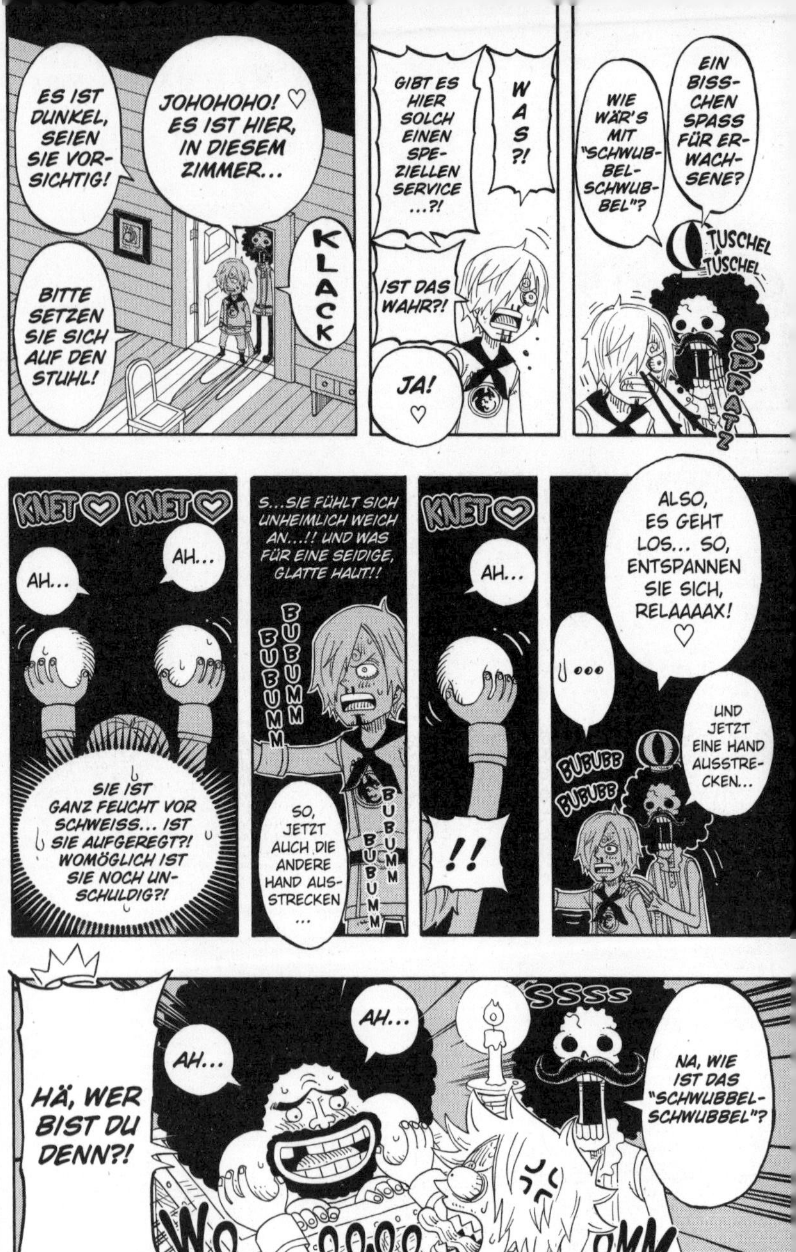
EIN BISSCHEN SPASS FÜR ERWACHSENE?
WIE WÄR'S MIT "SCHWUBBEL-SCHWUBBEL"?
TUSCHEL TUSCHEL
SPRATZ
WAS?!
GIBT ES HIER SOLCH EINEN SPEZIELLEN SERVICE ...?!
IST DAS WAHR?!
JA! ♡
JOHOHOHO! ♡ ES IST HIER, IN DIESEM ZIMMER...
ES IST DUNKEL, SEIEN SIE VORSICHTIG!
KLACK
BITTE SETZEN SIE SICH AUF DEN STUHL!
ALSO, ES GEHT LOS... SO, ENTSPANNEN SIE SICH, RELAAAAX! ♡
...
UND JETZT EINE HAND AUSSTRECKEN...
BUBUBB BUBUBB
KNET ♡
AH...
!!
S...SIE FÜHLT SICH UNHEIMLICH WEICH AN...!! UND WAS FÜR EINE SEIDIGE, GLATTE HAUT!!
BUBUMM BUBUMM
SO, JETZT AUCH DIE ANDERE HAND AUSSTRECKEN ...
BUBUMM BUBUMM
KNET ♡ KNET ♡
AH...
AH...
SIE IST GANZ FEUCHT VOR SCHWEISS... IST SIE AUFGEREGT?! WOMÖGLICH IST SIE NOCH UNSCHULDIG?!
SSSSS
NA, WIE IST DAS "SCHWUBBEL-SCHWUBBEL"?
AH...
AH...
HÄ, WER BIST DU DENN?!
WO OO,OO OMM

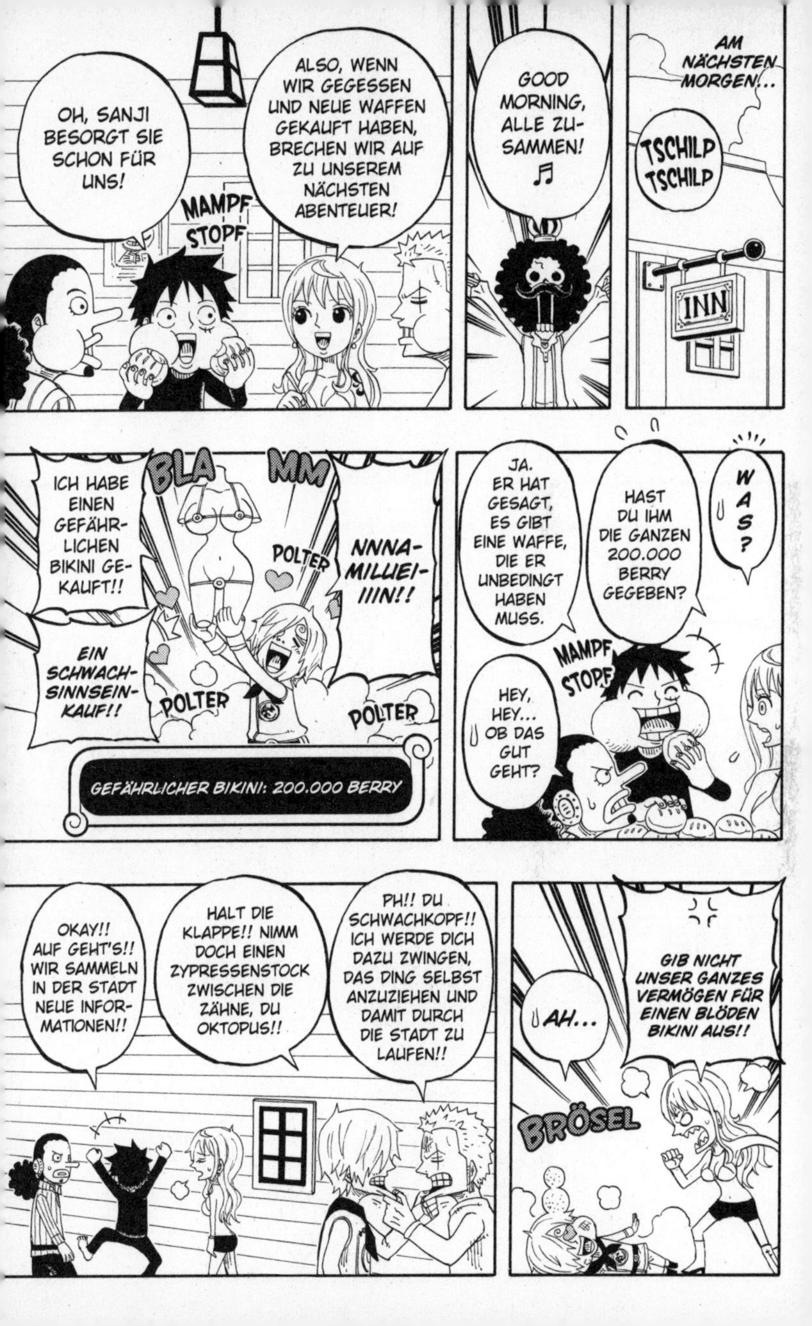
AM NÄCHSTEN MORGEN!...
TSCHILP TSCHILP
INN
GOOD MORNING, ALLE ZUSAMMEN! ♬
ALSO, WENN WIR GEGESSEN UND NEUE WAFFEN GEKAUFT HABEN, BRECHEN WIR AUF ZU UNSEREM NÄCHSTEN ABENTEUER!
MAMPF STOPF
OH, SANJI BESORGT SIE SCHON FÜR UNS!
WAS?
HAST DU IHM DIE GANZEN 200.000 BERRY GEGEBEN?
JA. ER HAT GESAGT, ES GIBT EINE WAFFE, DIE ER UNBEDINGT HABEN MUSS.
MAMPF STOPF
HEY, HEY... OB DAS GUT GEHT?
NNNA-MILUEI-IIIN!!
BLAMM
POLTER
ICH HABE EINEN GEFÄHRLICHEN BIKINI GEKAUFT!!
EIN SCHWACHSINNSEINKAUF!!
POLTER
POLTER
GEFÄHRLICHER BIKINI: 200.000 BERRY
GIB NICHT UNSER GANZES VERMÖGEN FÜR EINEN BLÖDEN BIKINI AUS!!
AH...
BRÖSEL
PH!! DU SCHWACHKOPF!! ICH WERDE DICH DAZU ZWINGEN, DAS DING SELBST ANZUZIEHEN UND DAMIT DURCH DIE STADT ZU LAUFEN!!
HALT DIE KLAPPE!! NIMM DOCH EINEN ZYPRESSENSTOCK ZWISCHEN DIE ZÄHNE, DU OKTOPUS!!
OKAY!! AUF GEHT'S!! WIR SAMMELN IN DER STADT NEUE INFORMATIONEN!!

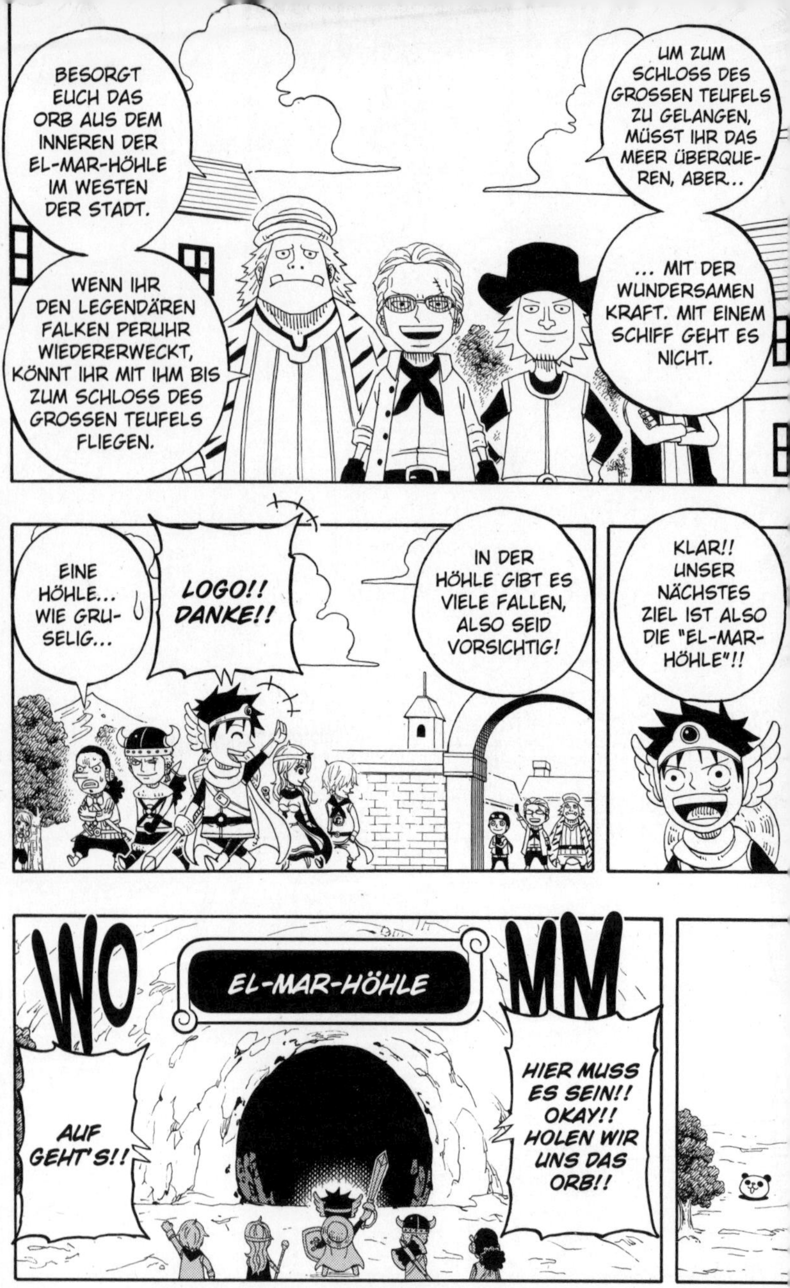
UM ZUM SCHLOSS DES GROSSEN TEUFELS ZU GELANGEN, MÜSST IHR DAS MEER ÜBERQUEREN, ABER...
... MIT DER WUNDERSAMEN KRAFT. MIT EINEM SCHIFF GEHT ES NICHT.
BESORGT EUCH DAS ORB AUS DEM INNEREN DER EL-MAR-HÖHLE IM WESTEN DER STADT.
WENN IHR DEN LEGENDÄREN FALKEN PERUHR WIEDERERWECKT, KÖNNT IHR MIT IHM BIS ZUM SCHLOSS DES GROSSEN TEUFELS FLIEGEN.
KLAR!! UNSER NÄCHSTES ZIEL IST ALSO DIE "EL-MAR-HÖHLE"!!
IN DER HÖHLE GIBT ES VIELE FALLEN, ALSO SEID VORSICHTIG!
LOGO!! DANKE!!
EINE HÖHLE... WIE GRUSELIG...
WO MM
EL-MAR-HÖHLE
HIER MUSS ES SEIN!! OKAY!! HOLEN WIR UNS DAS ORB!!
AUF GEHT'S!!

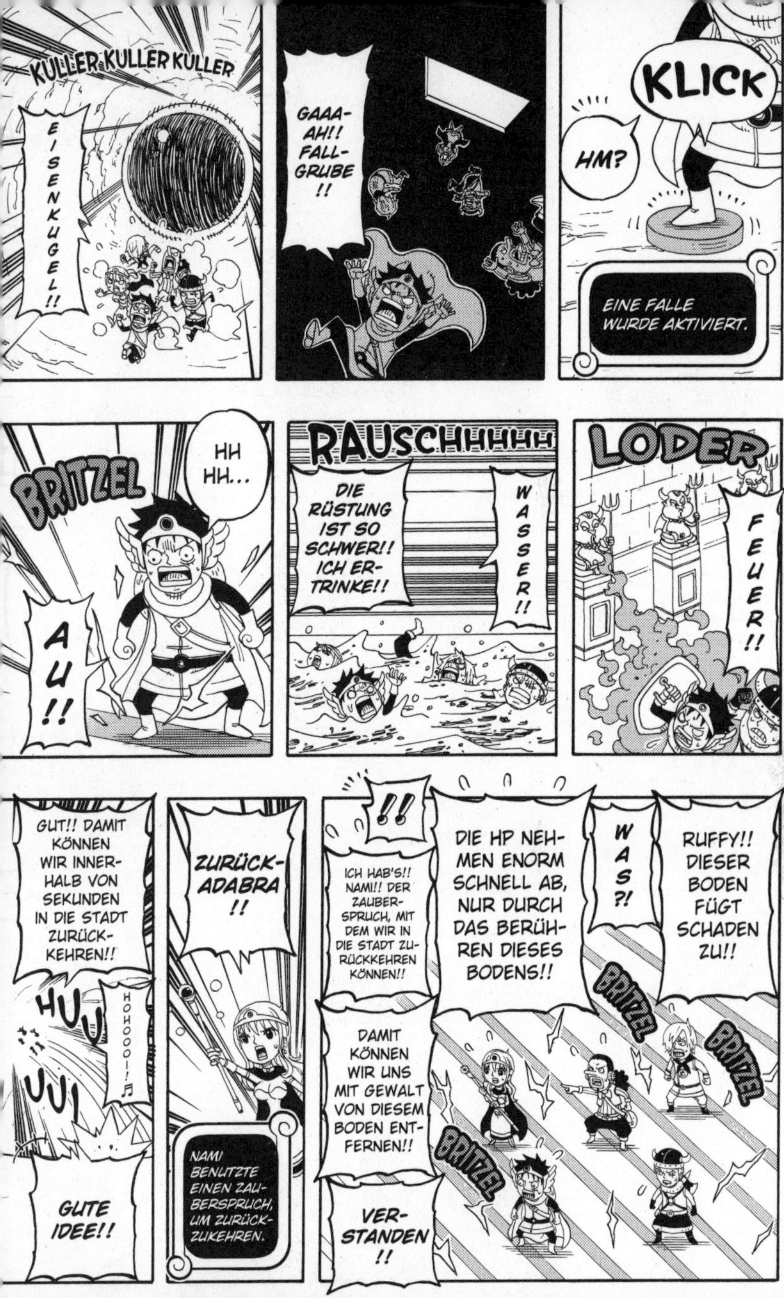

HM?
KLICK
EINE FALLE WURDE AKTIVIERT.
GAAA-AH!! FALLGRUBE!!
KULLER KULLER KULLER
EISENKUGEL!!
LODER
FEUER!!
RAUSCHHHHH
WASSER!!
DIE RÜSTUNG IST SO SCHWER!! ICH ERTRINKE!!
HH HH...
BRITZEL
AU!!
RUFFY!! DIESER BODEN FÜGT SCHADEN ZU!!
WAS?!
DIE HP NEHMEN ENORM SCHNELL AB, NUR DURCH DAS BERÜHREN DIESES BODENS!!
BRITZEL
BRITZEL
BRITZEL
!!
ICH HAB'S!! NAMI!! DER ZAUBERSPRUCH, MIT DEM WIR IN DIE STADT ZURÜCKKEHREN KÖNNEN!!
DAMIT KÖNNEN WIR UNS MIT GEWALT VON DIESEM BODEN ENTFERNEN!!
VERSTANDEN!!
ZURÜCK-ADABRA!!
NAMI BENUTZTE EINEN ZAUBERSPRUCH, UM ZURÜCKZUKEHREN.
GUT!! DAMIT KÖNNEN WIR INNERHALB VON SEKUNDEN IN DIE STADT ZURÜCKKEHREN!!
HUUUUI
HOHOOOO!♪
GUTE IDEE!!

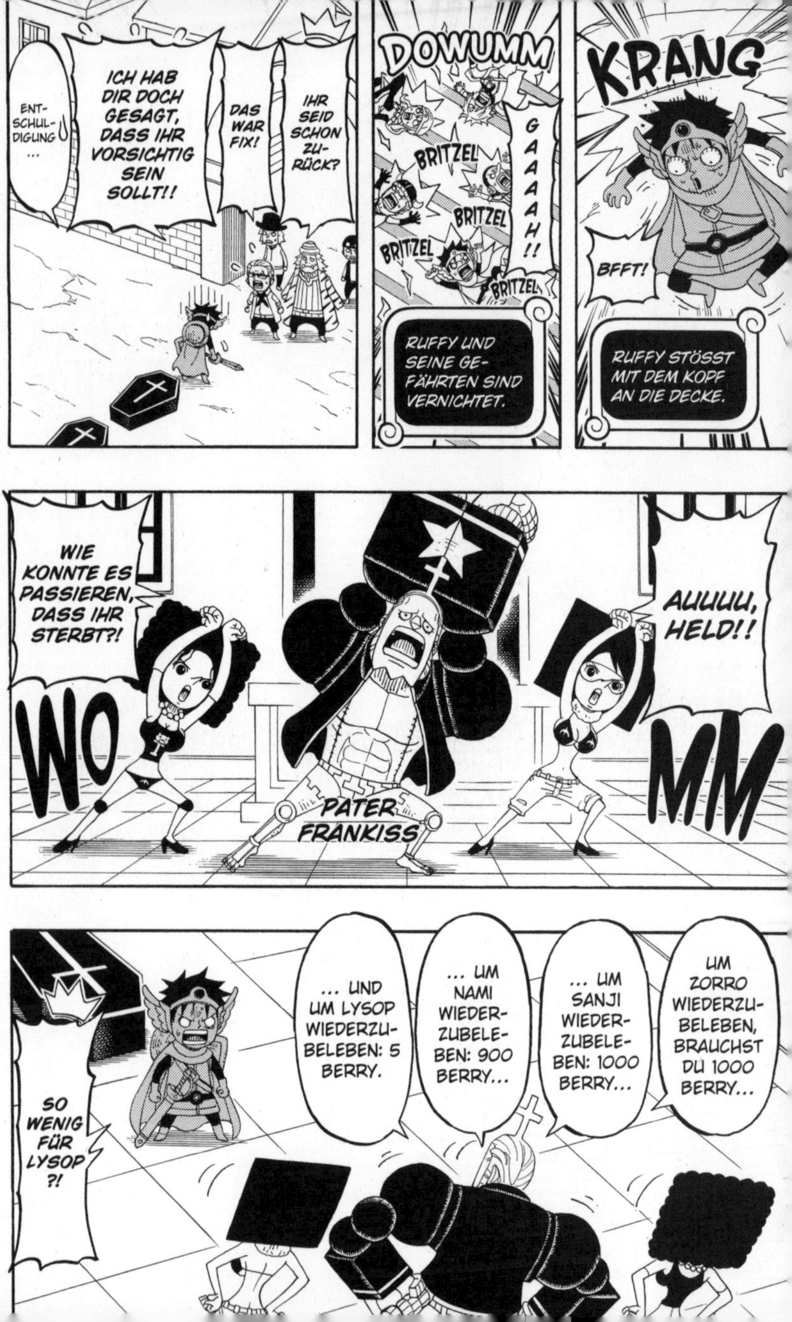
KRANG
BFFT!
RUFFY STÖSST MIT DEM KOPF AN DIE DECKE.
DOWUMM
GAAAAAH!!
BRITZEL
BRITZEL
BRITZEL
BRITZEL
RUFFY UND SEINE GEFÄHRTEN SIND VERNICHTET.
IHR SEID SCHON ZURÜCK?
DAS WAR FIX!
ICH HAB DIR DOCH GESAGT, DASS IHR VORSICHTIG SEIN SOLLT!!
ENT-SCHULDIGUNG ...
AUUUU, HELD!!
MM
WIE KONNTE ES PASSIEREN, DASS IHR STERBT?!
WO
PATER FRANKISS
UM ZORRO WIEDERZUBELEBEN, BRAUCHST DU 1000 BERRY...
... UM SANJI WIEDERZUBELEBEN: 1000 BERRY...
... UM NAMI WIEDERZUBELEBEN: 900 BERRY...
... UND UM LYSOP WIEDERZUBELEBEN: 5 BERRY.
SO WENIG FÜR LYSOP?!

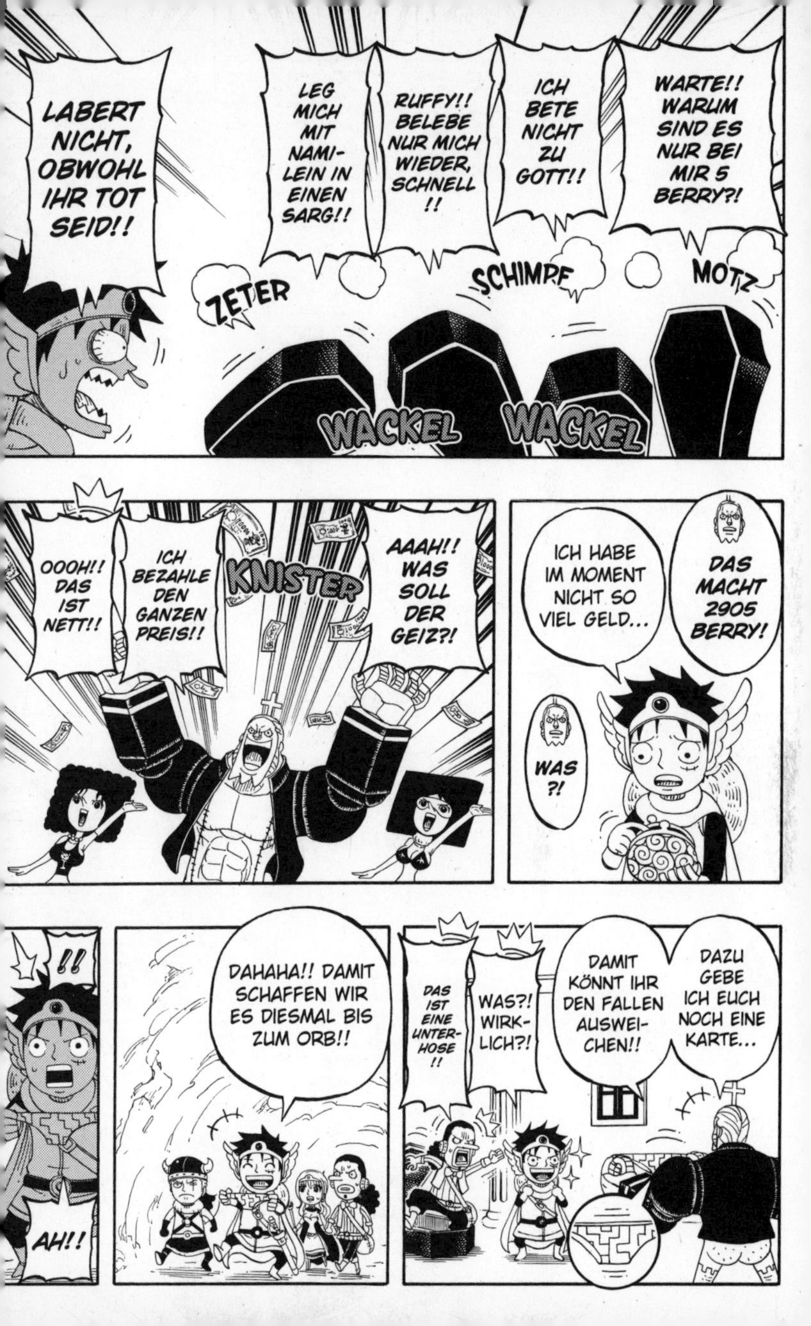
WARTE!! WARUM SIND ES NUR BEI MIR 5 BERRY?!
ICH BETE NICHT ZU GOTT!!
RUFFY!! BELEBE NUR MICH WIEDER, SCHNELL!!
LEG MICH MIT NAMI-LEIN IN EINEN SARG!!
LABERT NICHT, OBWOHL IHR TOT SEID!!
MOTZ
SCHIMPF
ZETER
WACKEL WACKEL
DAS MACHT 2905 BERRY!
ICH HABE IM MOMENT NICHT SO VIEL GELD...
WAS ?!
AAAH!! WAS SOLL DER GEIZ?!
KNISTER
ICH BEZAHLE DEN GANZEN PREIS!!
OOOH!! DAS IST NETT!!
DAZU GEBE ICH EUCH NOCH EINE KARTE...
DAMIT KÖNNT IHR DEN FALLEN AUSWEICHEN!!
WAS?! WIRKLICH?!
DAS IST EINE UNTERHOSE!!
DAHAHA!! DAMIT SCHAFFEN WIR ES DIESMAL BIS ZUM ORB!!
!!
AH!!

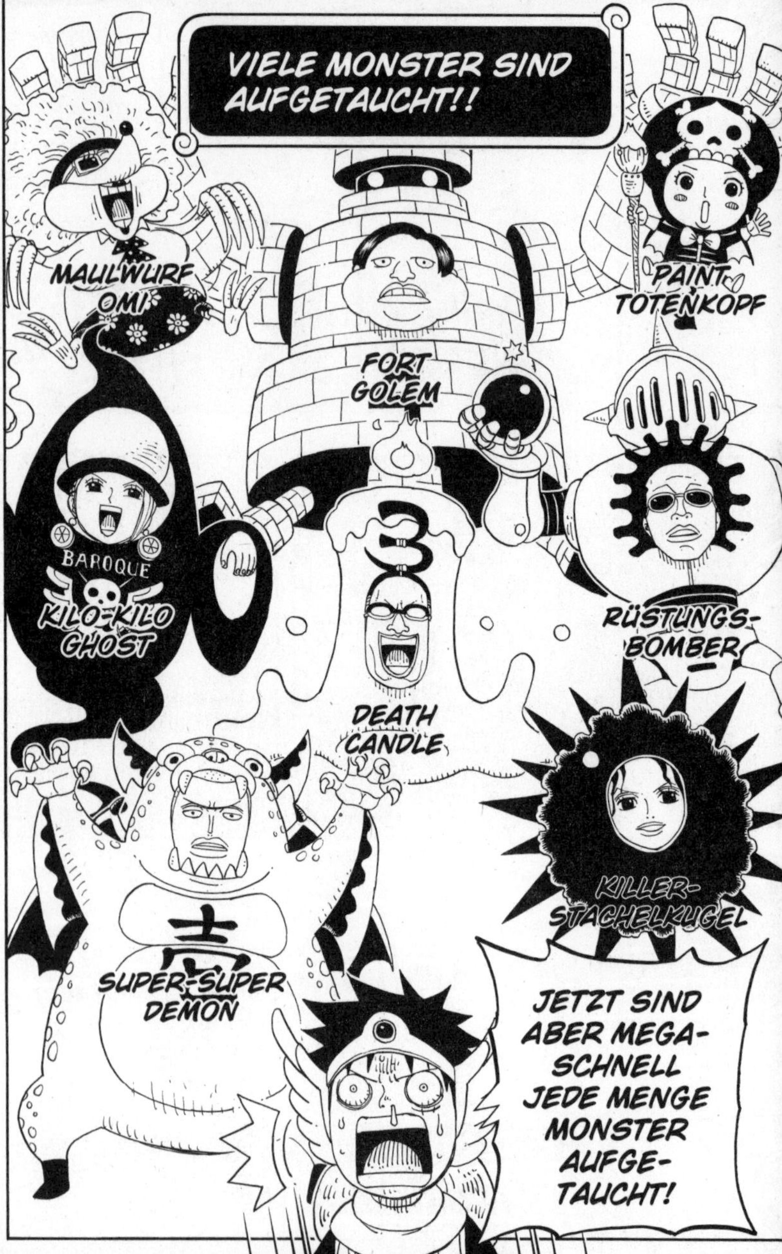
VIELE MONSTER SIND AUFGETAUCHT!!
MAULWURF OMI
FORT GOLEM
PAINT TOTENKOPF
BAROQUE
KILO-KILO GHOST
RÜSTUNGS-BOMBER
DEATH CANDLE
KILLER-STACHELKUGEL
SUPER-SUPER DEMON
JETZT SIND ABER MEGA-SCHNELL JEDE MENGE MONSTER AUFGE-TAUCHT!

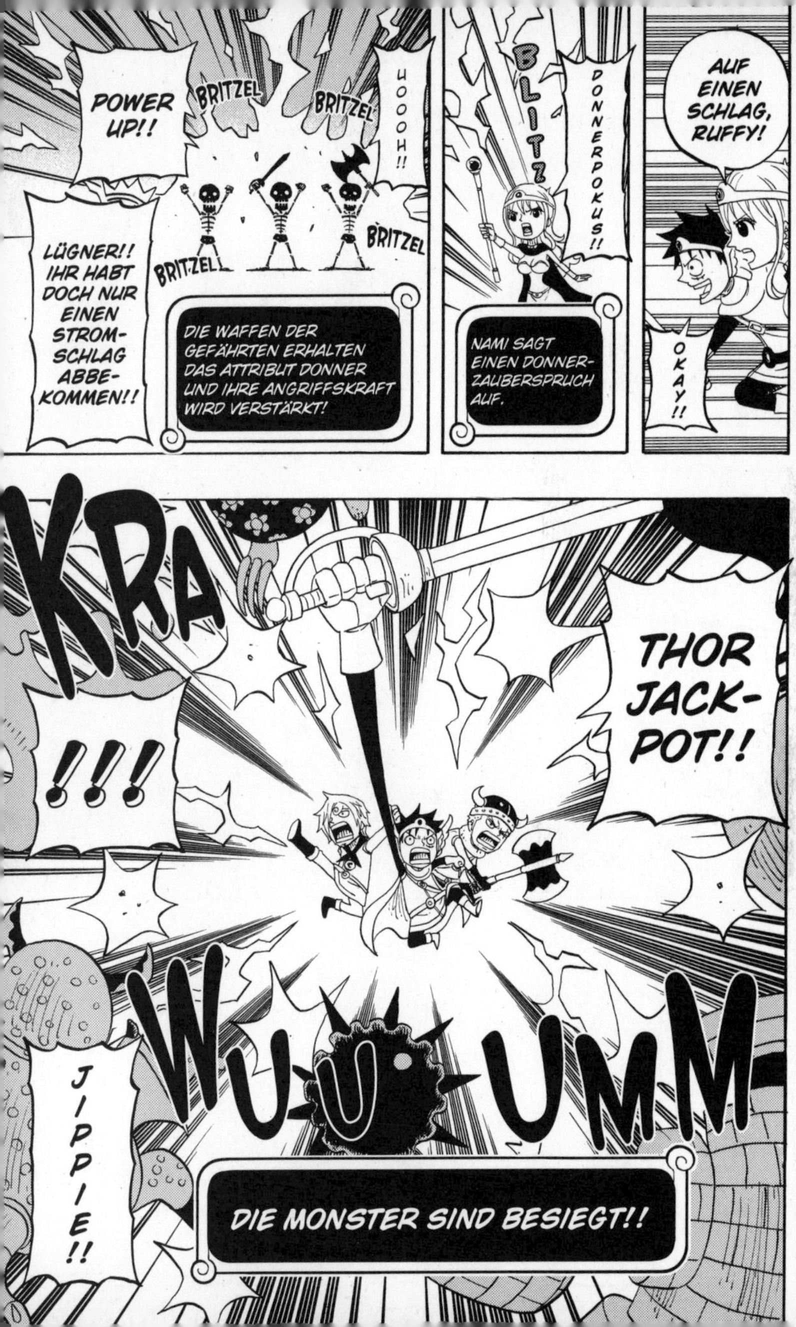
AUF EINEN SCHLAG, RUFFY!
OKAY!!
BLITZ
DONNERPOKUS!!
NAMI SAGT EINEN DONNER-ZAUBERSPRUCH AUF.
UOOOOH!!
BRITZEL
BRITZEL
POWER UP!!
BRITZEL
BRITZEL
DIE WAFFEN DER GEFÄHRTEN ERHALTEN DAS ATTRIBUT DONNER UND IHRE ANGRIFFSKRAFT WIRD VERSTÄRKT!
LÜGNER!! IHR HABT DOCH NUR EINEN STROM-SCHLAG ABBE-KOMMEN!!
THOR JACK-POT!!
KRA
!!!
WUUUMM
JIPPIE!!
DIE MONSTER SIND BESIEGT!!

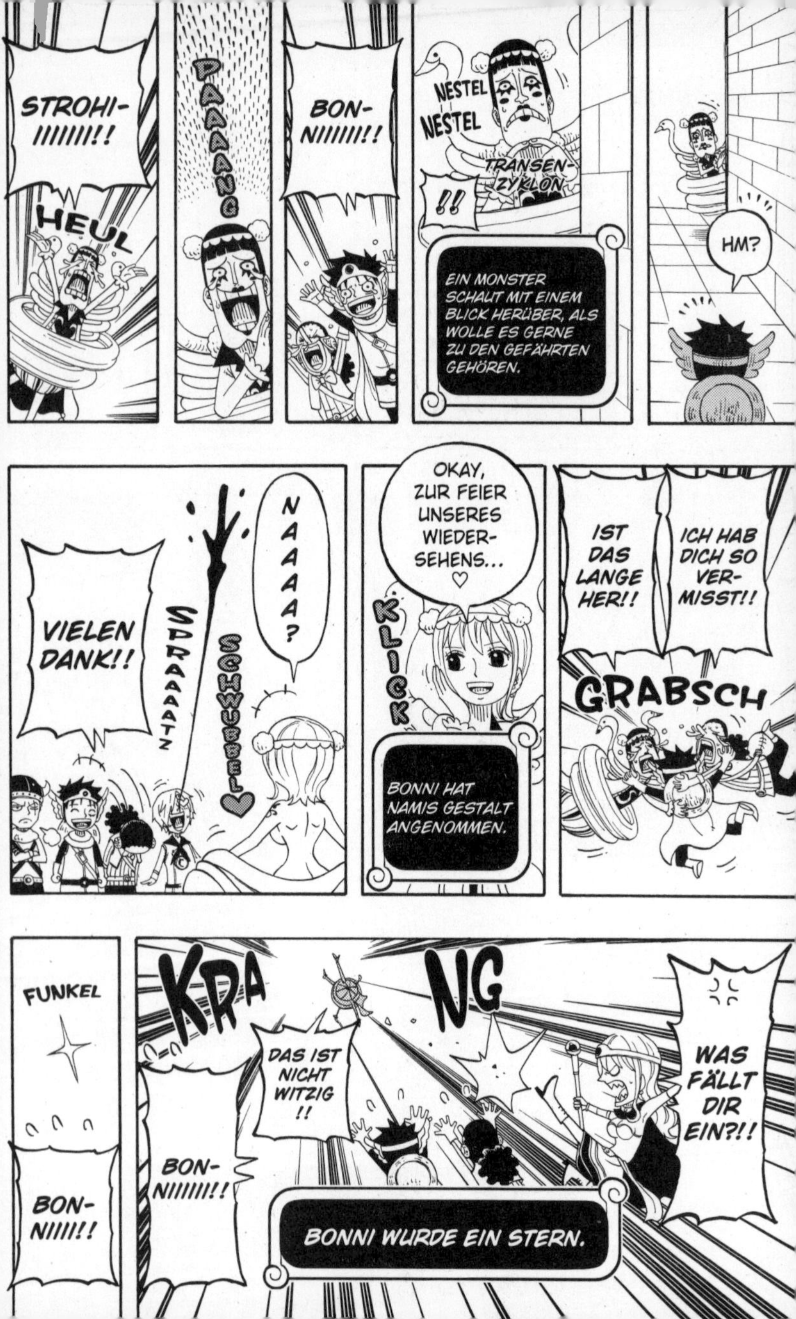
HM?
NESTEL
NESTEL
TRANSEN-ZYKLON
!!
EIN MONSTER SCHAUT MIT EINEM BLICK HERÜBER, ALS WOLLE ES GERNE ZU DEN GEFÄHRTEN GEHÖREN.
BON-NIIIIII!!
PAAAANG
STROHI-IIIIIII!!
HEUL
ICH HAB DICH SO VER-MISST!!
IST DAS LANGE HER!!
GRABSCH
OKAY, ZUR FEIER UNSERES WIEDER-SEHENS... ♡
KLICK
BONNI HAT NAMIS GESTALT ANGENOMMEN.
NAAAAA?
SCHWUBBEL
SPRAAAAATZ
VIELEN DANK!!
WAS FÄLLT DIR EIN?!!
KRA
NG
DAS IST NICHT WITZIG!!
BON-NIIIIII!!
BONNI WURDE EIN STERN.
FUNKEL
BON-NIIII!!

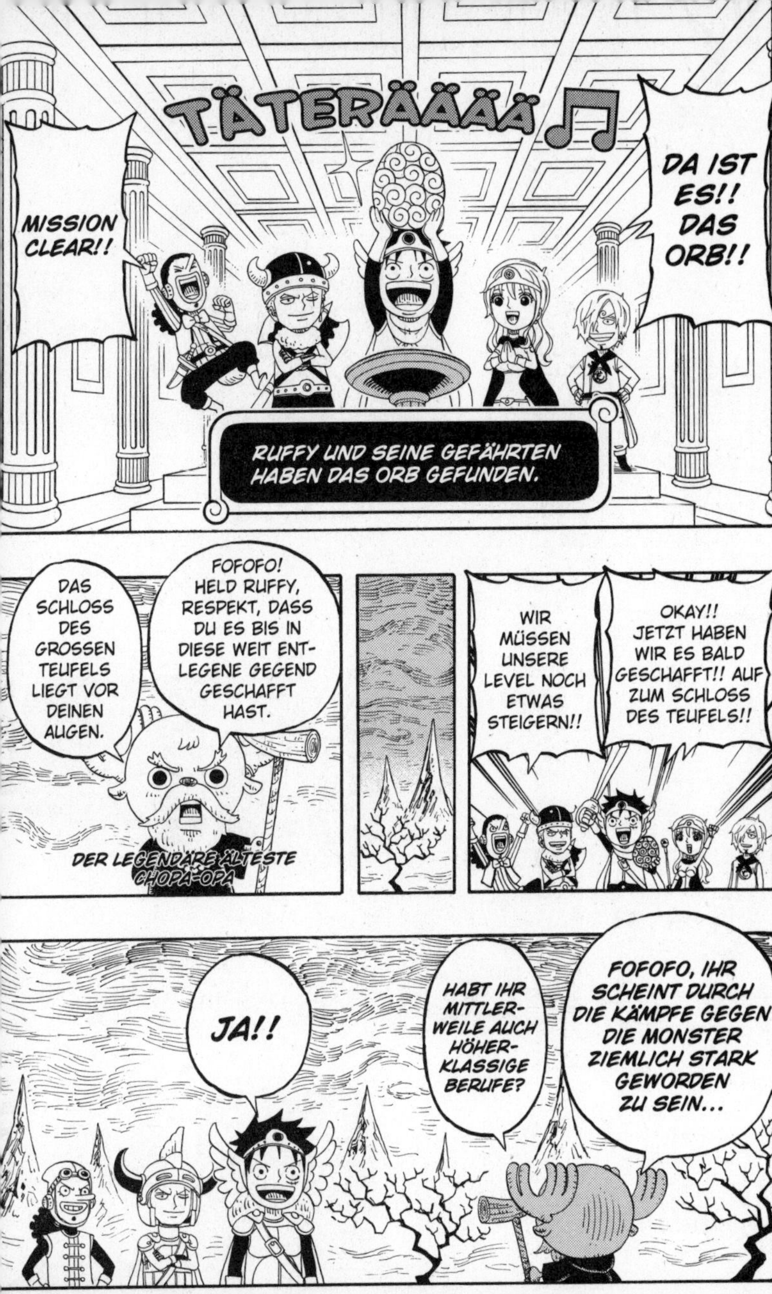
TÄTERÄÄÄÄ
DA IST ES!! DAS ORB!!
MISSION CLEAR!!
RUFFY UND SEINE GEFÄHRTEN HABEN DAS ORB GEFUNDEN.
OKAY!! JETZT HABEN WIR ES BALD GESCHAFFT!! AUF ZUM SCHLOSS DES TEUFELS!!
WIR MÜSSEN UNSERE LEVEL NOCH ETWAS STEIGERN!!
FOFOFO! HELD RUFFY, RESPEKT, DASS DU ES BIS IN DIESE WEIT ENT-LEGENE GEGEND GESCHAFFT HAST.
DAS SCHLOSS DES GROSSEN TEUFELS LIEGT VOR DEINEN AUGEN.
DER LEGENDÄRE ÄLTESTE CHOPA-OPA
FOFOFO, IHR SCHEINT DURCH DIE KÄMPFE GEGEN DIE MONSTER ZIEMLICH STARK GEWORDEN ZU SEIN...
HABT IHR MITTLER-WEILE AUCH HÖHER-KLASSIGE BERUFE?
JA!!

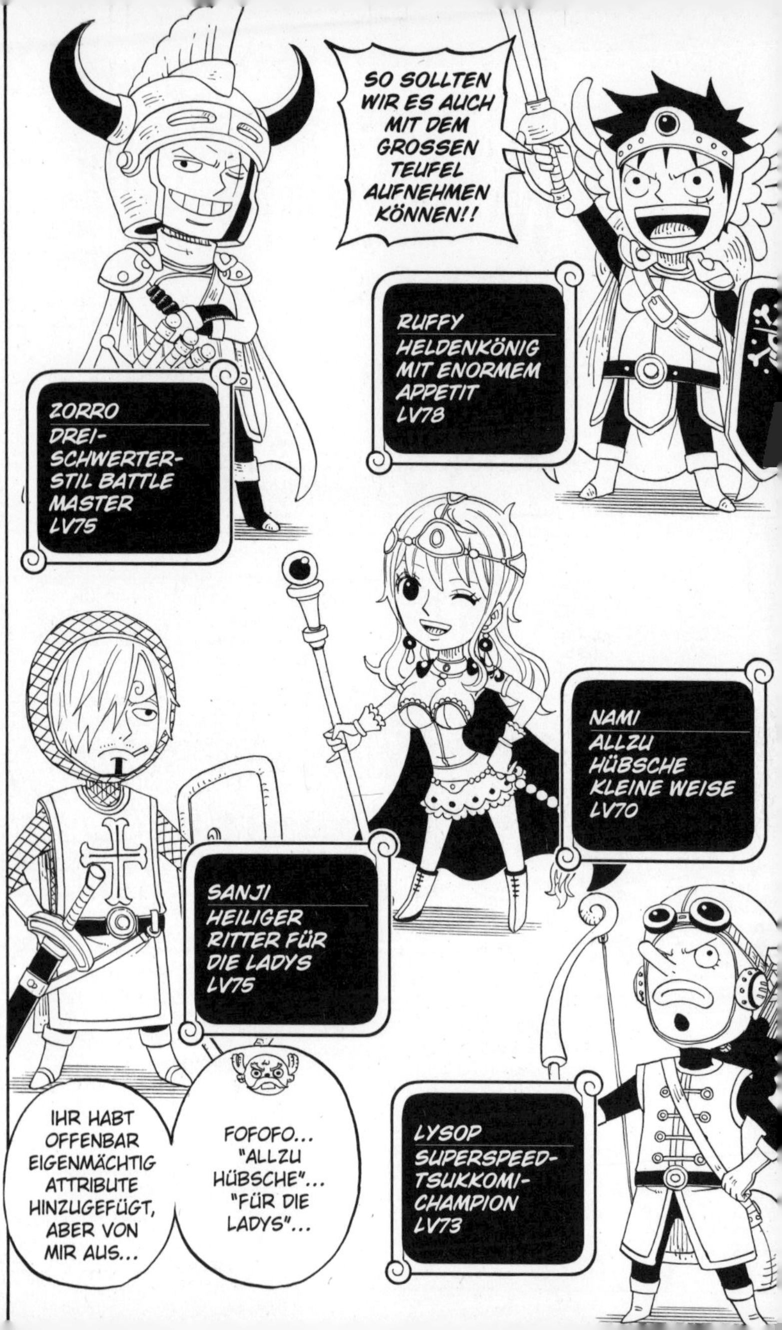
SO SOLLTEN WIR ES AUCH MIT DEM GROSSEN TEUFEL AUFNEHMEN KÖNNEN!!
RUFFY
HELDENKÖNIG MIT ENORMEM APPETIT
LV78
ZORRO
DREI-SCHWERTER-STIL BATTLE MASTER
LV75
NAMI
ALLZU HÜBSCHE KLEINE WEISE
LV70
SANJI
HEILIGER RITTER FÜR DIE LADYS
LV75
LYSOP
SUPERSPEED-TSUKKOMI-CHAMPION
LV73
FOFOFO… "ALLZU HÜBSCHE"… "FÜR DIE LADYS"…
IHR HABT OFFENBAR EIGENMÄCHTIG ATTRIBUTE HINZUGEFÜGT, ABER VON MIR AUS…

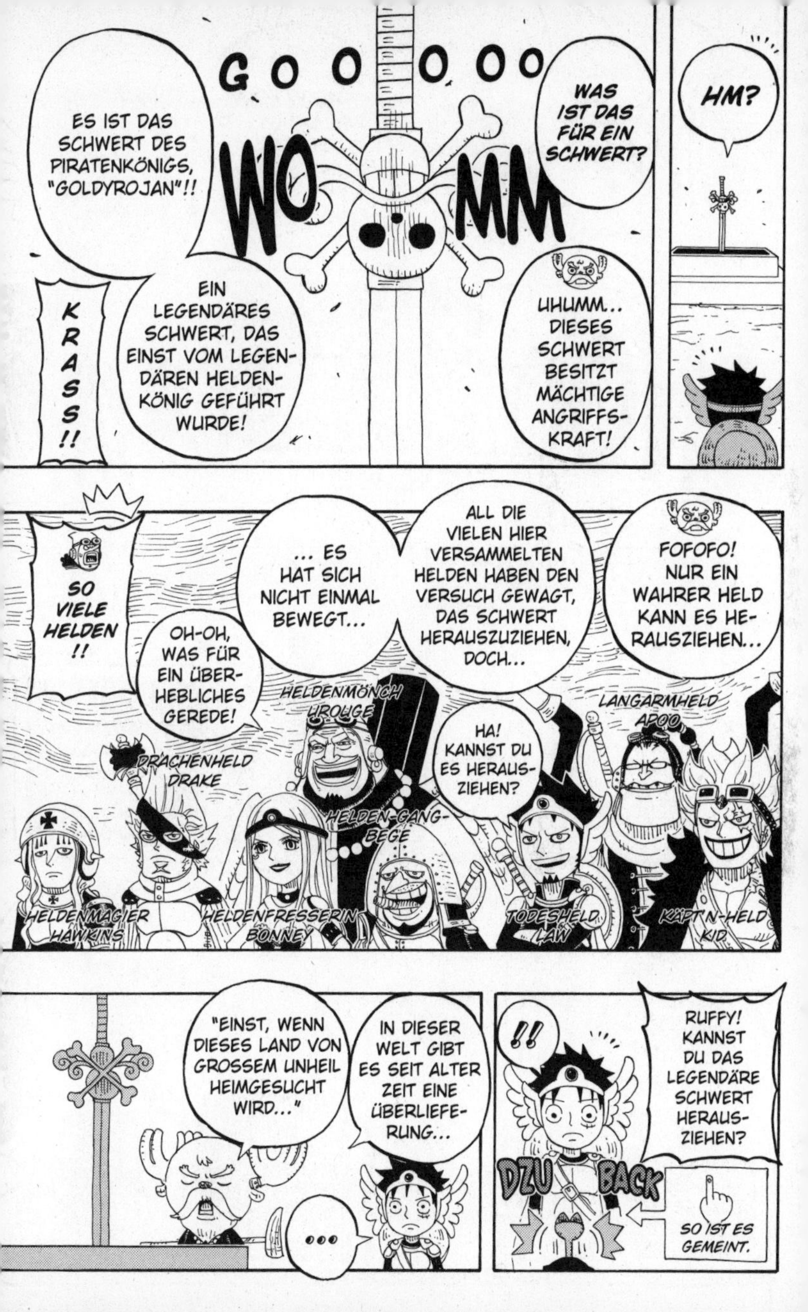
HM?
WAS IST DAS FÜR EIN SCHWERT?
G O O O O O
WO MM
ES IST DAS SCHWERT DES PIRATENKÖNIGS, "GOLDYROJAN"!!
UHUMM... DIESES SCHWERT BESITZT MÄCHTIGE ANGRIFFSKRAFT!
EIN LEGENDÄRES SCHWERT, DAS EINST VOM LEGENDÄREN HELDENKÖNIG GEFÜHRT WURDE!
KRASS!!
FOFOFO! NUR EIN WAHRER HELD KANN ES HERAUSZIEHEN...
ALL DIE VIELEN HIER VERSAMMELTEN HELDEN HABEN DEN VERSUCH GEWAGT, DAS SCHWERT HERAUSZUZIEHEN, DOCH...
... ES HAT SICH NICHT EINMAL BEWEGT...
SO VIELE HELDEN !!
OH-OH, WAS FÜR EIN ÜBERHEBLICHES GEREDE!
HA! KANNST DU ES HERAUSZIEHEN?
HELDENMÖNCH UROUGE
LANGARMHELD APOO
DRACHENHELD DRAKE
HELDEN-GANG-BEGE
HELDENMAGIER HAWKINS
HELDENFRESSERIN BONNEY
TODESHELD LAW
KÄPT'N-HELD KID
RUFFY! KANNST DU DAS LEGENDÄRE SCHWERT HERAUSZIEHEN?
!!
DZU BACK
SO IST ES GEMEINT.
IN DIESER WELT GIBT ES SEIT ALTER ZEIT EINE ÜBERLIEFERUNG...
"EINST, WENN DIESES LAND VON GROSSEM UNHEIL HEIMGESUCHT WIRD..."
...

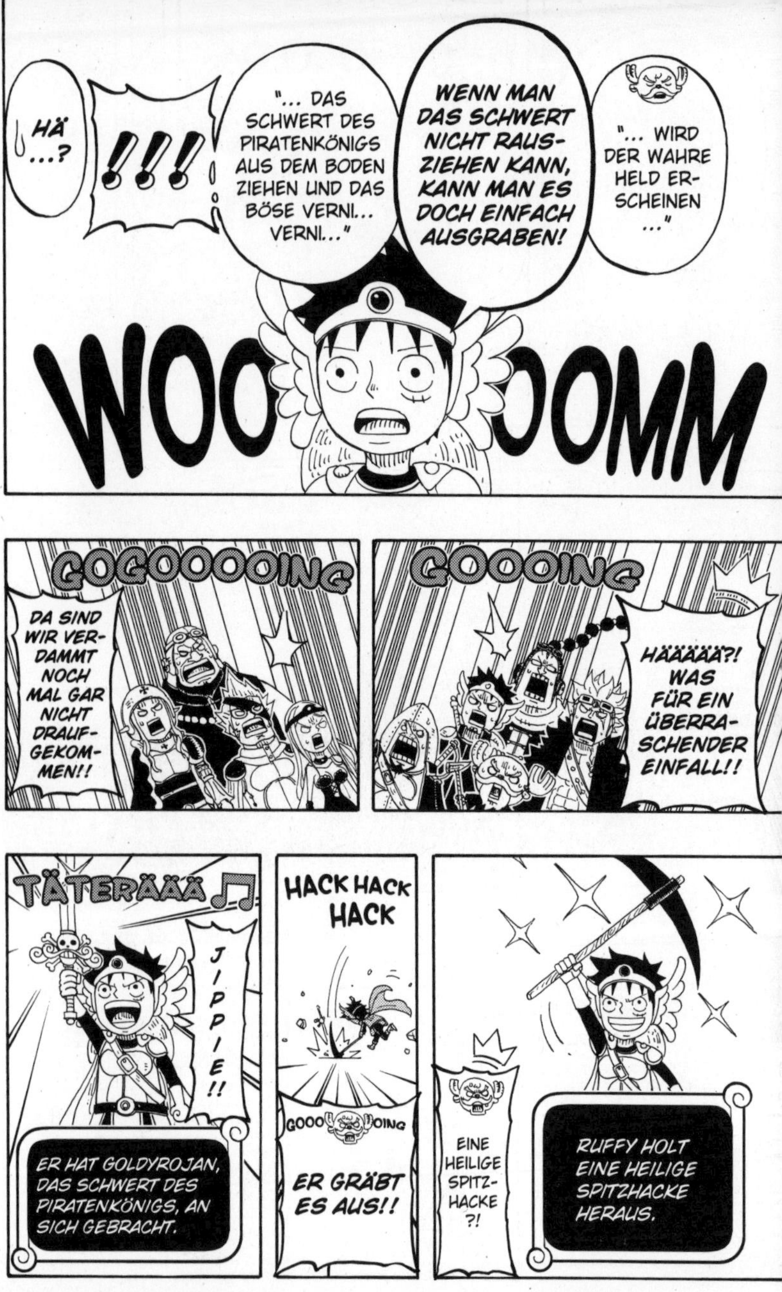
HÄ ...?
!!!
"... DAS SCHWERT DES PIRATENKÖNIGS AUS DEM BODEN ZIEHEN UND DAS BÖSE VERNI... VERNI..."
WENN MAN DAS SCHWERT NICHT RAUS-ZIEHEN KANN, KANN MAN ES DOCH EINFACH AUSGRABEN!
"... WIRD DER WAHRE HELD ER-SCHEINEN ..."
WOOOOMM
GOGOOOOOING
DA SIND WIR VER-DAMMT NOCH MAL GAR NICHT DRAUF-GEKOM-MEN!!
GOOOING
HÄÄÄÄÄ?! WAS FÜR EIN ÜBERRA-SCHENDER EINFALL!!
TÄTERÄÄÄ ♫
JIPPIE!!
ER HAT GOLDYROJAN, DAS SCHWERT DES PIRATENKÖNIGS, AN SICH GEBRACHT.
HACK HACK HACK
GOOOOING
ER GRÄBT ES AUS!!
EINE HEILIGE SPITZ-HACKE ?!
RUFFY HOLT EINE HEILIGE SPITZHACKE HERAUS.

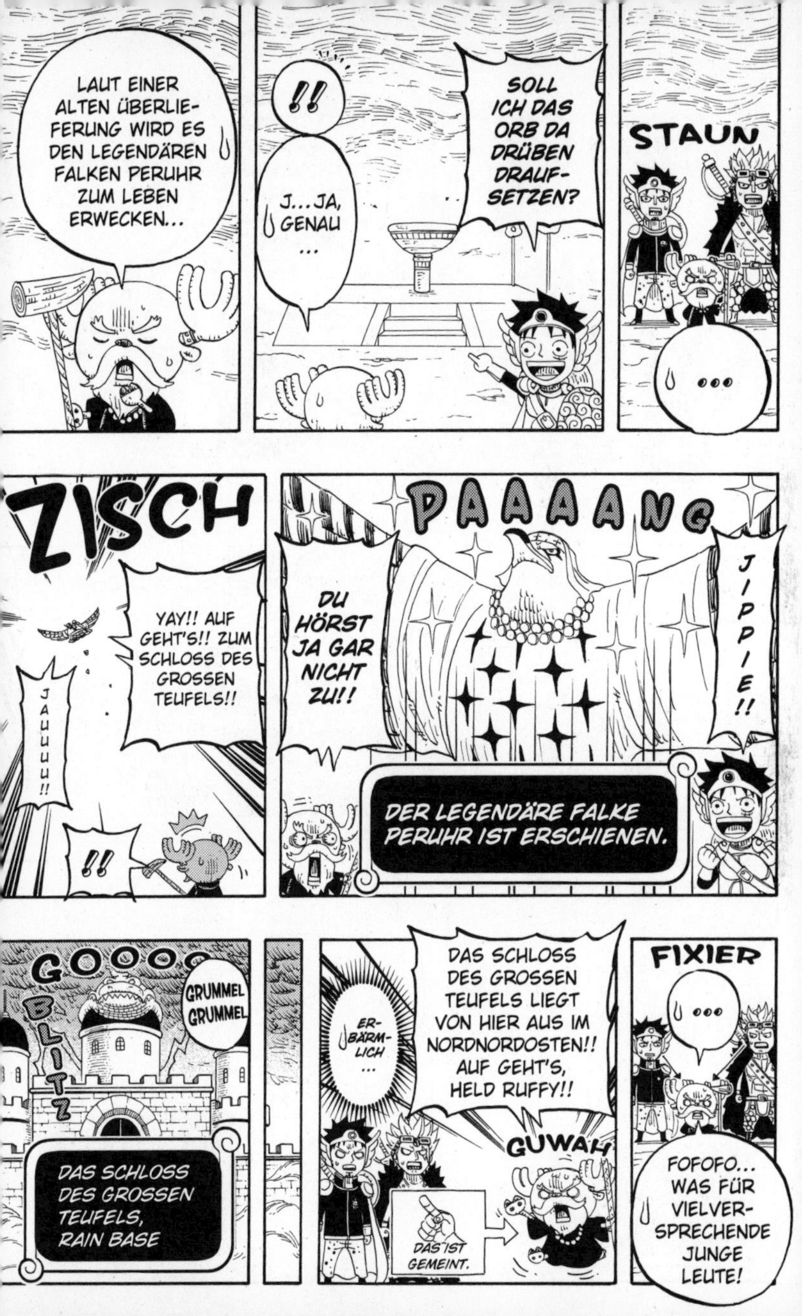

LAUT EINER ALTEN ÜBERLIEFERUNG WIRD ES DEN LEGENDÄREN FALKEN PERUHR ZUM LEBEN ERWECKEN...
!!
J...JA, GENAU ...
SOLL ICH DAS ORB DA DRÜBEN DRAUFSETZEN?
STAUN
...
ZISCH
PAAAANG
YAY!! AUF GEHT'S!! ZUM SCHLOSS DES GROSSEN TEUFELS!!
JAUUUUU!!
!!
DU HÖRST JA GAR NICHT ZU!!
JIPPIE!!
DER LEGENDÄRE FALKE PERUHR IST ERSCHIENEN.
GOOOO
BLITZ
GRUMMEL GRUMMEL
DAS SCHLOSS DES GROSSEN TEUFELS, RAIN BASE
DAS SCHLOSS DES GROSSEN TEUFELS LIEGT VON HIER AUS IM NORDNORDOSTEN!! AUF GEHT'S, HELD RUFFY!!
ERBÄRMLICH ...
GUWAH
DAS IST GEMEINT.
FIXIER
...
FOFOFO... WAS FÜR VIELVERSPRECHENDE JUNGE LEUTE!

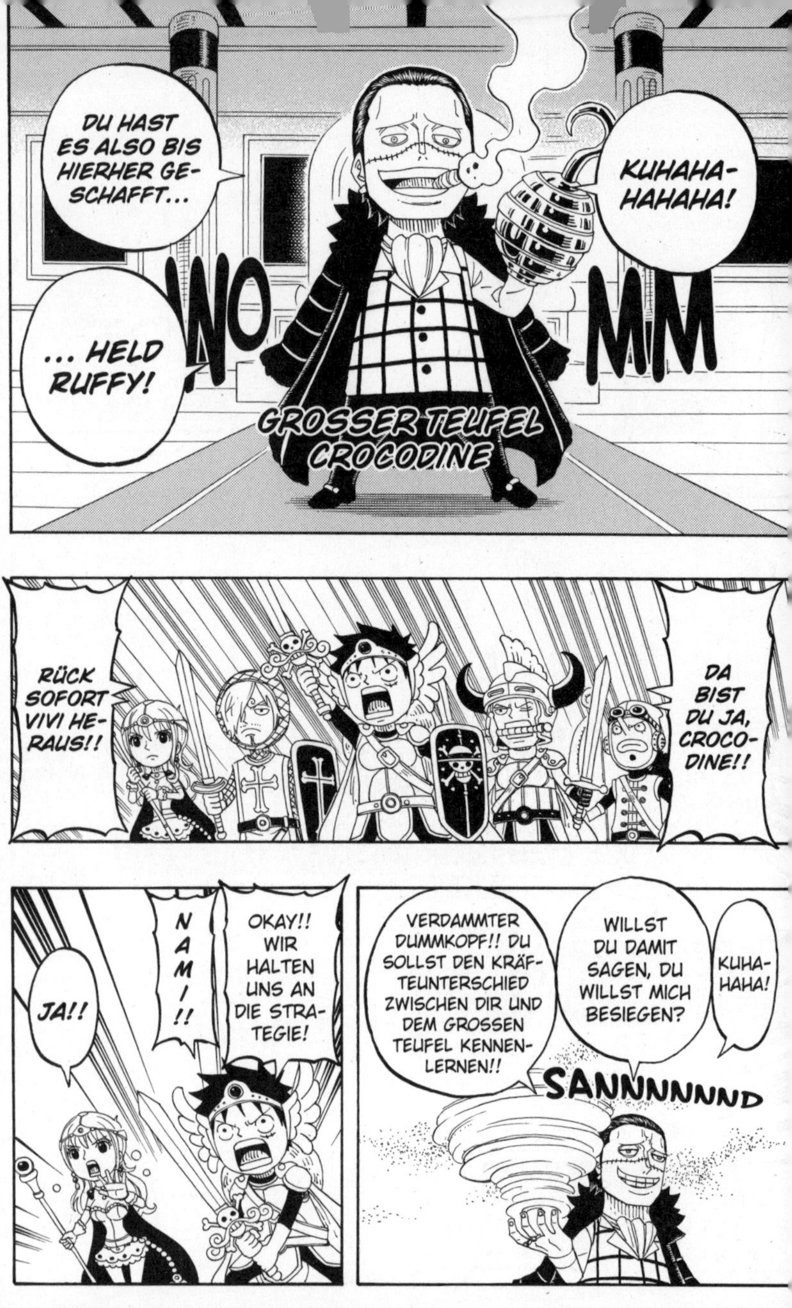
DU HAST ES ALSO BIS HIERHER GESCHAFFT…
KUHAHAHAHAHA!
… HELD RUFFY!
WO
MM
GROSSER TEUFEL CROCODINE
DA BIST DU JA, CROCODINE!!
RÜCK SOFORT VIVI HERAUS!!
OKAY!! WIR HALTEN UNS AN DIE STRATEGIE!
NAMI!!
JA!!
KUHAHAHA!
WILLST DU DAMIT SAGEN, DU WILLST MICH BESIEGEN?
VERDAMMTER DUMMKOPF!! DU SOLLST DEN KRÄFTEUNTERSCHIED ZWISCHEN DIR UND DEM GROSSEN TEUFEL KENNENLERNEN!!
SANNNNNND

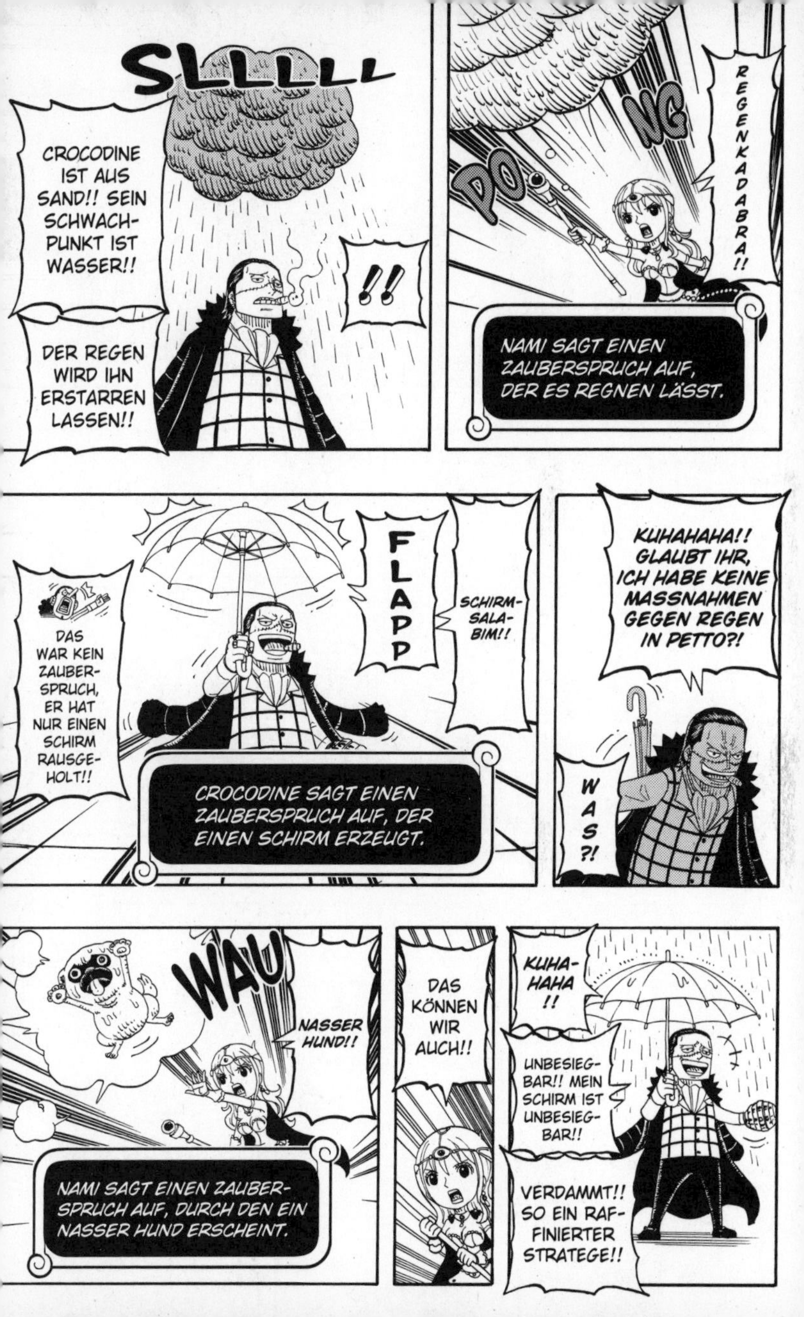

REGENKADABRA!!
PONG
NAMI SAGT EINEN ZAUBERSPRUCH AUF, DER ES REGNEN LÄSST.
SLLLLL
CROCODINE IST AUS SAND!! SEIN SCHWACHPUNKT IST WASSER!!
DER REGEN WIRD IHN ERSTARREN LASSEN!!
!!
KUHAHAHA!! GLAUBT IHR, ICH HABE KEINE MASSNAHMEN GEGEN REGEN IN PETTO?!
WAS?!
SCHIRMSALABIM!!
FLAPP
DAS WAR KEIN ZAUBERSPRUCH, ER HAT NUR EINEN SCHIRM RAUSGEHOLT!!
CROCODINE SAGT EINEN ZAUBERSPRUCH AUF, DER EINEN SCHIRM ERZEUGT.
KUHAHAHA!!
UNBESIEGBAR!! MEIN SCHIRM IST UNBESIEGBAR!!
VERDAMMT!! SO EIN RAFFINIERTER STRATEGE!!
DAS KÖNNEN WIR AUCH!!
NASSER HUND!!
WAU
NAMI SAGT EINEN ZAUBERSPRUCH AUF, DURCH DEN EIN NASSER HUND ERSCHEINT.

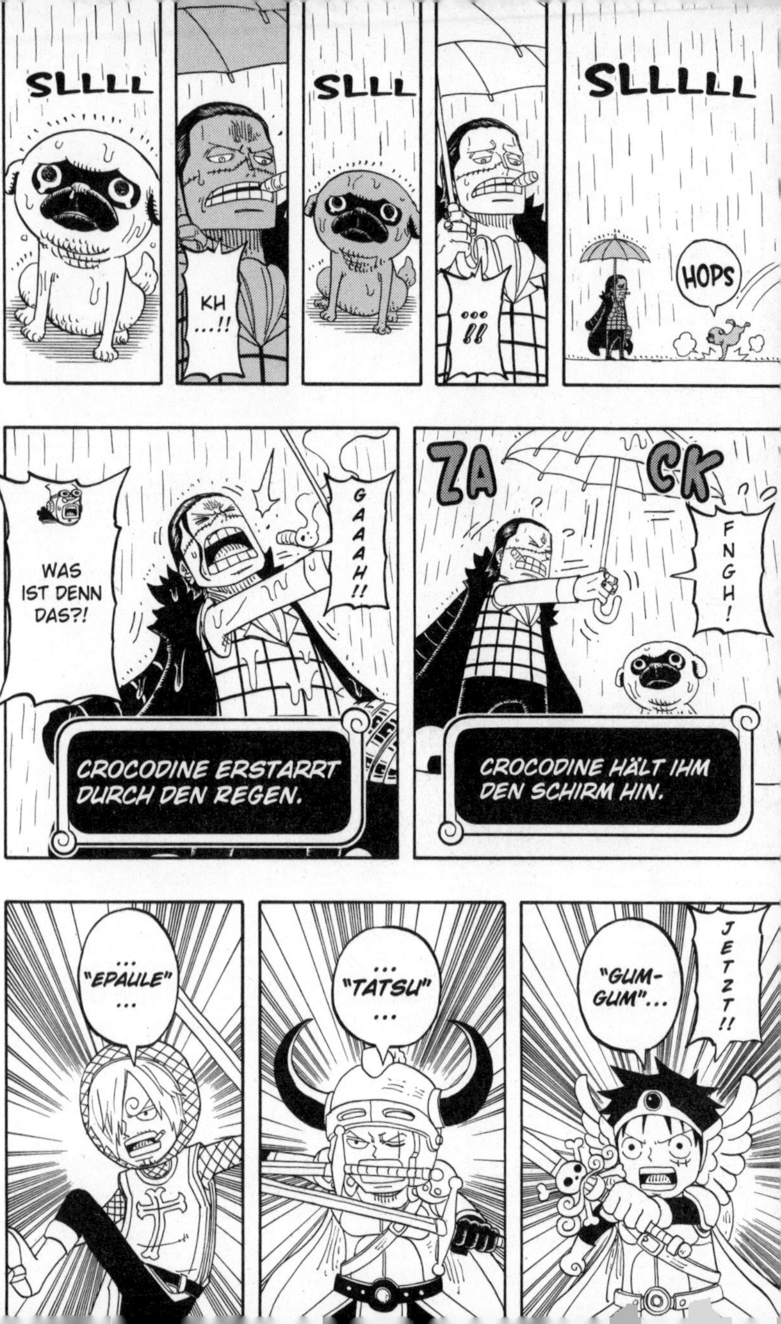
SLLLL
KH ...!!
SLLL
...!!
SLLLLL
HOPS
WAS IST DENN DAS?!
GAAAAH!!
CROCODINE ERSTARRT DURCH DEN REGEN.
ZA CK
FNGH!
CROCODINE HÄLT IHM DEN SCHIRM HIN.
... "EPAULE" ...
... "TATSU" ...
"GUM-GUM"...
JETZT!!

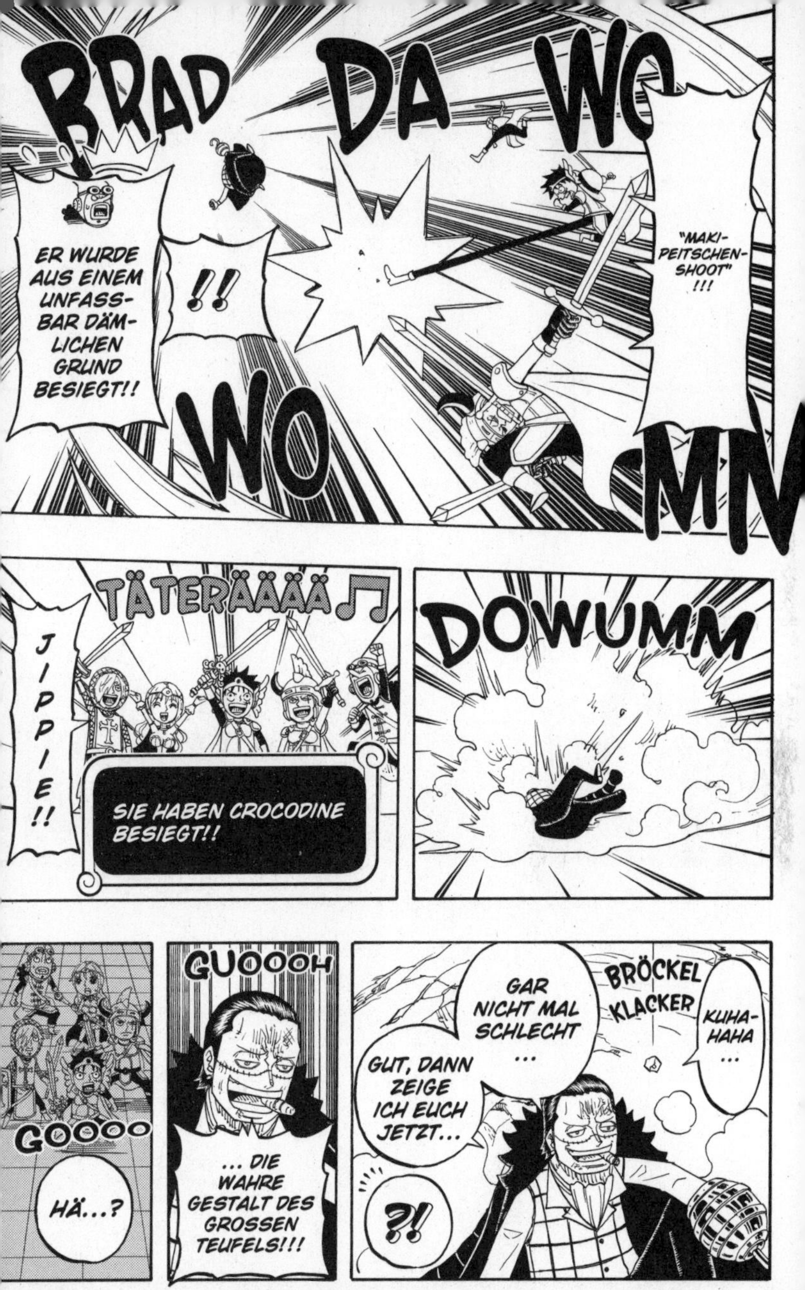
BRAD
DA
WO
WO
CMN
ER WURDE AUS EINEM UNFASSBAR DÄMLICHEN GRUND BESIEGT!!
!!
"MAKI-PEITSCHEN-SHOOT" !!!
TÄTERÄÄÄÄ
JIPPIE!!
SIE HABEN CROCODINE BESIEGT!!
DOWUMM
GOOOO
HÄ...?
GUOOOH
... DIE WAHRE GESTALT DES GROSSEN TEUFELS!!!
BRÖCKEL KLACKER
KUHAHAHA ...
GAR NICHT MAL SCHLECHT ...
GUT, DANN ZEIGE ICH EUCH JETZT...
?!

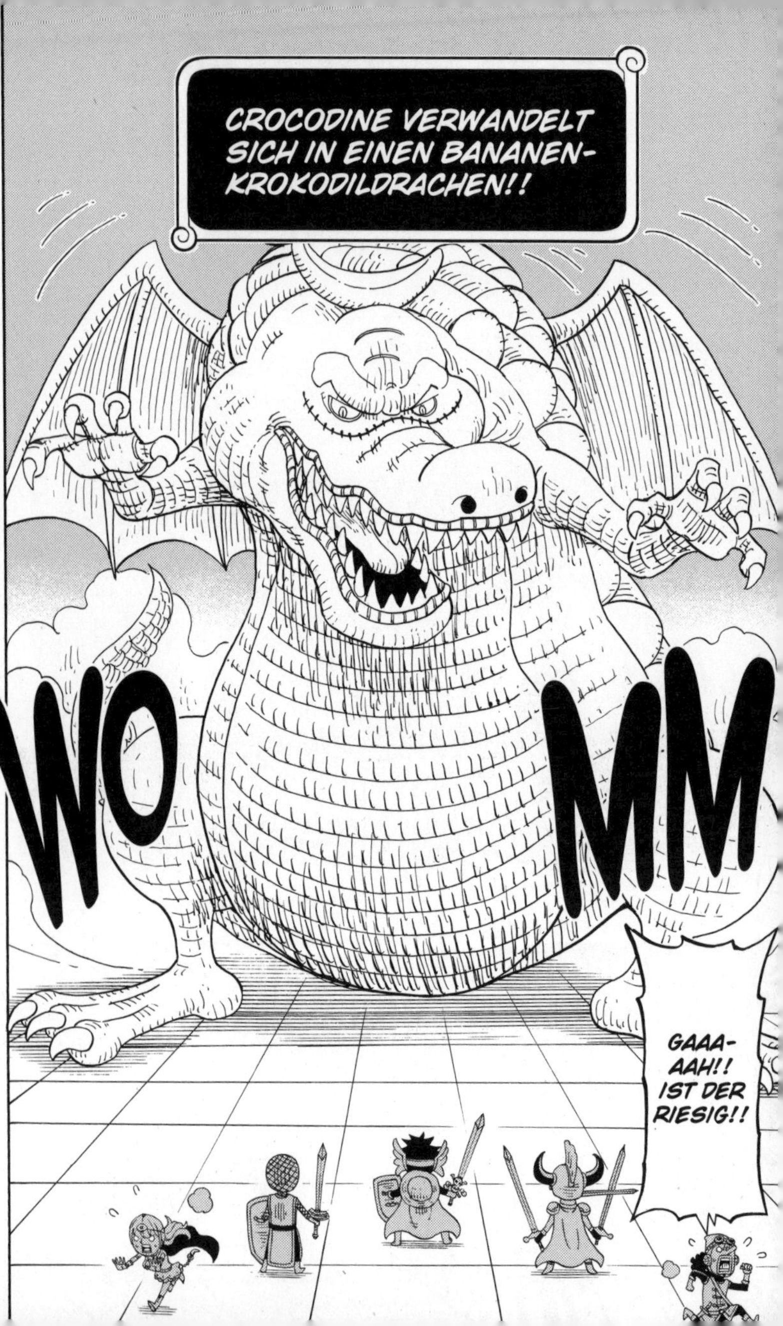
CROCODINE VERWANDELT SICH IN EINEN BANANEN-KROKODILDRACHEN!!
WOMM
GAAA-AAH!! IST DER RIESIG!!

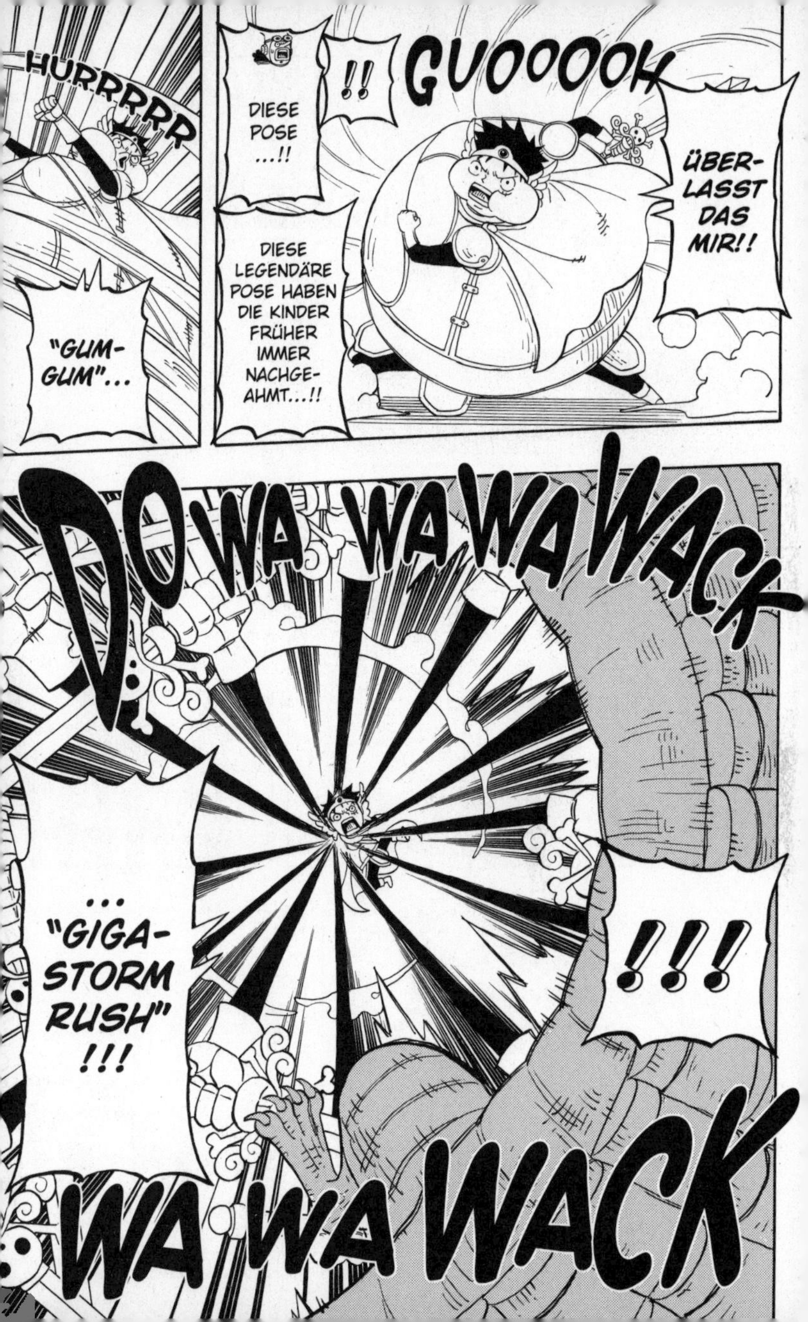
GUOOOOH
ÜBERLASST DAS MIR!!
!!
DIESE POSE ...!!
DIESE LEGENDÄRE POSE HABEN DIE KINDER FRÜHER IMMER NACHGEAHMT...!!
HURRRRRR
"GUM-GUM"...
DO WA WA WA WACK
!!!
... "GIGA-STORM RUSH" !!!
WA WA WACK

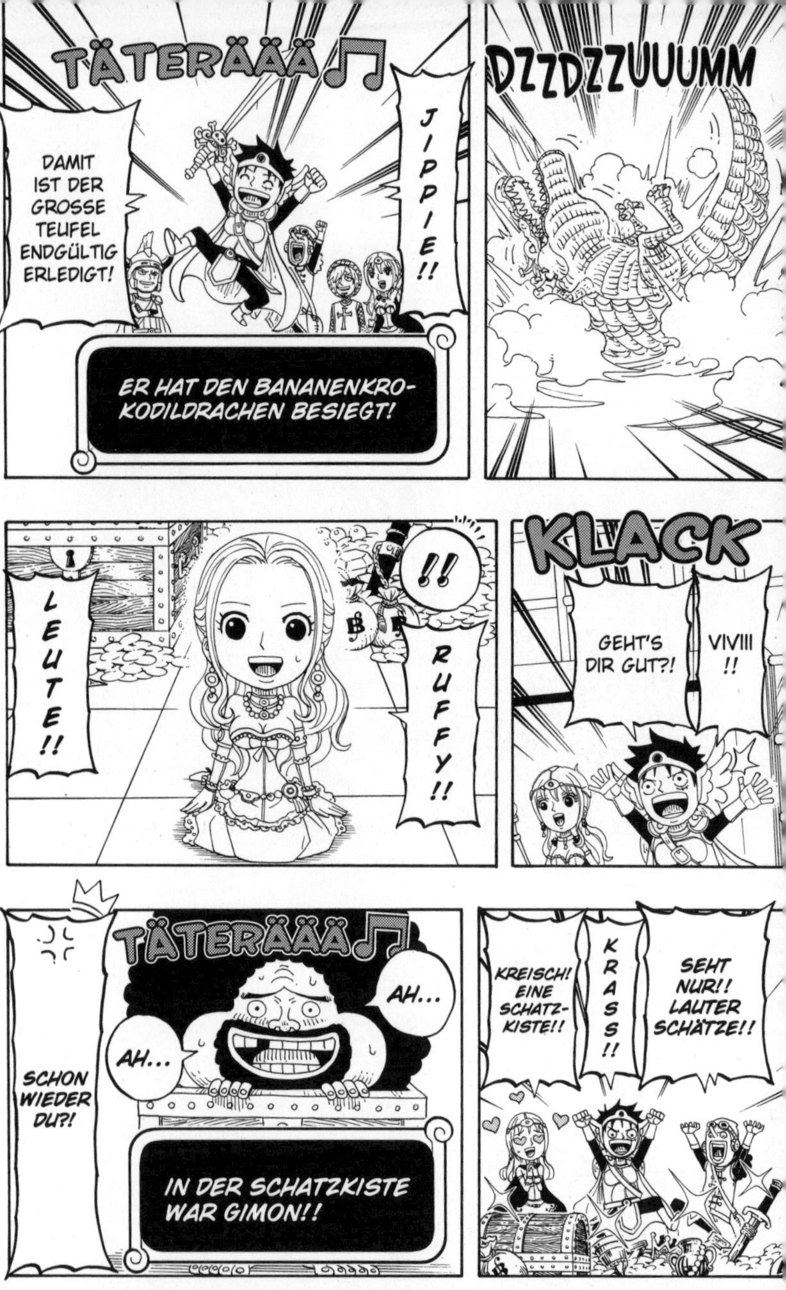
DZZDZZUUUMM
TÄTERÄÄÄ
JIPPIE!!
DAMIT IST DER GROSSE TEUFEL ENDGÜLTIG ERLEDIGT!
ER HAT DEN BANANENKRO-KODILDRACHEN BESIEGT!
KLACK
VIVIII!!
GEHT'S DIR GUT?!
!!
RUFFY!!
LEUTE!!
SEHT NUR!! LAUTER SCHÄTZE!!
KRASS!!
KREISCH! EINE SCHATZ-KISTE!!
TÄTERÄÄÄ
AH...
AH...
SCHON WIEDER DU?!
IN DER SCHATZKISTE WAR GIMON!!

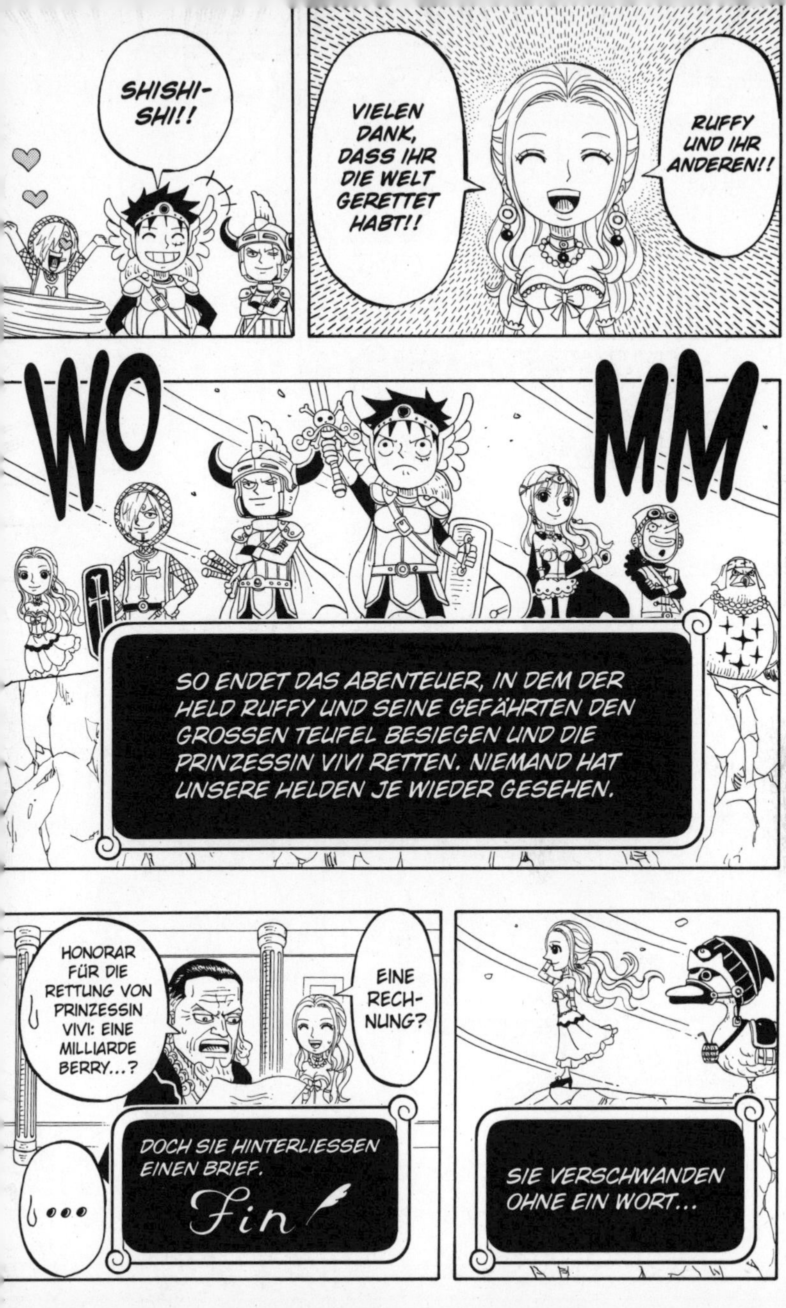

SHISHI-SHI!!
RUFFY UND IHR ANDEREN!!
VIELEN DANK, DASS IHR DIE WELT GERETTET HABT!!
WOMM
SO ENDET DAS ABENTEUER, IN DEM DER HELD RUFFY UND SEINE GEFÄHRTEN DEN GROSSEN TEUFEL BESIEGEN UND DIE PRINZESSIN VIVI RETTEN. NIEMAND HAT UNSERE HELDEN JE WIEDER GESEHEN.
SIE VERSCHWANDEN OHNE EIN WORT...
EINE RECHNUNG?
HONORAR FÜR DIE RETTUNG VON PRINZESSIN VIVI: EINE MILLIARDE BERRY...?
...
DOCH SIE HINTERLIESSEN EINEN BRIEF.
Fin

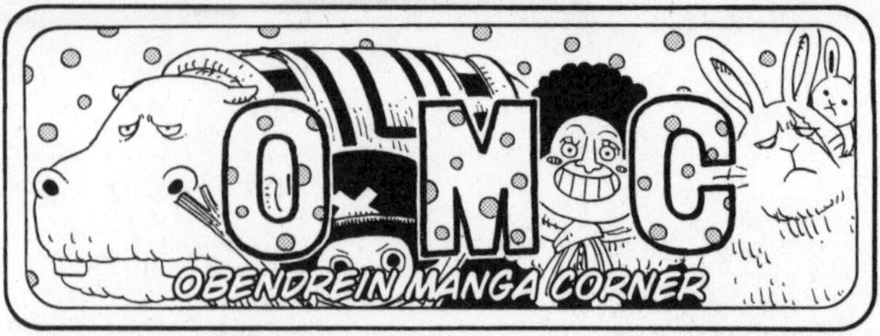

(aus „One Piece" Band 18, Kapitel 165)

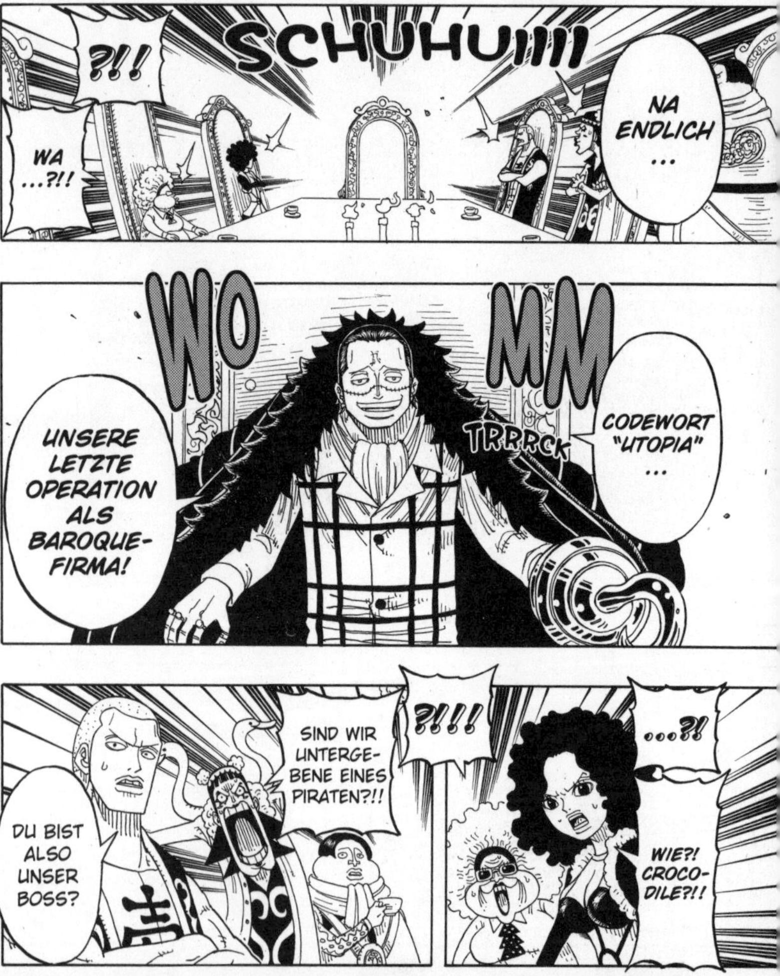

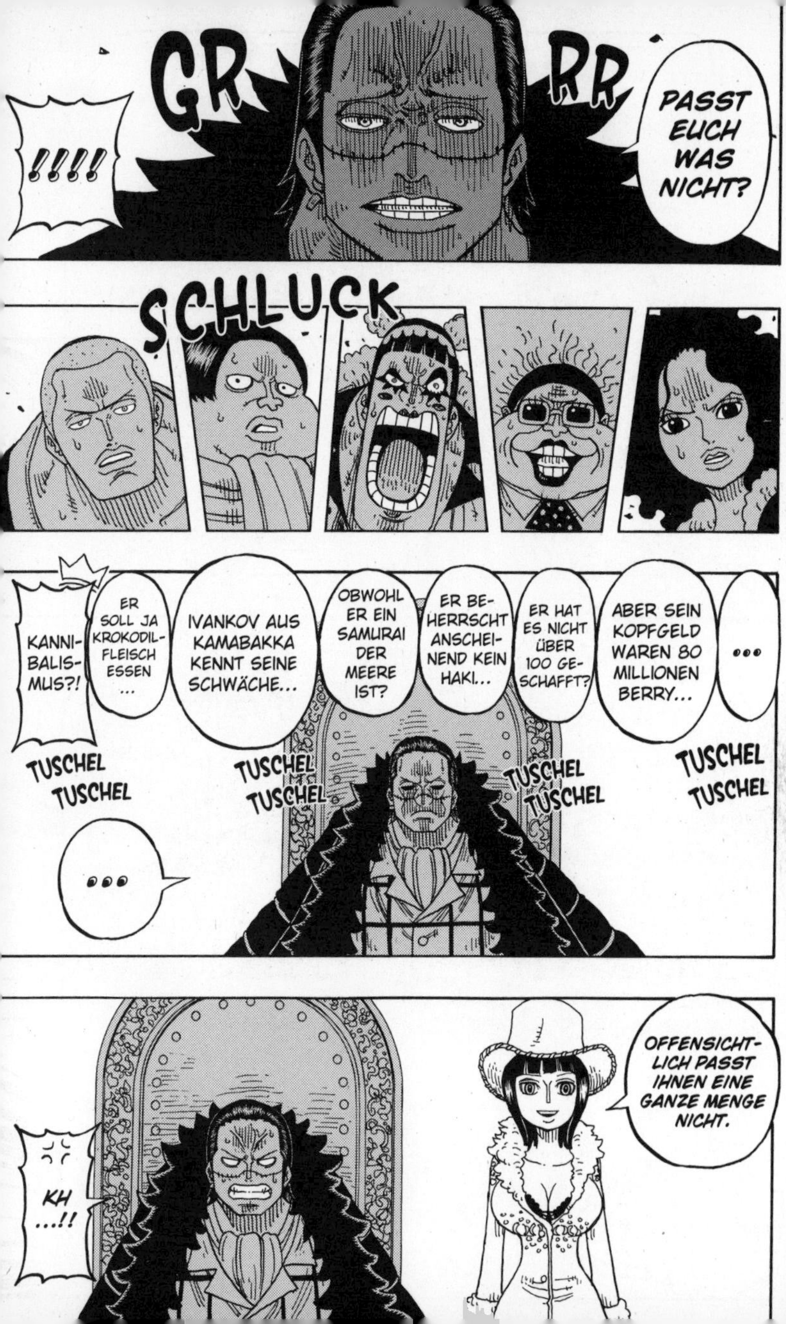
GR RR
!!!!!
PASST EUCH WAS NICHT?
SCHLUCK
...
ABER SEIN KOPFGELD WAREN 80 MILLIONEN BERRY...
ER HAT ES NICHT ÜBER 100 GESCHAFFT?
ER BEHERRSCHT ANSCHEINEND KEIN HAKI...
OBWOHL ER EIN SAMURAI DER MEERE IST?
IVANKOV AUS KAMABAKKA KENNT SEINE SCHWÄCHE...
ER SOLL JA KROKODILFLEISCH ESSEN ...
KANNIBALISMUS?!
TUSCHEL TUSCHEL
TUSCHEL TUSCHEL
TUSCHEL TUSCHEL
TUSCHEL TUSCHEL
...
OFFENSICHTLICH PASST IHNEN EINE GANZE MENGE NICHT.
KH ...!!

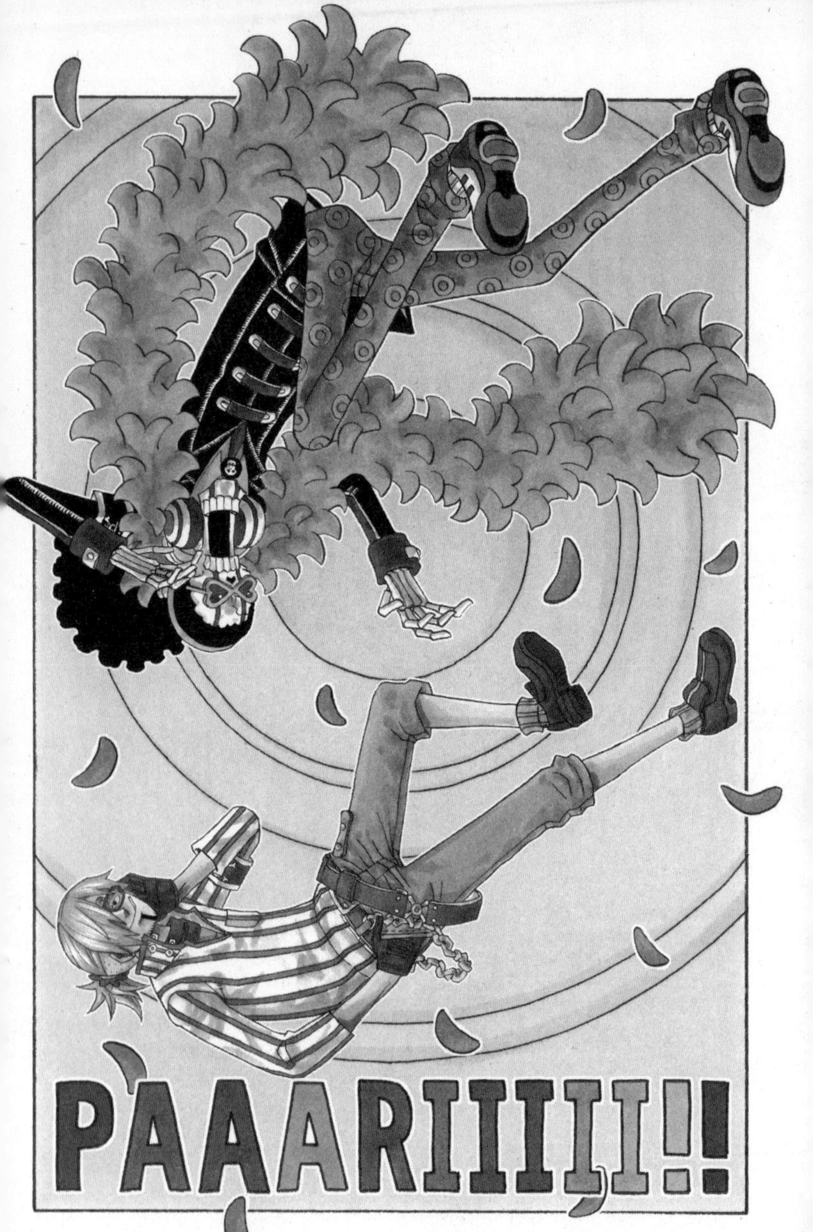
PAAARIIIII!!

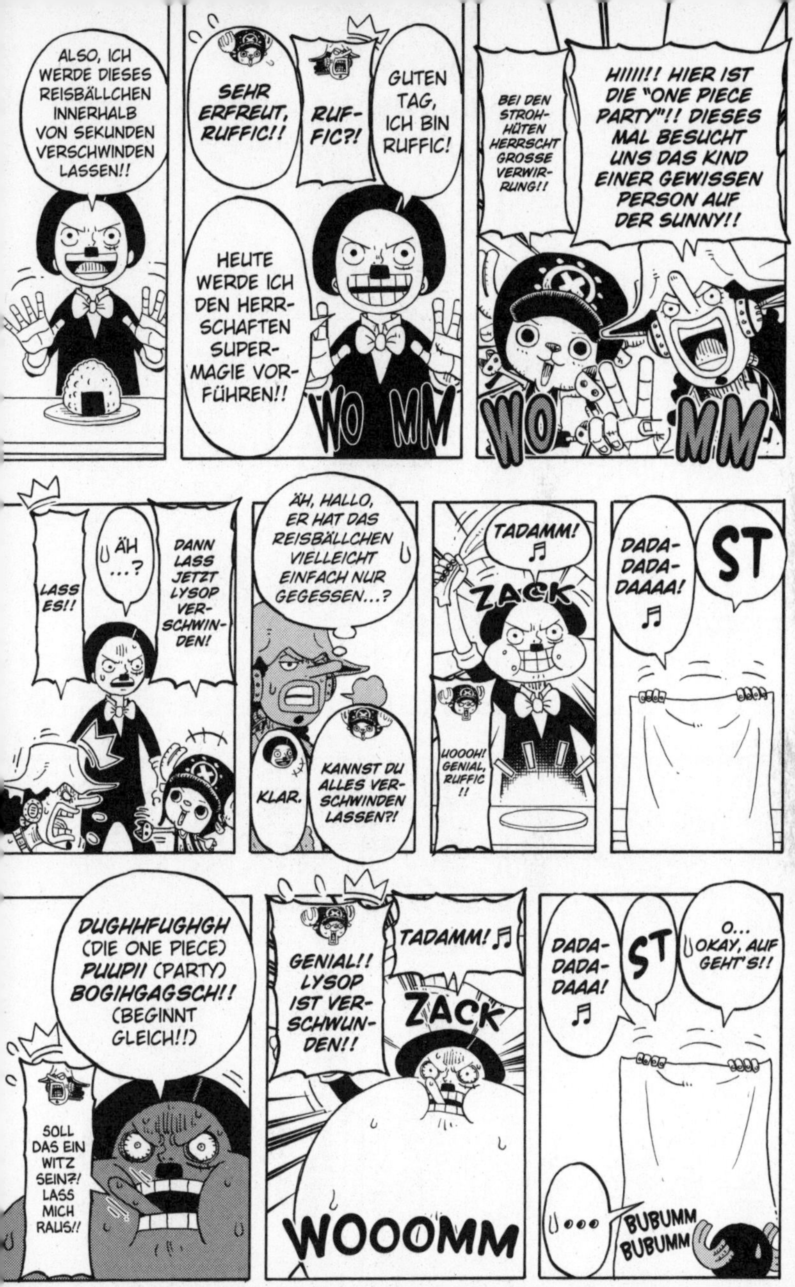
HIIII!! HIER IST DIE "ONE PIECE PARTY"!! DIESES MAL BESUCHT UNS DAS KIND EINER GEWISSEN PERSON AUF DER SUNNY!!
BEI DEN STROHHÜTEN HERRSCHT GROSSE VERWIRRUNG!!
WO MM
GUTEN TAG, ICH BIN RUFFIC!
RUFFIC?!
SEHR ERFREUT, RUFFIC!!
HEUTE WERDE ICH DEN HERRSCHAFTEN SUPERMAGIE VORFÜHREN!!
WO MM
ALSO, ICH WERDE DIESES REISBÄLLCHEN INNERHALB VON SEKUNDEN VERSCHWINDEN LASSEN!!
ST
DADA-DADA-DAAAA! ♪
TADAMM! ♪
ZACK
UOOOH! GENIAL, RUFFIC!!
ÄH, HALLO, ER HAT DAS REISBÄLLCHEN VIELLEICHT EINFACH NUR GEGESSEN...?
KANNST DU ALLES VERSCHWINDEN LASSEN?!
KLAR.
DANN LASS JETZT LYSOP VERSCHWINDEN!
ÄH ...?
LASS ES!!
O... OKAY, AUF GEHT'S!!
ST
DADA-DADA-DAAA! ♪
...
BUBUMM BUBUMM
TADAMM! ♪
ZACK
GENIAL!! LYSOP IST VERSCHWUNDEN!!
WOOOMM
DUGHHFUGHGH (DIE ONE PIECE) PUUPII (PARTY) BOGIHGAGSCH!! (BEGINNT GLEICH!!)
SOLL DAS EIN WITZ SEIN?! LASS MICH RAUS!!

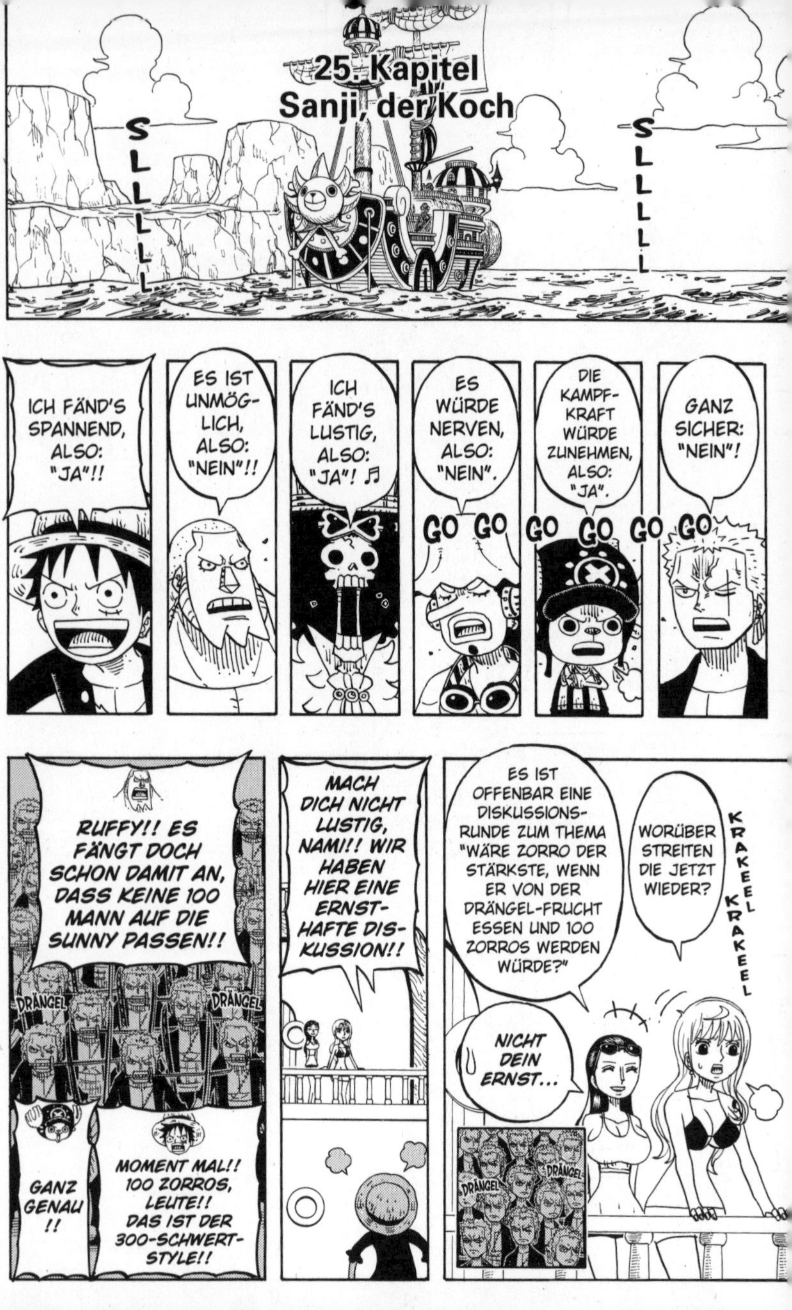
25. Kapitel
Sanji, der Koch
SLLLLL
SLLLLL
GANZ SICHER: "NEIN"!
DIE KAMPF-KRAFT WÜRDE ZUNEHMEN, ALSO: "JA".
ES WÜRDE NERVEN, ALSO: "NEIN".
ICH FÄND'S LUSTIG, ALSO: "JA"! ♬
ES IST UNMÖG-LICH, ALSO: "NEIN"!!
ICH FÄND'S SPANNEND, ALSO: "JA"!!
GO GO GO GO GO GO
WORÜBER STREITEN DIE JETZT WIEDER?
KRAKEEL KRAKEEL
ES IST OFFENBAR EINE DISKUSSIONS-RUNDE ZUM THEMA "WÄRE ZORRO DER STÄRKSTE, WENN ER VON DER DRÄNGEL-FRUCHT ESSEN UND 100 ZORROS WERDEN WÜRDE?"
NICHT DEIN ERNST...
DRÄNGEL
DRÄNGEL
MACH DICH NICHT LUSTIG, NAMI!! WIR HABEN HIER EINE ERNST-HAFTE DIS-KUSSION!!
RUFFY!! ES FÄNGT DOCH SCHON DAMIT AN, DASS KEINE 100 MANN AUF DIE SUNNY PASSEN!!
DRÄNGEL
DRÄNGEL
MOMENT MAL!! 100 ZORROS, LEUTE!! DAS IST DER 300-SCHWERT-STYLE!!
GANZ GENAU!!

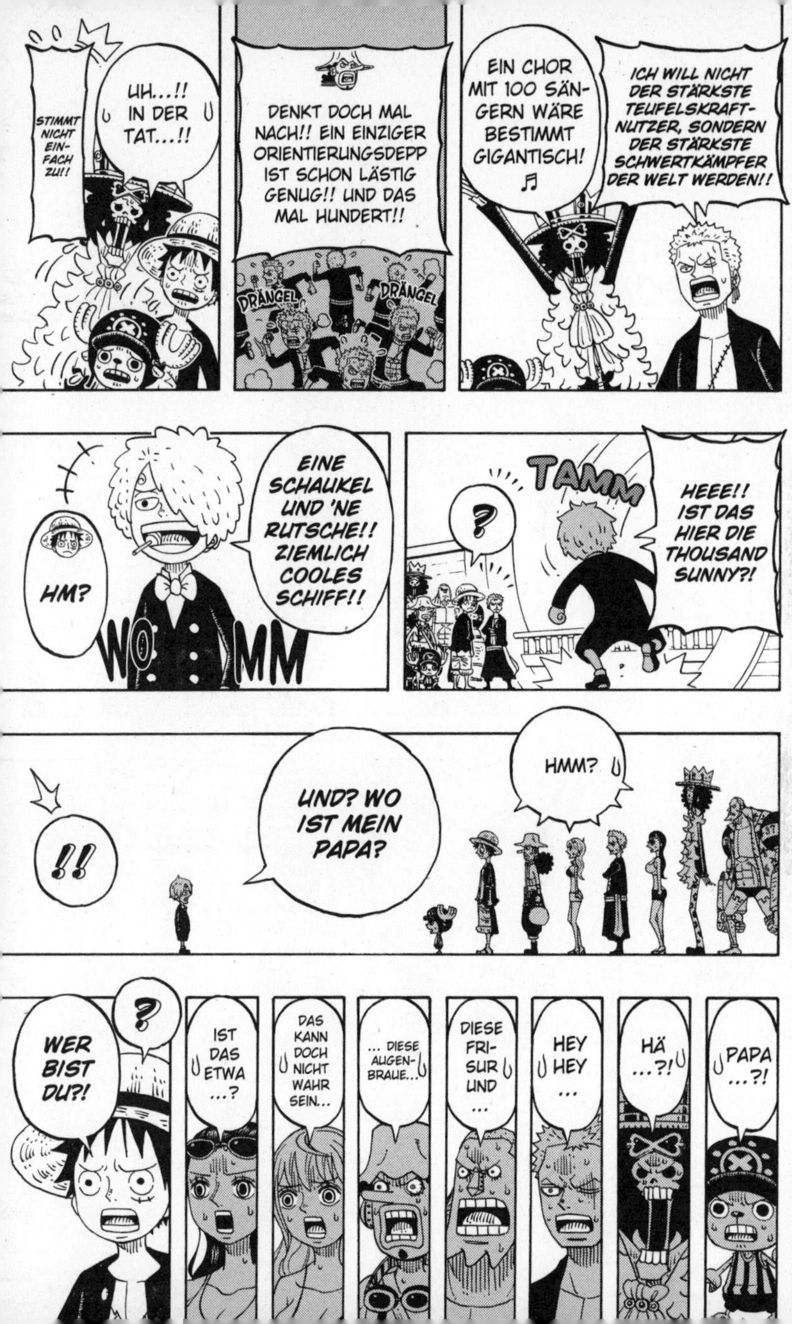

STIMMT NICHT EIN-FACH ZU!!
UH...!! IN DER TAT...!!
DENKT DOCH MAL NACH!! EIN EINZIGER ORIENTIERUNGSDEPP IST SCHON LÄSTIG GENUG!! UND DAS MAL HUNDERT!!
DRÄNGEL
DRÄNGEL
EIN CHOR MIT 100 SÄN-GERN WÄRE BESTIMMT GIGANTISCH! ♫
ICH WILL NICHT DER STÄRKSTE TEUFELSKRAFT-NUTZER, SONDERN DER STÄRKSTE SCHWERTKÄMPFER DER WELT WERDEN!!
EINE SCHAUKEL UND 'NE RUTSCHE!! ZIEMLICH COOLES SCHIFF!!
HM?
WOMM
TAMM
?
HEEE!! IST DAS HIER DIE THOUSAND SUNNY?!
UND? WO IST MEIN PAPA?
HMM?
!!
WER BIST DU?!
?
IST DAS ETWA ...?
DAS KANN DOCH NICHT WAHR SEIN...
... DIESE AUGEN-BRAUE...
DIESE FRI-SUR UND ...
HEY HEY ...
HÄ ...?!
PAPA ...?!

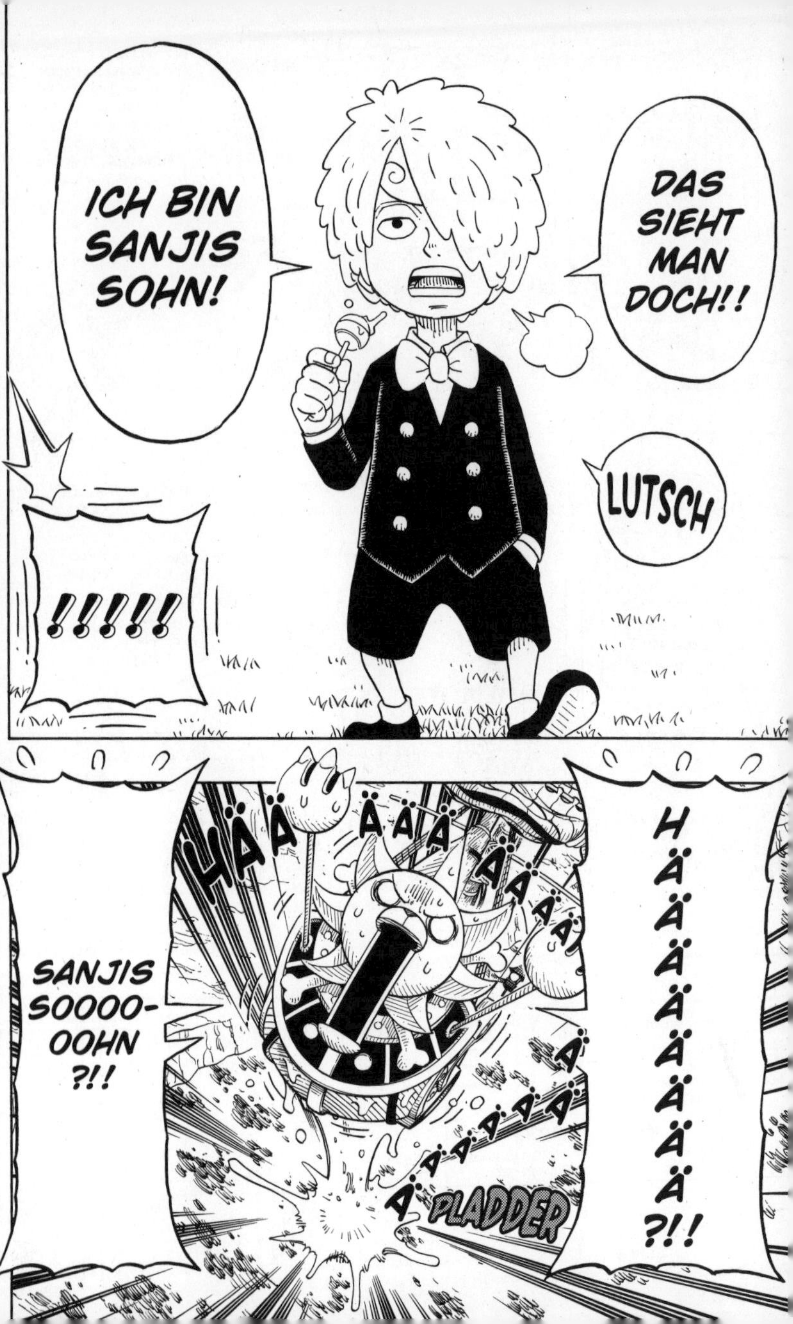
DAS SIEHT MAN DOCH!!
ICH BIN SANJIS SOHN!
LUTSCH
!!!!!!
HÄÄÄÄÄÄÄÄÄÄÄ?!!
HÄÄÄÄÄÄÄÄÄÄÄÄÄÄÄÄ
PLADDER
SANJIS SOOOO-OOHN ?!!

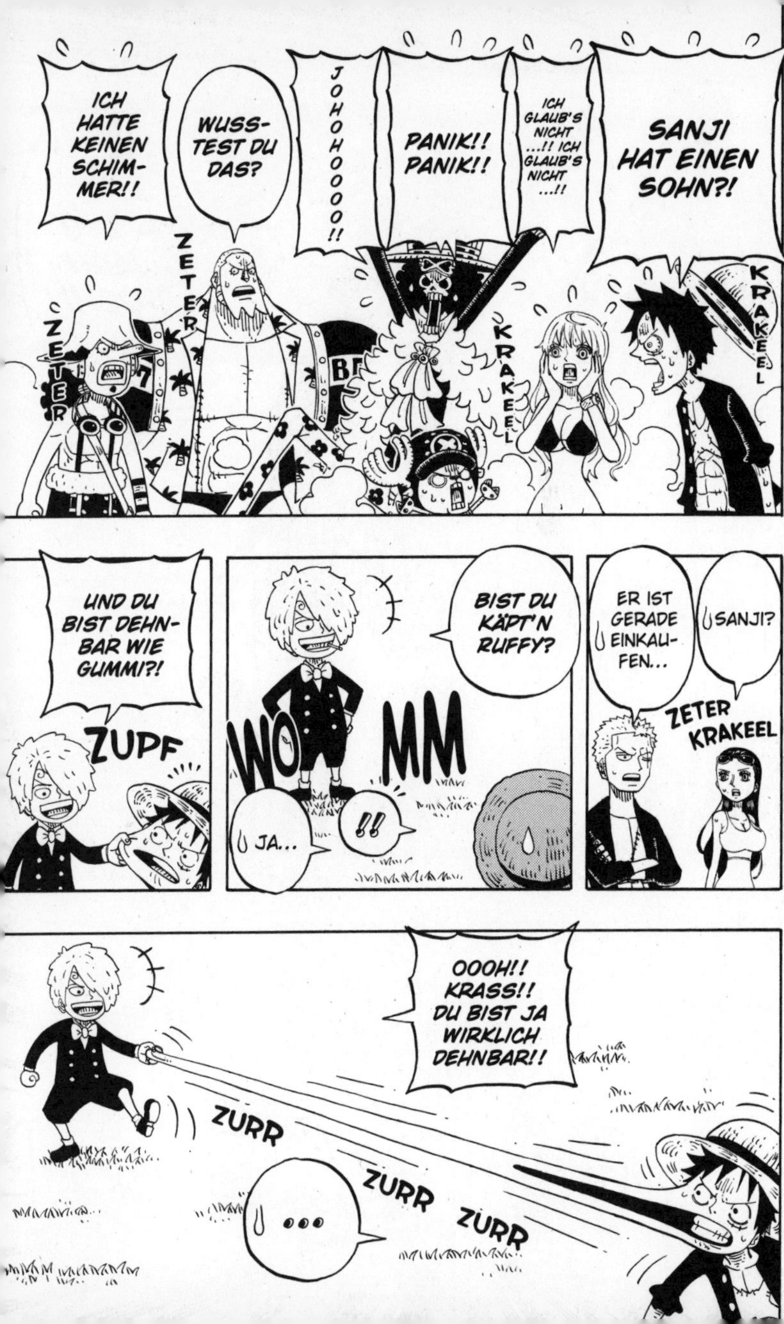
SANJI HAT EINEN SOHN?!
KRAKEEL
ICH GLAUB'S NICHT ...!! ICH GLAUB'S NICHT ...!!
PANIK!! PANIK!!
JOHOHOHOOOOO!!
KRAKEEL
WUSSTEST DU DAS?
ZETER
ICH HATTE KEINEN SCHIMMER!!
ZETER
SANJI?
ER IST GERADE EINKAUFEN...
ZETER KRAKEEL
BIST DU KÄPT'N RUFFY?
WOMM
JA...
!!
UND DU BIST DEHNBAR WIE GUMMI?!
ZUPF
OOOH!! KRASS!! DU BIST JA WIRKLICH DEHNBAR!!
ZURR
ZURR
ZURR
...

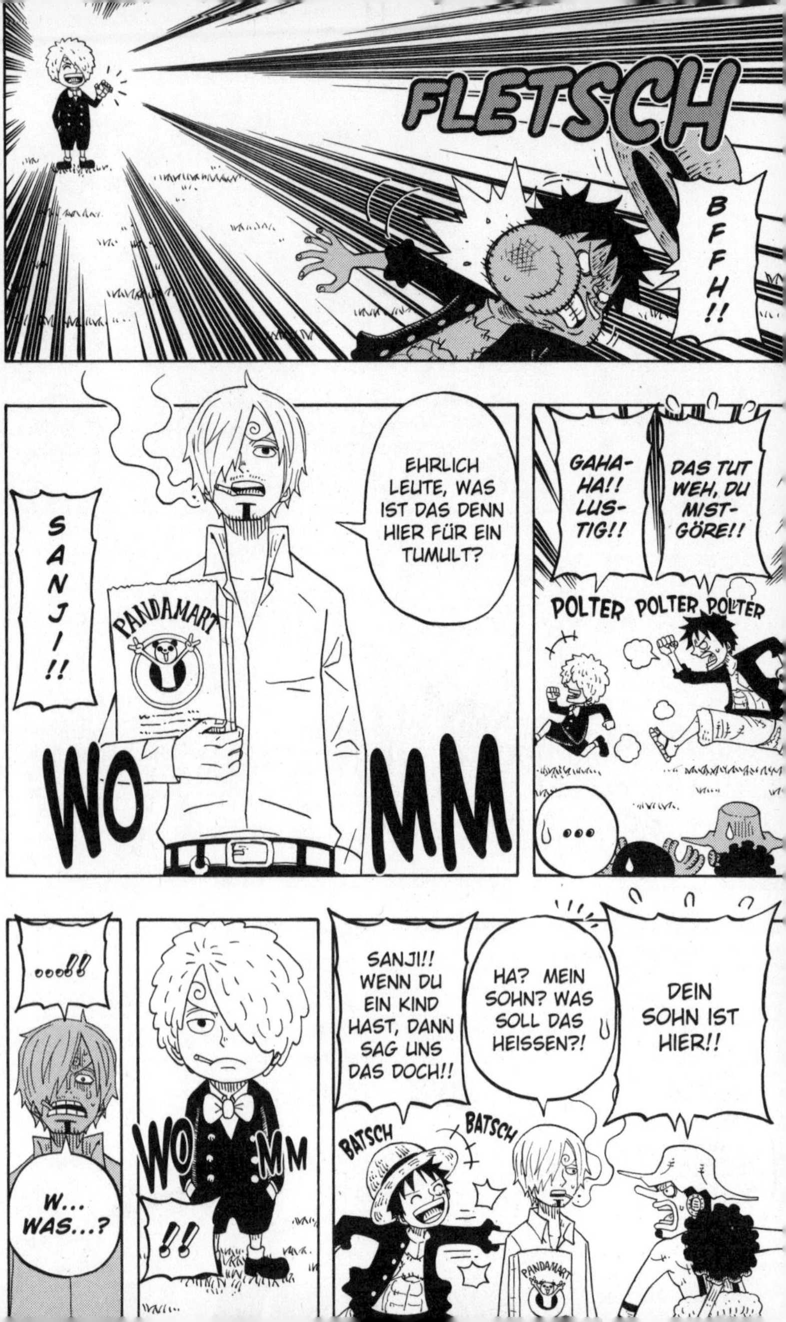
FLETSCH
BFFH!!
DAS TUT WEH, DU MISTGÖRE!!
GAHAHA!! LUSTIG!!
POLTER POLTER POLTER
...
EHRLICH LEUTE, WAS IST DAS DENN HIER FÜR EIN TUMULT?
SANJI!!
PANDAMART
WOMM
DEIN SOHN IST HIER!!
HA? MEIN SOHN? WAS SOLL DAS HEISSEN?!
SANJI!! WENN DU EIN KIND HAST, DANN SAG UNS DAS DOCH!!
BATSCH
BATSCH
PANDAMART
WOMM
!!
...!!
W... WAS...?

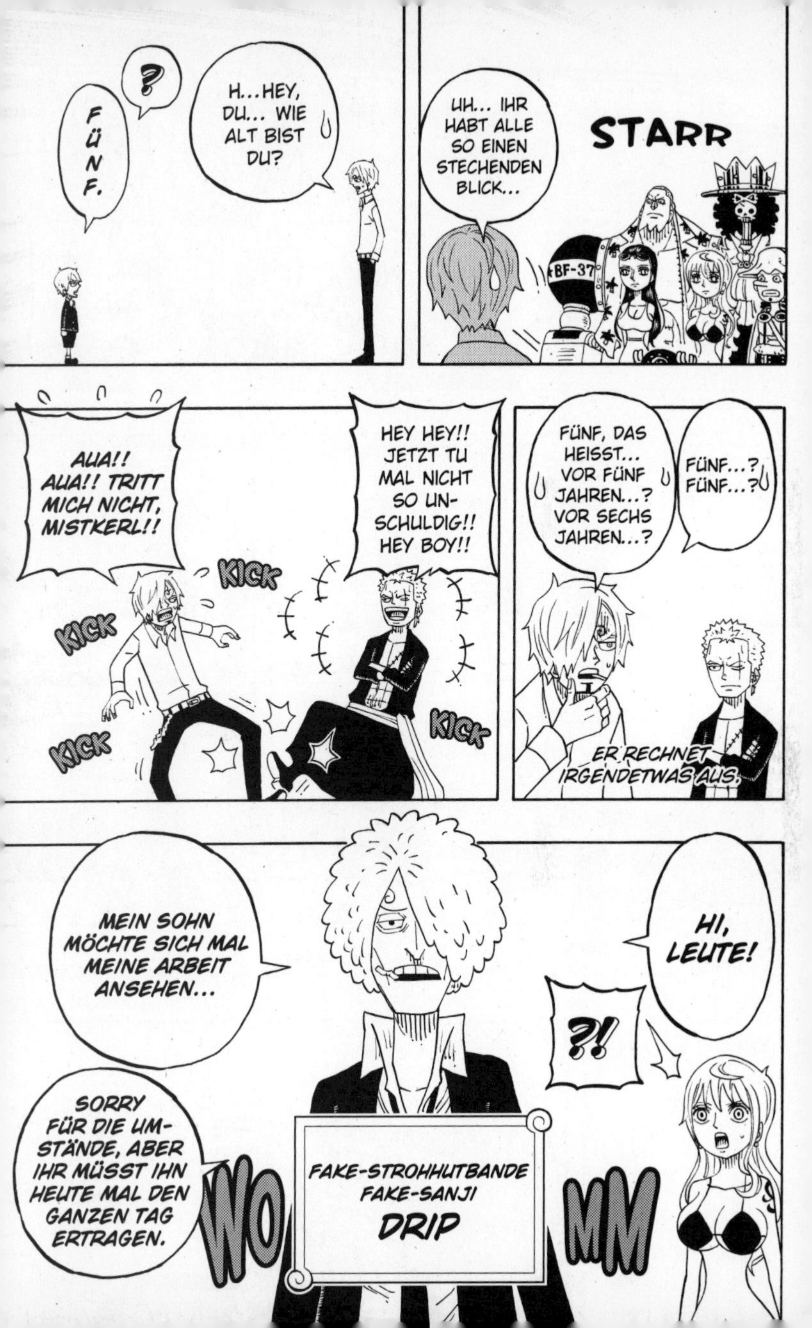
STARR
UH... IHR HABT ALLE SO EINEN STECHENDEN BLICK...
BF-37
H...HEY, DU... WIE ALT BIST DU?
?
FÜNF.
FÜNF...? FÜNF...?
FÜNF, DAS HEISST... VOR FÜNF JAHREN...? VOR SECHS JAHREN...?
ER RECHNET IRGENDETWAS AUS.
HEY HEY!! JETZT TU MAL NICHT SO UN-SCHULDIG!! HEY BOY!!
AUA!! AUA!! TRITT MICH NICHT, MISTKERL!!
KICK
KICK
KICK
KICK
HI, LEUTE!
?!
MEIN SOHN MÖCHTE SICH MAL MEINE ARBEIT ANSEHEN...
SORRY FÜR DIE UM-STÄNDE, ABER IHR MÜSST IHN HEUTE MAL DEN GANZEN TAG ERTRAGEN.
WOMM
FAKE-STROHHUTBANDE
FAKE-SANJI
DRIP

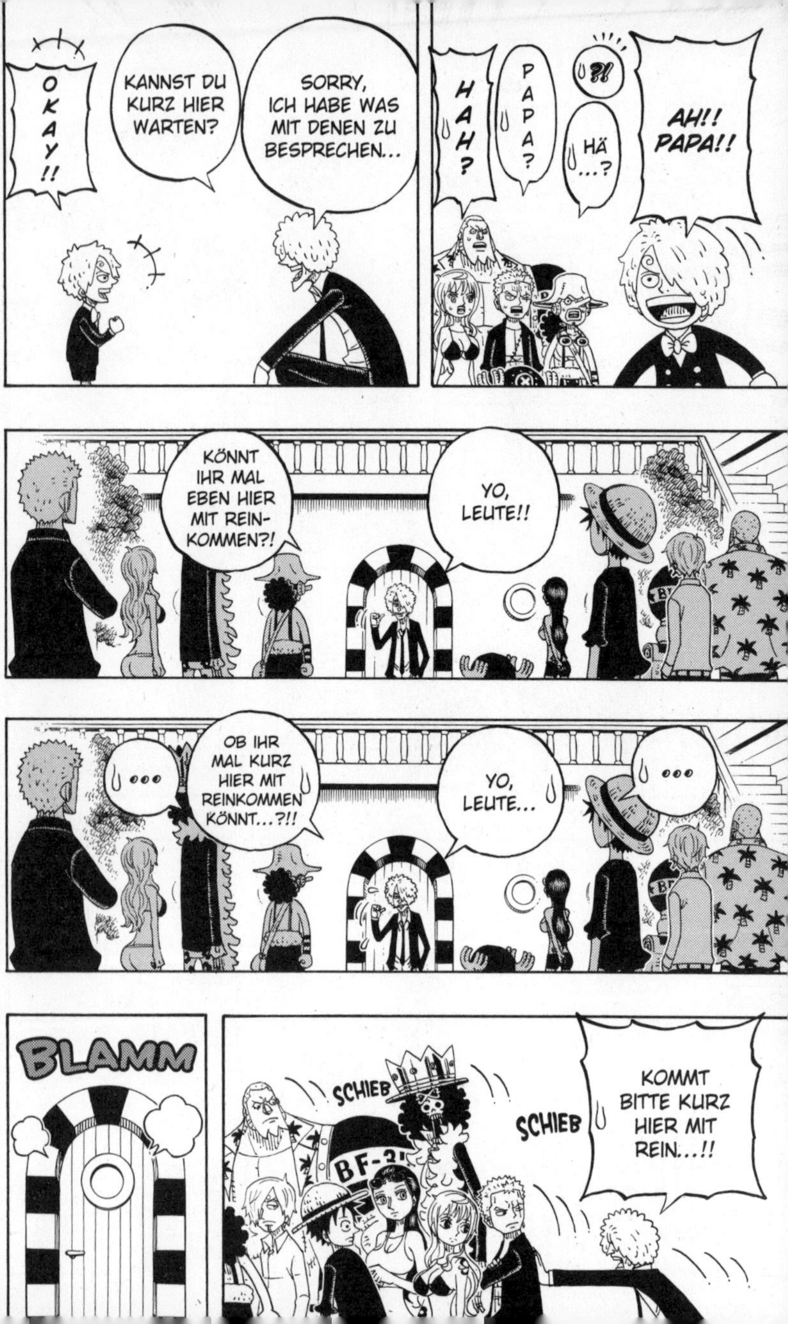
AH!! PAPA!!
?!
HÄ...?
PAPA?
HAH?
SORRY, ICH HABE WAS MIT DENEN ZU BESPRECHEN...
KANNST DU KURZ HIER WARTEN?
OKAY!!
YO, LEUTE!!
KÖNNT IHR MAL EBEN HIER MIT REIN-KOMMEN?!
...
YO, LEUTE...
OB IHR MAL KURZ HIER MIT REINKOMMEN KÖNNT...?!!
...
KOMMT BITTE KURZ HIER MIT REIN...!!
SCHIEB
SCHIEB
BLAMM

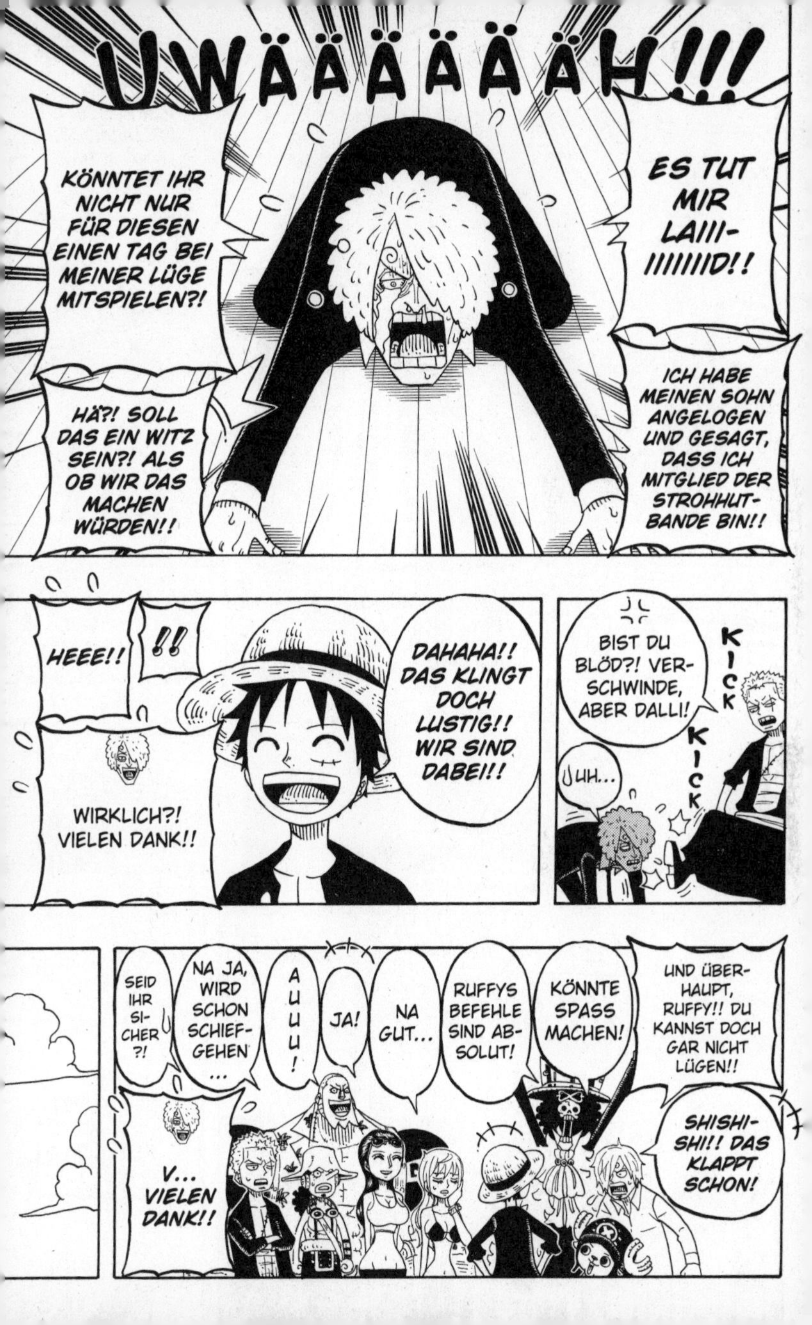
UWÄÄÄÄÄH!!!
ES TUT MIR LAIIII-IIIIIIID!!
ICH HABE MEINEN SOHN ANGELOGEN UND GESAGT, DASS ICH MITGLIED DER STROHHUT-BANDE BIN!!
KÖNNTET IHR NICHT NUR FÜR DIESEN EINEN TAG BEI MEINER LÜGE MITSPIELEN?!
HÄ?! SOLL DAS EIN WITZ SEIN?! ALS OB WIR DAS MACHEN WÜRDEN!!
BIST DU BLÖD?! VER-SCHWINDE, ABER DALLI!
KICK
KICK
KICK
UH...
DAHAHA!! DAS KLINGT DOCH LUSTIG!! WIR SIND DABEI!!
!!
HEEE!!
WIRKLICH?! VIELEN DANK!!
UND ÜBER-HAUPT, RUFFY!! DU KANNST DOCH GAR NICHT LÜGEN!!
SHISHI-SHI!! DAS KLAPPT SCHON!
KÖNNTE SPASS MACHEN!
RUFFYS BEFEHLE SIND AB-SOLUT!
NA GUT...
JA!
AUUU!
NA JA, WIRD SCHON SCHIEF-GEHEN ...
SEID IHR SI-CHER?!
V... VIELEN DANK!!

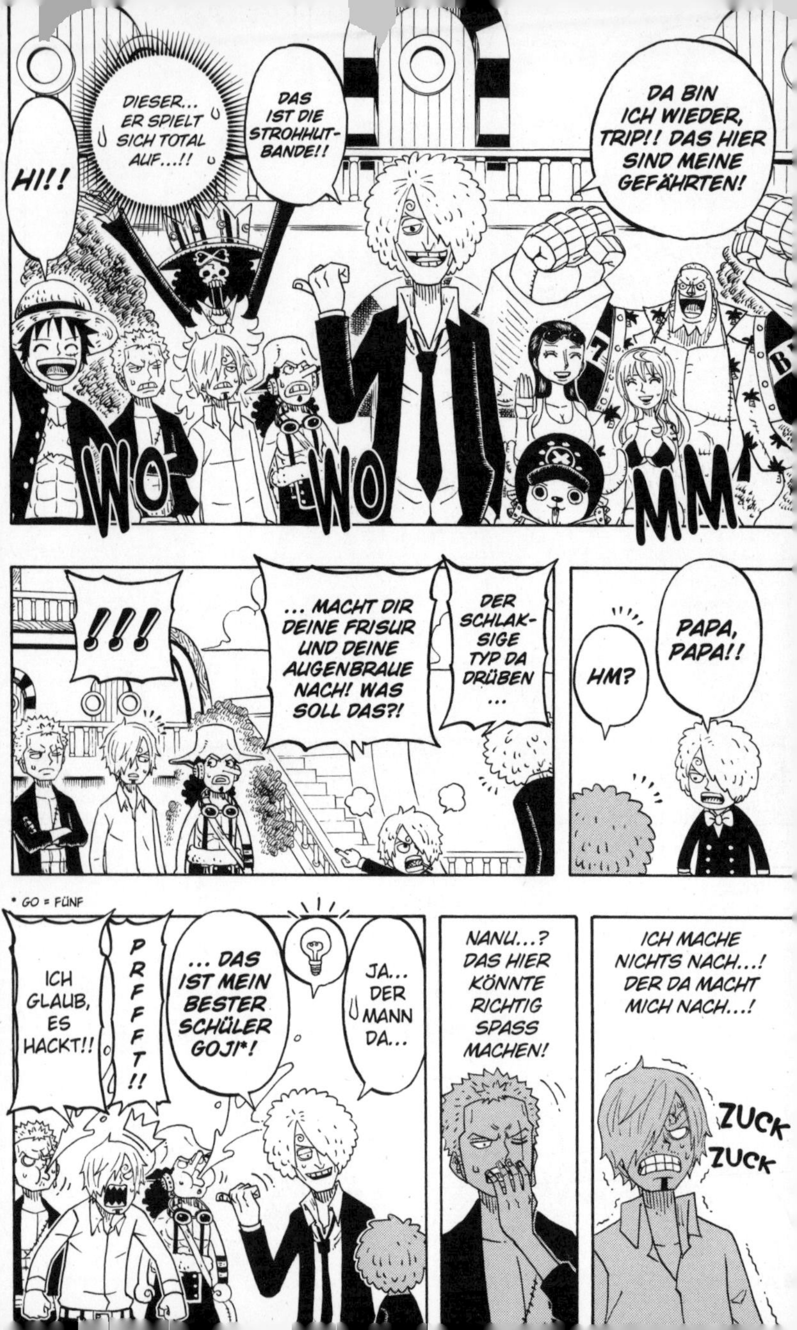
DA BIN ICH WIEDER, TRIP!! DAS HIER SIND MEINE GEFÄHRTEN!
DAS IST DIE STROHHUT-BANDE!!
DIESER... ER SPIELT SICH TOTAL AUF...!!
HI!!
WO WO MM
PAPA, PAPA!!
HM?
DER SCHLAK-SIGE TYP DA DRÜBEN ...
... MACHT DIR DEINE FRISUR UND DEINE AUGENBRAUE NACH! WAS SOLL DAS?!
!!!
ICH MACHE NICHTS NACH...! DER DA MACHT MICH NACH...!
ZUCK
ZUCK
NANU...? DAS HIER KÖNNTE RICHTIG SPASS MACHEN!
JA... DER MANN DA...
... DAS IST MEIN BESTER SCHÜLER GOJI*!
PRFFFT!!
ICH GLAUB, ES HACKT!!

* GO = FÜNF

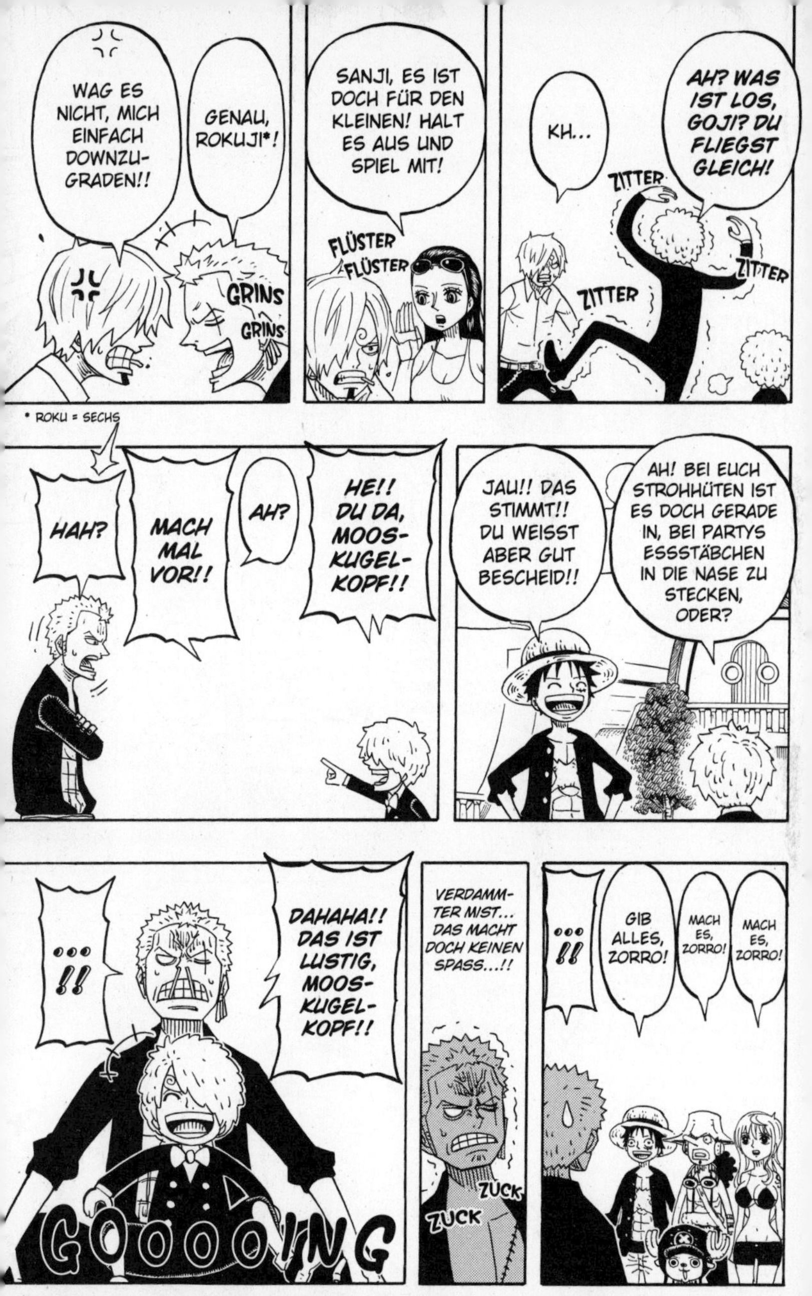
AH? WAS IST LOS, GOJI? DU FLIEGST GLEICH!
ZITTER
ZITTER
ZITTER
KH...
SANJI, ES IST DOCH FÜR DEN KLEINEN! HALT ES AUS UND SPIEL MIT!
FLÜSTER
FLÜSTER
GENAU, ROKUJI*!
GRINS
GRINS
WAG ES NICHT, MICH EINFACH DOWNZU-GRADEN!!
* ROKU = SECHS
AH! BEI EUCH STROHHÜTEN IST ES DOCH GERADE IN, BEI PARTYS ESSSTÄBCHEN IN DIE NASE ZU STECKEN, ODER?
JAU!! DAS STIMMT!! DU WEISST ABER GUT BESCHEID!!
HE!! DU DA, MOOS-KUGEL-KOPF!!
AH?
MACH MAL VOR!!
HAH?
MACH ES, ZORRO!
MACH ES, ZORRO!
GIB ALLES, ZORRO!
...!!
VERDAMMTER MIST... DAS MACHT DOCH KEINEN SPASS...!!
ZUCK
ZUCK
DAHAHA!! DAS IST LUSTIG, MOOS-KUGEL-KOPF!!
...!!
GOOOOING

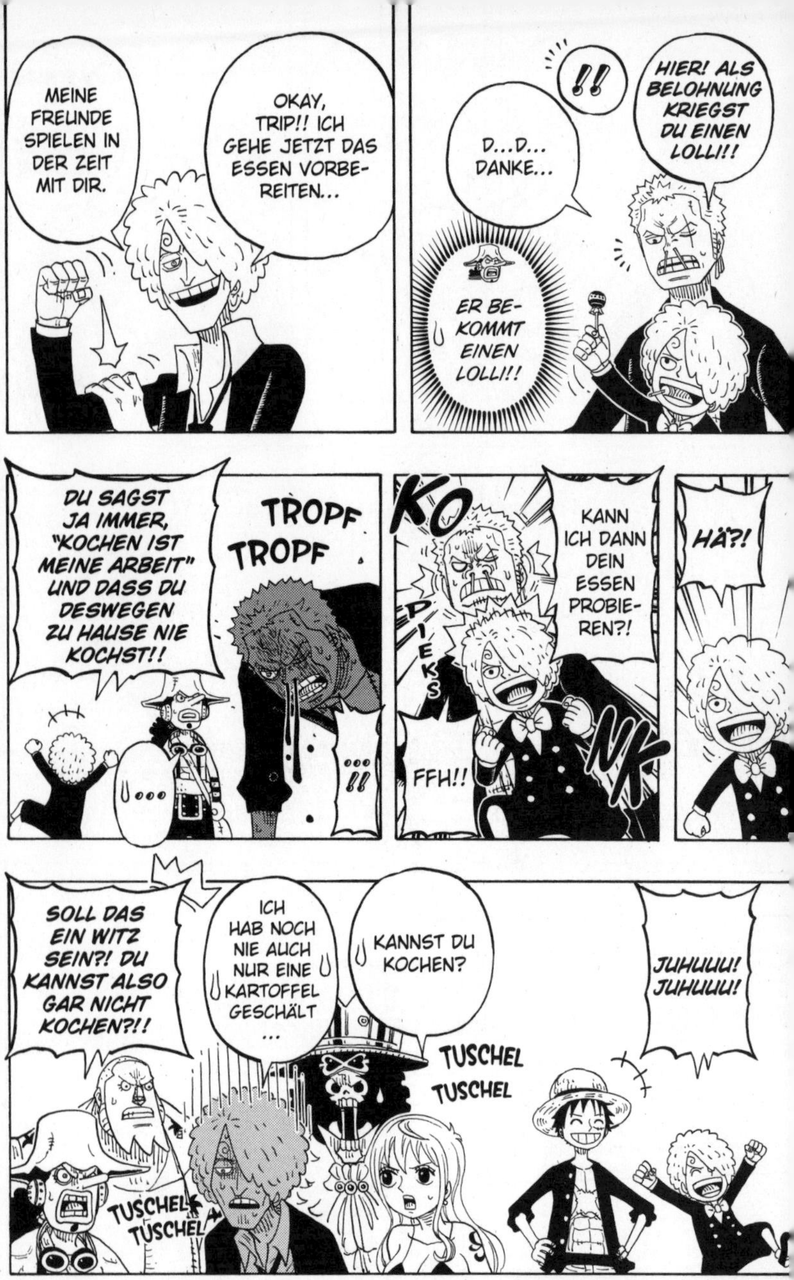
OKAY, TRIP!! ICH GEHE JETZT DAS ESSEN VORBEREITEN...
MEINE FREUNDE SPIELEN IN DER ZEIT MIT DIR.
HIER! ALS BELOHNUNG KRIEGST DU EINEN LOLLI!!
!!
D...D... DANKE...
ER BEKOMMT EINEN LOLLI!!
TROPF TROPF
DU SAGST JA IMMER, "KOCHEN IST MEINE ARBEIT" UND DASS DU DESWEGEN ZU HAUSE NIE KOCHST!!
...
...!!
HÄ?!
KANN ICH DANN DEIN ESSEN PROBIEREN?!
KO
PIEKS
FFH!!
NK
JUHUUU! JUHUUU!
KANNST DU KOCHEN?
ICH HAB NOCH NIE AUCH NUR EINE KARTOFFEL GESCHÄLT ...
SOLL DAS EIN WITZ SEIN?! DU KANNST ALSO GAR NICHT KOCHEN?!!
TUSCHEL TUSCHEL
TUSCHEL TUSCHEL

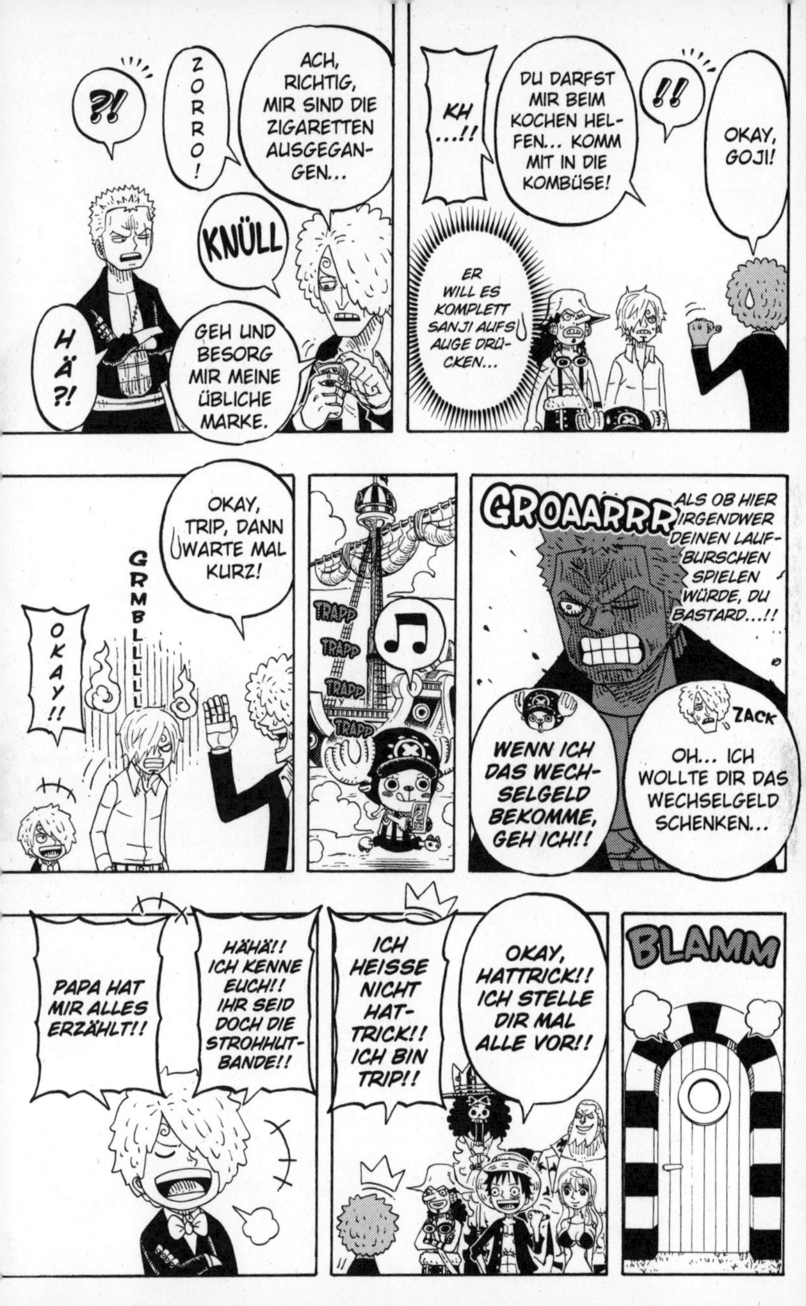

OKAY, GOJI!
!!
DU DARFST MIR BEIM KOCHEN HELFEN... KOMM MIT IN DIE KOMBÜSE!
KH ...!!
ER WILL ES KOMPLETT SANJI AUFS AUGE DRÜCKEN...
ACH, RICHTIG, MIR SIND DIE ZIGARETTEN AUSGEGANGEN...
ZORRO!
?!
KNÜLL
GEH UND BESORG MIR MEINE ÜBLICHE MARKE.
HÄ?!
GROAARRR
ALS OB HIER IRGENDWER DEINEN LAUFBURSCHEN SPIELEN WÜRDE, DU BASTARD...!!
ZACK
OH... ICH WOLLTE DIR DAS WECHSELGELD SCHENKEN...
WENN ICH DAS WECHSELGELD BEKOMME, GEH ICH!!
TRAPP
TRAPP
TRAPP
TRAPP
♪
OKAY, TRIP, DANN WARTE MAL KURZ!
GRMBLLLLLL
OKAY!!
BLAMM
OKAY, HATTRICK!! ICH STELLE DIR MAL ALLE VOR!!
ICH HEISSE NICHT HATTRICK!! ICH BIN TRIP!!
HÄHÄ!! ICH KENNE EUCH!! IHR SEID DOCH DIE STROHHUTBANDE!!
PAPA HAT MIR ALLES ERZÄHLT!!

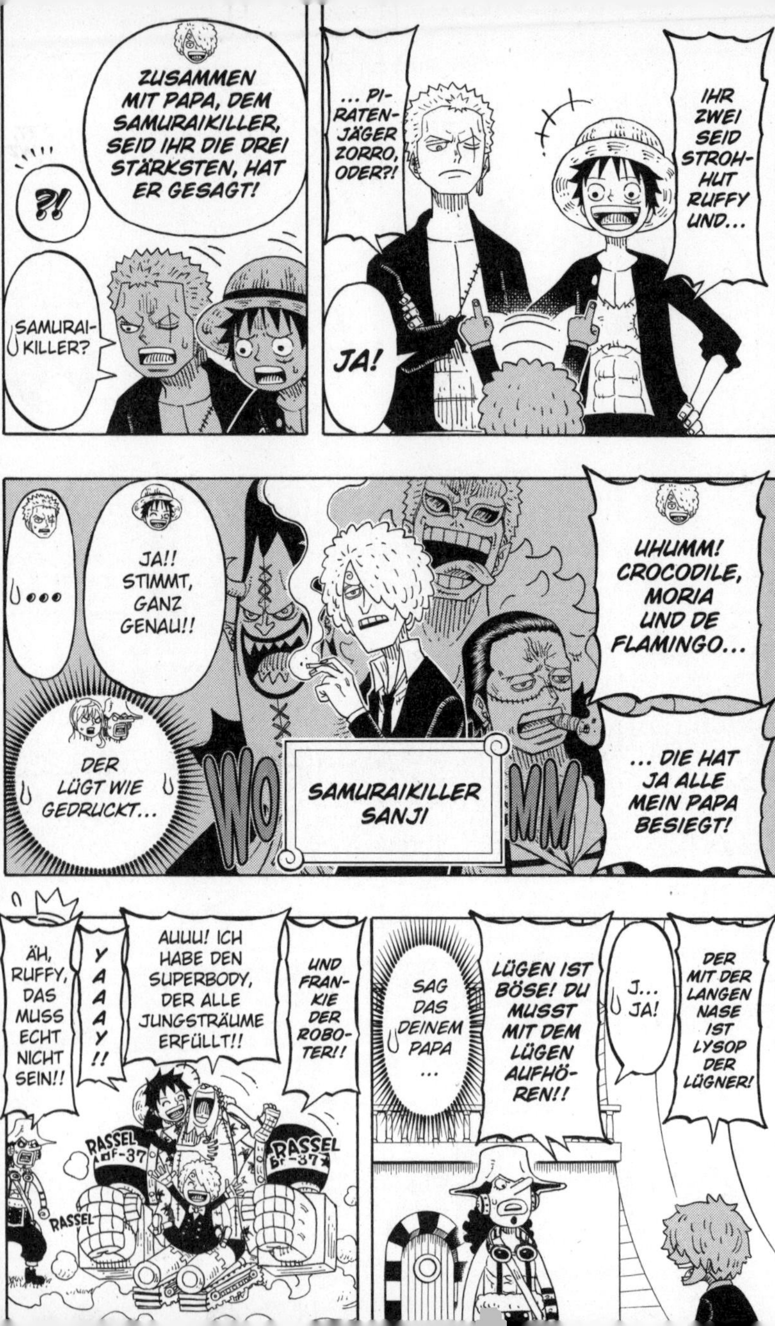
IHR ZWEI SEID STROHHUT RUFFY UND...
... PIRATENJÄGER ZORRO, ODER?!
JA!
ZUSAMMEN MIT PAPA, DEM SAMURAIKILLER, SEID IHR DIE DREI STÄRKSTEN, HAT ER GESAGT!
?!
SAMURAIKILLER?
UHUMM! CROCODILE, MORIA UND DE FLAMINGO...
... DIE HAT JA ALLE MEIN PAPA BESIEGT!
WOMM
SAMURAIKILLER SANJI
JA!! STIMMT, GANZ GENAU!!
...
DER LÜGT WIE GEDRUCKT...
DER MIT DER LANGEN NASE IST LYSOP DER LÜGNER!
J... JA!
LÜGEN IST BÖSE! DU MUSST MIT DEM LÜGEN AUFHÖREN!!
SAG DAS DEINEM PAPA...
UND FRANKIE DER ROBOTER!!
AUUU! ICH HABE DEN SUPERBODY, DER ALLE JUNGSTRÄUME ERFÜLLT!!
YAAAAY!!
ÄH, RUFFY, DAS MUSS ECHT NICHT SEIN!!
RASSEL
RASSEL
RASSEL

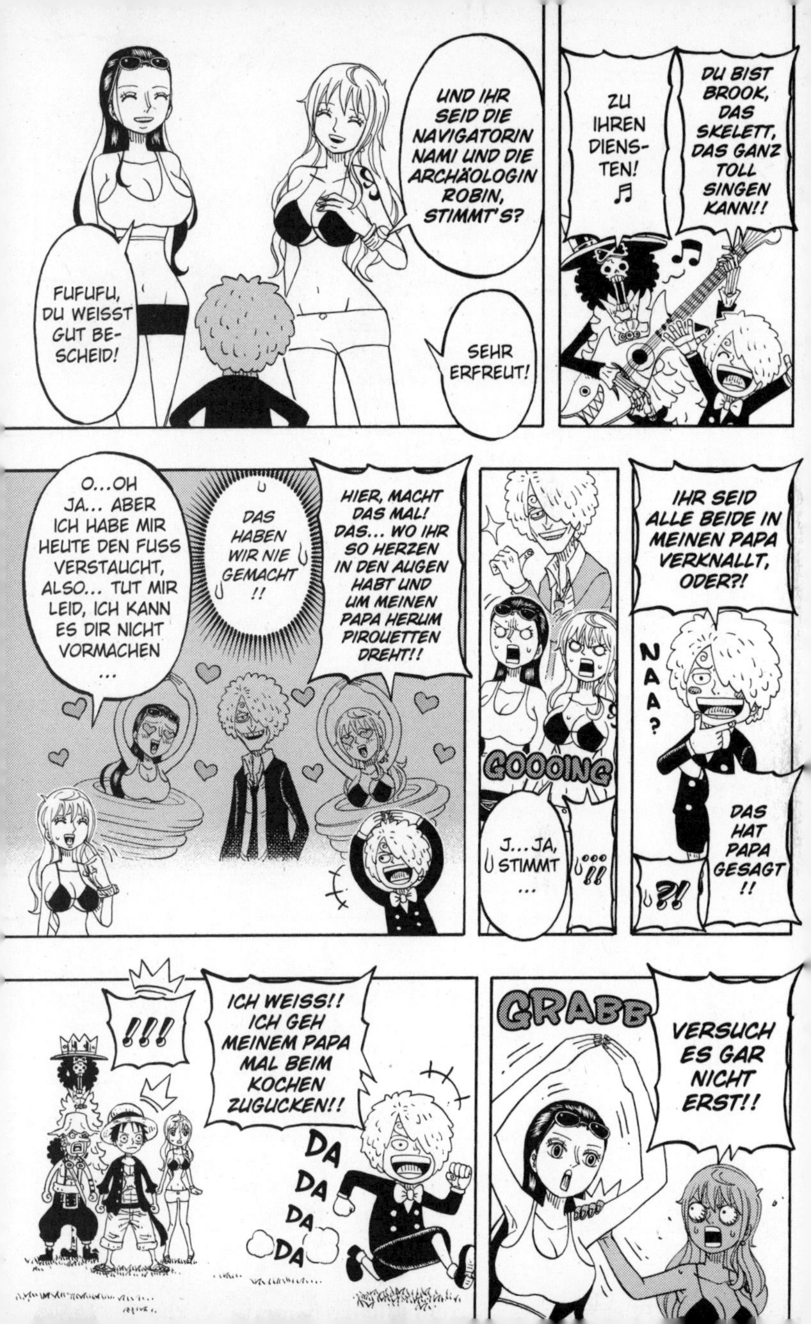

DU BIST BROOK, DAS SKELETT, DAS GANZ TOLL SINGEN KANN!!
ZU IHREN DIENS-TEN! ♫
UND IHR SEID DIE NAVIGATORIN NAMI UND DIE ARCHÄOLOGIN ROBIN, STIMMT'S?
SEHR ERFREUT!
FUFUFU, DU WEISST GUT BE-SCHEID!
IHR SEID ALLE BEIDE IN MEINEN PAPA VERKNALLT, ODER?!
NAA?
DAS HAT PAPA GESAGT!!
?!
GOOOING
...!!
J...JA, STIMMT ...
HIER, MACHT DAS MAL! DAS... WO IHR SO HERZEN IN DEN AUGEN HABT UND UM MEINEN PAPA HERUM PIROUETTEN DREHT!!
DAS HABEN WIR NIE GEMACHT!!
O...OH JA... ABER ICH HABE MIR HEUTE DEN FUSS VERSTAUCHT, ALSO... TUT MIR LEID, ICH KANN ES DIR NICHT VORMACHEN ...
ICH WEISS!! ICH GEH MEINEM PAPA MAL BEIM KOCHEN ZUGUCKEN!!
DA DA DA DA DA
!!!
GRABB
VERSUCH ES GAR NICHT ERST!!

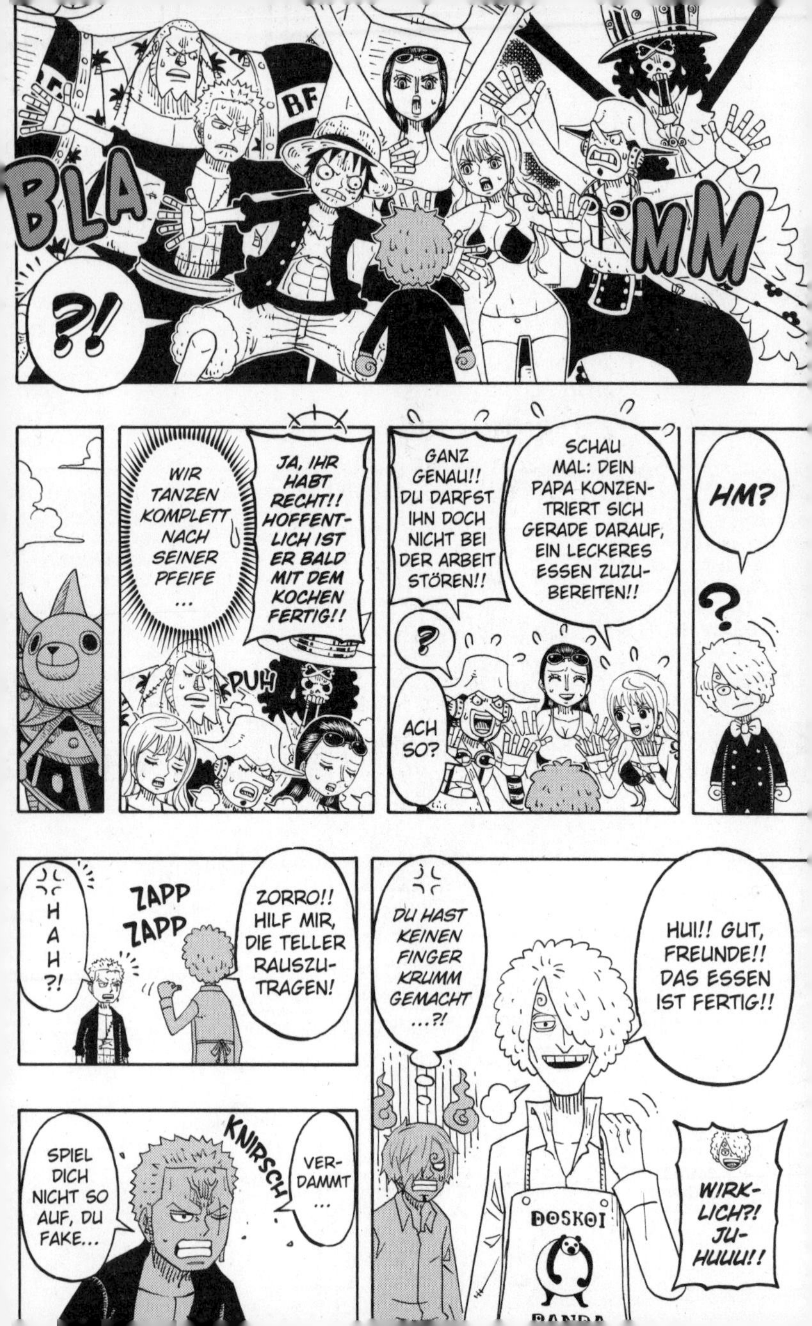
BLA
MM
?!
HM?
?
SCHAU MAL: DEIN PAPA KONZENTRIERT SICH GERADE DARAUF, EIN LECKERES ESSEN ZUZUBEREITEN!!
GANZ GENAU!! DU DARFST IHN DOCH NICHT BEI DER ARBEIT STÖREN!!
?
ACH SO?
JA, IHR HABT RECHT!! HOFFENTLICH IST ER BALD MIT DEM KOCHEN FERTIG!!
WIR TANZEN KOMPLETT NACH SEINER PFEIFE …
PUH
HUI!! GUT, FREUNDE!! DAS ESSEN IST FERTIG!!
DU HAST KEINEN FINGER KRUMM GEMACHT …?!
WIRKLICH?! JUHUUU!!
DOSKOI
ZORRO!! HILF MIR, DIE TELLER RAUSZUTRAGEN!
ZAPP ZAPP
HAH?!
VERDAMMT …
KNIRSCH
SPIEL DICH NICHT SO AUF, DU FAKE…

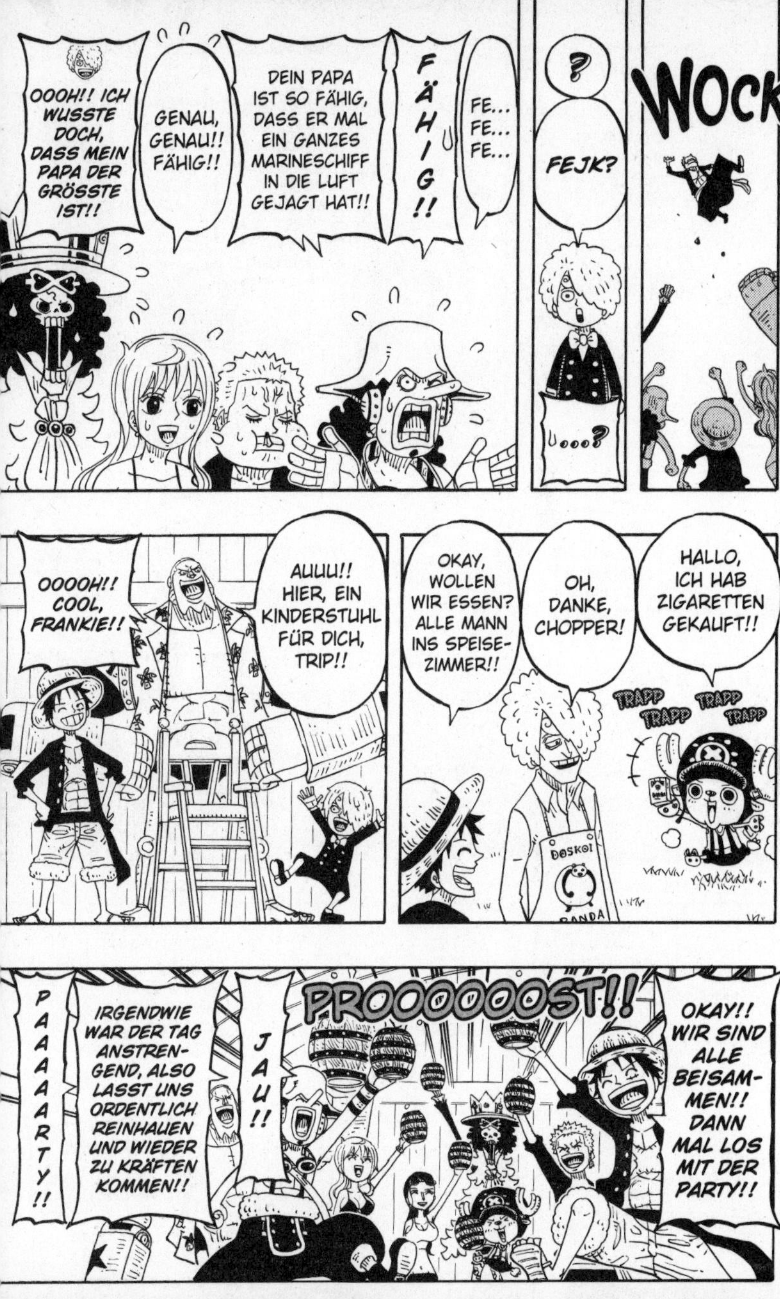
OOOH!! ICH WUSSTE DOCH, DASS MEIN PAPA DER GRÖSSTE IST!!
GENAU, GENAU!! FÄHIG!!
DEIN PAPA IST SO FÄHIG, DASS ER MAL EIN GANZES MARINESCHIFF IN DIE LUFT GEJAGT HAT!!
FÄHIG!!
FE... FE... FE...
?
FEJK?
U...?
WOCK
OOOOH!! COOL, FRANKIE!!
AUUU!! HIER, EIN KINDERSTUHL FÜR DICH, TRIP!!
OKAY, WOLLEN WIR ESSEN? ALLE MANN INS SPEISEZIMMER!!
OH, DANKE, CHOPPER!
HALLO, ICH HAB ZIGARETTEN GEKAUFT!!
TRAPP TRAPP TRAPP TRAPP
DOSKOI PANDA
PAAAAAARTY!!
IRGENDWIE WAR DER TAG ANSTRENGEND, ALSO LASST UNS ORDENTLICH REINHAUEN UND WIEDER ZU KRÄFTEN KOMMEN!!
JAU!!
PROOOOOOST!!
OKAY!! WIR SIND ALLE BEISAMMEN!! DANN MAL LOS MIT DER PARTY!!

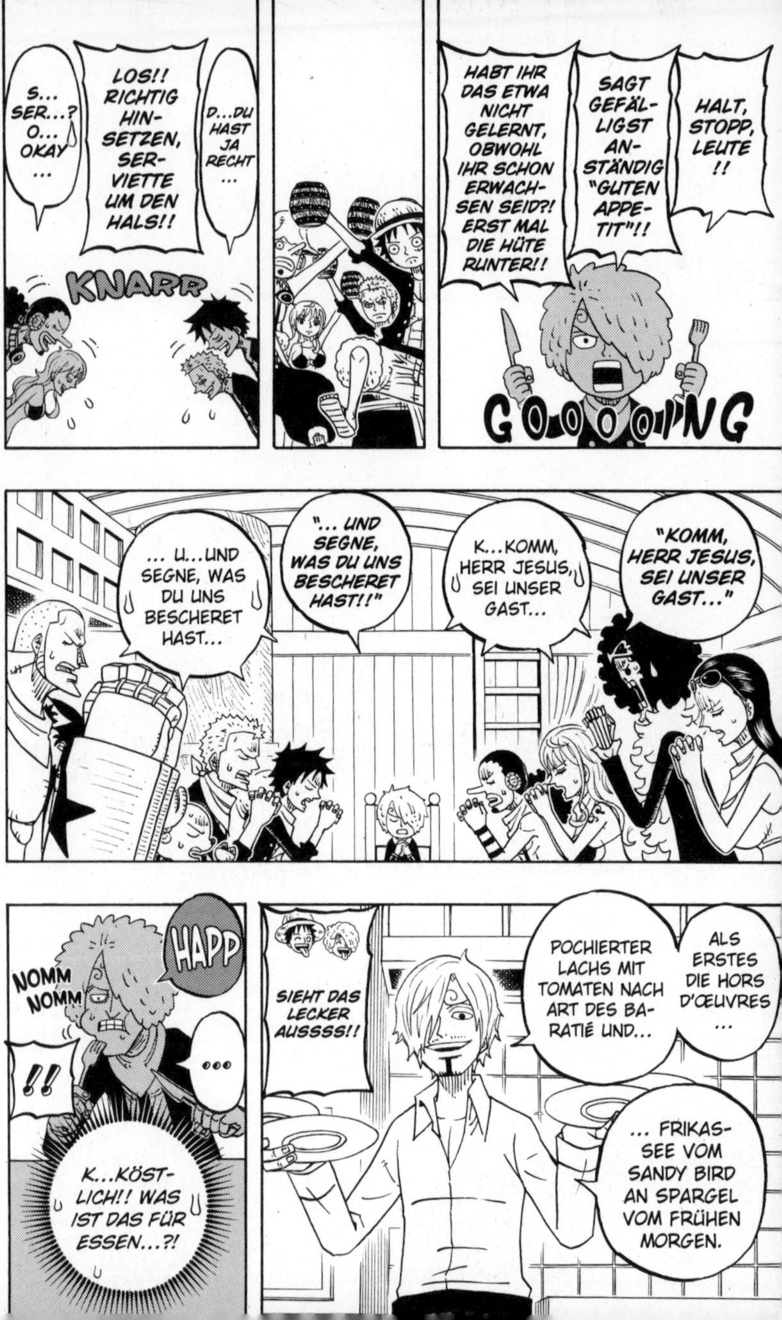
HALT, STOPP, LEUTE!!
SAGT GEFÄLLIGST ANSTÄNDIG "GUTEN APPETIT"!!
HABT IHR DAS ETWA NICHT GELERNT, OBWOHL IHR SCHON ERWACHSEN SEID?! ERST MAL DIE HÜTE RUNTER!!
GOOOOOI'NG
D...DU HAST JA RECHT...
LOS!! RICHTIG HINSETZEN, SERVIETTE UM DEN HALS!!
S... SER...? O... OKAY...
KNARR
"KOMM, HERR JESUS, SEI UNSER GAST..."
K...KOMM, HERR JESUS, SEI UNSER GAST...
"... UND SEGNE, WAS DU UNS BESCHERET HAST!!"
... U...UND SEGNE, WAS DU UNS BESCHERET HAST...
ALS ERSTES DIE HORS D'ŒUVRES...
POCHIERTER LACHS MIT TOMATEN NACH ART DES BARATIÉ UND...
... FRIKASSEE VOM SANDY BIRD AN SPARGEL VOM FRÜHEN MORGEN.
SIEHT DAS LECKER AUSSSS!!
HAPP
NOMM NOMM
...
!!
K...KÖSTLICH!! WAS IST DAS FÜR ESSEN...?!

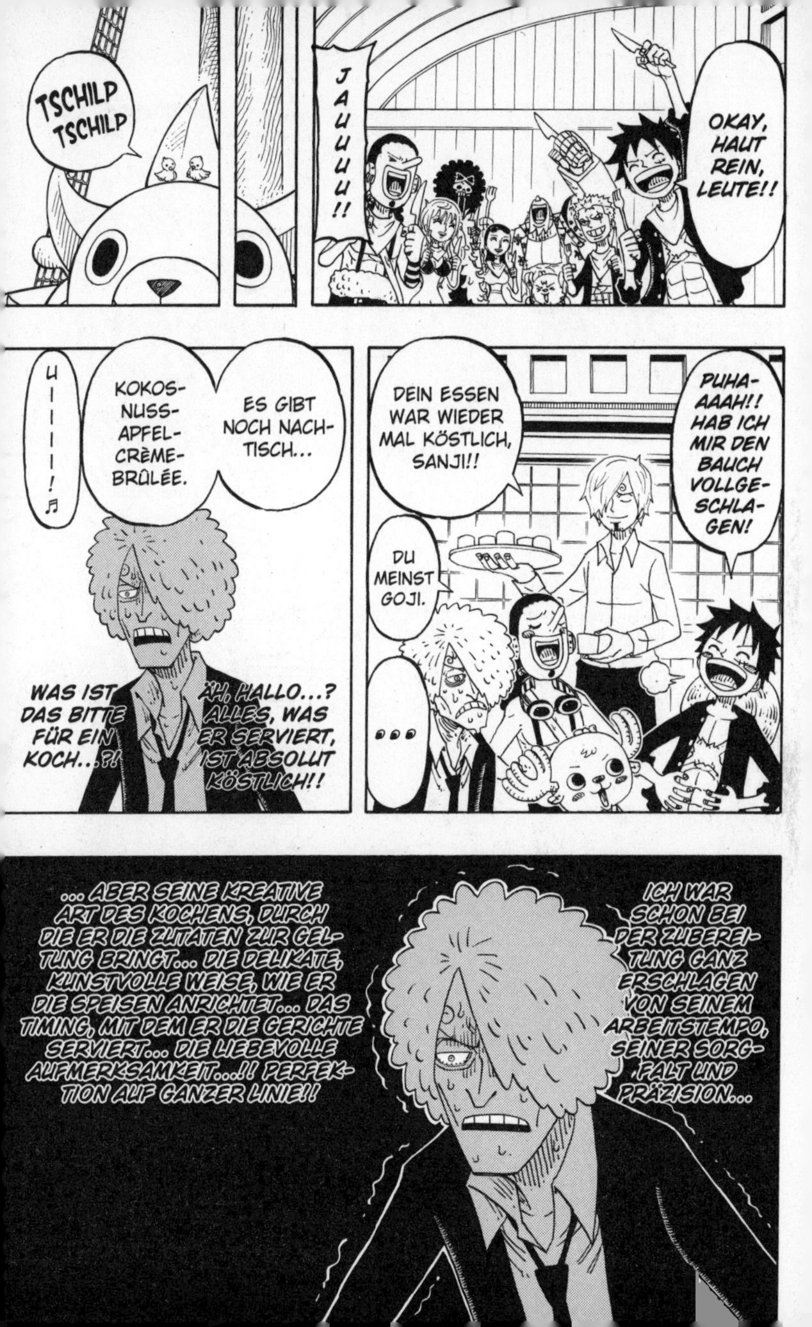
OKAY, HAUT REIN, LEUTE!!
JAUUUUU!!
TSCHILP TSCHILP
PUHAAAAH!! HAB ICH MIR DEN BAUCH VOLLGESCHLAGEN!
DEIN ESSEN WAR WIEDER MAL KÖSTLICH, SANJI!!
DU MEINST GOJI.
...
ES GIBT NOCH NACHTISCH...
KOKOSNUSS-APFEL-CRÈME-BRÛLÉE.
U----!♪
ÄH, HALLO...? ALLES, WAS ER SERVIERT, IST ABSOLUT KÖSTLICH!!
WAS IST DAS BITTE FÜR EIN KOCH...?!
ICH WAR SCHON BEI DER ZUBEREITUNG GANZ ERSCHLAGEN VON SEINEM ARBEITSTEMPO, SEINER SORGFALT UND PRÄZISION...
... ABER SEINE KREATIVE ART DES KOCHENS, DURCH DIE ER DIE ZUTATEN ZUR GELTUNG BRINGT... DIE DELIKATE, KUNSTVOLLE WEISE, WIE ER DIE SPEISEN ANRICHTET... DAS TIMING, MIT DEM ER DIE GERICHTE SERVIERT... DIE LIEBEVOLLE AUFMERKSAMKEIT...!! PERFEKTION AUF GANZER LINIE!!

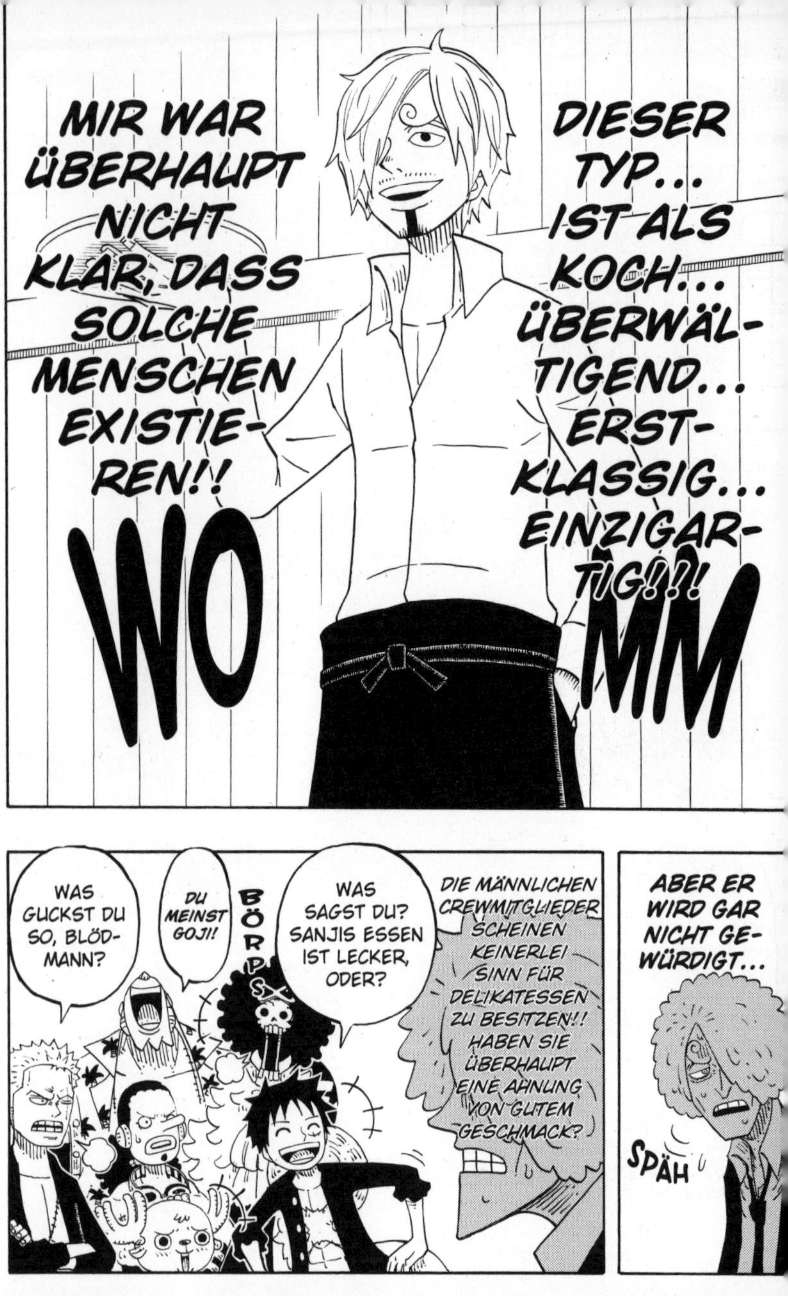
MIR WAR ÜBERHAUPT NICHT KLAR, DASS SOLCHE MENSCHEN EXISTIEREN!!
DIESER TYP... IST ALS KOCH... ÜBERWÄLTIGEND... ERSTKLASSIG... EINZIGARTIG!?!
WOMM
WAS GUCKST DU SO, BLÖDMANN?
DU MEINST GOJI!
BÖRPS
WAS SAGST DU? SANJIS ESSEN IST LECKER, ODER?
DIE MÄNNLICHEN CREWMITGLIEDER SCHEINEN KEINERLEI SINN FÜR DELIKATESSEN ZU BESITZEN!! HABEN SIE ÜBERHAUPT EINE AHNUNG VON GUTEM GESCHMACK?
ABER ER WIRD GAR NICHT GEWÜRDIGT...
SPÄH

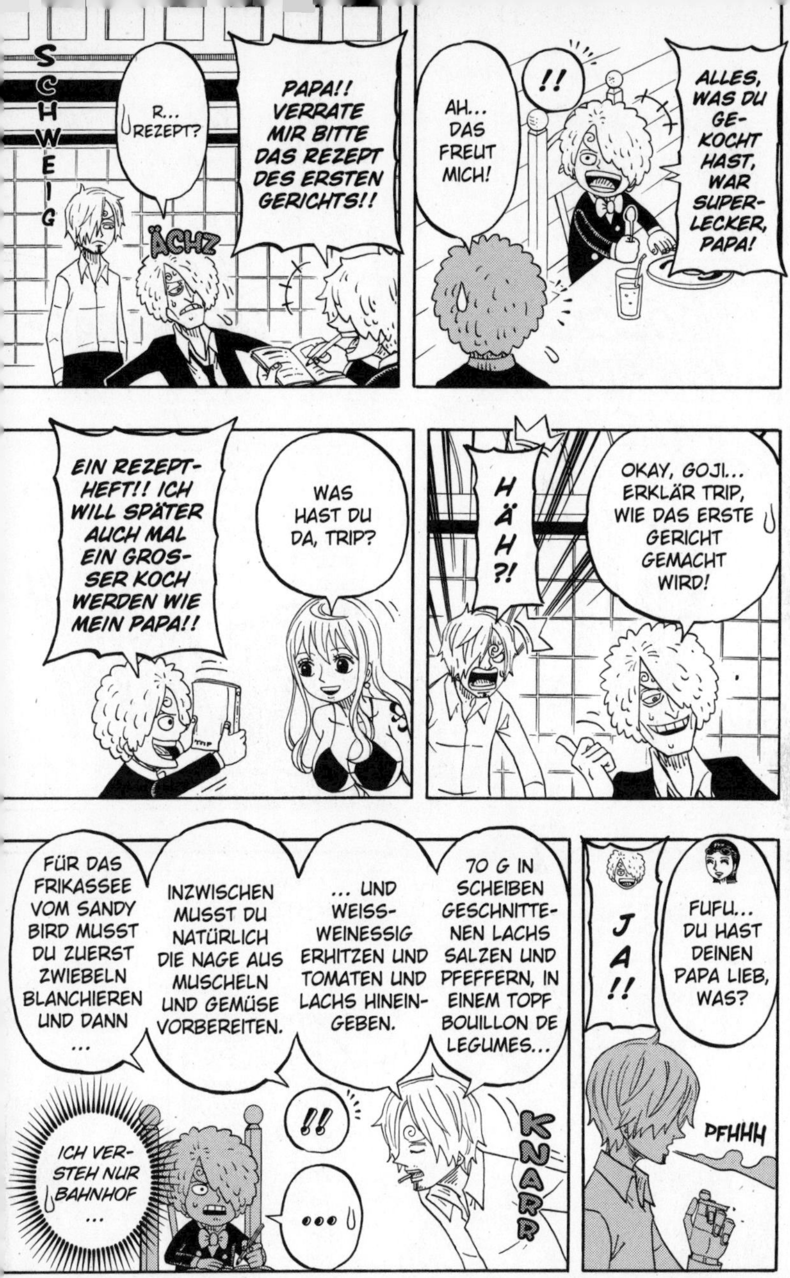
ALLES, WAS DU GEKOCHT HAST, WAR SUPER-LECKER, PAPA!
!!
AH... DAS FREUT MICH!
PAPA!! VERRATE MIR BITTE DAS REZEPT DES ERSTEN GERICHTS!!
R... REZEPT?
ÄCHZ
SCHWEIG
OKAY, GOJI... ERKLÄR TRIP, WIE DAS ERSTE GERICHT GEMACHT WIRD!
HÄH?!
WAS HAST DU DA, TRIP?
EIN REZEPTHEFT!! ICH WILL SPÄTER AUCH MAL EIN GROSSER KOCH WERDEN WIE MEIN PAPA!!
JA!!
FUFU... DU HAST DEINEN PAPA LIEB, WAS?
PFHHH
70 G IN SCHEIBEN GESCHNITTENEN LACHS SALZEN UND PFEFFERN, IN EINEM TOPF BOUILLON DE LEGUMES...
... UND WEISSWEINESSIG ERHITZEN UND TOMATEN UND LACHS HINEINGEBEN.
INZWISCHEN MUSST DU NATÜRLICH DIE NAGE AUS MUSCHELN UND GEMÜSE VORBEREITEN.
FÜR DAS FRIKASSEE VOM SANDY BIRD MUSST DU ZUERST ZWIEBELN BLANCHIEREN UND DANN ...
KNARR
!!
...
ICH VERSTEH NUR BAHNHOF ...

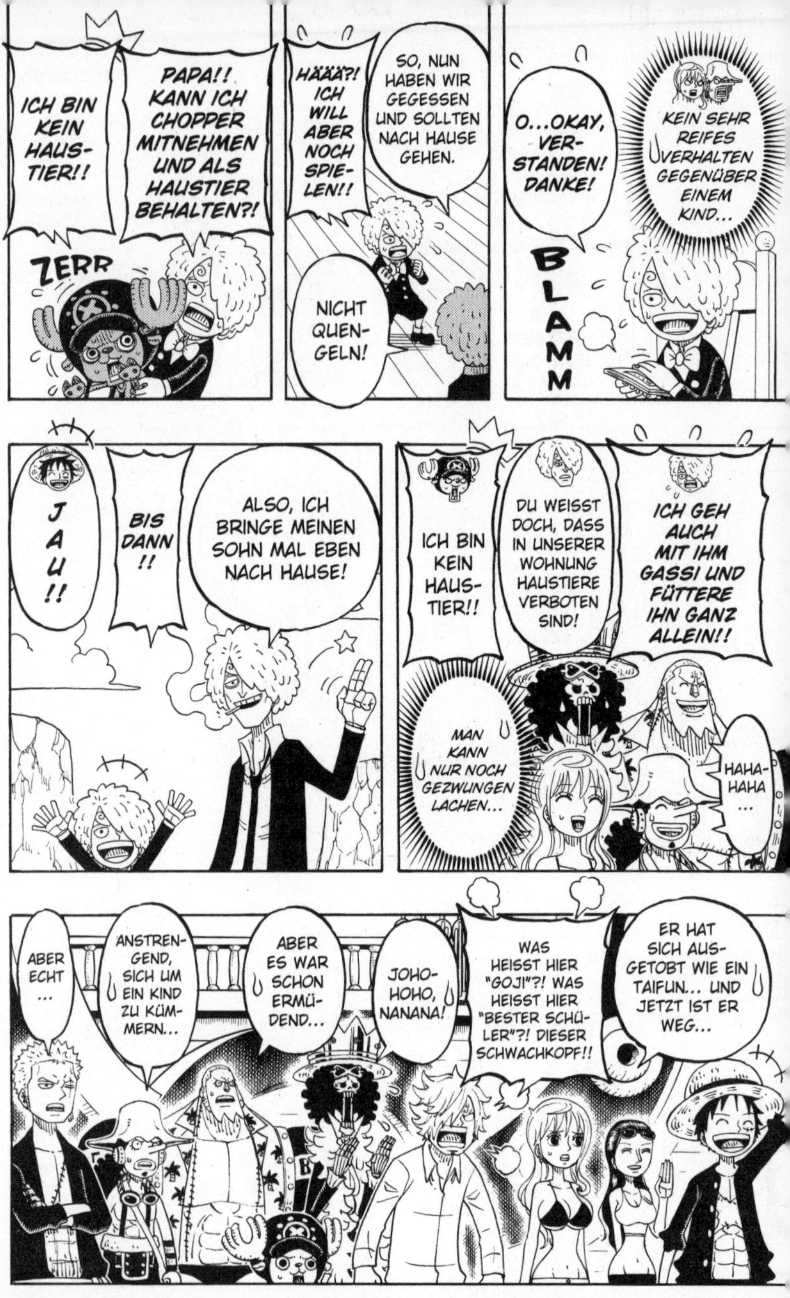
ICH BIN KEIN HAUS-TIER!!
PAPA!! KANN ICH CHOPPER MITNEHMEN UND ALS HAUSTIER BEHALTEN?!
ZERR
HÄÄÄ?! ICH WILL ABER NOCH SPIE-LEN!!
SO, NUN HABEN WIR GEGESSEN UND SOLLTEN NACH HAUSE GEHEN.
NICHT QUEN-GELN!
O...OKAY, VER-STANDEN! DANKE!
BLAMM
KEIN SEHR REIFES VERHALTEN GEGENÜBER EINEM KIND...
JA U!!
BIS DANN!!
ALSO, ICH BRINGE MEINEN SOHN MAL EBEN NACH HAUSE!
ICH BIN KEIN HAUS-TIER!!
DU WEISST DOCH, DASS IN UNSERER WOHNUNG HAUSTIERE VERBOTEN SIND!
ICH GEH AUCH MIT IHM GASSI UND FÜTTERE IHN GANZ ALLEIN!!
MAN KANN NUR NOCH GEZWUNGEN LACHEN...
HAHA-HAHA...
ABER ECHT...
ANSTREN-GEND, SICH UM EIN KIND ZU KÜM-MERN...
ABER ES WAR SCHON ERMÜ-DEND...
JOHO-HOHO, NANANA!
WAS HEISST HIER "GOJI"?! WAS HEISST HIER "BESTER SCHÜ-LER"?! DIESER SCHWACHKOPF!!
ER HAT SICH AUS-GETOBT WIE EIN TAIFUN... UND JETZT IST ER WEG...

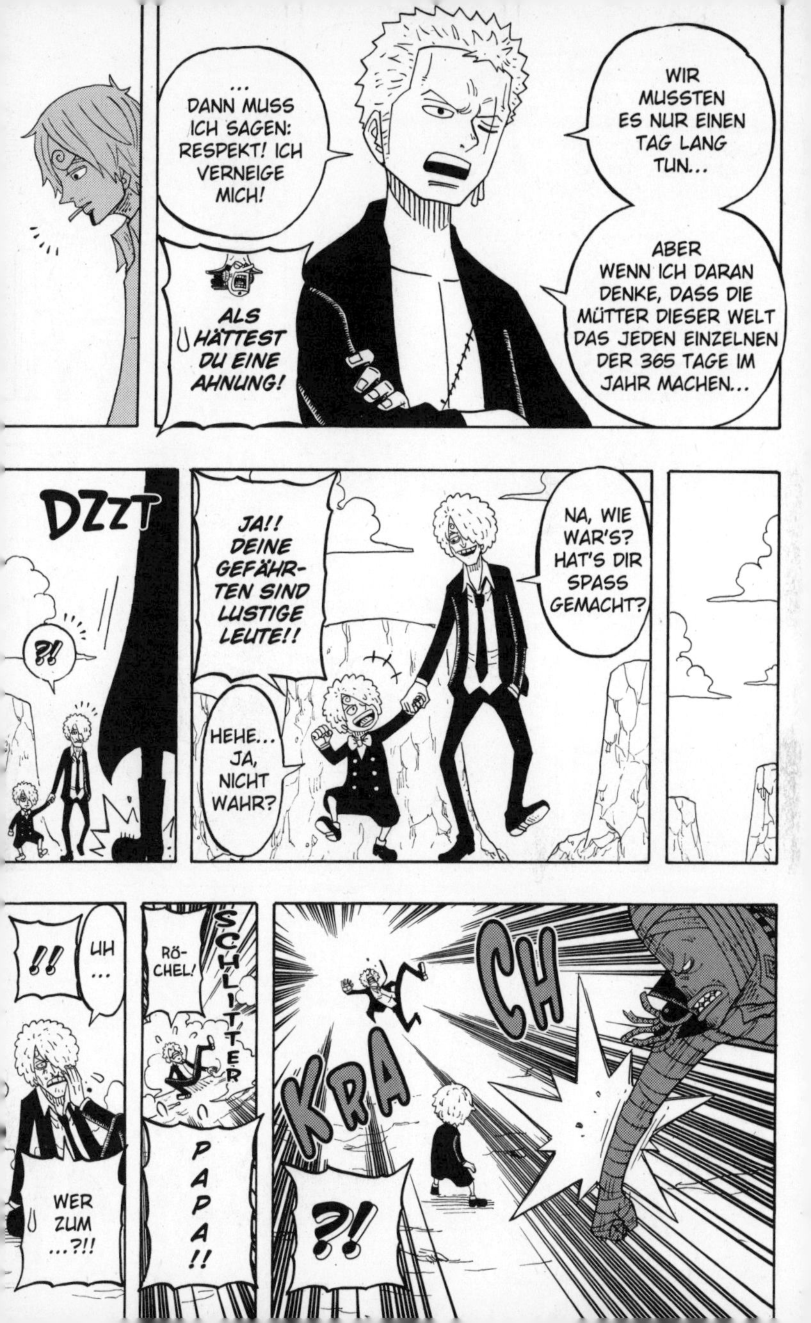
WIR MUSSTEN ES NUR EINEN TAG LANG TUN...
ABER WENN ICH DARAN DENKE, DASS DIE MÜTTER DIESER WELT DAS JEDEN EINZELNEN DER 365 TAGE IM JAHR MACHEN...
... DANN MUSS ICH SAGEN: RESPEKT! ICH VERNEIGE MICH!
ALS HÄTTEST DU EINE AHNUNG!
NA, WIE WAR'S? HAT'S DIR SPASS GEMACHT?
JA!! DEINE GEFÄHR-TEN SIND LUSTIGE LEUTE!!
HEHE... JA, NICHT WAHR?
DZZT
?!
KRA CH
?!
SCHLITTER
RÖ-CHEL!
PAPA!!
UH ...
!!
WER ZUM ...?!!

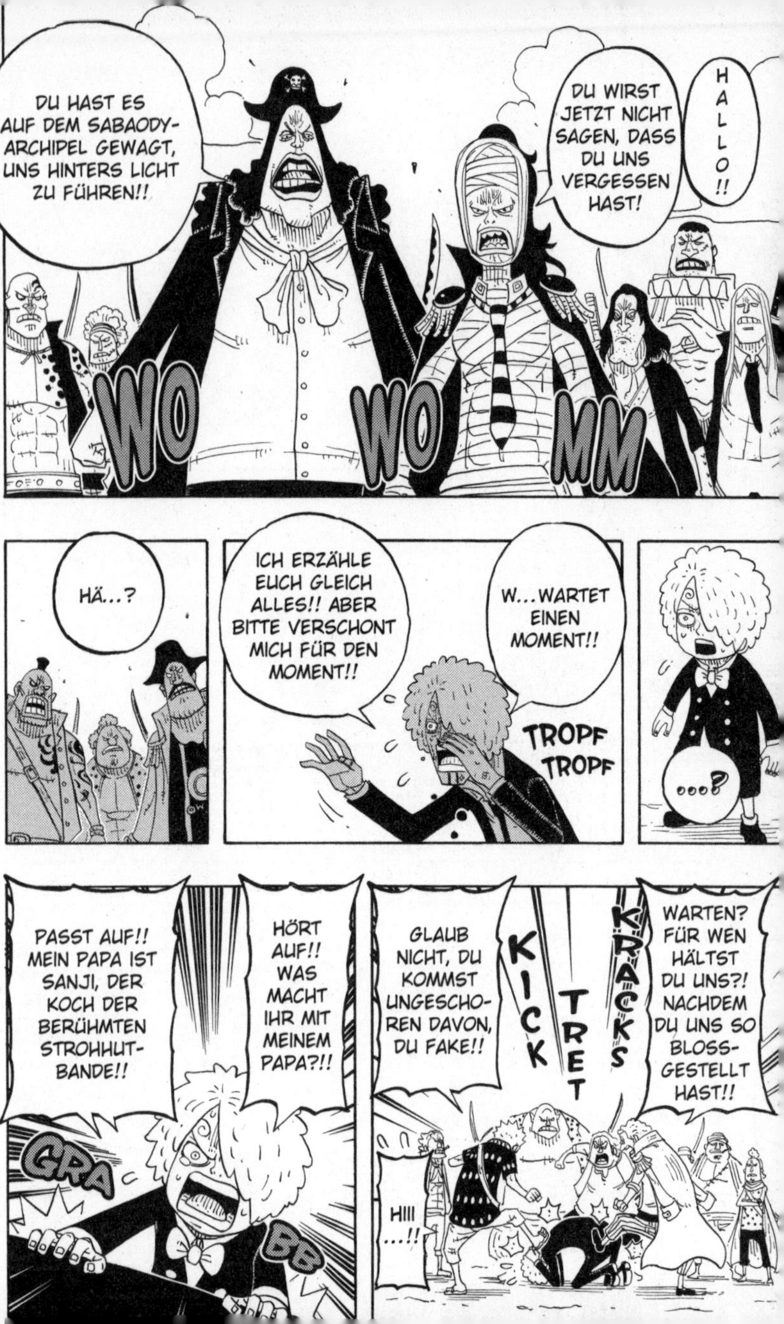
HALLO!!
DU WIRST JETZT NICHT SAGEN, DASS DU UNS VERGESSEN HAST!
DU HAST ES AUF DEM SABAODY-ARCHIPEL GEWAGT, UNS HINTERS LICHT ZU FÜHREN!!
WO WO MM
...?
W...WARTET EINEN MOMENT!!
TROPF TROPF
ICH ERZÄHLE EUCH GLEICH ALLES!! ABER BITTE VERSCHONT MICH FÜR DEN MOMENT!!
HÄ...?
WARTEN? FÜR WEN HÄLTST DU UNS?! NACHDEM DU UNS SO BLOSS-GESTELLT HAST!!
KRACKS
TRET
KICK
GLAUB NICHT, DU KOMMST UNGESCHO-REN DAVON, DU FAKE!!
HIII...!!
HÖRT AUF!! WAS MACHT IHR MIT MEINEM PAPA?!!
PASST AUF!! MEIN PAPA IST SANJI, DER KOCH DER BERÜHMTEN STROHHUT-BANDE!!
GRA BB

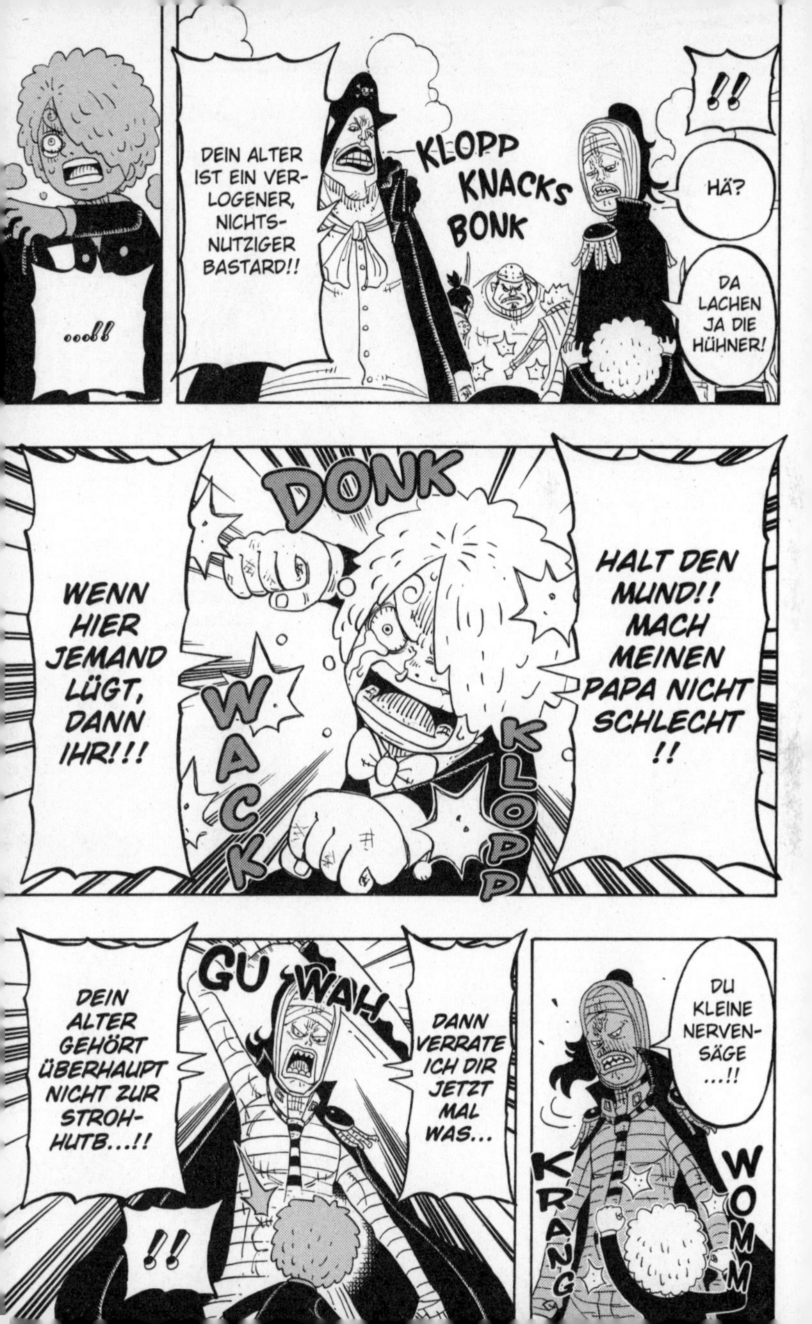
!!
HÄ?
DA LACHEN JA DIE HÜHNER!
KLOPP KNACKS BONK
DEIN ALTER IST EIN VERLOGENER, NICHTSNUTZIGER BASTARD!!
...!!
HALT DEN MUND!! MACH MEINEN PAPA NICHT SCHLECHT!!
DONK
KLOPP
WACK
WENN HIER JEMAND LÜGT, DANN IHR!!!
DU KLEINE NERVENSÄGE ...!!
WOMM
KRANG
DANN VERRATE ICH DIR JETZT MAL WAS...
GU WAH
DEIN ALTER GEHÖRT ÜBERHAUPT NICHT ZUR STROHHUTB...!!
!!

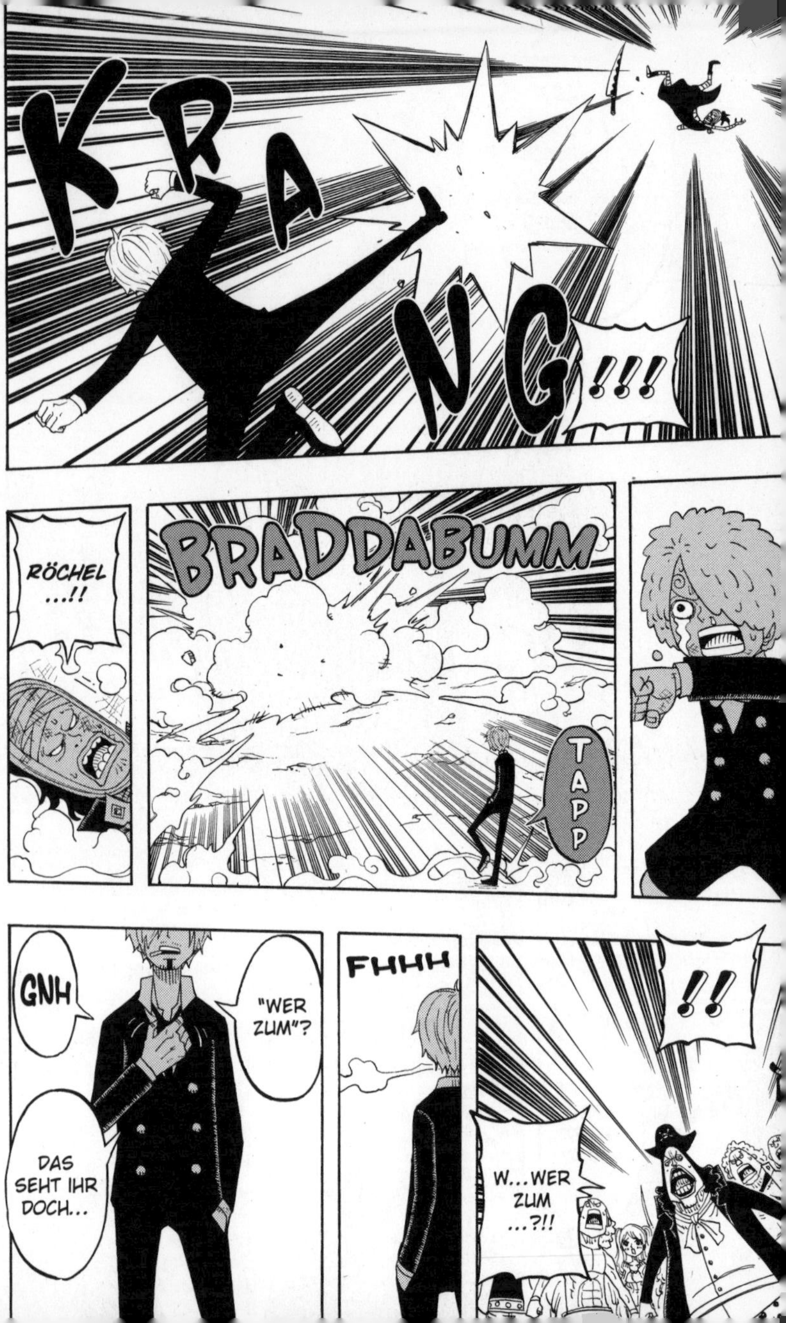
KRANG!!!
BRADDABUMM
RÖCHEL ...!!
TAPP
!!
W...WER ZUM ...?!!
FHHH
"WER ZUM"?
GNH
DAS SEHT IHR DOCH...

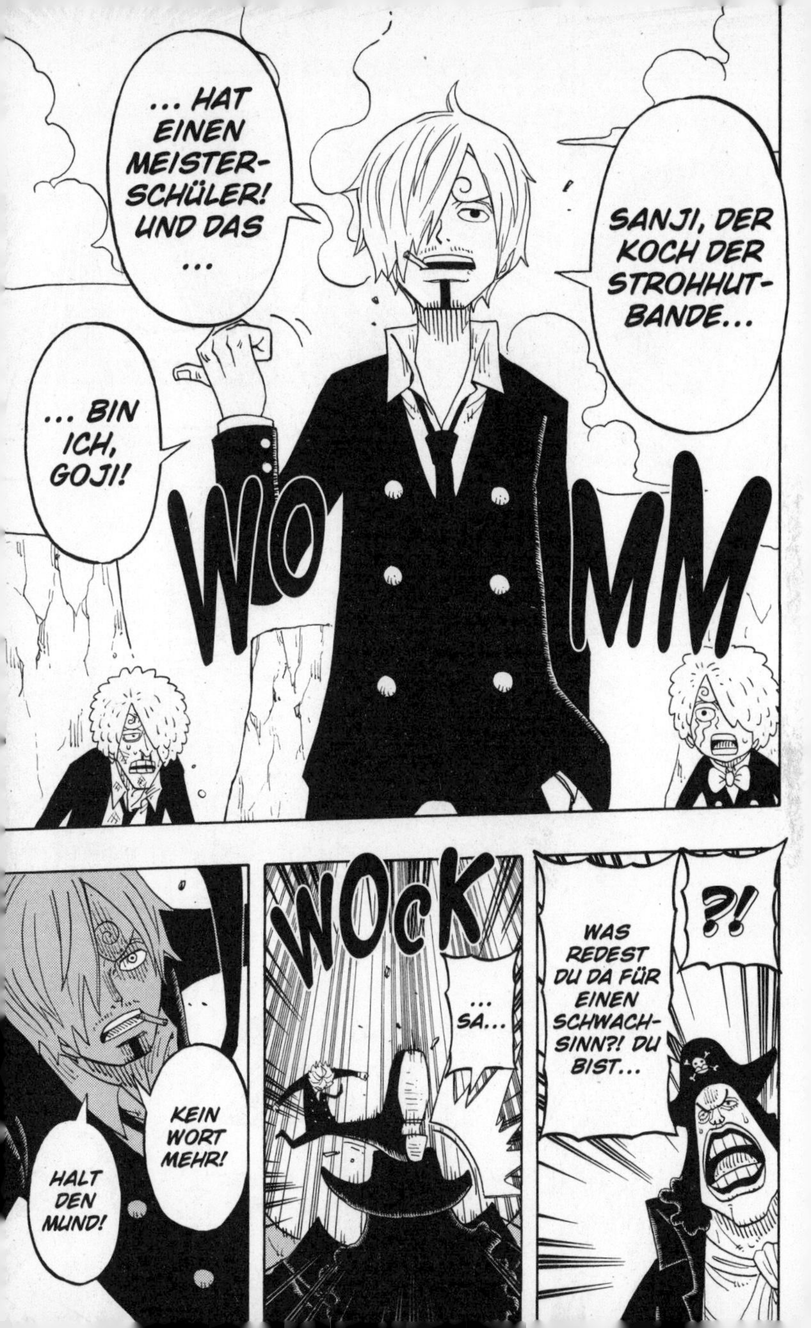
SANJI, DER KOCH DER STROHHUT-BANDE...
... HAT EINEN MEISTER-SCHÜLER! UND DAS ...
... BIN ICH, GOJI!
WOMM
?!
WAS REDEST DU DA FÜR EINEN SCHWACH-SINN?! DU BIST...
WOCK
... SA...
...
KEIN WORT MEHR!
HALT DEN MUND!

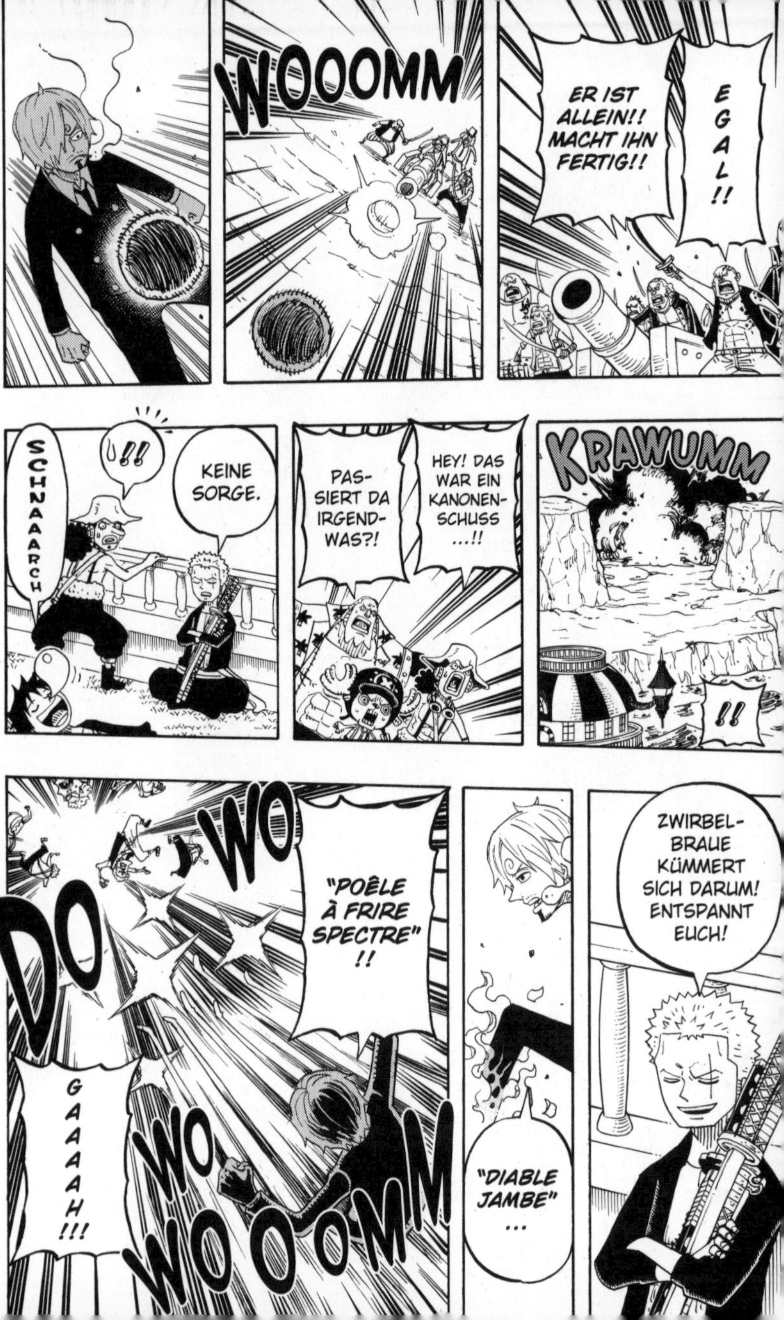

WOOOMM
E G A L !!
ER IST ALLEIN!! MACHT IHN FERTIG!!
KRAWUMM
!!
HEY! DAS WAR EIN KANONEN-SCHUSS ...!!
PAS-SIERT DA IRGEND-WAS?!
KEINE SORGE.
!!
SCHNAAAARCH
ZWIRBEL-BRAUE KÜMMERT SICH DARUM! ENTSPANNT EUCH!
"DIABLE JAMBE" ...
"POÊLE À FRIRE SPECTRE" !!
WO
DO
WO WO O OMM
GAAAAAH!!!

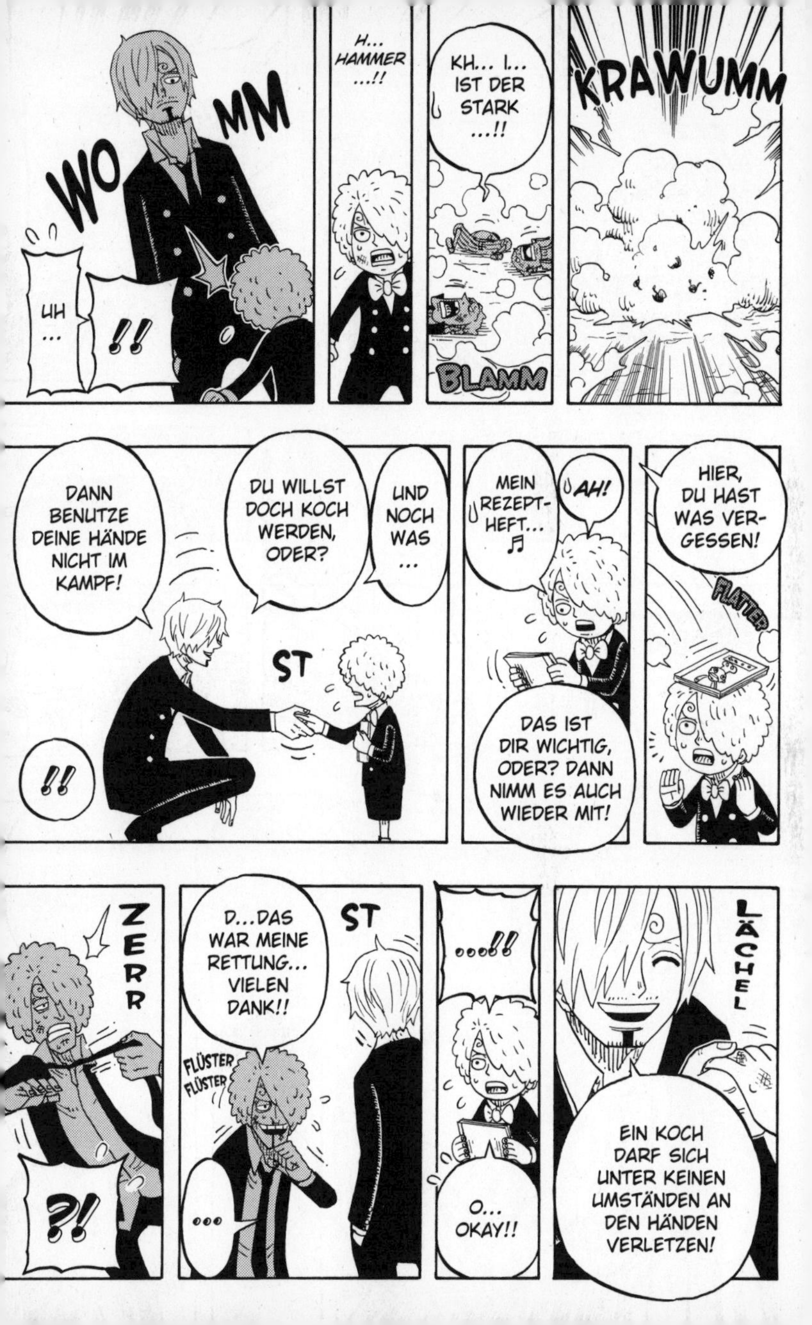
KRAWUMM
KH... I... IST DER STARK ...!!
BLAMM
H... HAMMER ...!!
WO MM
UH ...
!!
HIER, DU HAST WAS VERGESSEN!
FLATTER
AH!
MEIN REZEPT-HEFT... ♬
DAS IST DIR WICHTIG, ODER? DANN NIMM ES AUCH WIEDER MIT!
UND NOCH WAS ...
DU WILLST DOCH KOCH WERDEN, ODER?
DANN BENUTZE DEINE HÄNDE NICHT IM KAMPF!
ST
!!
LÄCHEL
EIN KOCH DARF SICH UNTER KEINEN UMSTÄNDEN AN DEN HÄNDEN VERLETZEN!
...!!
O... OKAY!!
ST
D...DAS WAR MEINE RETTUNG... VIELEN DANK!!
FLÜSTER FLÜSTER
...
ZERR
?!

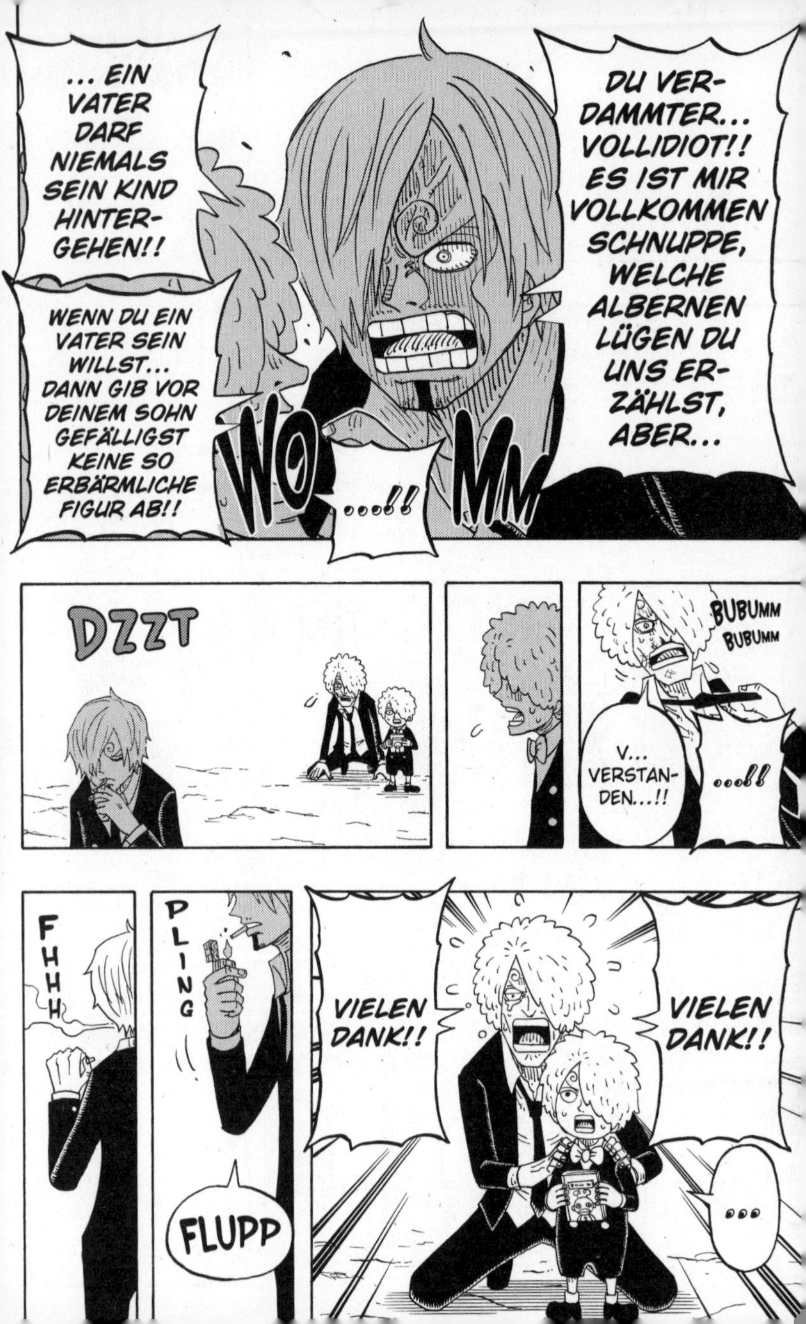
DU VERDAMMTER... VOLLIDIOT!! ES IST MIR VOLLKOMMEN SCHNUPPE, WELCHE ALBERNEN LÜGEN DU UNS ERZÄHLST, ABER...
... EIN VATER DARF NIEMALS SEIN KIND HINTERGEHEN!!
WENN DU EIN VATER SEIN WILLST... DANN GIB VOR DEINEM SOHN GEFÄLLIGST KEINE SO ERBÄRMLICHE FIGUR AB!!
WOMM
...!!
BUBUMM BUBUMM
V... VERSTANDEN...!!
...!!
DZZT
VIELEN DANK!!
VIELEN DANK!!
...
PLING
FLUPP
FHHH

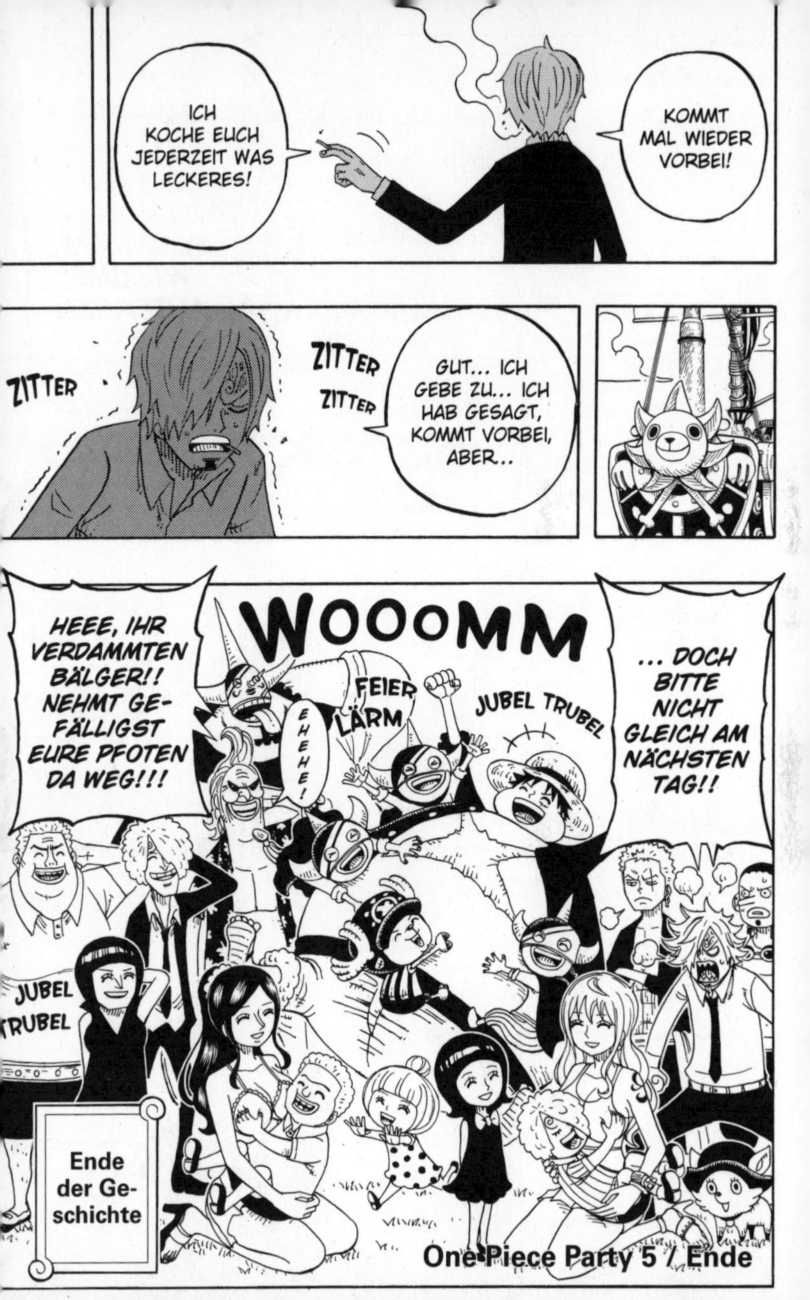
KOMMT MAL WIEDER VORBEI!
ICH KOCHE EUCH JEDERZEIT WAS LECKERES!
ZITTER ZITTER
GUT... ICH GEBE ZU... ICH HAB GESAGT, KOMMT VORBEI, ABER...
ZITTER
WOOOMM
... DOCH BITTE NICHT GLEICH AM NÄCHSTEN TAG!!
JUBEL TRUBEL
FEIER LÄRM
EHEHE!
HEEE, IHR VERDAMMTEN BÄLGER!! NEHMT GE-FÄLLIGST EURE PFOTEN DA WEG!!!
JUBEL TRUBEL
Ende der Ge-schichte
One Piece Party 5 / Ende

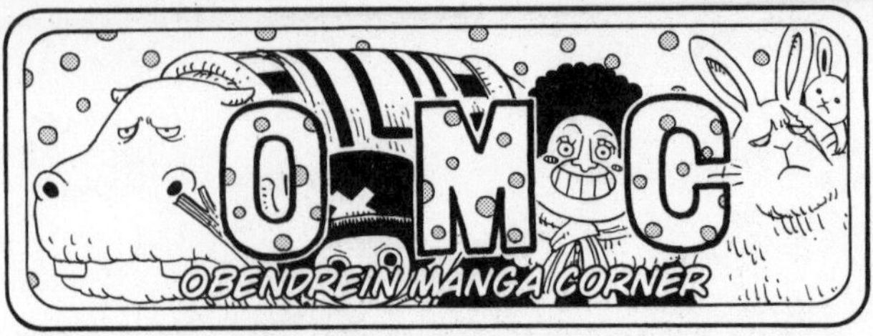

(aus „One Piece" Band 8, Kapitel 68)

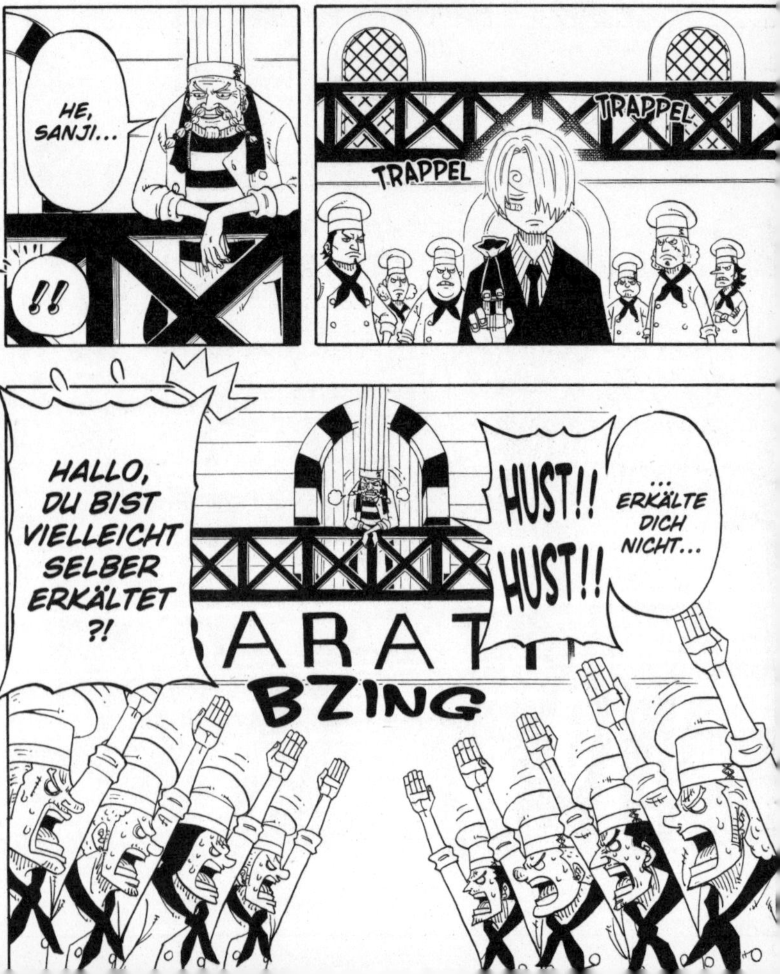

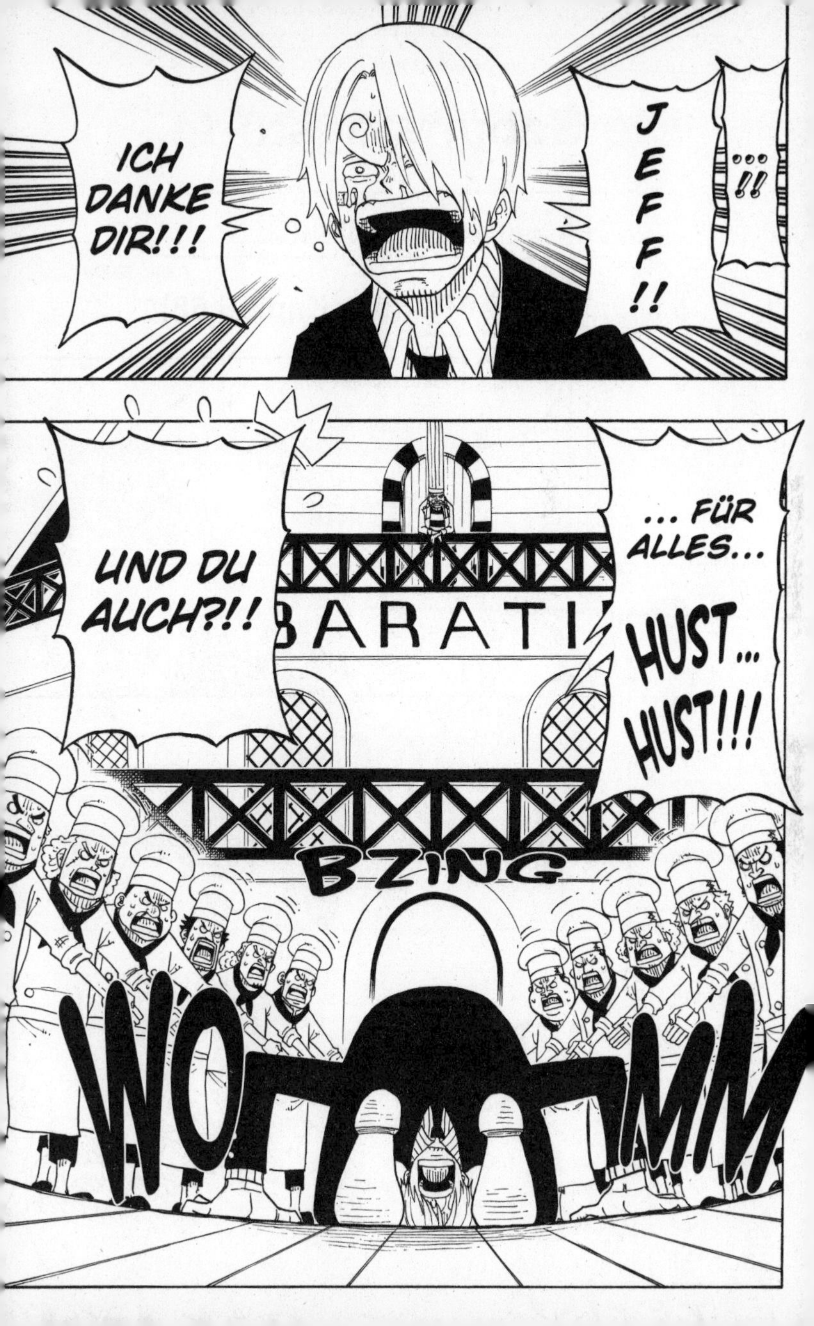
...!!
JEFF!!
ICH DANKE DIR!!!
... FÜR ALLES...
HUST... HUST!!!
UND DU AUCH?!!
BARATI
BZING
WO MM

Die Geburtstagstorte

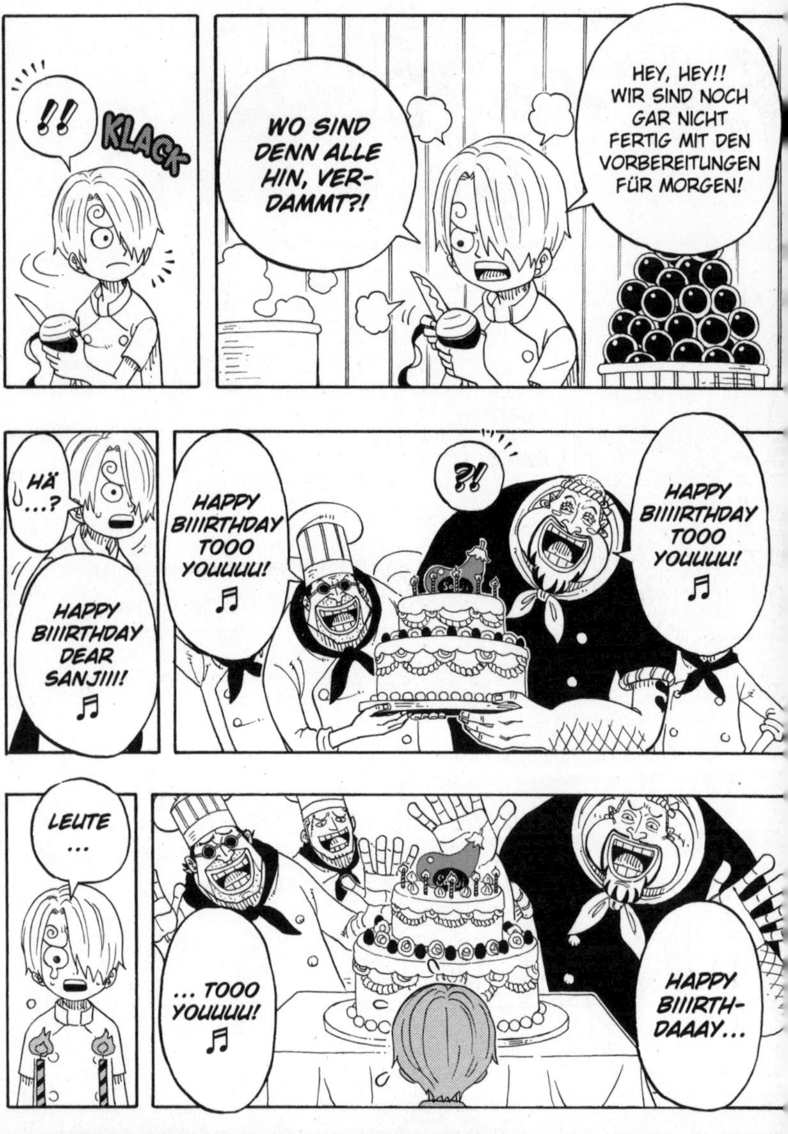

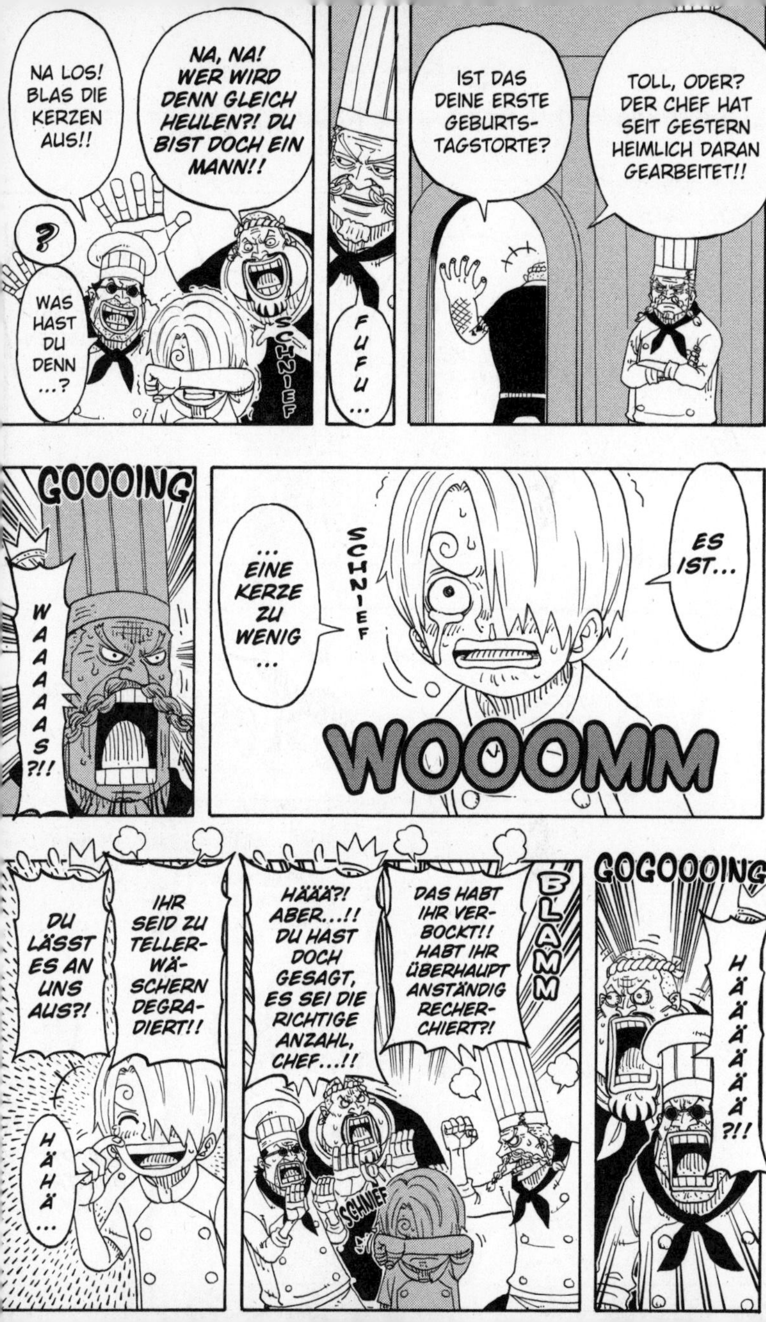
TOLL, ODER? DER CHEF HAT SEIT GESTERN HEIMLICH DARAN GEARBEITET!!
IST DAS DEINE ERSTE GEBURTSTAGSTORTE?
FUFU...
NA, NA! WER WIRD DENN GLEICH HEULEN?! DU BIST DOCH EIN MANN!!
SCHNIEF
NA LOS! BLAS DIE KERZEN AUS!!
?
WAS HAST DU DENN ...?
ES IST...
SCHNIEF
... EINE KERZE ZU WENIG ...
WOOOMM
GOOOING
WAAAAAAAS?!!
GOGOOOING
HÄÄÄÄÄÄ?!!
BLAMM
DAS HABT IHR VERBOCKT!! HABT IHR ÜBERHAUPT ANSTÄNDIG RECHERCHIERT?!
HÄÄÄ?! ABER...!! DU HAST DOCH GESAGT, ES SEI DIE RICHTIGE ANZAHL, CHEF...!!
SCHNIEF
IHR SEID ZU TELLERWÄSCHERN DEGRADIERT!!
DU LÄSST ES AN UNS AUS?!
HÄHÄ...

D-Boys

us „One Piece Party“ Band 4, 19. Kapitel, „Die Schatzinsel“)

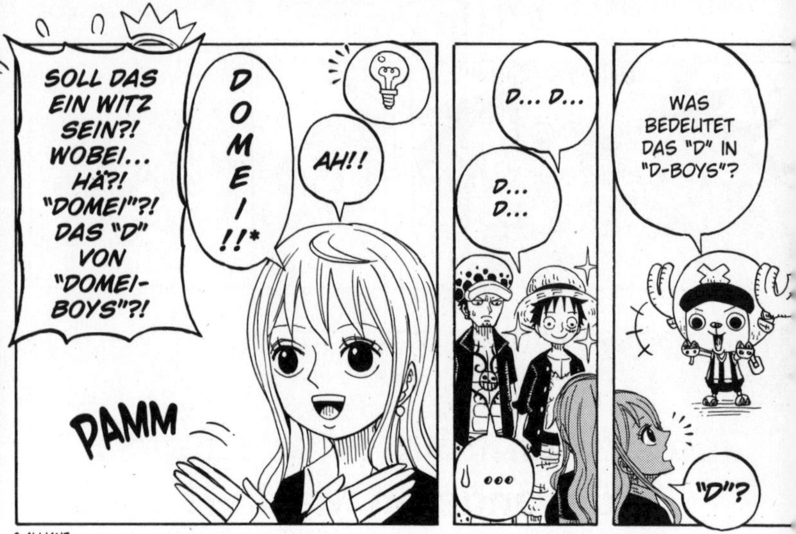

* ALLIANZ

Virtual-Reality-Schnecke

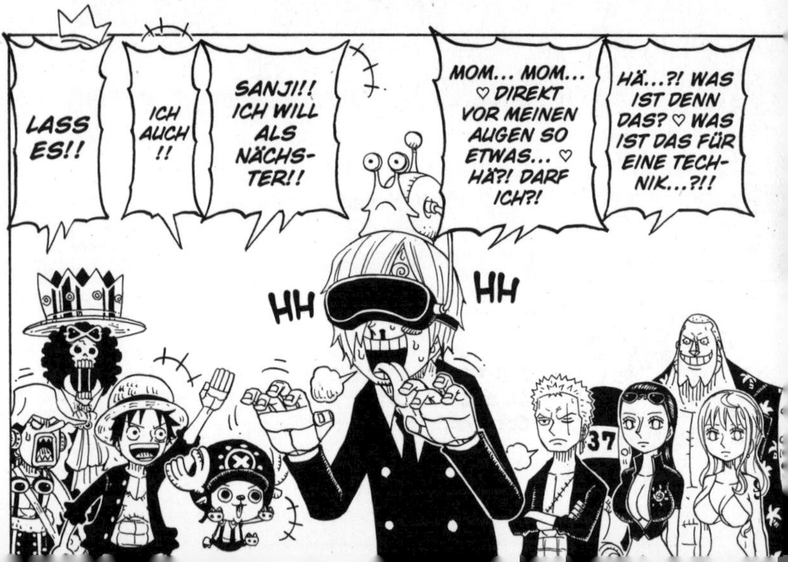

Allein zu Haus

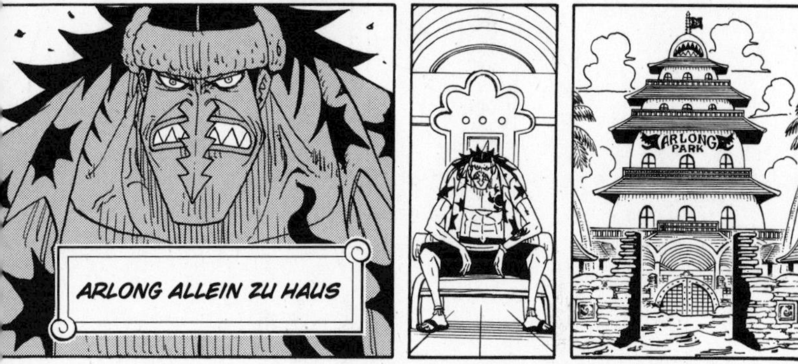

Endlich enthüllt!! Was ist unter der anderen Maske?!

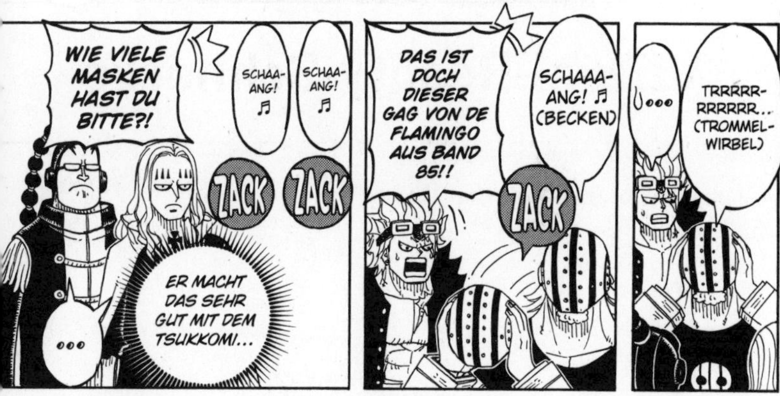

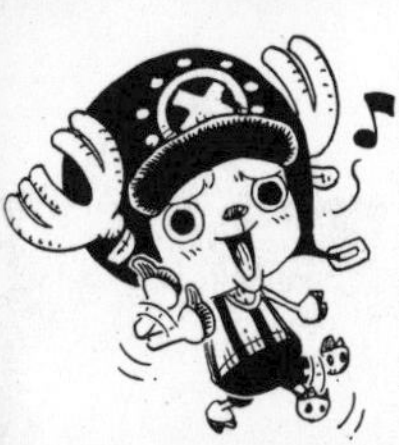

DIE TEXTE IN "ONE PIECE PARTY" WERDEN IM STORYBOARD-STADIUM VON HERRN ODA GEGENGECHECKT.

(STORYBOARD = EINE ART VORZEICHNUNG, BEVOR DER MANGA AUF MANUSKRIPTPAPIER GEZEICHNET WIRD)

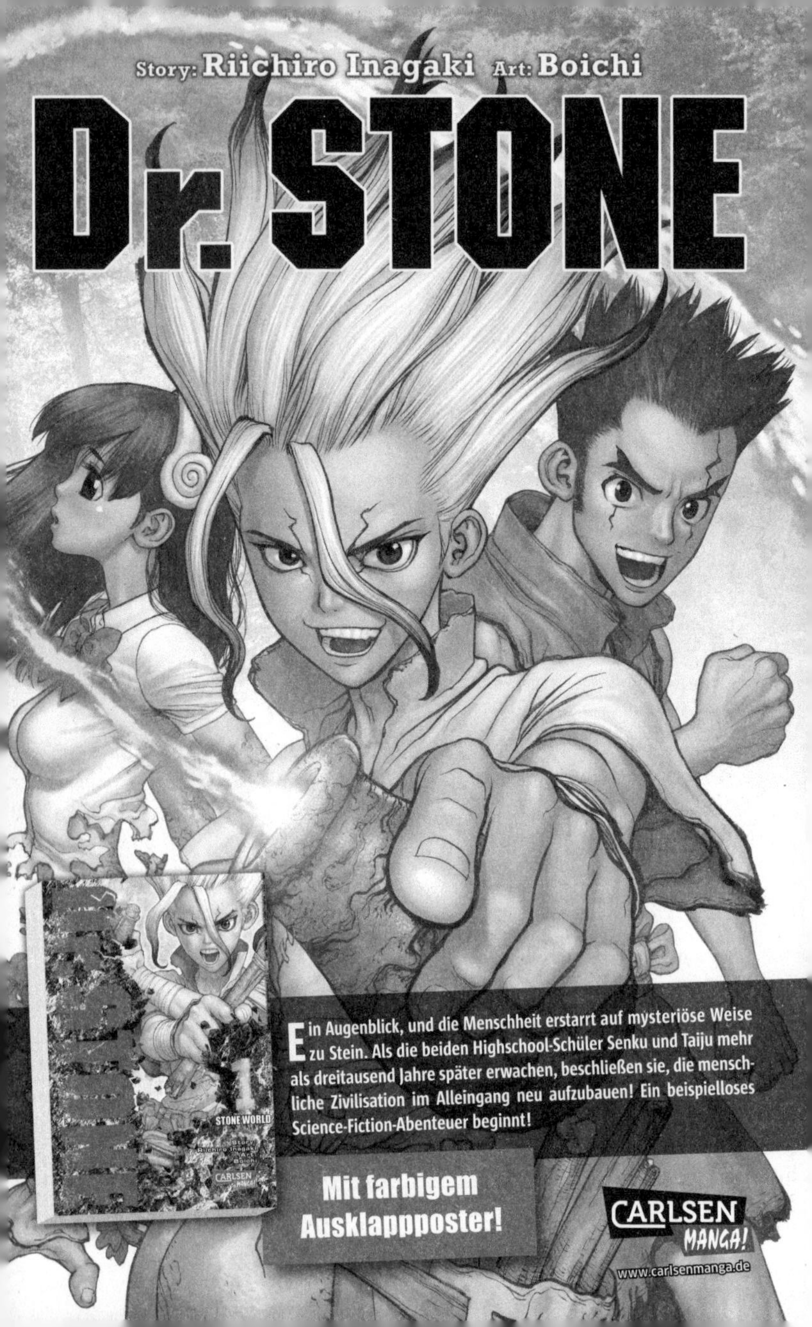
Story: Riichiro Inagaki Art: Boichi
Dr. STONE
1
STONE WORLD
Ein Augenblick, und die Menschheit erstarrt auf mysteriöse Weise zu Stein. Als die beiden Highschool-Schüler Senku und Taiju mehr als dreitausend Jahre später erwachen, beschließen sie, die menschliche Zivilisation im Alleingang neu aufzubauen! Ein beispielloses Science-Fiction-Abenteuer beginnt!
Mit farbigem Ausklappposter!
CARLSEN MANGA!
www.carlsenmanga.de

SAMURAI 8
THE TALE OF HACHIMARU

STORY: MASASHI KISHIMOTO
ART: AKIRA OKUBO

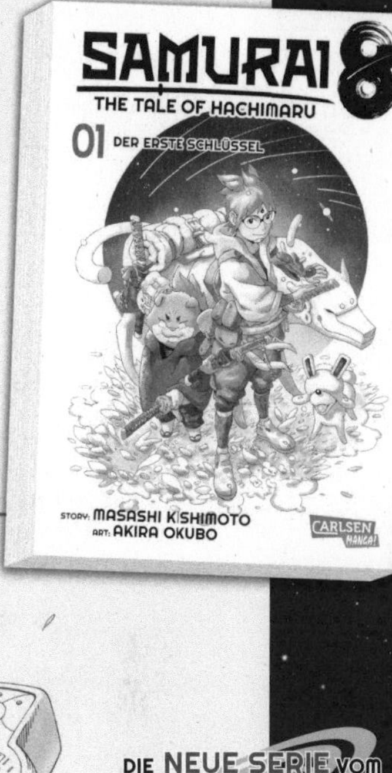

KLASSISCHE JAPANISCHE GESCHICHTE TRIFFT AUF FUTURISTISCHES SETTING!

Samurai zu werden – das erschien Hachimaru, von Geburt an schwach und kränklich, wie ein unerfüllbarer Traum. Frustriert und an das Haus seines Vaters gefesselt, ergibt er sich seinem Schicksal. Da taucht eines Tages ein Mann in Katzengestalt bei ihm auf, und sein Schicksal dreht sich um 180 Grad…

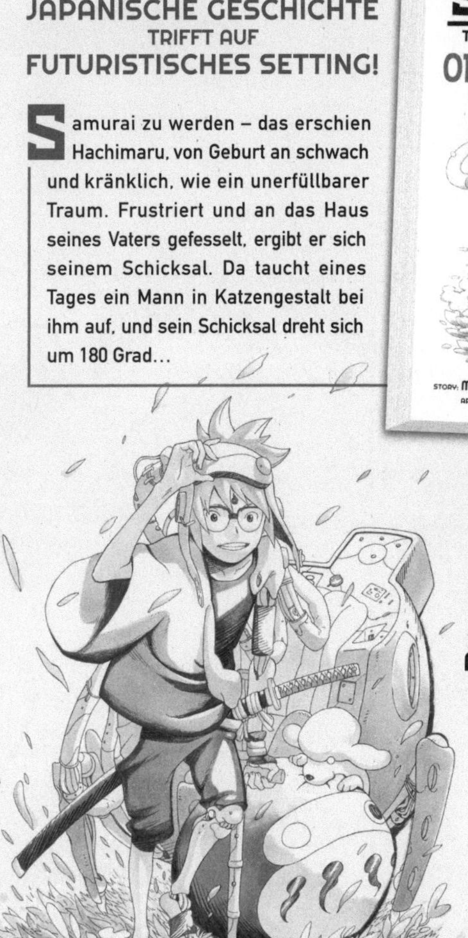

DIE NEUE SERIE VOM NARUTO-SCHÖPFER MASASHI KISHIMOTO!

CARLSEN MANGA!

www.carlsenmanga.de

CARLSEN MANGA! CHECKLIST

ATTACK ON TITAN – NO REGRETS FULL COLOR EDITION

von Hajime Isayama
€ 14,99 (D) / € 15,50 (A)
O Band 1 & 2
In 2 Bänden abgeschlossen

ATTACK ON TITAN – OUTSIDE

von Hajime Isayama
€ 12,90 (D) / € 13,30 (A)
O AoT– Outside

ATTACK ON TITAN – SHORT PLAY

von Isayama & hounori
€ 8,99 (D) / € 9,30 (A)
O Attack on Titan – short play

ATTACK ON TITAN – THE HARSH MISTRESS OF THE CITY
(Nippon Novel)

von Hajime Isayama
€ 9,95 (D) / € 10,30 (A)
O Band 1 & 2
In 2 Bänden abgeschlossen

BARFUSS DURCH HIROSHIMA

von Keiji Nakazawa
€ 12,00 (D) / € 12,40 (A)
O Band 2
€ 14,00 (D) / € 14,40 (A)
O Band 1, 3 bis 4

BARRAGE

von Kohei Horikoshi
€ 6,99 (D) / € 7,20 (A)
O Band 1 bis 2
In 2 Bänden abgeschlossen

BATTLE ANGEL ALITA – PERFECT EDITION

von Yukito Kishiro
€ 19,99 (D) / € 20,60 (A)
O Band 1 bis 3
€ 24,99 (D) / € 25,70 (A)
O Band 4
In 4 Bänden abgeschlossen
€ 29,99 (D) / € 30,90 (A)
O Band 4 im Schuber
€ 89,99 (D) / € 92,60 (A)
O Band 1-4 im Schuber

ATTACK ON TITAN ANTHOLOGIE

von Div.
€ 19,99 (D) / € 20,60 (A)
O Attack on Titan Anthologie

ATTACK ON TITAN – BEFORE THE FALL

von Hajime Isayama
€ 6,95 (D) / € 7,20 (A)
O Band 1 bis 14
O Band 15 [12/19]
O Band 16 [03/20]
In 17 Bänden abgeschlossen

ATTACK ON TITAN CHARACTER GUIDE

von Hajime Isayama
€ 12,90 (D) / € 13,30 (A)
O Character Guide

ATTACK ON TITAN – COLORING BOOK

von Hajime Isayama
€ 9,99 (D) / € 10,30 (A)
O Attack on Titan – Coloring Book

ATTACK ON TITAN – DELUXE

von Hajime Isayama
€ 25,00 (D) / € 25,70 (A)
O Band 1 bis 5

ATTACK ON TITAN – INSIDE

von Hajime Isayama
€ 12,90 (D) / € 13,30 (A)
O Attack on Titan – Inside

ATTACK ON TITAN – LOST GIRLS

von Isayama, Seko & Fuji
€ 6,99 (D) / € 7,20 (A)
O Band 1 & 2
In 2 Bänden abgeschlossen

ATTACK ON TITAN – LOST GIRLS
(Nippon Novel)

von Hiroshi Seko
€ 9,95 (D) / € 10,30 (A)
O AoT– Lost Girls

ATTACK ON TITAN – NO REGRETS

von Hajime Isayama
€ 6,95 (D) / € 7,20 (A)
O Band 1 & 2
In 2 Bänden abgeschlossen

ANONYMOUS NOISE

von Ryoko Fukuyama
€ 5,00 (D) / € 6,20 (A)
O Band 1
€ 6,99 (D) / € 7,20 (A)
O Band 2 bis 12
O Band 13 [01/20]
In 18 Bänden abgeschlossen

AREA D

von Yang Kyung-Il & Kyouichi Nanatsuki
€ 6,95 (D) / € 7,20 (A)
O Band 1 bis 14
In 14 Bänden abgeschlossen

ASSASSINATION CLASSROOM

von Yusei Matsui
€ 6,50 (D) / € 6,70 (A)
O Band 1 bis 21
In 21 Bänden abgeschlossen
€ 12,99 (D) / € 13,40 (A)
O Character Book

ASSASSINATION CLASSROOM – SCHUBER

von Yusei Matsui
€ 9,95 (D) / € 10,30 (A)
O Band 8 im Schuber
O Band 16 im Schuber
O Band 21 im Schuber
€ 49,90 (D) / € 51,30 (A)
O Band 1-8 im Schuber
€ 49,90 (D) / € 51,30 (A)
O Band 9-16 im Schuber
€ 29,95 (D) / € 30,80 (A)
O Band 17-21 im Schuber

ATTACK ON TITAN

von Hajime Isayama
€ 6,95 (D) / € 7,20 (A)
O Band 1 bis 27
O Band 28 [01/20]
Bislang 29 Bände in Japan
€ 9,95 (D) / € 10,20 (A)
O Band 10 im Schuber
O Band 15 im Schuber
O Band 20 im Schuber
O Band 25 im Schuber
€ 36,00 (D) / € 37,10 (A)
O Band 1-5 im Schuber
O Band 6-10 im Schuber
O Band 11-15 im Schuber
O Band 16-20 im Schuber
O Band 21-25 im Schuber

ATTACK ON TITAN – ANSWERS

von Hajime Isayama
€ 12,90 (D) / € 13,30 (A)
O Attack on Titan – Answers

12 JAHRE

von Nao Maita
€ 5,99 (D) / € 6,20 (A)
O Band 1 bis 11
O Band 12 [03/20]
Bislang 17 Bände in Japan

AB SOFORT DÄMONENKÖNIG!

von Tomo Takabayashi & Temari Matsumoto
€ 7,95 (D) / € 8,20 (A)
O Band 18 bis 21
In 21 Bänden abgeschlossen

ABE SADA

von Kazuo Kamimura
€ 14,99 (D) / € 15,50 (A)
O Band 1 & 2
In 2 Bänden abgeschlossen

ACID TOWN

von KYUGO
€ 7,95 (D) / € 8,20 (A)
O Band 1 bis 5
Bislang 6 Bände in Japan

AKIRA – ORIGINAL EDITION

von Katsuhiro Otomo
€ 19,90 (D) / € 20,50 (A)
O Band 1 bis 3
€ 22,90 (D) / € 23,60 (A)
O Band 4 bis 6
In 6 Bänden abgeschlossen

AKIRA - FARBIGE NEUAUSGABE

von Katsuhiro Otomo
€ 29,99 (D) / € 30,90 (A)
O Band 1
€ 24,99 (D) / € 25,70 (A)
O Band 3
€ 34,99 (D) / 36,00 (A)O
O Band 4 bis 6
In 6 Bänden abgeschlossen

ALICE IN MURDERLAND

von Kaori Yuki
€ 7,95 (D) / € 8,20 (A)
O Band 1 bis 10
O Band 11 [02/20]
In 11 Bänden abgeschlossen.

ALISIK

von Helge Vogt & Hubertus Rufledt
€ 8,99 (D) / € 9,30 (A)
O Band 1
€ 7,99 (D) / € 8,30 (A)
O Band 2 bis 4
In 4 Bänden abgeschlossen

CARLSEN MANGA! CHECKLIST

DER MANN MEINES BRUDERS

von Gengoroh Tagame
€ 10,00 (D) / € 10,30 (A)
O Band 1 bis 3
O Band 4 [12/19]
In 4 Bänden abgeschlossen

DEVILS & REALIST

von Utako Yukihiro
& Madoka Takadono
€ 6,95 (D) / € 7,20 (A)
O Band 2 bis 14
In 15 Bänden abgeschlossen

DIALOGE MIT MIR SELBST

von Kabi Nagata
€ 18,00 (D)/ € 18,50 (A)
O Band 1 [12/19]
In 2 Bänden abgeschlossen

DIE INSEL DER BESONDEREN KINDER

von Ransom Riggs
& Cassandra Jean
€ 14,90 (D) / € 15,20 (A)
O Die Insel der besonderen Kinder

DIE STADT DER BESONDEREN KINDER

von Ransom Riggs
& Cassandra Jean
€ 14,90 (D) / € 15,40 (A)
O Die Stadt der besonderen Kinder

DOUBT

von Yoshiki Tonogai
€ 7,95 (D) / € 8,20 (A)
O Band 1 bis 3
€ 8,95 (D) / € 9,20 (A)
O Band 4
In 4 Bänden abgeschlossen

DRAGON BALL

von Akira Toriyama
€ 6,50 (D) / € 6,70 (A)
O Band 1 bis 42
In 42 Bänden abgeschlossen

DRAGON BALL MASSIV

von Akira Toriyama
€ 5,00 (D) / € 5,20 (A)
O Band 1 [12/19]
€ 10,00 (D) / € 10,30 (A)
O Band 2 [01/20]
O Band 3 [02/20]
O Band 4 [03/20]

BURNING HELL

von Youn In-Wan
& Yang Kyung-Il
€ 9,99 (D) / € 10,30 (A)
O Burning Hell

CHERRY LIPS

von Milk Morinaga
€ 6,95 (D) / € 7,20 (A)
O Band 1 & 2
In 2 Bänden abgeschlossen

CHIISAKOBEE

von Minetaro Mochizuki
€ 14,90 (D) / € 15,40 (A)
O Band 1 bis 4
In 4 Bänden abgeschlossen

CHOPPERMAN

von Hirofumi Takei
€ 4,95 (D) / € 5,10 (A)
O Chopperman – Lehrer und Meister
von Hirofumi Takei
& Eiichiro Oda
O Chopperman: Band 1 bis 5
In 5 Bänden abgeschlossen

COYOTE

von Ranmaru Zariya
€ 7,99 (D) / € 8,30 (A)
O Band 1 bis 2
Bislang 2 Bände in Japan

CROSS ACCOUNT

von Tsunehiro Date
€ 6,99 (D) / € 7,20 (A)
O Band 1 bis 3
In 4 Bänden abgeschlossen

DEFENSE DEVIL

von Youn In-Wan
& Yang Kyung-Il
€ 5,95 (D) / € 6,20 (A)
O Band 1 bis 10
In 10 Bänden abgeschlossen

DEPTH OF FIELD

von Enjo
€ 8,00 (D) / € 8,30 (A)
O Band 1 [03/20]
In 2 Bänden abgeschlossen

DER GRAF VON MONTE CHRISTO

von Ena Moriyama
€ 14,99 (D) / € 15,50 (A)
O Der Graf von Monte Christo

BLACK BUTLER

von Yana Toboso
€ 6,95 (D) / € 7,20 (A)
O Band 1 bis 27
O Band 28 [01/20]
€ 14,90 (D) / € 15,40 (A)
O Black Butler Character Guide
Bislang 29 Bände in Japan

BLACK BUTLER ARTWORKS

von Yana Toboso
€ 24,90 (D) / € 25,60 (A)
O Band 2

BLACK LAGOON

von Rei Hiroe
€ 6,95 (D) / € 7,20 (A)
O Band 1 bis 4, 7 bis 8, 10
€ 7,95 (D) / € 8,20 (A)
O Band 5, 6, 9
O Band 11 [01/20]
Bislang 11 Bände in Japan

BLOOM INTO YOU

von Nio Naketani
€ 6,99 (D) / € 7,20 (A)
O Band 1 bis 5
O Band 6 [03/20]
Bislang 7 Bände in Japan

BLUE FLAG

von Kaito
€ 7,99 (D) / € 8,30 (A)
O Band 1 bis 4
O Band 5 [02/20]
Bislang 6 Bände in Japan

BORDER

von Kazuma Kodaka
€ 6,95 (D) / € 7,20 (A)
O Band 1 bis 7
Bislang 7 Bände in Japan

BORUTO – NARUTO THE NEXT GENERATION

von Kishimoto & Kodachi
€ 6,50 (D) / € 6,70 (A)
O Band 1 bis 6
O Band 7 [03/20]
Bislang 8 Bände in Japan

BUDDHA

von Osamu Tezuka
€ 22,90 (D) / € 23,60 (A)
O 1 bis 8, 10
In 10 Bänden abgeschlossen

BATTLE ANGEL ALITA – LAST ORDER

von Yukito Kishiro
€ 6,95 (D) / € 7,20 (A)
O Band 17
€ 7,95 (D) / € 8,10 (A)
O Band 18 & 19
In 19 Bänden abgeschlossen

BATTLE ANGEL ALITA – LAST ORDER PERFECT EDITION

von Yukito Kishiro
€ 14,99 (D) / € 15,50 (A)
O 1 bis 3, 5
O Band 6 [12/19]
O Band 7 [03/20]
€ 16,99 (D) / € 17,50 (A)
O Band 4
In 12 Bänden abgeschlossen
€ 20,00 (D) / € 20,60 (A)
O Band 6 im Schuber mit Extra [12/19]
€ 90,00 (D) / € 92,60 (A)
O Bände 1 bis 6 im Schuber mit Extra [12/19]

BATTLE ANGEL ALITA – MARS CHRONICLE

von Yukito Kishiro
€ 6,95 (D) / € 7,20 (A)
O Band 1 bis 6
Bislang 6 Bände in Japan

BECOMING A GIRL ONE DAY

von Akane Ogura
€ 5,99 (D) / € 6,20 (A)
O Band 1 bis 4
In 4 Bänden abgeschlossen

BECOMING A GIRL ONE DAY – ANOTHER

von Akane Ogura
€ 5,99 (D) / € 6,20 (A)
O Band 1 bis 4
In 4 Bänden abgeschlossen

BILLY BAT

von Naoki Urasawa
& Takashi Nagasaki
€ 8,95 (D) / € 9,20 (A)
O Band 2 bis 8, 11 bis 16
€ 12,00 (D) / € 12,40 (A)
O Band 1, 9-10, 17 bis 20
In 20 Bänden abgeschlossen

BL IS MAGIC!

von Oroken
€ 9,99 (D) / € 10,30 (A)
O Band 1 bis 2
O Band 3 [03/20]
In 4 Bänden abgeschlossen

CARLSEN MANGA! CHECKLIST

FOOD WARS – SHOKUGEKI NO SOMA

von Tsukuda & Saeki
€ 6,99 (D) / € 7,20 (A)
O Band 1 bis 22
O Band 23 12/19
O Band 24 02/20
Bislang 36 Bände in Japan
€ 69,90 (D) / € 71,80 (A)
O Bände 1-10 im Schuber
O Bände 11-20 im Schuber

GANGSTA.

von Kohske
€ 7,95 (D) / € 8,20 (A)
O Band 1 bis 8
Bislang 8 Bände in Japan

GANGSTA: CURSED.

von Kohske/Kamo
€ 7,99 (D) / € 8,30 (A)
O Band 1 bis 5
Bislang 5 Bände in Japan

GEGEN DEN STROM

von Yoshihiro Tatsumi
€ 44,00 (D) / € 44,60 (A)
O Gegen den Strom

GELIEBTER AFFE

von Yoshihiro Tatsumi
€ 19,90 (D) / € 20,50 (A)
O Geliebter Affe

GOFORIT

von Christina Plaka
€ 6,95 (D) / € 7,20 (A)
O Band 1 & 2
In 2 Bänden abgeschlossen

GUN & HEAVEN

von Kazuma Kodaka
€ 6,99 (D) / € 7,20 (A)
O Gun & Heaven

HARU x KIYO

von Akira Ozaki
€ 5,00 (D) / € 5,20 (A)
O Band 1
€ 7,00 (D)/ €7,20 (A)
O Band 2 bis 3
O Band 4 01/20
In 9 Bänden abgeschlossen

FAIRY TAIL ZERO

von Hiro Mashima
€ 7,99 (D) / € 8,30 (A)
O Fairy Tail Zero

FAIRY TALE BATTLE ROYALE

von Soraho Ina
€ 7,00 (D) / € 7,20 (A)
O Band 1 02/20
Bislang 4 Bände in Japan

FINAL FANTASY – LOST STRANGER

von Hazuki Minase, Itsuki Kameya
€ 12,99 (D) / € 13,40 (A)
O Band 1
Bislang 4 Bände in Japan

FINAL FANTASY – TYPE-0

von Takatoshi Shiozawa
€ 6,99 (D) / € 7,20 (A)
O Band 1 bis 5
In 5 Bänden abgeschlossen
O Der Manga zum Game

FINAL FANTASY – OFFICIAL MEMORIAL ULTIMANIA BOOK

von Takatoshi Shiozawa
€ 39,99 (D) / € 41,20 (A)
O VII - IX
O I-VI 02/20
In 3 Bänden abgeschlossen

FOCUS 10

von Martina Peters
€ 6,99 (D) / € 7,20 (A)
O Band 1 bis 5
In 10 Bänden abgeschlossen

FOLGE DEN WOLKEN NACH NORD-NORDWEST

von Aki Irie
€ 12,00 (D) / € 12,40 (A)
O Band 1
O Band 2 02/20
Bislang 3 Bände in Japan

FAIRY GIRLS

von Hiro Mashima
€ 6,99 (D) / € 7,20 (A)
O Band 1 bis 4
In 4 Bänden abgeschlossen

FAIRY TAIL

von Hiro Mashima
€ 6,50 (D) / € 6,70 (A)
O Band 1 bis 63
€ 9,99 (D) / € 10,30 (A)
O Band 60 limitiert
In 63 Bänden abgeschlossen

FAIRY TAIL ARTBOOKS

€ 19,95 (D) / € 20,60 (A)
O Fantasia
O Harvest

FAIRY TAIL BLUE MISTRAL

von Hiro Mashima
€ 5,95 (D) / € 6,20 (A)
O Band 1 bis 4
In 4 Bänden abgeschlossen

FAIRY TAIL – 100 YEARS QUEST

von Hiro Mashima, Atsuo Ueda
€ 7,00 (D) / € 7,20 (A)
O Band 1 02/20
Bislang 3 Bände in Japan

FAIRY TAIL+

von Hiro Mashima
€ 8,95 (D) / € 9,20 (A)
O Fairy Tail+

FAIRY TAIL ICE TRAIL

von Hiro Mashima, Yusuke Shirato
€ 9,99 (D) / € 10,30 (A)
O Fairy Tail Ice Trail

FAIRY TAIL S

von Hiro Mashima
€ 6,99 (D) / € 7,20 (A)
O Band 1 bis 2

FAIRY TAIL SIDE STORIES

von Hiro Mashima & Kyota Shibano
€ 6,99 (D) / € 7,20 (A)
O Band 1 bis 3
Bislang 3 Bände in Japan

DRAGON BALL SD

von Akira Toriyama (Original Story), Naho Ohishi
€ 7,95 (D) / € 8,20 (A)
O Band 1 bis 5
Bislang 6 Bände in Japan

DRAGON BALL SIDE STORIES

von Akira Toriyama, dragongarow LEE
€ 5,00 (D) / € 5,20 (A)
O Yamchu

DRAGON BALL SUPER

von Toriyama & Toyotarou
€ 6,50 (D) / € 6,70 (A)
O Band 1 bis 7
O Band 8 02/20
€ 9,99 (D) / € 10,30 (A)
O Band 5 im Schuber
€ 29,99 (D) / € 30,90 (A)
O Bände 1-5 im Schuber
Bislang 10 Bände in Japan

DREAMIN' SUN

von Ichigo Takano
€ 6,99 (D) / € 7,20 (A)
O Band 1 bis 9
O Band 10 02/20
In 10 Bänden abgeschlossen

DR. STONE

von Inagaki & BOICHI
€ 7,00 (D) / € 7,20 (A)
O Band 1 bis 2
O Band 3 12/19
O Band 4 02/20
Bislang 12 Bände in Japan

EDENS ZERO

von Hiro Mashima
€ 5,00 (D) / € 5,20 (A)
O Band 1
€ 7,00 (D)/ €7,20 (A)
O Band 2 bis 3
O Band 4 01/20
Bislang 6 Bände in Japan

EXISTENZEN UND ANDERE ABGRÜNDE

von Yoshihiro Tatsumi
€ 19,90 (D) / € 20,50 (A)
O Existenzen und ...

CARLSEN MANGA! CHECKLIST

JUMPING

von Asahi Tsutsui
€ 7,00 (D) / € 7,20 (A)
O Band 1 03/20
In 4 Bänden abgeschlossen

JUNJO ROMANTICA

von Shungiku Nakamura
€ 6,95 (D) / € 7,20 (A)
O 1, 3 bis 5, 7 bis 15, 17 bis 20
€ 10,00 (D) / € 10,30 (A)
O Band 2, 6, 16
Bislang 23 Bände in Japan

KAMISAMA DARLING

von Kyoko Aiba
€ 6,99 (D) / € 7,20 (A)
O Band 1 bis 7
In 8 Bänden abgeschlossen

KATSURA & TORIYAMA SHORT STORIES

von Akira Toriyama und Masakazu Katsura
€ 6,95 (D) / € 7,20 (A)
O Katsura & Toriyama Short Stories

KILLING BITES

von Shinya Murata & Kazasa Sumita
€ 7,95 (D) / € 8,20 (A)
O Band 1 bis 10
Bislang 14 Bände in Japan

KIMI HE – WORTE AN DICH

von Christina Plaka
€ 12,90 (D) / € 13,30 (A)
O Kimi He – Worte an Dich

KITCHEN PRINCESS

von Natsumi Ando & Miyuki Kobayashi
€ 5,95 (D) / € 6,20 (A)
O Band 1 bis 10
In 10 Bänden abgeschlossen

KLEINE KATZE CHI

von Konami Kanata
€ 9,95 (D) / € 10,30 (A)
O Band 1 bis 12
In 12 Bänden abgeschlossen

I HEAR THE SUNSPOT

von Yuki Fumino
€ 7,99 (D) / € 8,30 (A)
O Band 1
€ 9,99 (D) / € 10,30 (A)
O Band 2 12/19
Bisher 2 Bände in Japan

I HEAR THE SUNSPOT – LIMIT

von Yuki Fumino
€ 7,99 (D) / € 8,30 (A)
O Band 1 02/20
Bisher 3 Bände in Japan

IM – GREAT PRIEST IMHOTEP

von Makoto Morishita
€ 6,99 (D) / € 7,20 (A)
O Band 1 bis 5
O Band 6 12/19
O Band 7 03/20
In 11 Bänden abgeschlossen

IN THIS CORNER OF THE WORLD

von Fumiyo Kouno
€ 12,99 (D) / € 13,40 (A)
O Band 1 bis 3
In 3 Bänden abgeschlossen

INTERVIEW MIT EINEM VAMPIR – CLAUDIAS STORY

von Anne Rice
€ 19,90 (D) / € 20,50 (A)
O Interview mit einem Vampir – Claudias Story

IS DOROTHY IN A BAD TEMPER?

von Sora Hoonoki
€ 6,99 (D) / € 7,20 (A)
O Band 1 bis 3
In 3 Bänden abgeschlossen

JAPANISCH FÜR MANGA-FANS

von Thora Kerner & Jin Baron
€ 16,00 (D) / € 16,50 (A)
O Sammelband

JUDGE

von Yoshiki Tonogai
€ 7,95 (D) / € 8,20 (A)
O Band 1 bis 5
€ 8,95 (D) / € 9,20 (A)
O Band 6
In 6 Bänden abgeschlossen

H.P.LOVECRAFTS DER HUND UND ANDERE GESCHICHTEN

von Gou Tanabe
€ 12,00 (D) / € 12,40 (A)
O H.P. Lovecrafts Der Hund ...

H.P.LOVECRAFTS DIE FARBE AUS DEM ALL

von Gou Tanabe
€ 12,00 (D) / € 12,40 (A)
O H.P. Lovecrafts Die Farbe aus dem All 03/20

HUNTER X HUNTER

Yoshihiro Togashi
€ 6,95 (D) / € 7,20 (A)
O 1 bis 36
Bislang 36 Bände in Japan

HYBRID CHILD

Shungiku Nakamura
€ 6,95 (D) / € 7,20 (A)
O Hybrid Child

I AM A HERO

von Kengo Hanazawa
€ 7,95 (D) / € 8,20 (A)
O Band 1 bis 21
€ 8,95 (D) / € 9,20 (A)
O Band 22
In 22 Bänden abgeschlossen
€ 9,99 (D) / € 10,30 (A)
O Doppelpack 1-2

I AM A HERO IN IBARAKI

von Kengo Hanazawa
€ 8,99 (D) / € 9,30 (A)
O I am a Hero in Ibaraki

I AM A HERO IN NAGASAKI

von Kengo Hanazawa
€ 8,99 (D) / € 9,30 (A)
O I am a Hero in Nagasaki

I AM A HERO IN OSAKA

von Kengo Hanazawa
€ 8,99 (D) / € 9,30 (A)
O I am a Hero in Osaka

I AM SHERLOCK

von TAKATA & Io
€ 7,00 (D)/ € 7,20 (A
O Band 1
O Band 2 02/20
In 4 Bänden abgeschlossen

HE'S MY VAMPIRE

von Aya Shouoto
€ 6,95 (D) / € 7,20 (A)
O Band 1 bis 10
In 10 Bänden abgeschlossen

HIGHSCHOOL OF THE DEAD

von Daisuke Sato & Shouji Sato
€ 6,95 (D) / € 7,20 (A)
O Band 1 bis 7
Bislang 7 Bände in Japan

HITOTSUBANA

von Minami
€ 8,00 (D) / € 8,30 (A)
O Band 1
O Band 2 12/19
O Band 3 03/20
In 7 Bänden abgeschlossen

HOW TO DRAW MANGA

von Hikaru Hayashi u. a.
€ 9,95 (D) / € 10,30 (A)
O Lebendige Manga Charaktere
O Manga-Charaktere in Bewegung
€ 16,90 (D) / € 17,40 (A)
O Ninja und Samurai
O Monster und Dämonen
€ 17,90 (D) / € 18,40 (A)
O Manga-Figuren entwickeln
O Grundlagen der Manga-Kunst
€ 19,90 (D) / € 20,50 (A)
O Manga-Skizzen zeichnen
O Ausdrucksstarke Skizzen im Manga
O Character Design – Tipps und Tricks
O Manga aus der richtigen Perspektive
O Manga-Figuren in dynamischen Posen
O Oberflächen und Strukturen
O Manga-Figuren in ihrer Umwelt
O Perfekte Proportionen im Manga
€ 24,90 (D) / € 25,60 (A)
O Manga-Geschichten entwickeln
O Kolorieren mit Copic-Stiften
O Kolorieren mit Aquarellbuntstiften

CARLSEN MANGA! CHECKLIST

MORIARTY THE PATRIOT

von Ryosuke Takeuchi
€ 9,99 (D) / € 10,30 (A)
O Band 1 bis 5
O Band 6 01/20
Bislang 9 Bände in Japan

MOTHER'S SPIRIT

von Enzo
€ 7,99 (D) / € 8,30 (A)
O Mother's Spirit
Bislang 2 Bände in Japan

MOTOKARE RETRY

von En Hanaya
€ 6,99 (D) / € 7,20 (A)
O Band 1 bis 7
In 7 Bänden abgeschlossen

MOVING FORWARD

von Nagamu Nanaji
€ 5,00 (D) / € 5,20 (A)
O Band 1 12/19
€ 7,00 (D) / € 7,20 (A)
O Band 2 02/20
In 11 Bänden abgeschlossen

MURCIÉLAGO

von Yoshimura Kana
€ 7,99 (D) / € 8,30 (A)
O Band 1 bis 11
Bislang 15 Bände in Japan

MY HERO ACADEMIA

von Kohei Horikoshi
€ 6,99 (D) / € 7,20 (A)
O Band 1 bis 20
O Band 21 02/20
Bislang 25 Bände in Japan
€ 9,99 (D) / € 10,30 (A)
O My Hero Academia - Ultra Archive

MY HERO ACADEMIA SMASH

von Kohei Horikoshi, Hirofumi Neda
€ 5,00 (D) / € 5,20 (A)
O Band 1 bis 2
O Band 3 01/20
Bislang 5 Bände in Japan

MY SECRET WHICH I CANNOT TELL YOU

von Kyoko Aiba
€ 6,99 (D) / € 7,20 (A)
O My Secret Which I Cannot Tell You

MEINE LESBISCHE ERFAHRUNG MIT EINSAMKEIT

von Kabi Nagata
€ 15,00 (D) / € 15,50 (A)
O Meine lesbische Erfahrung mit Einsamkeit

MELANCHOLISCHER MORGEN, EIN

von Shoko Hidaka
€ 6,95 (D) / € 7,20 (A)
O Band 1 & 2
€ 7,95 (D) / € 8,20 (A)
O Band 3 bis 7
€ 9,95 (D) / € 10,30 (A)
O Band 8 01/20
Bislang 8 Bände in Japan

MERMAID PRINCE

von Kaori Ozaki
€ 8,00 (D) / € 8,30 (A)
O Mermaid Prince

MIMIC ROYAL PRINCESS

von Yukihiro & Musashino
€ 6,95 (D) / € 7,20 (A)
O Band 1 bis 5
Bislang 5 Bände in Japan

MOB PSYCHO 100

von ONE
€ 6,66 (D) / € 6,90 (A)
O Band 1 bis 12
O Band 13 01/20
In 16 Bänden abgeschlossen

MONSTER HUNTER FLASH HUNTER

von Keiichi Hikami & Shin Yamamoto
€ 6,95 (D) / € 7,20 (A)
O Band 1 & 2, 4 bis 9
€ 7,95 (D) / € 8,20 (A)
O Band 10
In 10 Bänden abgeschlossen

MONSTER – PERFECT EDITION

von Naoki Urasawa
€ 20,00 (D) / € 20,60 (A)
O Band 1 bis 2
O Band 3 02/20
In 9 Bänden abgeschlossen

LUPUS IN FABULA

von Kamineo
€ 7,95 (D) / € 8,20 (A)
O Band 1 bis 3
In 3 Bänden abgeschlossen

MACHIMAHO – MAGICAL GIRL BY ACCIDENT

von Souryu
€ 7,99 (D) / € 8,30 (A)
O Band 1 bis 3
O Band 4 01/20
Bislang 6 Bände in Japan

MAGUS OF THE LIBRARY

von Mitsu Izumi
€ 12,00 (D) / € 12,40 (A)
O Band 1
O Band 2 02/20
Bislang 3 Bände in Japan

MAID-SAMA

von Hiro Fujiwara
€ 5,95 (D) / € 6,20 (A)
O Band 1 bis 18
In 18 Bänden abgeschlossen
O Maid-sama Marriage

MANGA LOVE STORY

von Katsu Aki
€ 6,95 (D) / € 7,20 (A)
O Band 66-72
O Band 73 01/20
Bislang 78 Bände in Japan

MANGA-ZEICHENSTUDIO

von Kaneda Koubou u.a.
€ 19,90 (D) / € 20,50 (A)
O Hände und Füße
O Gesichter und Emotionen
O Manga Master Book
O Grundlagen der Anatomie
O Mädchen in coolen Posen
O Emotionen und Mimik ausdrucksstark zeichnen
O Manga Basics
O Sexy Girls
O Figuren & Hintergründe
€ 24,90 (D) / € 25,60 (A)
O Spannende Geschichten erzählen

MASHIMA-EN

von Hiro Mashima
€ 6,95 (D) / € 7,20 (A)
O Band 1 & 2
In 2 Bänden abgeschlossen

KOROSENSEI QUEST!

von Yusei Matsui & Kizuku Watanabe
€ 6,50 (D) / € 6,70 (A)
O Band 1 bis 3
O Band 4 01/20
Bislang 4 Bände in Japan

LADY SNOWBLOOD (NEUEDITION)

von Kazuo Koike & Kazuo Kamimura
€ 19,99 (D) / € 20,60 (A)
O Band 1 & 2
€ 16,99 (D) / € 17,50 (A)
O Band 3
€ 44,00 (D) / € 45,30 (A)
O Pack 1 bis 3
In 3 Bänden abgeschlossen

LET ME TAKE RESPONSIBILITY!

von Kyoko Aiba
€ 6,99 (D) / € 7,20 (A)
O Let me take responsibility!

LETZTE REISE DER SCHMETTERLINGE, DIE

von Kan Takahama
€ 14,90 (D) / € 15,40 (A)
O Die letzte Reise der Schmetterlinge

LIBERI-PROJEKT, DAS

von Tamasaburo
€ 6,95 (D) / € 7,20 (A)
O Band 1 bis 3
In 3 Bänden abgeschlossen

LITTLE WITCH ACADEMIA

von Keisuke Sato, Ryo Yoshinari, Yoh Yoshinari
€ 6,99 (D) / € 7,20 (A)
O Band 1 bis 3
€ 10,00 (D) / € 10,30 (A)
O Band 3 im Sammelschuber
€ 24,00 (D) / € 24,70 (A)
O Band 1 bis 3 im Sammelschuber
In 3 Bänden abgeschlossen

LIQUOR & CIGARETTE

von Ranmaru Zariya
€ 8,00 (D) / € 8,30 (A)
O Einzelband

CHECKLIST

OUSAMA GAME EXTREME
von Kanazawa/Kuriyama
€ 6,95 (D) / € 7,20 (A)
O Band 1 bis 5
In 5 Bänden abgeschlossen

OUSAMA GAME ORIGIN
von Kanazawa/Yamada
€ 6,99 (D) / € 7,20 (A)
O Band 1 bis 6
In 6 Bänden abgeschlossen

OVERLORD
von Maruyama & Miyama
€ 6,99 (D) / 7,20 (A)
O Band 1 bis 10
O Band 11 [03/20]
Bislang 11 Bände in Japan

OVERLORD Official Comic À La Carte Anthology
von Kugane Maruyama, diverse
€ 7,00 (D) / € 7,20 (A)
O Band 1 [01/20]
Bislang 3 Bände in Japan

PANDORAHEARTS
von Jun Mochizuki
€ 6,95 (D) / € 7,20 (A)
O Band 1 bis 19 & 21
€ 7,95 (D) / € 8,20 (A)
O Band 20
€ 8,95 (D) / € 9,20 (A)
O Band 22 & 23
€ 11,95 (D) / € 12,20 (A)
O Band 24
In 24 Bänden abgeschlossen

PERSONAL PARADISE NEUEDITION
von Melanie Schober
€ 6,99 (D) / € 7,20 (A)
O Personal Paradise
O Miss Misery
O Assassin Angel
O Killer Kid I
O Killer Kid II
O Brave Brother 1.0
O Brave Brother 2.0
€ 9,99 (D) / € 10,30 (A)
O Brave Brother 1.0 lim. Ausgabe mit Schuber

PIL
von Mari Yamazaki
€ 16,90 (D) / € 17,40 (A)
O PIL

ONE PIECE: FLUCH DES HEILIGEN SCHWERTS
von Eiichiro Oda
€ 7,95 (D) / € 8,20 (A)
O Band 1 & 2
In 2 Bänden abgeschlossen

ONE PIECE PARTY
von Andoh & Oda
€ 6,50 (D) / € 6,70 (A)
O Band 1 bis 4
Bislang 5 Bände in Japan

ONE PIECE – SANJIS LECKERE PIRATENREZEPTE
von Eiichiro Oda
€ 24,90 (D) / € 25,60 (A)
O Einzelband [02/20]

ONE PIECE QUIZ BOOK
von Eiichiro Oda
€ 12,99 (D) / € 13,40 (A)
O Band 1

ONE PIECE Z
von Eiichiro Oda
€ 9,95 (D) / € 10,20 (A)
O Band 1 & 2
In 2 Bänden abgeschlossen

ONE WEEK FRIENDS
von Matcha Hazuki
€ 6,99 (D) / € 7,20 (A)
O Band 1 bis 7
In 7 Bänden abgeschlossen

OPUS
von Satoshi Kon
€ 14,90 (D) / € 15,40 (A)
O Band 1 & 2
In 2 Bänden abgeschlossen

ORANGE
von Ichigo Takano
€ 7,99 (D) / € 8,30 (A)
O Band 1 bis 6
Bislang 6 Bände in Japan

OUR SUMMER HOLIDAY
von Kaori Ozaki
€ 7,99 (D) / € 8,30 (A)
O Our Summer Holiday

NARUTO (Nippon Novel)
von Masashi Kishimoto u.a.
€ 7,95 (D) / € 8,20 (A)
O Unschuldiges Herz, blutroter Dämon
O Die Gesch. e. unb. Ninja
O Blood Prison – Die Rückkehr des Helden
O Der Tag des Wolfes
O Dojunjo Ninden – Ein reines Herz
€ 7,99 (D) / € 8,30 (A)
O Naruto Itachi Shinden – Buch des strahlend. Lichts
O Naruto Itachi Shinden – Buch der finst. Nacht
O Naruto Sasuke Shinden – Buch des Sonnenaufgangs

NEON GENESIS EVANGELION
von Gainax & Yoshiyuki Sadamoto
€ 6,95 (D) / € 7,20 (A)
O Band 1 bis 14
In 14 Bänden abgeschlossen

NO EXIT
von Haruhi Seta
€ 6,99 (D) / € 7,20 (A)
O Band 1 bis 12
O Band 13 [12/19]
In 15 Bänden abgeschlossen

OKITENEMURU
von Hitori Renda
€ 7,99 (D) / € 8,20 (A)
O Band 1 bis 9
In 9 Bänden abgeschlossen

OLD BOY
von Tsuchiya Garon & Minegishi Nobuaki
€ 12,00 (D) / € 12,40 (A)
O Band 1 bis 4
In 4 Bänden abgeschlossen

ONE PIECE
von Eiichiro Oda
€ 6,50 (D) / € 6,70 (A)
O Band 1 bis 91
O Band 92 [12/19]
O Band 93 [03/20]
Bislang 94 Bände in Japan
€ 8,95 (D) / € 9,20 (A)
O One Piece Red
O One Piece Blue
€ 9,95 (D) / € 10,30 (A)
O One Piece Blue Deep
O One Piece Yellow
€ 12,95 (D) / € 13,40 (A)
O One Piece Green

NARUTO
von Masashi Kishimoto
€ 6,50 (D) / € 6,70 (A)
O Band 1 bis 72
In 72 Bänden abgeschlossen
O Der siebte Hokage und der scharlachrote Frühling
€ 9,95 (D) / € 10,30 (A)
O Naruto: Die Schriften des Sha
O Naruto: Die Schriften des Tō
€ 12,95 (D) / € 13,40 (A)
O Naruto: Die Schriften des Jin
€ 19,95 (D) / € 20,60 (A)
O Artbook »Naruto Uzumaki«

NARUTO MASSIV
von Masashi Kishimoto
€ 5,00 (D) / € 5,20 (A)
O Band 1
€ 9,99 (D) / € 10,30 (A)
O Band 2 bis 24
In 24 Bänden abgeschlossen

NARUTO – THE MOVIE: GEHEIMMISSION IM LAND DES EWIGEN SCHNEES
von Masashi Kishimoto & JUMP Comics
€ 7,95 (D) / € 8,20 (A)
O Band 1 & 2
In 2 Bänden abgeschlossen

NARUTO – THE MOVIE: DIE LEGENDE DES STEINS GELEL
von Masashi Kishimoto
€ 7,95 (D) / € 8,20 (A)
O Band 1 & 2
In 2 Bänden abgeschlossen

NARUTO – THE MOVIE: SHIPPUDEN
von Masashi Kishimoto
€ 12,95 (D) / € 13,40 (A)
O Naruto - The Movie: Shippuden
O Naruto - The Movie: Shippuden-Fesseln
O Naruto - The Movie: Shippuden - Die Erben des Willens des Feuers
O Naruto - The Movie: Shippuden - Lost Tower

NARUTO – THE MOVIE: SONDERMISSION IM LAND DES MONDES
von Masashi Kishimoto
€ 7,95 (D) / € 8,20 (A)
O Band 1 & 2
In 2 Bänden abgeschlossen

CARLSEN MANGA!

CHECKLIST

SKULL PARTY

von Melanie Schober
€ 6,95 (D) / € 7,20 (A)
O Band 1 bis 4
In 4 Bänden abgeschlossen

SOUL EATER

von Atsushi Ohkubo
€ 6,50 (D) / € 6,70 (A)
O Band 1 bis 24
€ 7,95 (D) / € 8,20 (A)
O Band 25
In 25 Bänden abgeschlossen

SOUL EATER GUIDE BOOK

von Atsushi Ohkubo
€ 8,95 (D) / € 9,20 (A)
O Soul Eater Guide Book

SOUL EATER SOUL ART

von Atsushi Ohkubo
€ 24,90 (D) / € 25,60 (A)
O Band 2

SPLATOON

von Sankichi Hinodeya
€ 6,99 (D) / € 7,20 (A)
O Band 1 bis 6
O Band 7 [02/20]
Bislang 9 Bände in Japan

STILLE WASSER

von Kan Takahama
€ 16,90 (D) / € 17,40 (A))
O Stille Wasser

SUPER DRAGON BALL HEROES

von Yoshitaka Nagayama
€ 7,00 (D) / € 7,20 (A)
O Band 1 [03/20]
Bislang 2 Bände in Japan

TAKANE UND HANA

von Yuki Shiwasu
€ 5,00 (D) / € 5,20 (A)
O Band 1
€ 6,99 (D) / € 7,20 (A)
O Band 2 bis 8
O Band 9 [01/20]
Bislang 15 Bände in Japan

SCHOKOHEXE, DIE

von Rino Mizuho
€ 6,50 (D) / € 6,70 (A)
O Band 1 bis 16
Bislang 17 Bände in Japan

SECRET SERVICE

von Cocoa Fujiwara
€ 14,90 (D) / € 15,40 (A)
O Band 0
€ 6,95 (D) / € 7,20 (A)
O Band 1 bis 10
€ 8,95 (D) / € 9,20 (A)
O Band 11
In 11 Bänden abgeschlossen

SEKAIICHI HATSUKOI

von Shungiku Nakamura
€ 6,95 (D) / € 7,20 (A)
O Band 1-4, 8-10
€ 10,- (D) € 10,30 (A)
O Band 5-7
€ 6,95 (D) €7,20 (A)
O Band 11 [12/19]
Bislang 14 Bände in Japan

SEVEN DEADLY SINS

von Suzuki Nakaba
€ 6,50 (D) / € 6,70 (A)
O Band 1 bis 28
O Band 29 [01/20]
O Band 30 [03/20]
Bislang 38 Bände in Japan

SHERLOCK

von Jay, Gatiss & Moffat
€ 12,99 (D) / € 13,40 (A)
O Band 1 und 2
€ 14,99 (D) / € 15,50 (A)
O Band 3
€ 39,99 (D) / € 41,20 (A)
O Band 1 bis 3 im Schuber
Bislang 4 Bände in Japan

SHIKIGAMI

von Yasaiko Midorihana
€ 10,00 (D) / € 10,30 (A)
O Einzelband [02/20]

SKIP BEAT!

von Yoshiki Nakamura
€ 6,95 (D) / € 7,20 (A)
O Band 1 bis 42
O Band 43 [12/19]
Bislang 44 Bände in Japan

SHURIKEN UND FALTENROCK

von Matsuri Hino
€ 6,99 (D) / € 7,20 (A)
O Band 1 & 2
In 2 Bänden abgeschlossen

REQUIEM OF THE ROSE KING

von Aya Kanno
€ 9,99 (D) / € 10,30 (A)
O Band 1 bis 7
O Band 8 [12/19]
O Band 9 [03/20]
Bislang 12 Bände in Japan

ROCK LEE

von Kenshi Taira
€ 4,95 (D) / € 5,10 (A)
O Band 1 bis 7
In 7 Bänden abgeschlossen

ROCK THE CLOCKWORK WORLD

von Hidezaku Gomi
€ 6,99 (D) / € 7,20 (A)
O Band 1 bis 3
In 3 Bänden abgeschlossen

RYUKO

von Eldo Yoshimizu
€ 14,99 (D) / € 15,50 (A)
O Band 1 bis 2
In 2 Bänden abgeschlossen

SACRIFICE TO THE KING OF BEASTS

von Yu Tomofuji
€ 6,99 (D) / € 7,20 (A)
O Band 1 bis 6
O Band 7 [02/20]
Bislang 11 Bände in Japan

SAKURA – I WANT TO EAT YOUR PANCREAS

von Yoru Sumino
€ 7,99 (D) / € 8,20 (A)
O Band 1 & 2
In 2 Bänden abgeschlossen

SCHATTENARIE

von Zofia Garden & Anne Delseit
€ 6,95 (D) / € 7,20 (A)
O Band 1&2
In 2 Bänden abgeschlossen

SCHNEEBALLEN

von Inga Steinmetz
€ 12,00 (D) / € 12,40 (A)
O Schneeballens Fall
€ 14,00 (D) / € 14,40 (A)
O Schneeballen – Verliebt in Japan

PLEASE LOVE ME

von Aya Nakahara
€ 5,00 (D) / € 5,20 (A)
O Band 1
€ 7,00 (D) / € 7,20 (A)
O Band 2
O Band 3 [12/19]
O Band 4 [03/20]
In 10 Bänden abgeschlossen

PLUTO: URASAWA X TEZUKA

von Tezuka, Urasawa & Nagasaki
€ 14,90 (D) / € 15,30 (A)
O Band 1
€ 12,90 (D) / € 13,30 (A)
O Band 2 bis 7
€ 16,90 (D) / € 17,40 (A)
O Band 8
In 8 Bänden abgeschlossen

POISON CITY

von Tetsuya Tsutsui
€ 7,99 (D) / € 8,30 (A)
O Band 1 & 2
In 2 Bänden abgeschlossen

PONE – POSUKA DEMIZU ARTBOOK

€ 20,00 (D) / € 20,60 (A)
O Pone - Posuka Demizu Artbook

PROPHECY

von Tetsuya Tsutsui
€ 7,95 (D) / € 8,20 (A)
O Band 1 bis 3
In 3 Bänden abgeschlossen

Q (KU)

von Tatsuya Shihira
€ 7,99 (D) / € 8,30 (A)
O Band 1 bis 3
€ 8,99 (D) / € 9,30 (A)
O Band 4
In 4 Bänden abgeschlossen

REAKTOR 1F – EIN BERICHT AUS FUKUSHIMA

von Kazuto Tatsuta
€ 12,99 (D) / € 13,40 (A)
O Band 1 bis 3
In 3 Bänden abgeschlossen

RENTAL GIRLFRIEND

von Reiji Miyajima
€ 7,00 (D) / € 7,20 (A)
O Band 1 [02/20]
Bislang 11 Bände in Japan

CARLSEN MANGA! CHECKLIST

VINLAND SAGA

von Makoto Yukimura
€ 7,95 (D) / € 8,20 (A)
O Band 1 bis 21
Bislang 22 Bände in Japan

WALKINDER, DIE

von Abi Umeda
€ 6,99 (D) / € 7,20 (A)
O Band 1 bis 9
O Band 10 02/20
Bislang 15 Bände in Japan

WANTED!

von Eiichiro Oda
€ 5,95 (D) / € 6,20 (A)
O Wanted!

WER BIST DU ZUR BLAUEN STUNDE

von Yuhki Kamatani
€ 10,00 (D) / € 10,30 (A)
O Band 1 bis 2
O Band 3 01/20
In 4 Bänden abgeschlossen

WET MOON

von Atsushi Kaneko
€ 19,90 (D) / € 20,50 (A)
O Band 1 & 2
€ 24,90 (D) / € 25,60 (A)
O Band 3
In 3 Bänden abgeschlossen

YAKUZA GOES HAUSMANN

von Kousuke Oono
€ 7,50 (D) / € 7,80 (A)
O Band 1 12/19
Bislang 3 Bände in Japan

YAMADA-KUN AND THE SEVEN WITCHES

von Miki Yoshikawa
€ 5,95 (D) / € 6,20 (A)
O Band 1 bis 26
O Band 27 12/19
In 28 Bänden abgeschlossen

ZWEI ESPRESSO

von Kan Takahama
€ 12,90 (D) / € 13,30 (A)
O Zwei Espresso

TORIYAMA SHORT STORIES

von Akira Toriyama
€ 5,95 (D) / € 6,20 (A)
O Band 2 bis 4, 7 & 8
€ 7,95 (D) / € 8,20 (A)
O Band 5
€ 6,95 (D) / € 7,20 (A)
O Band 6
Bislang 8 Bände in Japan

TRIAGE X

von Shouji Sato
€ 6,95 (D) / € 7,20 (A)
O Band 1 bis 5
€ 7,95 (D) / € 8,20 (A)
O Band 6 bis 17
O Band 18 03/20
Bislang 19 Bände in Japan

TRIAGE X – TRIBUTE

von Shouji Sato
€ 7,95 (D) / € 8,20 (A)
O Triage X - Tribute

UNLUCKY YOUNG MEN

von Fujiwara/Otsuka
€ 19,90 (D) / € 20,50 (A)
O Band 1 & 2
In 2 Bänden abgeschlossen

UZUMAKI DELUXE

von Junji Ito
€ 28,00 (D) / € 28,80 (A)
O Uzumaki Deluxe

VAMPIRE KNIGHT

von Matsuri Hino
€ 6,00 (D) / € 6,20 (A)
O Band 5
€ 5,95 (D) / € 6,20 (A)
O Band 1 bis 4, 6 bis 19
In 19 Bänden abgeschlossen

VAMPIRE KNIGHT – MEMORIES

von Matsuri Hino
€ 6,99 (D) / € 7,20 (A)
O Band 1 bis 3
O Band 4 03/20
Bislang 4 Bände in Japan

VIGILANTE – MY HERO ACADEMIA ILLEGALS

von Horikoshi, Furuhashi & Court
€ 6,99 (D) / € 7,20 (A)
O Band 1 bis 4
O Band 5 12/19
O Band 6 03/20
Bislang 7 Bände in Japan

THE GOLDEN SHEEP

von Kaori Ozaki
€(D) 8,00 / €(A) 8,30
O Band 1 12/19
In 3 Bänden abgeschlossen

THE HEROIC LEGEND OF ARSLAN

von Yoshiki Tanaka
€ 6,99 (D) / € 7,20 (A)
O Band 1 bis 9
O Band 10 02/20
Bislang 11 Bände in Japan

THE LADY AND HER DEMON BUTLER

von Cocoa Fujiwara
€ 5,95 (D) / € 6,20 (A)
O The Lady And Her Demon Butler

THE PROMISED NEVERLAND

von Shirai & Demizu
€ 6,99 (D) / € 7,20 (A)
O Band 1 bis 10
O Band 11 01/20
O Band 12 03/20
Bislang 16 Bände in Japan

THE ROYAL TUTOR

von Higasa Akai
€ 6,99 (D) / € 7,20 (A)
O Band 1 bis 9
O Band 10 01/20
Bislang 13 Bände in Japan

3/11 – TAGEBUCH NACH FUKUSHIMA

von Yuko Ichimura & Tim Rittmann
€ 12,90 (D) / € 13,30 (A)
O 3/11–Tagebuch nach Fukushima

TO THE ABANDONED SACRED BEASTS

von Maybe
€ 6,99 (D) / € 7,20 (A)
O Band 1 bis 7
O Band 8 01/20
Bislang 9 Bände in Japan

TANIGUCHI, JIRO

von Jiro Taniguchi
€ 12,90 (D) / € 13,.30 (A)
O Der Gourmet 2
€ 14,90 (D) / € 15,40 (A)
O Der spazierende Mann
O Der Gourmet
€ 16,00 (D) / € 16,50 (A)
O Der Kartograph
O Von der Natur des Menschen
€ 16,90 (D) / € 17,40 (A)
O Die Sicht der Dinge
O Ihr Name war Tomoji
€ 19,90 (D) / € 20,50 (A)
O Vertraute Fremde
€ 20,00 (D) / € 20,60 (A)
O Im Jahrtausendwald
€ 22,00 (D)/ € 22,70 (A)
O Unruhige Geister und stille Gefährten
€ 28,00 (D) / € 28,80 (A)
O Der Himmel ist blau, die Erde ist weiß – Gesamtausgabe
€ 29,90 (D) / € 30,80 (A)
O Die Wächter des Louvre
O Venedig

TEMPEST CURSE

von Martina Peters
€ 6,95 (D) / € 7,20 (A)
O Band 1 bis 3
In 3 Bänden abeschlossen

THE ART OF SPLATOON

€ 40,00 (D) / € 41,20 (A)
O The Art of Splatoon

THE BOOK OF LIST - GRIMM'S MAGICAL ITEMS

von Izuco Fujiya
€ 6,95 (D) / € 7,20 (A)
O Band 1 bis 5
€ 8,95 (D) / € 9,20 (A)
O Band 6
In 6 Bänden abeschlossen

THE CASE STUDY OF VANITAS

von Jun Mochizuki
€ 7,99 (D) / € 8,30 (A)
O Band 1 bis 5
O Band 6 12/19
Bislang 7 Bände in Japan

THE DEMON PRINCE

von Aya Shouoto
€ 6,95 (D) / € 7,20 (A)
O Band 1 bis 14
Bislang 15 Bände in Japan

HALT!

Dieser Comic beginnt nicht auf dieser Seite. ONE PIECE ist ein japanischer Comic. Da in Japan von »hinten« nach »vorne« gelesen wird und von rechts nach links, müsst ihr auch diesen Comic auf der anderen Seite aufschlagen und von »hinten« nach »vorne« blättern.

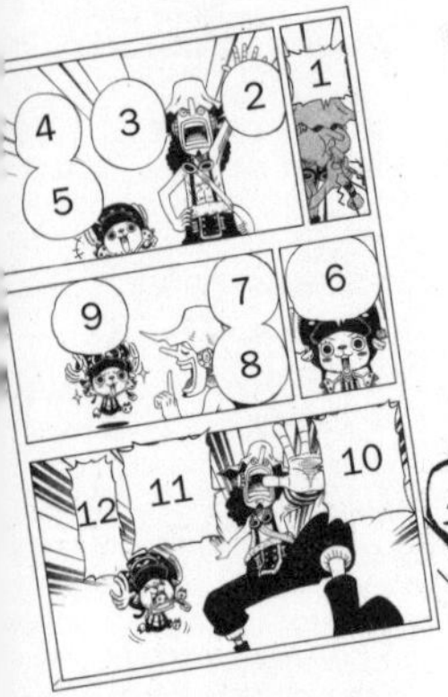

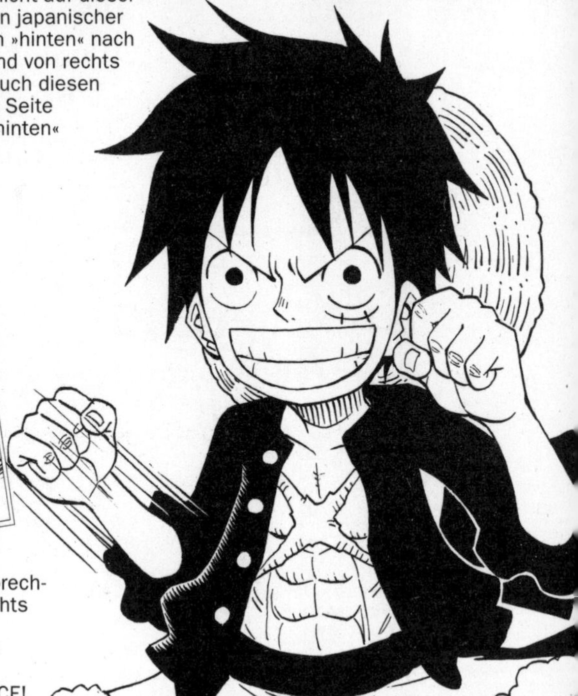

Auch die Bilder und Sprechblasen werden von rechts oben nach links unten gelesen, so wie es die Grafik hier zeigt.
Viel Spaß mit ONE PIECE!

Klimaneutrale Produktion

Deutsche Ausgabe / German Edition © 2020 Carlsen Verlag GmbH, Völckersstraße 14-20, 22765 Hamburg · Aus dem Japanischen von Antje Bockel · ONE PIECE PARTY © 2015 by Eiichiro Oda, Ei Andoh · All rights reserved · First published in Japan in 2015 by SHUEISHA Inc., Tokyo · German translation rights in Germany, Austria, Luxembourg and German-speaking Switzerland arranged by SHUEISHA Inc. through VME PLB SAS, France. · Redaktion: Philipp Nakata
Textbearbeitung: Steffen Haubner · Herstellung: Tobias Hametner
Alle deutschen Rechte vorbehalten · ISBN 978-3-551-71847-1

MIX
Papier | Fördert gute Waldnutzung
FSC® C083411
FSC www.fsc.org